我思
·COGITO·

THE

BLACK

黑 圈

科耶夫思想传记

A life of Alexandre Kojève

JEFF LOVE

（美）杰夫·洛夫 著

孙增霖 译

CIRCLE

GUANGXI NORMAL UNIVERSITY PRESS
广西师范大学出版社
·桂林·

黑圈：科耶夫思想传记

HEIQUAN：KEYEFU SIXIANG ZHUANJI

丛书策划：吴晓妮@我思工作室

责任编辑：叶　子

装帧设计：何　萌

内文制作：王璐怡

THE BLACK CIRCLE: A Life of Alexandre Kojève by Jeff Love

Chinese Simplified translation copyright © (2023)

by Guangxi Normal University Press Group Co., Ltd.

Published by arrangement with Columbia University Press through Bardon-Chinese Media Agency

博达著作权代理有限公司

ALL RIGHTS RESERVED

著作权合同登记号桂图登字：20-2023-014 号

图书在版编目（CIP）数据

黑圈：科耶夫思想传记 /（美）杰夫·洛夫著；
孙增霖译.-- 桂林：广西师范大学出版社,2023.6
（思无界）
ISBN 978-7-5598-5949-5

Ⅰ. ①黑… Ⅱ. ①杰… ②孙… Ⅲ. ①科耶夫
（Alexandre Kojève, 1902-1968）－哲学思想－研究 Ⅳ.
①B565.59

中国国家版本馆 CIP 数据核字（2023）第 073495 号

广西师范大学出版社出版发行

广西桂林市五里店路 9 号　邮政编码：541004

网址：http://www.bbtpress.com

出版人：黄轩庄

全国新华书店经销

肥城新华印刷有限公司印刷

（山东省泰安市肥城市老城工业园区　邮政编码：271601）

开本：960 mm × 1 340 mm　1/16

印张：24.75　　　　字数：305 千

2023 年 6 月第 1 版　　2023 年 6 月第 1 次印刷

定价：79.80 元

如发现印装质量问题，影响阅读，请与出版社发行部门联系调换。

献给格洛丽亚、杰克、迪伦和格瑞特

致　谢

　　本书最初的计划始于 2013 年夏天在北京举办的一次关于历史叙事的研讨班。在此，我有必要对研讨班的组织者，我的同事安延明（Yanming An）[1]表示感谢。同时，我还要感谢国家人文中心（National Humanities Center）强大的资源支持，受约翰·E.索耶奖学金（John E. Sawyer Fellow）之助，我曾在该中心访学一年（2014—2015），在中心提供的良好的工作条件下，我努力完成了本书最初的草稿。弗拉基米尔·亚历山大罗夫（Vladimir Alexandrov）、卡里尔·艾默生（Caryl Emerson）、迈克尔·福斯特（Michael Forster）、马库斯·加布里埃尔（Markus Gabriel）、伊利亚·克里格（Ilya Kliger）、妮娜·库兹涅佐娃（Nina Kousnetzoff）、比尔·马克尔（Bill Maker）、唐娜·欧文（Donna Orwin）、莉娜·斯坦纳（Lina Steiner）以及威廉·米尔斯·托德（William Mills Todd），此外还有乔恩·拉夫和南茜·拉夫（Jon and Nancy Love）都在本计划的不同阶段给予了帮助。最后，我还

---

[1]　中文译名据《哲学研究》2015 年第 8 期《历史循环论的两种模式》一文的署名。根据安延明教授的简历（http://media.clemson.edu/caah/upload/files/63.CV.2018.08.28.8.18.59.pdf），2013 年 5 月他于首都师范大学发起并组织了一个名为 "历史理解的模式" 的国际学术研讨班，这应该就是本书作者提及的研讨班。译者注。全书脚注均为译者注，章末注为作者原注。

极大地受益于安东尼奥·洛勃·安图内斯（António Lobo Antunes）持之以恒的鼓励，还有我的同事和长期的合作伙伴孟麦克（Michael Meng）大量机敏的评论和质疑。可以毫不夸张地说，后两位在本书的每一页上都留下了印记。

温蒂·洛克娜（Wendy Lochner）是本书理想的编辑——耐心、周到、不惜付出自己的时间。

在本书中，凡涉及外文引文的地方，我都使用了现有的英文译本，但也进行了不少的改动。

CTD　　亚历山大·科耶夫，《概念、时间与对话》（*Le concept, le temps et le discours*, ed. Bernard Hesbois，Paris: Gallimard, 1990）

EHPP　　亚历山大·科耶夫，《试析理性的异教哲学史》（*Essai d'une histoire raisonnée de la philosophie païenne*, 3 vols, Paris: Gallimard, 1968–1973）

EPD　　亚历山大·科耶夫，《法权现象学概论》（*Esquisse d'une phénoménologie du droit*, Paris: Gallimard, 1981）

IDH　　亚历山大·科耶夫，《黑格尔哲学中的死亡概念》（The Idea of Death in the Philosophy of Hegel, trans. Joseph Carpino，*Interpretation* 3, no. 2/3，Winter 1973: 114–156）

ILH　　亚历山大·科耶夫，《黑格尔解读引论》（*Introduction à la lecture de Hegel*, ed. Raymond Queneau，2nd ed., Paris: Gallimard, 1968）

IRH　　亚历山大·科耶夫，《黑格尔解读引论》英文版（*Introduction to the Reading of Hegel*, ed. Allan Bloom, trans. James H. Nichols Jr., 2nd ed., Ithaca, NY: Cornell University Press, 1969）

OPR　　亚历山大·科耶夫，《法权现象学概论》英文版（*Outline of a Phenomenology of Right*, trans. Bryan-Paul Frost and Robert Howse, Lanham, MD: Rowman and Littlefield, 2008）

OT   列奥·施特劳斯，《论僭政》（*On Tyranny*），ed. Victor Gourevitch and Michael Roth（Chicago: University of Chicago Press, 2013）

TW   亚历山大·科耶夫，《僭政与智慧》（"Tyranny and Wisdom," in Leo Strauss, *On Tyranny*, ed. Victor Gourevitch and Michael Roth, 135–176, Chicago: University of Chicago Press, 2013）

CONTENTS

目　录

第三部　晚期著作

前　言

一个俄国人在巴黎

> 异教徒的方式：成为你所是（因为理念＝理想）。基督徒的方式：成为你所不是（或尚不是）——转变之路。
>
> ——亚历山大·科耶夫

亚历山大·科耶夫是 20 世纪最杰出、最难以把握、涉猎面最广的思想家之一。从 1933 年起直到 1939 年，他在巴黎的高等研究实践学院（École Pratique des Hautes Études）开设了一系列关于黑格尔《精神现象学》的讲座，这对整整一个世代的法国知识分子产生了深远的影响。他的听众包括了安德烈·布勒东（André Breton）、乔治·巴塔耶、亨利·柯宾（Henry Corbin）、雅克·拉康以及莫里斯·梅洛-庞蒂。[1] 第二次世界大战之后，科耶夫的学生雷蒙·格诺（Raymond Queneau）将这些讲座的内容付梓出版，从而造就了一部研究《精神现象学》的经典之作。该书将黑格尔的研究者们进行了划分，一方面根据的是讲座中提及的黑格尔的内容，另一方面根据的是这样一个看法：这些研究者不过是些注释家。当代的黑格尔研究者，例如罗伯特·皮平（Robert Pippin），认为科耶夫对黑格尔的解读具有一定的倾向性，而他的同事迈克尔·福斯特（Michael Forster）则持一种近乎针锋相对的观点，认为科耶夫对黑格尔的解读在其自身范围内基本上是合理的。[2] 不管最终的结论如何，几乎没有哪位学者把科耶夫对黑格尔的评论看作"字面上的"解读，它在很大程度上受到了从马丁·海德格尔到卡尔·马克思等人的影响，在这些影响下，科耶夫的思想得以形成。

奇怪的是，对科耶夫产生了重要影响的一个重要方面，即俄罗斯的文学、神学和哲学传统被习惯性地无视了，而科耶夫恰恰是在其中成长起来的。这样的疏漏是极为反常的，因为亚历山大·科耶夫本名亚历山大·弗拉基米尔诺维奇·卡兹夫尼科夫（Aleksandr Vladimirovich Kozhevnikov），1902 年生于莫斯科。他属于充满活力的一代，这代人中有大批俄国艺术家、作家、音乐家、诗人、神学家和思想家。实际上，本书的书名就来自一幅油画，其作者卡西米尔·马列维奇（Kazimir Malevich）是那个时代杰出的艺术革新者，他描绘了一个圆形的黑色块，这幅画为科耶夫思想的关键特征，即个体性的最终灭绝提供了一个视觉上颇具诱惑力的形象说明。这一代人的鼎盛时期是在 20 世纪最初的 25 年里，但俄国革命后的最初岁月中充满了动荡，这种动荡也导致了这一代人中若干重要人物不应有的默默无闻。尽管如此，公平地说，这样的疏漏是西方世界对俄罗斯智慧遗产的丰富性、原创性和复杂性的无视的一个极为典型的例子。

本书的目的就是纠正这种疏漏中的一个重要的方面，即对这一代人中更具冲击力的知识分子之一的忽视，与此同时，进一步指出科耶夫不仅仅是黑格尔的评注家，而且——有些人对此持怀疑态度——他本身就是一个颇具争议的思想家，值得我们重视。科耶夫留下了大量的档案资料，其中大部分在生前并未出版，它们充分展示了科耶夫的博学多才：多达数千页的关于黑格尔和其他哲学家的手稿，一部关于量子力学的颇具前瞻性的书稿，关于"无穷"问题和无神论的研究稿件也有一本书的厚度，此外还有关于大乘佛教的"中论"传统的短篇著作（为此他专门学习了梵文、古藏语和中文）。就最典型的俄罗斯传统而言，科耶夫表现得像一个极不正统、玩世不恭的思想家，他在评注黑格尔时，将俄罗斯特有的对终结于自我—克服（或自我—放弃）之中的历史的关注，编织进了这位徒具普世情怀外表的哲学家的思想中。科耶夫精心打造的这副古怪的面具——如其所言，他之所以拒绝出版自己的著作是因为他不想过于严肃地看待自己[3]——反映的是他对欧洲文化范式的缺乏兴趣和颠覆态度，这一点扩展到了他对欧洲文明中最重要的一分子的评注当中。

本书分为三个部分，每个部分处理科耶夫思想中的某个特殊的方面。就像科耶夫本人所做的那样，本书也包含了明显的跨学科性质、对思想史进行的融合、对文本的内在分析以及哲学的思辨。将这三部分维系在一起的主线是一种关于人生的正确目标的独特的思辨形式，它最初的表现，是在 19 世纪下半叶的俄罗斯发生的，关于什么才是人类的真正解放的一场论争。

在对每个部分进行进一步的简介之前，我想先概括地介绍一下这位极不寻常的人物的生平。[4]

低调做人
（BENE VIXIT QUI BENE LATUIT）

科耶夫的人生可谓传奇式的，终其一生所表现出的令人着迷的、持续的不一致性，几乎无法被隐藏起来。[5]1968 年 6 月 4 日，科耶夫突然去世，他当时正在布鲁塞尔的一次会议上做演讲。会议的组织者正是他花大力气建立和扶植起来的欧洲共同市场（European Common Market）。66 年前，他诞生于莫斯科一个属于上层资产阶级的富裕家庭。他的伯父是著名画家瓦西里·康定斯基，年轻的科耶夫与之有书信往还。与他那个时代的许多其他人一样，科耶夫体面的俄罗斯式生活在革命到来时终结了，尽管他直到 1920 年才离开苏联。他是在极其狼狈的情况下离开的，跟他一起逃亡的还有一位朋友，两人途经波兰到达了德国。他在德国一直待到 1926 年，除了柏林之外，也曾寓居海德堡。在此期间，他靠着设法偷带出来的贵重物品进行投资获益，过着衣食无忧的生活，与此同时，他还孜孜不倦地投入学习当中，涉猎的范围惊人地广泛：从康德到佛教、吠檀多和其他宗教，还学习了远东的语言。1926 年，他最终在海德堡大学的卡尔·雅斯贝尔斯的指导下，以有关弗拉基米尔·索洛维约夫（Vladimir Soloviev）的大量研究而获得了哲学博士学位。

同年，他移居巴黎，并继续自己对东方思想的学习，同时还攻读数学和量子力学。1929 年股市的崩盘毁了他的生活，他不得不竭力寻找收入以维持生计。命运最终发生了一次显著的转折，1933 年，另一位俄罗斯流亡者亚历山大·柯瓦雷（Alexandre Koyré）邀请他代自己执掌高等实践研究院的关于黑格尔的宗教哲学的教席，为期一年。当然，这一讲座一直持续到了 1939 年，培养了一大批杰出的听众。科耶夫由此变成了传奇。

然而，第二次世界大战的爆发再次改变了他的生活。他被法国陆军征召，但发现无事可做。1941 年，德国进攻苏联之后，他逃到了马赛，在那里一直住到战争结束。尽管后人的记载各异，但他似乎是法兰西抵抗阵线的活跃分子，而且或许也曾为苏联情报机关效命。

战后，他以往的学生罗贝尔·马若兰（Robert Marjolin）邀请他加入对外经济关系指导委员会担任"顾问"。从此之后，科耶夫似乎在战后的法国政府中扮演了一个相当重要的角色，帮助制定经济政策，促进了共同市场、关税及贸易总协定的建立，并且支持第三世界的发展。坊间关于他的传说很多，比如他对法国国策制定的影响、对从煤炭和钢铁协定到 1957 年欧共体的产生的影响；他所处的位置极不寻常，被人们看作令人敬畏的、神秘莫测的灰衣主教（éminence grise）①，他跟贝尔纳·克拉皮耶（Bernard Clappier）和奥利维耶·沃尔姆斯（Olivier Wormser）一起，主宰了法国的经济政策超过十年之久。

很多人都认为，科耶夫极具吸引力，有着神秘莫测、魅力四射的人格，风趣幽默、豁达大度。例如，雷蒙·阿隆就认为科耶夫是他遇到的最为奇特的人物（他将科耶夫与让-保罗·萨特以及其他杰出人物进行了公开的比较）。乔治·巴塔耶在一封措辞华丽的书信中确证了这一印象。此外，科耶夫也是拉康经常尊称为"我的老师"的唯一一个人。在上述事例之外还有其他许多类似的事例都表明，学生们一直受惠于这位非凡的导师，正是后者在六年里精益求精的讲座，给了人们一种关于黑格尔的耳目一新的解读。针对人类解放的现代计划，他指出了其中的基本问题，宣称历史已经终结。[6]

本书的结构

本书的第一部分将上述这些问题置于俄罗斯传统之中，并对柏拉图和柏拉图式的完美概念或神圣化概念在俄罗斯宗教传统中所扮演的重要角色进行一个明确的回顾。从这一基础出发，本书接下去将探讨费奥多尔·陀思妥耶夫斯基，在他所奠定的基础上，此后的俄罗斯人对神圣化展开了争论：人类是否应该竭力让自己变得像神一样呢？抑或是人们应该组成一个团体，在其中，借助对于某个神圣理念的团结一致的追随，实现上述努力。[7]在此，一个基本的问题——我们是应该追求一种转变，即人类转变成字面意义上的神，从而摆脱所有那些困扰着我们的俗世存在的限制，还是应该组成一个有助于人类解放的，人人平等的团体？

---

① 意为幕后指挥者。

——驱使着两位深受陀思妥耶夫斯基影响的思想家：尼古拉·费德罗夫（Nikolai Fedorov）和弗拉基米尔·索洛维约夫走向了思想的探险旅程。费德罗夫声称，对人类而言，唯一的、理想的解放就是借助技术的进步来获得普遍的不朽（以及全部死者的复活）；索洛维约夫则论证说这样的解放只有借助团结在一个接受了神启的团体周围才能做到：通过实践神的律法，人会变成神，这样一来，也能将人从自我以及来自自我的痛苦中解放出来。这一通过神圣化而达致解放的源远流长的、激进的传统也延续到了科耶夫的黑格尔讲座中，而且以明确的方式造就了科耶夫黑格尔评注的若干特征，这些评注中充斥着最令人愤怒的或者说难以琢磨的批评之语，例如，科耶夫的声名狼藉的历史终结论，它既是对其俄罗斯前辈的评论，也是一种延续。[8]

　　本书的第二部分仔细审查了这些评论本身，精读了《黑格尔解读引论》以及此后于 1938 年到 1939 年所进行的讲座，后者达到了这些评论的巅峰。通过仔细阅读这些文本，我将聚焦于由科耶夫发展出来的两种主要理论：一是关于主奴关系的理论，其顶点是普遍的、同质化的国家的诞生；二是人所能达到的终极智慧，后者在完全透明的自我（self-transparency）中终结了历史。上述精读的目的并非试图确定科耶夫是否"正确地对待黑格尔"，而是作为第一部分中所展开的讨论的进一步延伸。基于此，本书的解读构成了一种独立的探索，深入科耶夫对黑格尔的评论的某些方面，这些方面一直困扰着评论家们，他们曾将其归结为所谓的科耶夫式的马克思主义或海德格尔思想，而实际上，这样的简化做法并不适当。科耶夫关于主奴关系的讨论声名卓著，但这一讨论首先出现的地方具有基督教团体的背景，陀思妥耶夫斯基在撰写《卡拉马佐夫兄弟》时、索洛维约夫在关于神圣人性的演讲中，均为这一背景提供了支持。此外，关于圣者的探讨占据了 1938—1939 年讲座的核心，这一探讨来自对于神圣化的描述，这一点，本书的第一部分自始至终都有涉猎。而这一探讨的最极端形式出现在对阿列克谢·尼雷奇·基里洛夫（Alexei Nilych Kirillov）的探讨中——在陀思妥耶夫斯基的小说《群魔》中，基里洛夫提倡一种理论上的自杀——也出现在为费德罗夫所赞赏的普遍复活的原则之中。[9]

在上述两部分中，我的意图并不是要说明其他那些将科耶夫解读为马克思主义者或者海德格尔主义者的做法是错误的或者缺乏论证的，相反，毋宁说是借助于揭示大量隐蔽的俄罗斯背景，为上述解读提供补充，或者做出某种转化。我的意图更为广泛，因为那些讲座的目的颇具争议，它将历史终结处的解放等同于自我、我们的个体性的彻底放弃，这是对霍布斯式的自私自利的坚决拒斥，是某种形式的自杀或者说自我毁灭，这一点反映的是大量宗教传统的影响。对科耶夫来说，历史的目的就是终结历史。令科耶夫难以忘怀的是，他发现历史不过是一再重复的一长串错误；在科耶夫看来，历史总是执着于种种为自我保存所进行的辩护。获得智慧这一任务就是通过终结历史来纠正历史，同时，终结自我保存的统治地位。

本书的最后一部分仔细审视了科耶夫的晚期作品，并更广泛地考察了他的核心问题：达到完美或者说彻底解放。这一核心贯穿了他全部的作品：从关于黑格尔的讲座到他于 1940—1941 年间用俄语以极快速度撰写的、令人瞩目的、长达 900 页的名曰《智慧、哲学和现象学》（*Sophia, Philosophy, and Phenomenology*）的手稿（其中大部分并未出版）；还有写于 1943 年的长达 500 页的关于法律的论著《法权哲学概论》（*Outline of a Philosophy of Right*）；以及晚年审视西方文明的巨著：《试析理性的异教哲学史》（*Attempt at a Rational History of Pagan Philosophy*），该书的大部分内容是在他去世后的 1968 年出版的。通过对后两部著作的集中考察，我认为在普遍的、同质化的国家与概念的时间性（temporalizing）——从永恒中解放出来——之间存在着某种关系，在此基础上建立起某种重要思想，而后者又可以嵌套进有关智慧的上升的思想之中。在此，宽泛而难解的问题在本质上是科耶夫造成的：

一个人在活着的同时如何能够放弃个体自我对永久性的需要，或者从死亡的威胁中解脱出来？对这个问题，科耶夫并未给出统一的答案。相反，他经常以某种反讽收尾，这些反讽来自某种描述，而这些描述认为，终极国家本身不需要进一步的描述。换句话说，终极国家是这样的：在其中，唯一可能的言说不过是一再的重复。一个简单的事实是，如果人们宣称历史以及随之而来的新鲜事物的可能性走到了尽头，那么人们在尽头处发现的就是反讽，一种既不可避免又充满讽刺意味的重复，它给出了一种幻想：自我被消除了的同时却无法不返回对自我的谈论。[10] 如果科耶夫表明历史的终结消除了任何进一步的反思，那么对这一终点的持续不断的谈论将使后者得以延续，而且这种延续或许是无限期的，因为个体总是黏着在她对死亡的畏惧之上。

本书自身的结尾将上述关于言谈的终极性（discursive finality）和自我放弃的探讨置于一种鲜明的对比之中：科耶夫与马丁·海德格尔。[11] 当然，人们可以争辩说，科耶夫的思想，就其整体而言，是对海德格尔的一种隐蔽的反驳，海德格尔明确反对终结的可能性，反对一个总是重复此前发生过的历史的结局，向科耶夫对终结的辩护提出了强有力的挑战。[12] 如果海德格尔也曾说过某种"终结"，它仅仅是通向另一个开始的桥梁，而后者跟前一个开始有相似之处，但只限于它所许诺的开放性这一点上。对于科耶夫来说，这一新的开端需要某种不可能存在的转变，一种对历史的遗忘，而后者不过是颇具诱惑力的诡计和欺骗。然而，如我们所见，科耶夫遭遇了同样的问题，因为若要那种导致不停重复此前发生过的历史的终点到来，所需要的是同样一种遗忘。

本书的最后，我们提出两种彼此类似的尝试，以便从历史中解放出来并达到自由，一种自由来自借助消除自我而达到解放，另一种也预设了同样的消除手段，但允诺了历史的另一种开端，而不是所有世代的结束。对我来说，上述对比似乎将某种极其震撼人心的思想推向了前台，即自由的本性如何以及革命性的变革是否可能，两者所表现的，正是科耶夫的著作所拓展出的天地及其带来的挑战。尽管我开始试图做的是恢复科耶夫思想中那些被忽视了的方面，但最终，我试图强调的是他的思想所带来的更为普遍的冲击。实际上，几乎没有一个当代的哲学家会像科耶夫那样公然将自由等同于某种形式的自杀；更不可能会将无论是字面意义上的还是比喻意义上的自杀跟最终的、彻底的解放联系起来。在这个意义上，历史的终结不仅含义明确，而且永远会令人震惊，它打破了自私和常识，让人联想起来自陀思妥耶夫斯基和费德罗夫的发自肺腑的真诚。[13]

终结的意义

科耶夫对终结与重复的坚持有些不合时宜。这一点表明，科耶夫的思想所遵循的道路与统治着我们这个时代的教条背道而驰，陀思妥耶夫斯基笔下的"地下室人"已经敏锐地意识到了这一教条：自由是一种持续不断的、没有终点的奋斗；也就是说，在作为源泉的意义上，错误就是自由。对错误甚至犯错误的倾向的颂扬随处可见，这实际上是法兰西现代解放哲学的战斗口号，仅有的少数例外大部分来自马克思主义阵营。[14]作为真理的真理，独断且令人生畏。人们寻求"无限游戏"（infinite play）、多义性、延异（différance）、概念的自由创造以及形形色色的越轨方式，它们能满足我们从霸权主义的叙事中解放出来的要求。[15]终极性被拒斥了，取而代之的是持续的开放性、非终极性，可能性的地平线在向我们招手，引诱着我们走向**可能的**存在而不是**必然的**存在。

当然，这种想法应该比科耶夫式的反讽更受欢迎，后者意味着自由的最终达成只有通过自我牺牲、放弃自我、将自身完全交付给某种终极的叙事，从这种观念出发，除了胡言乱语和疯狂之外，不会有任何其他可能的偏离。在这一点上，科耶夫向现代哲学提出了最强有力的挑战。

因为科耶夫尽可能以最具攻击性的方式质疑现代思想所珍视的基本原子单位：自由的历史性个体。科耶夫质疑这个原子单位的每个部分，当他戏剧性地宣布了人类的死亡时，他真正的意思是这种关于人的特定观点的死亡，这种观点源于对个体自我的极端认可，或者用科耶夫的话来说，对动物性的极端崇拜。[16]

科耶夫颠倒了基本的，常常被深深隐藏的假设，这些假设为现代社会理论提供大部分基础：自利可以导致稳定的政治秩序，社会是共同的自利的创造，因为社会可以保护个人免受最大的恐惧——死亡，尤其是暴力致死。托马斯·霍布斯建立的现代政治契约给真正的自由确定了一个基本的先决条件：免于恐惧死亡的自由。对于科耶夫来说，这种自由实际上是最恶劣的奴隶制。[17]表面上，自由的历史个体将自己变成了最原始的动物式的自我保护欲望的奴隶，而不是在无需顾及隐蔽的出于对死亡或其他特定局限性的恐惧而制定的信条下那样自由自在地生活。现代人在自由的幌子下追求着任何他们愿意追求的东西，他们完全地、自信地将自己奴役于动物式自我保护的欲望，以至于他们将这种欲望的最极端的集体性表现——现代消费资本主义——看作历史上已知的最伟大，最崇高的"自由体系"。之所以如此，是因为现代的消费资本主义使我们能够自由地以我们认为最适合的方式追求自己的欲望，从而给我们一种幻想，即拥有一种有限的生物不可能拥有的掌控世界本身的力量。欲望膨胀的自由，无休止地沉迷于欲望的自由，是力量幻象的源泉，它讨好人们，给人们更长的，即使并不持续的幸福的希望，而这一切的前提是维持作为动物式存在的自我。[18]

因此，科耶夫最基本的挑战并未终结于某种偷偷摸摸的怀疑主义或者悲观主义的人生观，尽管这些因素在科耶夫的思想中也不该简单地被看作是无关紧要的。与此相反，科耶夫真正想挑战的是采取了自我保存这一最深刻的形式的自利的统治，以及自我的霸权，后者被看作执着于自身的繁荣和扩张，不计任何代价，无论面对的是他人还是自然。科耶夫从黑格尔那里发展出来一个概念：可能存在某种"被恰当理解的自利"
（self-interest well understood），这是一种值得赞扬的自私，是政治
共同体的基石，对这一概念的进一步发展是不可能的。[19]

　　在消费至上的资本主义和自利的统治几乎没有受到隐含的或显性的
质疑的情况下，在批评的关键领域由于其自身对尚未得到充分澄清的、
将人看作自由的、历史性的个体的现代观念的诸要素的依赖而步履蹒跚
的情况下，科耶夫对自我利益的批判值得重申。以此而言，科耶夫的思
想是一副清醒剂：它绝不是一位玩世不恭的天才所展现出来的"哲学上
的"疯狂或者故作高深的幽默，它表明了一种对人类存在的追根究底式
的探究，迫使我们向回转，深入到自由的、历史性的个体的根基之中。
此外，它对深深植根于俄罗斯思想中的对自私的批判进行了扩展，科耶
夫的这种做法伴随着不容置疑的反讽，而且就在被陀思妥耶夫斯基在其
《夏天印象的冬天回味》中所激烈批判的现代资产阶级的首都。[20]

　　当然，此外还存在着另一个老生常谈的反讽，晚年的科耶夫作为职
业官僚和"周日哲学家"似乎卸下了传说中的早年科耶夫的面具，从而
引发了一套早已变成 20 世纪哲学的陈词滥调的说辞：科耶夫是否实际
上接受了革命彻底的、终极的失败，接受了普遍解放，并勉强接受了"资
产阶级"哲学？众所周知，我们有许多典型的例子说明海德格尔、乔治·卢
卡奇和路德维希·维特根斯坦前期与后期的分别，每个人都以某种方式
昭示着两个时期之间不可调和的对立，这激发了人们的思考和阐发。然
而在科耶夫这里，相当清楚的一点是，他晚年的著作不过是对其早年观
点的谨慎阐释和开拓发展。科耶夫最后的作品《试析理性的异教哲学
史》，无论是其一般意义上的独特性还是庞大的规模，都表明了一种并
不轻松的反讽：科耶夫为什么会需要向我们证明——并且以如此激烈的
方式和如此的长度——智慧已经来临，如果它确实已经来临的话？科耶
夫之强行推广终结性，是一项涉及面很广但并未完成的尝试，这似乎是
一项并不容易的对历史以及思想已经达到终点的宣称的背叛。从古至

今，是否真有可能说出**最后的话**？或者说，科耶夫难道不仅仅是一遍又一遍地说同样的话吗？毕竟，真理一经达成，除了重复，什么都不会剩下。这就是最后的结局，一个普遍的、同质化的结局，是人们最后到达的智慧之家。

在此呈现的是科耶夫"开明的"、不可置换的斯大林主义，人们可能会问，科耶夫所谓的反讽在多大程度上不过是他自创的与众不同的、哲学化的斯大林主义的保护性面具？科耶夫最后所要求的是一种普遍化的、同质化的人类社会，摆脱了霍布斯式的自私自利，这确实是一项激进的计划，而科耶夫对其结论早已了然于胸，即终结就是真理的达成，一种无限重复的状态，在其中，所有的公民自身都已经摆脱了自私的奴役，因而也摆脱了对死亡的恐惧——个体性最深的痛。无论科耶夫有什么样的意图，他的计划都向植根于绥靖主义或培育自私的思维方式提出了挑战。正因此，科耶夫作为所谓的"现代人"，发现自己与现代"资产阶级"的关于自我创造、解放和发展的叙事处于极端的对立之中。

英语世界对科耶夫的接纳

对于作为哲学家的科耶夫，细致地研究其思想的俄罗斯背景，并聚焦于他在其黑格尔讲座中所描绘的对现代的、自由的、历史性的个体所提出的挑战，这样的全面性著作目前绝无仅有。实际上，关于科耶夫的英语著作多半出自列奥·施特劳斯的门徒之手，他们在研究科耶夫的时候又多半从他跟施特劳斯的关系以及辑录于《论僭政》（*On Tyranny*）一书中的科耶夫与施特劳斯之间的著名论争的角度出发。[21] 尽管科耶夫可以在雅克·拉康、卡尔·施密特和雅各布·陶伯斯（他们认为科耶夫是当时最伟大的末世论思想家）等众多仰慕者中得到支持，但英语世界从其他角度对科耶夫的全面论述却很少见。唯一的——也是最好的——

对科耶夫思想之俄罗斯根源的梳理来自个别著作中的个别章节，而且它们的主要目的还不在此，此类著作包括鲍里斯·格罗伊斯的《反哲学引论》和斯蒂凡诺·哥洛兰诺的《一种兴起于法国思想中的非人文主义的无神论》。[22]

哥洛兰诺对科耶夫的极为敏锐的讨论主要是针对他在法国的影响。尽管有这样的定位，但哥洛兰诺还是通过承认科耶夫与索洛维约夫的批判关系来承认科耶夫思想中的俄罗斯元素。他没有审视作为关键背景的陀思妥耶夫斯基，也没有考虑费德罗夫。此外，哥洛兰诺关于人类死亡的观念虽然牢固地扎根于科耶夫的黑格尔讲座中，却往往背离了科耶夫的中心论点，该论点质疑哥洛兰诺所捍卫的"自由的历史的个体"。在这方面，科耶夫最终否定了人等于自由的、历史的个体这一等式，而被理解为自私的现代行动者（actor）的后者正是哥洛兰诺论点的核心。因此，断言科耶夫宣布人类已经死亡是有疑问的。正如我所说的，科耶夫宣称的、能算得上是死亡的，仅仅是一个概念，即对于成为**真正**的人来说，什么是人这一点至关重要，并且科耶夫在作出上述宣称时颇具讽刺意味。尽管如此，哥洛兰诺对科耶夫的诠释的许多标志性优点之一，就是他认识到并分类描述了科耶夫在 1939 年的系列演讲——从"公民战士"到"没有精神的身体"——中对历史终点的不同反思。

格罗伊斯也提到了索洛维约夫的影响力，尤其是索洛维约夫的著作《论爱》（*On Love*）及其苏菲主义（sophiology）。本研究在仔细阅读 1877 年至 1878 年的《关于神圣人类的演讲》这一对于索洛维约夫和科耶夫而言都极为关键的文本时，触及了上述非常重要的参考文献。格罗伊斯还尝试通过下述新颖的方式解读科耶夫对独创性的关注，他认为，与博尔赫斯一样，科耶夫的独创性也恰恰在于他声称不要去进行原创。[23]在上一节中我曾提到这个问题，但我在本书中的重点与其是强调原创性和重复性，不如说是强调最终性问题本身，我将论证这个问题是科耶夫后来思想的核心。

　　总的说来，一方面通过补充大量俄罗斯文献，另一方面通过探讨从科耶夫后期思想中拣选出的更广泛材料，我的研究试图为作为整体的科耶夫的思想提供一个独特的视角。本书以此种方式致力于补充格罗伊斯和哥洛兰诺所做出的开创性工作。而与他们不同的是，本书更为强调人类解放的本质及其后果。我们并不认为科耶夫的原创性存在于他的不求原创的声明中或他关于人之死的宣告中，恰恰相反，本书探索的是既作为历史之修正，也作为自然必然性之对立面的人类真正力量的纯粹展现获得彻底解放的后果。从这个角度出发，有关终结（以及重复）的问题就不仅仅展现为一个关于完全解放的可能性的问题，而且还是一个事关其可欲性（desirability）的问题。科耶夫为我们设立了一个最为困难的任务：一方面，完全解放、完全透明的自我，似乎清除了我们对自身所是的自我意识——我们获得了自由，变成了普遍的存在者，而代价是不再知晓我们是谁以及我们可能变成谁。另一方面，这样的解放若不成功，那么当我们试图寻找那个能够让我们接受某种根本的不确定的对我们生命的感觉时，我们所获得的会是不稳定性和无尽的冲突。用在科耶夫看来至关重要的革命性术语来表达，就是我们被困在两难之间：其一，我们会成功地超越作为存在者的自己；其二，与对西西弗斯的惩罚并无二致的失败或者说对失败的迷恋。这两者，哪个才应该是我们的命运？

　　　　　　　　　　关于文献的说明

　　在其一生中，科耶夫虽笔耕不辍，但实际上正式出版的只有寥寥两部重要著作：其一是大名鼎鼎的《黑格尔解读引论》[①]（1947 年应雷蒙·格

[①]　之所以没有直译为《黑格尔导读》或《黑格尔哲学导读》，一方面是由于原文并非如此，另一方面也为了突出这本书是对科耶夫本人对黑格尔的解读的引论，并且试图保持科耶夫本人的某种写作风格。

诺之邀首次出版，主要包含的是经科耶夫修订过的讲座注释），以及《试析理性的异教哲学史》的第一卷，在他于 1968 年突然去世之后不久出版。如果说前者的出版并未获得多少来自科耶夫的认真许可，后者的出版看起来更像是一个更大的初步计划的一部分。科耶夫也曾发表过几篇文章，其中最著名的毫无疑问是他的《僭政与智慧》，该文收录于《论僭政》一书中，该书的主要内容是科耶夫与列奥·施特劳斯之间的争论，也包括了《黑格尔、马克思与基督教》，该文是对科耶夫思想的一个高度浓缩的概要，其第一次出现要追溯到战后不久出版的由巴塔耶主编的杂志《批评》（*Critique*）之中。

自科耶夫去世以来，涌现出一批他生前未曾出版的作品。除了两卷本的《试析》和一本极有可能作为该历史著作中最后一部分的关于康德的著作（1973）之外，1981 年还出版了《法权现象学概论》。从那时起，一系列著作相继问世，其中包括：《无神论》（*Atheism*，1931/1998），《瓦西里·康定斯基的具象绘画》（*The Concrete Paintings of Vasily Kandinsky*，2002），《概念、时间与对话》（*The Concept, Time, and Discourse*，1953/1990），《古典和现代物理学中的决定论思想》（*The Idea of Determinism in Classical and Modern Physics*，1929/1990），《皮耶尔·贝尔〈辞典〉中的同一性和现实性》（*Identity and Reality in Pierre Bayle's Dictionary*，1937/2010）和《权威的概念》（*The Notion of Authority*，1942/2004）。

除了这些公开出版物之外，珍藏于巴黎国家图书馆中的档案里还包含了大量珍贵的尚未面世的资料，例如，其中最值得注意的或许是名为《智慧、哲学与现象学》（*Sophia, Philosophy, and Phenomenology*）的手稿。那里还存有大量我曾提及的草稿以及关于黑格尔讲座的详细注释，写于战后的"科学体系"的草稿，以及笔记、书评和各种小品文。

在本书中，我的选择是集中精力阐释展现在我所认为的科耶夫的最主要的、公开出版的著作《黑格尔解读引论》《法权现象学概论》和《试析理性的异教哲学史》（包括关于康德的章节）之中的思想。之所以如此，是因为在我看来，这些著作提供了对于科耶夫成熟时期的哲学工作的两个主导性叙事的最易于理解的说明：主人和奴隶之间为了认可所做的斗争，其终点是普遍的和同质化的国家；智慧的上升，或者用《试析》中详尽发展出的术语来说，关于概念之彻底时间化的完整的故事。

尽管这些著作是我关注的焦点，但我也会毫不迟疑地援引其他著作，尤其是在那些可能有助于澄清主导性叙事的地方。当我在第八章中以极为普通的语言探讨《智慧、哲学与现象学》的时候，我并非试图给该著作以任何更高的评价，因为据我所知，它仅仅是部手稿，除此无他。至于说到《概念、时间与对话》——可以肯定它是一部非常有趣的著作，而且不久就会有译本出现——我并未进行任何详细的探讨，因为其中的许多（尽管肯定不是全部）论证在《试析》一书中已经比较详细地探讨过了。

总而言之，我试图面对的是一群并不统一的读者，他们唯一的共同之处可能只是对书中所涉及的不同的文明和话题有着同一层面上的兴趣。试图转向这样宽泛的读者群，其结果可能是某种平衡性的缺失；某些讨论将被证明过于详细而另一些则不够细致。对我来说，后一种情况似乎尤其可能涉及我对科耶夫晚年著作的考量，它仅仅局限在一个较长的章节（第八章）里。这些著作的丰富性，若要加以适当的考量，则会扩展成为一个独立的研究项目，而我只不过是粗线条地，并且是在与本书主题一致的情况下给它们做了一个速写而已。

注　释

1　Ethan Kleinberg的著作 *Generation Existential: Heidegger's Philosophy in France, 1927–1961*（Ithaca, NY: Cornell University Press, 2007），是一部关于

科耶夫讲座的杰出的英语作品，参见该书第49—110页。

2 Robert Pippin, *Hegel on Self-Consciousness: Death and Desire in the Phenomenology of Spirit* (Princeton, NJ: Princeton University Press, 2010), vii; Michael Forster, *Hegel's Idea of a Phenomenology of Spirit* (Chicago: University of Chicago Press, 1998), 294.

3 Leo Strauss, *On Tyranny*, ed. Victor Gourevitch and Michael Roth (Chicago: University of Chicago Press, 2013), 305.

4 科耶夫的传记，主要有两种，分别由Dominique Auffret 和 Marco Filoni编纂，但都没有英文译本。参见Dominique Auffret, *Alexandre Kojève: la philosophie, l'état, la fin de l'histoire* (Paris: Grasset and Fasquelle, 1990); Marco Filoni, *Il filosofo della domenica: vita e pensiero di Alexandre Kojève* (Turin: Bollati Boringhieri, 2008)。

5 Bene vixit qui bene latuit（隐藏得好的人才过得好），转引自笛卡尔的拉丁语格言。它既可以用于反映哲学生活的沉思本质，或者在涉及科耶夫的情况下，更可能反映的是这位哲学家对单纯的个体性的、动物性的生活的克服。

6 参见Kleinberg, *Generation Existential*, 第65—68页。

7 此处存在着一个很重要的吊诡之处，因为陀思妥耶夫斯基本人似乎曾受到过激进的黑格尔左派思想家的影响，后者在19世纪40年代渗入了俄罗斯思想界。因此，科耶夫处理黑格尔的方法展现了一种对黑格尔影响的独特的俄罗斯式回应。尽管科耶夫本人的基督论（Christology）表明了与路德维希·费尔巴哈和布鲁诺·鲍威尔（Bruno Bauer）的亲缘关系，但它跟科耶夫的俄罗斯哲学前辈们的关系更为密切，尤其是在其对自我否定的明显的关注这一方面。对于陀思妥耶夫斯基的影响，参见Nel Grillaert, *What the God-seekers Found in Nietzsche: The Reception of Nietzsche's Übermensch by the Philosophers of the Russian Religious Renaissance* (Leiden: Brill-Rodopi, 2008), 107–139。

8 在本书所涉及的主要领域之外，有一项重要的特殊任务，即深入研究科耶夫所受到的俄罗斯黑格尔主义传统的影响。对于科耶夫理论的原创性，Bernard Hesbois 和Philip Grier都提出过疑问，他们分别援引了科耶夫的朋友亚历山大·柯瓦雷和伊万·依琳（Ivan Il'in）的作品，他们关于黑格尔的鸿篇巨制极有可能影响了科耶夫（正如Grier指出的，科耶夫似乎否认了这种影响）。参见Bernard Hesbois, "Le livre et la mort: essai sur Kojève"（博士论文，Catholic University of Louvain, 1985), 10–11, Note.15; 以及Ivan Il'in, *The Philosophy of Hegel as a Doctrine of the Concreteness*

of God and Humanity, ed. Andtrans. Philip T. Grier, 1:lviii–lix (Evanston, IL: Northwestern University Press, 2010)。

9   科耶夫的这种解读在很大程度上是有意为之。科耶夫是陀思妥耶夫斯基最好的读者，从未有人像他那样了解后者。同时，他极大地影响了此后勒内·基拉德（René Girard）对陀思妥耶夫斯基的探讨。正如科耶夫的传记作者多米尼克·奥弗莱（Dominique Auffret）所证明的那样，无论如何，他既对陀思妥耶夫斯基也对索洛维约夫感兴趣，这一点是众所周知的。参见Auffret, *Alexandre Kojève*, 180–197；以及Filoni, *Il filosofo della domenica*, 34–101。Filoni对俄罗斯文化，尤其是"白银时代"的思想方面造诣颇深。

10   科耶夫对历史的理解相当有趣，他把历史看作是循环的，历史上的事件"都曾经发生过"而且分毫不差，它潜在地会无数次地反复重来。也就是说，对科耶夫而言，黑格尔式的圆圈在"并非按图索骥"的、原初的意义上，只能旋转一次，此后，它只是以近乎"机械"的方式不断循环。参见Kojève, *Introduction à la lecture de Hegel*, ed. Raymond Queneau, 2nd ed. (Paris: Gallimard, 1968), 391。凡有英文译本的地方，我都会标注相应的英文本页码。而上书的英文译本与法文原文相比，省略了大约300页的内容，因此许多引文没有对应的英文出处，相应的译文是我补充的。

11   在此我之所以用"鲜明的"，是因为本书总体上包含着一套连续不断的关于科耶夫与海德格尔之关系的评论，以此来澄清他们彼此互相对立的观点，以及——我希望——这些观点的意蕴。在后一方面，与海德格尔的对比是颇具启发意义的。

12   科耶夫与海德格尔的关系值得用一本书来专门论述。同时，科耶夫的研究者们一般认为，他对黑格尔的评论在很大程度上既得益于马克思也得益于海德格尔。而其他的一些著作，比如1931年撰写的未刊行的手稿《无神论》（*Atheism*），也表明了一种对海德格尔的激烈反对。关于上述评论，可参考Dominique Pirotte, "Alexandre Kojève Lecteur de Heidegger," *Les Études Philosophiques* 2 Hegel-Marx (April–June 1993): 205–221。

13   在这一方面，我认为宣称科耶夫是一个积极的生物政治（biopolitical）思想家在某种程度上是有问题的，因为消除作为利益核心的动物性是生物"管理"中一个相当极端的例子。当然，我们或许可以说，科耶夫也可能是一个超人主义（transhumanist）思想家，然而超人主义所关心的我们人类与动物性的复杂而多变的关系远远超出了科耶夫相对中庸的贡献——在终极的意义上，科耶夫的思想依然与所有同动物性的妥协形成严重的对立，而且他几乎没有关于新形式的存在的极端想法，而后者恰好是超人主义的常态。如果科耶夫试图纠正人性本身的"缺陷"，他的新的"末人"（overman）最终会昭示着某种状态，在其中，静如止水的圣人将以非英雄的形态出现。如果在科耶夫的思想中有什么是批评超人主义的幻想，认为后者有着固有的矛盾，那就是动物式的幻想，幻想着消除动物性的否定特征，因而连动物性本身都消除了。参见Giorgio Agamben, *The Open: Man and Animal*, trans.Kevin Attell (Stanford, CA: Stanford University Press, 2004), 12。

14　在这部分哲学家中，毫无疑问，阿兰·巴迪欧是最重要的代言人，作为真理的捍卫者，他反对被他称为反哲学的东西，他或许是在模仿科耶夫。巴迪欧的《哲学宣言》是一个典型的例子，在这部论辩性的著作中，他试图远离错误哲学的同时又不会远离到达某种终极真理。参见 *Manifesto for Philosophy*, trans. Norman Madarasz (Albany: State University of New York Press, 1999)。

15　20世纪60年代法国哲学中的反黑格尔主义浪潮与科耶夫密切相关（或许就像对结构主义的反应一样，也跟科耶夫的思想有很大的亲缘性）。参见J. Derrida, "Différance," in *Margins of Philosophy*, trans. Alan Bass (Chicago: University of Chicago Press, 1984), 1–28;以及他对米歇尔·福柯的精彩评论，参见 J. Derrida, "Cogito and the History of Madness," in *Writing and Difference*,trans. Alan Bass (Chicago: University of Chicago Press, 1978), 31–63。亦可参见Gilles Deleuze and Félix Guattari, *What Is Philosophy*?, trans. Hugh Tomlinson (New York:Columbia University Press, 1996); Michel Foucault, *Discipline and Punish: Birth of the Prison*, trans. Alan Sheridan (New York: Vintage, 1977); 以及Jim Vernon and Antonio Calcagno, eds., *Badiou and Hegel: Infinity, Dialectics, Subjectivity* (London: Lexington, 2015), 18。

16　许多研究都谴责科耶夫的"虚无主义"或"反人类主义"，这两者指的是科耶夫对自由的历史个体的坚决抵抗，这种自由的历史个体被理解为坚持科耶夫认为的自我创造和自我决定的现代神话的个体自我。换句话说，科耶夫也提倡物化（reification），但肯定不是在乔治·卢卡奇或西奥多·阿多诺的意义上。对科耶夫而言，对物化的关注背叛了对自身利益的放弃，卢卡奇可能试图纠正这种做法，但阿多诺却没有坚持，后者强调将痛苦视为道德的中心，这保留了自身利益的一个关键方面。

17　科耶夫曾读过列奥·施特劳斯早年关于霍布斯的著作，上述关于霍布斯的观点在其中体现得淋漓尽致。参见 Leo Strauss, *The Political Philosophy of Hobbes:*

Its Basis and Genesis (Chicago: University of Chicago Press, 1952), 15–16; and Alexandre Kojève to Leo Strauss, November 2, 1936, in Strauss, *On Tyranny*, 231–234。

18　让-雅克·卢梭在《论人类不平等的起源和基础》中对欲望的增生的关注，与此尤为相关。主人或财富拥有者宣称某些财富是"属于他的"，这样的主人或财富拥有者的概念进入了人心，变成了自我确证的结构的基本动机，而该结构位于卢梭对现代资本主义社会的批判的核心——在资本主义社会中，"我"战胜了"我们"，自私战胜了公共利益。如我们将要看到的，这一从"我"到"我们"的转变，同样也是科耶夫解释黑格尔的基础。

19　在这个意义上，科耶夫与弗朗西斯·福山（Francis Fukuyama）存在着尖锐的对立。

20　Fyodor Dostoevsky, *Winter Notes on Summer Impressions*, trans. David Patterson (Evanston, IL: Northwestern University Press, 1997).

21　一个明显的例外是由两位优秀的施特劳斯学派专家所翻译的科耶夫在法制史方面的主要手稿：*Outline of a Phenomenology of Right*。

22　Boris Groys, *Introduction to Antiphilosophy*, trans. David Fernbach (London: Verso,2012), 145–167; Stefanos Geroulanos, *An Atheism That Is Not Humanist Emerges in French Thought* (Stanford, CA: Stanford University Press, 2010), 130–172.

23　公平地说，乔治·巴塔耶在他1955年的论文《黑格尔、死亡与牺牲》（*Hegel, la mort et le sacrifice*）中最早作出了这一论断："必须承认，亚历山大·科耶夫的原创性和勇气在于认识到了继续前进的不可能性，其后果是放弃某种原创哲学之产品的必要性，以及由之而来的周而复始，即承认思想的虚荣的必要性。"转引自Dominique Pirotte, *Alexandre Kojève: un système anthropologique* (Paris: Presses Universitaires de France, 2005), 159。

THE

BLACK

CIRCLE

第一部

俄罗斯背景

卡西米尔·马列维奇，《黑圈》，1923年

第一章

疯 人

请注意卡西米尔·马列维奇①那幅引人深思的画作《黑圈》（*Black Circle*）。对它，我们的观感如何呢？一个普通的圆，句号，壶穴，黑色的球，圆形的黑色，空虚，虚空，针头，一滴油，瞳孔，等等。然而我们面前的仅仅是一个普普通通的圆被置于白色的方框之中——简单性本身。我们的观感如何呢？除了色彩和形状的极简对比之外什么也不是，它肯定不是在描绘任何来自自然的事物，也不是我们日常世界中的任何事物，不是我们在家里或者去上班的路上遇到的事物——实际上，不属于任何书本或博物馆之外的能见到的事物。但或许在上述所有事物中都能看到它。我们的观感如何？所有或一无所有。其简单之处就在于这种简单是极度抽象的，两种最基本的形状、两种最基本的色彩，不比这更多，也不比这更少。这种抽象既引人注目，又拒人千里，它把我们日常经验到的纷繁复杂的多样性简约成一系列的基本的要素，就像一条数学公式，同时兼具美丽与丑陋、正常与疯狂。

---

① 卡西米尔·塞文洛维奇·马列维奇（Kasimier Severinovich Malevich，1878—1935），俄罗斯画家，几何抽象画派的先驱，至上主义艺术奠基人。

疯狂的完美之梦

　　疯狂在科耶夫的思想中扮演了一个非常重要的角色。[1]在他与列奥·施特劳斯关于哲学家的政治热情的争论中，他最令人震惊的论证是：受到庇护的、沉思式的哲学生活无法成功地将自身与疯狂区分开来。科耶夫主张，哲学家的孤立的判断，即他的知识是更为高明的——他或她知道的更多——会被下述事实证伪：疯狂是存在着的，"它可能是'系统的'或者'合乎逻辑的'，只要它是一个能够从主观上明确的前提所做出的正确的推论"。声称有知的哲学家本来就跟疯子相距不远，虽然后者"相信自己是由玻璃做成的，或者相信自己就是圣父、拿破仑"[2]。上述对比中蕴含着辛辣的讽刺，因为它质疑的锋芒所向，既有西方传统中的若干领袖人物的权威，也有哲学传统中的一个关键要素。神圣的疯狂或者 θεία μανία[①]驱使着真诚的哲学心灵透过表象去看，通过努力去理解规则从而拒绝被给予的规则——也就是说，尝试着去知道更多。

　　尽管科耶夫的观点明显地指向了柏拉图（与基督），但他同时也指称俄罗斯文学中的一个标志性人物——陀思妥耶夫斯基，他创造了一个令人深思的角色，拉斯柯尔尼科夫，这位理论上的杀手与拿破仑·波拿巴极度相似。[3]但在这一方面，陀思妥耶夫斯基作品中的另一个角色阿列克谢·尼雷奇·基里洛夫，也就是陀思妥耶夫斯基篇幅长度排名第三的小说《群魔》中的自杀理论专家，对科耶夫来说或许扮演着更重要的角色。在接下去的几个章节里，通过追踪柏拉图与陀思妥耶夫斯基的影响之间的联系，我力图揭示出由陀思妥耶夫斯基发展出来的疯狂概念创造出了一个框架，该框架清楚地表明了此后俄罗斯人所争论的那些至关重要的基本话题，即人生的适切的目标以及历史的适切的目标，该框架也构成了我们思考科耶夫对黑格尔的解读的前提。

---

① 神圣的狂热。

预先声明，我准备论证的是陀思妥耶夫斯基复活并澄清了朝向完美的努力——要么是建立完美城邦的努力，要么是克服所有有限性存在之限制的努力——与疯狂的结合，尽管后者是被神所触摸过的疯狂。陀思妥耶夫斯基描绘这种疯狂的时候，明显地是从否定性的角度出发的，他所给出的替代品，是关于极端有限性的描绘。由此，陀思妥耶夫斯基树立了一个模糊的、非终结性的英雄形象，与之相对的，是终结性的、完美的英雄。[4] 紧随其后出现的是另外两个主要人物的思想线索：弗拉基米尔·索洛维约夫和尼古拉·费德罗夫，正如我们将要看到的，他们两人进一步发展了上述陀思妥耶夫斯基问题，尽管两人的方式大相径庭。在科耶夫这一方面，他把向绝对知识的上升解释为一种哲学的，甚至是无神论的，神化（deification）的变体，即成为有智慧、人间的神，一个终结性的、有限的神。[5] 以此种对黑格尔的解释，科耶夫重拾了陀思妥耶夫斯基立场中的若干基本要素。在此，科耶夫思想中的模糊之处是非常明显的。人们可以从既重复又颠覆陀思妥耶夫斯基式的批判来解读他，他设定了纯粹的疯狂，来力图承担起作为智者（σοφός）的道成肉身的上帝的角色，或者作为每个个别人生的适切目标的上帝的至高神圣性。

在这一方面，科耶夫的黑格尔敢于一劳永逸地终结特殊的和复杂的关于哲学与神化的历史，并实现柏拉图在其关于爱的最重要的两篇对话，即《斐德若》和《会饮》中所提出的承诺和告诫。通过爱欲化（eroticizing）的方式，上述作品在绝非偶然的情况下为西方世界关于行动与思想的核心叙事方式奠定了基础，这一步具有着极端的特殊性（strangeness），科耶夫在其关于黑格尔的评论以及我在后面第八章中会探讨的晚期作品中找回了这种特殊性，同时也做出了一个重要的区别：如果对柏拉图来说，神化终结于沉默，那么在科耶夫看来，在某种综合的、黑格尔式的**对话**中，会将朝向智慧的上升解读为我们会逐步实现与神的同一，神化就是这一对话的结果。

柏拉图

"疯狂"的问题在柏拉图的对话录中经常性地以不同的伪装出现。毕竟，对不明就里的人来说，哲学家们看起来已然是迷失了方向。最清楚地表明这一点的是那个得到了启蒙的囚徒在瞥见了"更高的事物"（τὰ ἄνω ὄψεσθαι）之后，竟然下降、返回到了洞穴之中。[6] 而其他的囚徒则试图杀掉那个曾见过更高级世界的囚徒。他们既害怕又讨厌他，各种陈词滥调开始出现，包括对苏格拉底的追随者以及其他许多声称有同样特权的人们的恭维，以至于许多因没有能力而不愿意去理解那被带到他们面前的真理的人，立刻就开始诽谤真理的预言者。由此出发，距离下述结论，即真理的拥有者是个疯子，只有一步之遥。因为在那些除了眼前的现实外无法理解任何其他实在的人看来，那样一个人的唯一可能是疯了。

柏拉图将这样的疯狂概念置于《斐德若》的中心位置。众所周知，他在书中将看到"更高的事物"的努力看作被赐福的或神圣的疯狂，也就是说，这种疯狂的源头来自诸神自身。[7] 与希腊的传统不同，这一起源对柏拉图来说意味着什么呢？或许我们可以从苏格拉底在该对话中所提供的关于灵魂之本性的叙事中获得些许提示。在此值得一提的是，这一对话发生在雅典城外，靠近一条有许多传说的河流①，特别有名的一个传说是北风之神玻瑞阿斯（Boreas）在此处抢走了俄瑞提亚（Oreithyia）。正如其他的评论者已经注意到的那样，将这一对话置于城外的一处贪婪、神秘的放纵之所，可谓煞费苦心，因为这凸现了对话中放纵与节制之间的张力，而这可以说是对话最重要的主题结构之一。

---

① 伊立苏河或伊利索斯河。古代雅典城墙外的一条河流，河的堤岸位于繁华的十字路口，苏格拉底经常与友人散步聊天的去处。

对这一张力的最好描述是两种许可之间的张力，一方面是表面上的自由，它允许欲望如其所愿地那样表现自身，另一方面是节制，它来自对上述欲望的约束，使得后者不至于伤害别人，遵照城邦的法律，在其中彼此容让地生活。

这一张力直接出现于对爱若斯（eros）本身的讨论之中。爱若斯被用来指称挣脱束缚的冲动，它不仅表现在对被给予的事物的追求之中，比如女孩俄瑞提亚，而且在更加基本的层面上，表现于挣脱所有束缚的追求之中，除了为挣脱束缚所施加的束缚本身。后者似乎与神有关——似乎人被神蜇了一下——因为它所追寻的是分享由神所享有的绝对的自由，或许是可以想象的最为绝对的自由：免于死亡。

苏格拉底的表述意味深长。斐德若先朗诵了一篇吕西阿斯的演讲，然后自己也发表了一通演说。在听完这些之后，著名的、非创造性的但能助产的牛虻在自己发表的第二个演说中提出了一个引人注目的反面说法。在这一说法的开头，苏格拉底假定神就是灵魂，而"所有的灵魂都是不死的"[8]（ψυχὴ πᾶσα ἀθάνατος）。这一希腊词语指示着一个统一的、非时间性的"事物"，而如此这般的事物，根本不可能是真正的事物。此外，更有趣的是，这个单一的、不可见的、无法想象的事物，恰好是爱欲的追求者或者爱者所追求的，也就是说，追求与不死——或用更为平常的拉丁对应词"不朽"——本身的结合。如果不是这个目标定义了上述追求——它肯定得这么做，因为这一追求完全取决于目标，没有目标的追求根本不可能发生——那么这种追求定然是非同寻常的。毕竟，如果追求不朽意味着与某种不能成为某物的东西结合，而该物的身份最好被描述为对身份的抵抗，这究竟意味着什么呢？

最显而易见的答案就是，这样的追求属于十足的疯狂行径。它自身内部蕴含着一个矛盾，或者说一个问题，而这又会否定将追求不朽当作人类行为的适切目的的做法。如果柏拉图在别的地方注意到统治人类行为的爱若斯被引导向了不朽，那么在澄清这一行为的可能后果究竟如何方面，他毋宁说是保持了沉默。当然，这一沉默的理由很充分，因为看起来与对不朽的追求相一致的，是对个体的最为彻底的消除，因为个体之为个体就在于它身处时空之中，有着特殊的语言、性别、年龄和肤色。让我们说得更直接一点，在这种意义上的对不朽的追求，其最极端的表现，就是消除掉追求者或者爱者——我们或许可以称之为自我。对不朽的追求等同于追求自我牺牲：自杀。

神圣的疯狂之所以是疯狂，恰好是因为它会号召其追随者或爱者去自杀。哲学家是追求者最好的代表，也是最热诚的自杀者。既然如此，为什么哲学家总是要下到洞穴之内，回到城邦之中？究竟是什么驱使着哲学家离开那最高的、最神圣的目标？

苏格拉底对此一清二楚：根源在于肉体。哲学家之所以不能与纯洁的、不可见的、不朽的灵魂保持关系，其主要的原因在于肉体的干扰。在《斐德若》中，苏格拉底叙事的一个中心形象是折翼的灵魂，与之相当的形象是《会饮》中阿里斯托芬版本的有着爱欲的存在者。这一形象不仅是整个叙事的支点，也隐喻着该叙事自身。让我先解释一下后者。

苏格拉底强调说，其叙事比隐喻要多上那么一点点。"所以到此为止，关于灵魂的不朽说得够多了；但关于它的外表（ιδέα），人们必须以下述方式来描述。说出它究竟是什么的会是一种无限的和神圣的描述，而说它像什么则属于人类的、低一级的描述。"[9] 这种下降到人类语言的行为本身就如同上述描绘自身所提供的灵魂形象一样奇怪且非人化——显而易见，没有哪种纯粹的人类的描述能够适用于灵魂。也就是说，叙事或者神话不会超出模仿的范围，而且即便如此，这一模仿也是有问题的，因为它把在定义上就没有也不可能有形象的东西变成了一种形象，这种做法已经近乎荒唐。

神话叙事的这种局限性意味着它不过是种虚构，许下了一个它自己都无法实现的诺言。如果人们不是那么宽容，甚至可以论证说上述限制教给我们的是，神话叙事不过是个谎言，极其接近必要的、或者高贵的谎言（γενναῖον ψεῦδος），后者在《理想国》中表现得极其明显。[10] 只要它是一个谎言，那么它定然是对其试图描述的对象的可笑歪曲。这一点值得我们牢记在心。

这一叙事本身相当简单：

> 我们姑且把灵魂比譬为一种协和的动力，一对飞马和一个御车人。神所使用的马和御车人本身都是好的，而且血统也是好的，此外一切生物所使用的马和御车人却是复杂不纯的。就我们人类来说，御车人要驾驭两匹马，一匹驯良，另一匹顽劣，因此我们的驾驭是一件麻烦的工作。这里我们要问：所谓"可朽"和"不朽"是怎样区别开来的呢？凡是灵魂都控制着无灵魂的，周游诸天，表现为各种不同的形状。如果灵魂是完善的，羽毛丰满的，它就飞行上界，主宰全宇宙。如果它失去了羽翼，它就向下落，一直落到坚硬的东西上面才停，于是它就安居在那里，附上一个尘世的肉体，由于灵魂本有的动力，看去还像能自动，这灵魂和肉体的混合就叫作"动物"，再冠上"可朽的"那个形容词。①[11]

动物或可朽的肉体中充满了冲突，因为它将两种异质的要素混合为一体。神圣的理智所拥有的是不变的对象，由于免于肉体的干扰，因而是完美的；相形之下，人的理智无法使自身免于这种干扰，因此，人的理智不可能保持着完美，它最多能做到瞥见完美而不可能长久地拥有完美。苏格拉底继续说道：

---

① 译文引自柏拉图著、朱光潜译：《斐德若》，商务印书馆，2017，第29—30页。本书引文的翻译，除非注明出处，均为译者翻译，不再标注。

　　至于旁的灵魂咧，凡是能努力追随神而最近于神的，也可以使御车人昂首天外，随着天运行，可是常受马的拖累，难得洞见事物的本体；也有些灵魂时升时降，驾驭不住顽劣的马，就只能窥见事物本体的局部。至于此外一些灵魂对于上界虽有愿心而无真力，可望而不可攀，只困顿于下界扰攘中，彼此争前。① 12

　　这一神话叙事一度看起来如此危险，以至于其作者被处死，而在如今却成了芸芸众生的陈词滥调。误入歧途的灵魂——之所以误入歧途，是因为或者附着于肉体，或者"堕落"——竭力想回归到其起源，即完美的天堂之中。我们发现，这一传说隐藏在无数的变化之中，包括了从基督教叙事的残余到进化论的叙事，在后者所支配着的世俗的想象中，这一叙事被看作关乎自我发展，或者也许最为讽刺的是，关乎感官的满足。

　　此类叙事中的大多数所表述的，无非就是向往着从种种限制中摆脱出来，而后者又跟我们所置身于其中的物理世界相连。在这个意义上，它们是对另一个世界的向往。用非纯粹形式的世界的话语来描述一个纯粹形式的世界从而把二者同一起来，有些人发现了这一内在的矛盾，在其他情况下，这种矛盾会被看作外在于时间的世界与内在于时间的世界之间的矛盾。对于这些人来说，上述向往与日常的经验世界的关系其实并不存在。外在于时间的世界是否能存在，甚至在逻辑上都是成问题的，而上述叙事试图隐藏或掩盖的正是这一点。这一做法柏拉图或许也有。旨在描述完美世界的柏拉图式叙事必定是错的，因为完美——纯粹的统一——除非被转变为它所不是的东西，否则不可能被描述。

　　因此，疯狂显而易见是一种未经批判的事件。被诸神蜇过就是沉迷

――――――――――

① 《斐德若》，第 31 页。

于谎言、传说、永远无法实现的可能性之中。但是，正如苏格拉底所说："来自神的疯狂高于失智（sanity），后者是来自人的。"（τόσῳ κάλλιον μαρτυροῦσιν οἱ παλαιοὶ μανίαν σωφροσύνης τὴν ἐκ θεοῦ τῆς παρ᾽ἀνθρώπων γιγνομένης）[13] 疯狂比失智好；灵感迸发好于小心谨慎；充满了幻想好于（死气沉沉地）固定在已经形成的"现实"上。

那么，我们该怎样对待这种疯狂呢？一方面，我们或许可以通过这一神圣的疯狂的后继者，即浪漫主义的灵感或天才概念来解读它，在后者看来，如果有人被缪斯选中，他就能表达出我们生命的普遍趋势，后者往往隐藏在特殊性之中。在这种意义上，艺术家就是为神所特选的容器，他在其灵魂的熔炉里神化了人类的"非被造的意识"（uncreated conscience）。[14] 另一方面，如我所言，我们也许可以把这一神圣的疯狂看作对让我们自身从所有束缚中挣脱出来的向往的最强烈表达。但这样的自由也是多方面的。它可以是这样的：作为自由，它表现为创造出某种最为极端的、涉及面最广的和最为令人不安的内容，这种创造等于试图让我们彻底焕然一新，是一种自我创造，它使得本来被困于死亡的人类变成挣脱了死亡但同时再也无法被识别的物种。

爱的上升的这一双重性质，在传统上与《斐德若》相连的另一篇对话《会饮》中的著名的"爱的阶梯"中表现得更为清楚：

> 凡想循正道达到这一目的的人，从小就得开始向往美的身体。要是给他引路的人引领得对头的话，他首先当然是爱慕一个美的身体，在这身体上生育美好的言论；随后，他就得领悟到，美在这一身体或那一身体中其实是相同的，也就是说，他该追求形相上的美，若还不明白所有身体中的美其实都是同一个美，那就太傻了。一旦明白这个道理，他就会成为爱所有美的身体的有情人，不再把强烈的热情专注于单单一个美的身体，因为，对这有情人来说，一个美的身体实在渺小、微不足道。

　　然后，这有情人肯定会把灵魂的美看得比身体的美更珍贵，要是遇到一个人有值得让人爱的灵魂，即便身体不是那么有吸引力，这有情人也会心满意足，爱恋他、呵护他，通过言谈来孕育，使得这少男变得更高贵，不断有所长进。到了这一步，这有情人就感到自己被促使去关注在操持和诺谟司中的美，从而看到（美）在处处都是贯通的，最终懂得身体的美其实不足道。

　　经过这些操持，这有情人就得被引领到各种知识跟前，他得以看到种种知识的美。一旦瞥见美的丰盈，他就不会再像个奴仆似的，蝇营狗苟于个别中的美，比如说某个少不更事的男孩、某个人或某种举止的美，变得小里小气、斤斤计较；毋宁说，一旦转向美的沧海，领略过美的奇观，他就会在对智慧的不可限量的热爱中孕育出许多美好的言辞、大器的思想，使得自身不断坚实、圆满，直到可以瞥见那样一种知识，接下来（就要说到）的那种美的知识。

这种美究竟是什么呢？

　　首先，这美是永在的东西，不生不灭、不增不减，既非仅仅这点儿美那点儿丑，也非这会儿美过会儿又不美，或者这样看来美那样看来又丑，或者在这里看起来美，在别处看起来又丑，仿佛对某些人说来美，对另一些人说来又丑。对于他来说，这美并非显得是比如一张面孔、一双手或身体上某个地方的美，也不呈现为某种说辞或者某种知识的美，不呈现为任何在某个地方的东西，比如在某个生物、在地上、天上或任何别处的东西；毋宁说，这东西（在他看来）自体自根、自存自在，永恒地与自身为一，所有别的美的东西都不过以某种方式

分有其美；美的东西生生灭灭，美本身却始终如是，丝毫不会
因之有所损益。

最后还有一个总结：

> 先从那些美的东西开始，为了美本身，顺着这些美的东西
> 逐渐上升，好像爬梯子，一阶一阶从一个身体、两个身体上升
> 到所有美的身体，再从美的身体上升到美的操持，由美的操持
> 上升到美的种种学问，最后从各种美的学问上升到仅仅认识那
> 美本身的学问，最终认识美之所是。① 15

　　美是一种既丰盈又空虚、既肯定又否定的完美。然而，不用花费多
少气力我们就能得出结论：肯定的和否定的完美其实只是一个完美；因
为作为被把握的对象，完全的同一性并不比完全的非同一性更容易把握。
两者都超出了我们能够通过某物，也就是说，这个世界中的个别事物所
达到的理解的范围。如果我们无法借助事物或对象的语言来理解完美，
那么我们很难被驱使着去理解完美可能的含义，因为理解需要某种语法
或者"逻辑上的"关系，因为被纯粹的自洽性所断定的完美的概念，若
用康德式的术语来说，定然会驱逐恰好作为其条件的可能性。因此，无
论是追求丰盈的完美还是空虚的完美都是疯狂的，只要它在上述两种情
况下所追求的都是完全无条件的、绝对的、与其他所有事物都没有任何
联系的对象，也就是社会性、生命的对立面。

　　美本身可以是丰盈、存在、完美，以及任何人们乐于加诸终极性之
上的词语。但它却被令人震惊的模糊性所劈开：它同时既是美的又是骇

---

① 以上《会饮》译文引自柏拉图著、刘小枫等译：《柏拉图的〈会饮〉》，90—92 页，华
夏出版社，2003。

人的，或实际上又是崇高的。之所以如此，是因为在其完美或完成中，它表征着某种与我们在世的经验完全无关的抽象。把这样的美看作人的努力所能达到的最高"目标"，就等于说唯一值得去努力的就是超越到日常经验的世界之外。什么是重要的一清二楚：人必须寻求与美、存在、永恒的或不变的事物的结合。正如神话传统所正确理解的那样，这一要务会导致自我的毁灭、沉寂、"混化"（fanā）。[16] 在此意义上，美意味着一道弃绝生命的命令，一个神秘主义者提出的仅仅可能是有关这样的毁灭的隐喻性例子，但在其字面上的也是最为残忍的实践中，却可能落实为一个简单的自杀行为。实际上，美同时既是美的又是丑的，引人陶醉的是它完美的一面，令人惊惧的一面则是它远离了，甚至否定了活生生的生命。

柏拉图明确地提出了挑战：对美本身的追求就是疯狂，但对于那些试图从事哲学的人来说却是唯一有意义的（sense-giving）追求，因为美是描述那种智慧或 Sophia 的方式之一，作为爱智慧者的哲学家追求的就是它，他追求的就是作为智慧的完美。这样的完美把人从表象世界的不完美中解放出来——在这一方面，对美的追求就是一种摆脱不完美，摆脱此时此地的俗世困苦生活的彻底解放。从这方面来看，此生此世的困苦生活究其本身是丑陋的，因为不完美就是丑陋。最先的也是最要命的，是令人畏惧的丑陋通过疾病和死亡强加给我们每个人的肉体存在的毁坏。在这里，我们获得了一个逆转，它反对根据此生此世的局限性和有限性对其进行负面评价。事实上，人类努力的最高目标应该是（以任何形式）获得完美，这一观念所预设的是不完美的生活——有限的生活，具身的个体——必须被克服。我们必须变得自由，就像神或疯子是自由的一样。

这项挑战确实令人感到窒息。这是对革命的号召，它要求我们抛弃我们处于不完美的混乱中的生活，也就是我们的此生此世。它呼吁抛弃我们所拥有的，以追求对我们任何人来说都无法理解的存在，因为我们日常生活中最清楚的东西，对于那些看过太阳，拥有绝对视域的人来说一定是非常不清楚的，他们谴责我们只是在地下洞穴中沉默着或喋喋不休。这一呼声回荡了两千年。也许所有的西方文化都被柏拉图殖民了，在东方的基督教的土地上也是如此。如果海德格尔在他著名的论文《论柏拉图的真理学说》中简洁有力地指出了前一点，那么科耶夫似乎也在他关于弗拉基米尔·索洛维约夫的著作中，甚至在他对黑格尔的评论中也坚持这一点。[17] 然而，科耶夫由此在以下意义上将黑格尔与柏拉图对立起来：对于黑格尔来说，最终的智慧可以在对话中获得。

地下室人

从不确定的存在的混乱中挣脱出来，对自由的强烈渴望似乎构成了陀思妥耶夫斯基小说的最重要的主旨之一，最令人难忘的证据就是他对罪恶的持续关注。陀思妥耶夫斯基不仅仅是一个自杀问题的专家，他的小说同样以一系列引人注目的画卷，展现了彻底的解放看起来会是什么样子，展示了上升到完美的神话、梦想和强迫意念（obsessions），可以媲美最伟大的文学楷模，包括柏拉图本人的那些作品。接下去我将要探讨的是上述神话中的两种，关于理论上的杀手拉斯柯尔尼科夫和关于理论上的自杀者基里洛夫。但在此之前，我先要转向激发这种神话式的回应问题的作品，即《地下室手记》。此作考察了此生此世的生活，从任何理想化的或者流于表面的、暂时性的关于解放的神话中"解放了出来"①。

实际上，《地下室手记》设计了一个完全相反的，或许可以称为"反神话"的解放形象：从奔向解放的努力中解放出来。自由不能从作为自

---

① 传统认为从日常世界中挣脱才叫"解放"，作者在此反其意而用之。

我完善之终极目的的自我牺牲中去寻找，恰恰相反，对那种将达到完美看作从此生此世的混乱生活中解放出来的诱惑，应避之唯恐不及。通过塑造一个身处地下室的人物这一反常的形象来挑战传统的将完美看作所有价值中的最高者的观念，认为虽然讽刺且悲伤，但值得赞颂的恰好是有限性（finitude），自由来自没有能力去达成、去获得完美。人寻求变成神（a god）或者上帝（God）①，对于这一宏大的神话，陀思妥耶夫斯基应之以一个更为低级的、更丑陋的但却更少悲剧色彩的故事。这是一个关于不完美的存在者的故事，他需要其他的存在者，他关于自由的经验里包含着不安全和痛苦，他可以生活在地下，或在其最正面的意义上，大多数时候生活在此岸世界之中。

在这一点上，陀思妥耶夫斯基的批评家们已经达成了共识，一致认为《地下室手记》发现了一处矿藏，构成了他的主要贡献，其后出现的大量小说都与此一脉相承。[18] 我认为，这一共识并非个例，而且得到了证实。《地下室手记》首次提出了关乎俗世人生、其价值及其正当性的问题，这一问题困扰着此后一系列的小说的主人公们。简而言之，《地下室手记》为之后的小说设定了一个相当引人注目的、辩证性的应答框架。[19]

自由与自然

比起我们相对于自然的卑微的奴隶地位来说，还有什么更羞耻、更无聊、更可笑吗？正如地下室人所说的那样，我们都"牙疼"，他用一个简单的例子表明了一个重要的观点：疼痛以令人不舒服的方式提醒我们，自然的必然性是很难为我们所克服的，即便我们真的能够克服它。

---

① 前者是在希腊诸神的意义上，后者是在犹太–基督教传统的意义上。

它伤害着我们，而我们痛苦地呻吟，"这呻吟首先表明，对于我们的意识来说，你们的牙疼有损尊严、毫无目的；这是整个自然规律，你们当然对此嗤之以鼻，但你们还是得饱受其苦，而它却安然无恙"①20。

自然的规律性和无意义，对于地下室人来说是紧密相关的。如果自然是合规律的，那么就不存在对规律的背离；没有什么行为可以违反自然。简单地说，我们只能看自然的脸色行事，而后者首先也是最要紧的指令是：我们一定得死。牙疼不过是个预兆，昭示着更为全面的问题。这使得人们想起柏拉图《斐多》中著名的最后一句，苏格拉底面对死亡却感到"快乐"，尴尬的是，这快乐来自对人生的极具讽刺意味的看法：人生是一场病，只有终结它才能治愈它。至少，这或许是弗里德里希·尼采对苏格拉底给克力同的遗言的解释，而尼采的这种解释看起来颇具说服力。21

而地下室人说的可能更多。我们可不仅仅是遭受痛苦疾病因此而牢骚满腹。从牢骚中我们同样能获得快乐。我们把牢骚变成了甜美的音乐以安慰自己。当痛苦转化为甜美音乐，尤其是转化为浪漫乐曲22变得司空见惯时，它同时也指向了规律性的另一个层面，而且是对地下室人非常重要的层面：重复。在自然的"铁律"相当明确地预定了我们的死亡的同时，它也强化了加诸我们生命之上的一种严格的一致性，一种常规，一种可能是最强有力的提醒：它是我们的日常（名副其实的每天）经验的最高主宰。在只有重复的地方，就不会有新奇，没有新的可能。在没有新的可能的地方，（对于臣服于时间的存在者来说）就只剩下了重复。在重复之中，人们可能创造出怎样甜美的音乐呢？重复有甜美之处吗？如果一个人每次将巨石推上山顶，只是让它再次滚下山坡，为什么不干脆躺在巨石下面，听之任之？

---

① 中译文引自陀思妥耶夫斯基著，曾思艺译：《地下室手记：陀思妥耶夫斯基中篇小说选》，第413页，上海三联书店，2005。

这一关乎无意义的故事的有趣事实是，事实上，它恰好是个故事。为什么要讲这样的故事？它或许并不甜美，但确实是某种音乐，而只要它能带来宽慰，它就是甜美的——对这一论断，地下室人肯定有所洞见。[23] 否则就难以理解为何每个人都像地下室人一样试图记录下他或她的悲鸣。如果其中不包含任何宽慰之处，为什么要创造出对一个人的悲鸣的记录？如果写作什么也改变不了，为什么要进行写作？

我们试图将目光转向别处。[24] 这难道不是最重要的劝告吗？"甜美的音乐"是否比从那些我们"业已熟知的事物"中的转移多上那么一点点呢？然而，地下室人难以倾听"甜美的音乐"，也无法享受似乎由他的痛苦加给他的快乐。人们只会回想起这部小说的卷首语："我是个病人……我是个凶狠的人。我是个不招人喜欢的人。"[①][25] 地下室人无法另寻他途。他并未完全疯掉。但他却戴着一副传统的疯狂面具，作为一个不可能变成任何别人的人，"甚至不能变成虫豸"[②]，作为一个优柔寡断的人，他深陷于犹豫不决以及显而易见的不可能性之中。

作为一个优柔寡断的人，地下室人将自己与那些轻而易举地就能作出决断的人进行了对比，那些"直率的人和行动派"之所以擅长行动，恰好是因为他们并不进行思考，恰好是因为他们喜欢行动而拒斥无止境的言谈。在这些行动派面前，地下室人显得非常迟钝："他们由于目光如豆，把近期的和次要的原因当作最原始的原因，因而他们就比别人更快、更轻易地相信，他们已经找到了自己事业无可置疑的依据，于是便心安理得了。"[③][26] 这些才是真正疯狂的人，他们就像"狂怒的公牛"[④]，被某种理念、某种真理冲昏了头脑，他们已经达到了他们人生中终极的、决定性的点，或者正在走向这个点的途中。

---

① 《地下室手记》，第 403 页。

② 地下室人多次提到了这一点，如中译本第 405、406 页等。

③ 《地下室手记》，第 416 页。

④ 《地下室手记》，第 409 页。

与此相反，地下室人却无法停止思考：

> 然而，就以我为例吧，我是怎样做到心安理得的呢？我所依凭的最原始的原因在哪里呢？根据又在哪里呢？我到哪里去找它们呢？我开始思考，于是，我的每一个最原始的原因便立即引出另一个更为初始的原因，如此类推，以至无穷。这正是每一意识和思维的本质。因此，这可能又是自然规律。那么，结果究竟是什么呢？还是老一套。[①] 27

困顿于无限且无力的言谈之中，地下室人无法不进行言说，而如此一来，他的做法看起来只是在重复他的牢骚、他的悲歌，看起来甚至是以不同的形式去缓解他的厌烦。尽管他看起来对自己的牢骚有所不满，他似乎对从其中解放出来的愿景同样不满。他无法作出决断。实际上，他把决断的概念完全颠倒了过来，他清空了它，使它无法面对任何积极的标准，基于这种标准才能作出最后的决定，甚至作出如此这般的决定这一行为本身的意义也取决于这种标准。

从这一角度出发，地下室人所提出的基本的对立初看是值得尊重的：思想派与行动派并不相同。实际上，理论与实践并不统一，而是令人绝望地，甚至是滑稽地不可通约。28 当一个人思考的时候，他就不能行动，当他行动的时候，他就不能思考。这样的例子很多，但我们只需找一个就够了，在《会饮》中有一个著名的时刻，苏格拉底在进入阿伽通的府邸之前，突然神奇地停住了。看起来，苏格拉底停下为的是思考自己的行动。一个人不可能在行动的同时思考这一行动，这观点是由两千五百年后的马丁·海德格尔给出的，他注意到哲学本身是一种令人烦恼的行动，因为它停止了行动；当人立足于某种特殊方式的存在之上进行反思

---

① 《地下室手记》，第416页。

的时候，他就不可能在思考这一基础的同时又不在某种程度上离开这一基础。[29] 反思与行动因此是不可通约的。旨在进行全面理解的沉思与总是被背景所限制、处于特定时空中的行动不协调——一句话，**要么参与，要么离开**。[30]

或许关于这一古老区分的最讽刺的一幕出现在《地下室手记》的第二部分，地下室人与妓女丽莎根本不进行任何对话，与此同时却进行着最基本的行动即性行为。对话的"绽放"只有在那最初将他们聚拢在一起的行为在实际上已经终结之后才出现。实际上，这一幕具有更多的讽刺意味，因为地下室人的话语似乎是一种愤世嫉俗的即兴表演，是对妓女困境的一种假装同情，而这似乎对她产生了变革性的影响。当然，对话最终并未导致地下室人的直接变化，他怪异地重复着他们最初的相遇，当丽莎接受了他要她摆脱此前生活的建议并再次找到他时，他却乐于与她再次欢娱。但是，他最终粗暴地赶走了她，回到了作为他的地下世界的无尽对话中，这是一个虚幻的、文学的、理智的和有学识的人的世界。地下室人无法放弃自己的自由，而且在这一点上，他或许是消极自由的或者说被转变为行动的"积极"标准的消极性的一个古怪例证。

作为犹豫不定的自由

地下室人坚持在行动派和思想派之间做出区分。但与其说是确定哪一个更为优先，地下室人毋宁说是从犹疑的观点看待这种区分并且在实际上将犹疑变成了行动本身的一条原则。这是否是某种鬼把戏，某种复杂想象力的游戏呢？有人可能会论证说实际上就是后者，也有些研究谴责了地下室人的两难境遇的空虚和悲哀。[31]

不过，这儿仍然存在着一个令人烦恼的问题：地下室人并不完全适合上述分类。实际上，若一个可能的解释者作出一个极为老生常谈的论断，即地下室人的犹疑、他的无法作出明确的决定，都不过是思想深处的、存在主义式的觉悟的反映，是一种令人无力的虚无主义，那么反而会遭到地下室人的嘲讽。在这一方面，地下室人似乎是个过于乐观的虚无主义者。在很大程度上，他是路易-斐迪南·塞利纳的巴达谬和塞缪尔·贝克特的莫洛伊的先驱，或许还是 20 世纪文学殿堂中许多其他形象的先驱，因为尽管他为自己的尘世境遇、为自己的惨境而悲伤，但他同时也嘲弄了它们。[32]

简言之，地下室人试图颠覆在其他情况下他会认可的那个对立面。他成功了还是失败了？而成功与失败又意味着什么？对此的回答会将我们带回到我的解释的主旨上：疯狂。我把后者描述为对自由、对最彻底的解放的极端追求。作为疯狂，对解放的极端向往是否也是对自由的向往呢？这样的自由不需要自我解释，也就是说，在这个意义上，是最令人陶醉的胡言乱语。对解放的极端向往难道不正是由于它将无意义看得高于有意义而变成了疯狂吗？

为了摆脱限制，我们将莽撞（headlong）谴责为无意义。这就是地下室人的遗产，它使自身贯穿于俄罗斯思想之中，直至那个或许最完美地实现了其推论的人：科耶夫。而且在这一点上，科耶夫既是陀思妥耶夫斯基的忠实信徒，又是变节者。之所以如此，是因为陀思妥耶夫斯基一下子就认清了不加思考的行动派们的疯狂，他们决定在未找到合理基础的情况下就采取行动，也就是说，行动无须跟合理的理由保持一致；与此同时，陀思妥耶夫斯基也发现了无能发现或无力让自己置身于任何形式的理由之上的人们的疯狂。在此我们拥有两种自由：一个是积极的，追逐着或多或少是疯狂的理念；另一个是消极的，拒斥任何理念。正如陀思妥耶夫斯基在《地下室手记》第一部第九章写下的令人难忘的字句：

先生们，也许你们认为我是个疯子吧？请允许我稍作说明。我同意：人是一种动物，主要是一种具有创造性的动物，注定要自觉地追求目标并从事工程技艺，也就是说要一生一世、接连不断地为自己开辟一条无论通向何方的道路。然而，有时他也试图滑离正道，可这也许正是因为他注定要开辟出这条道路，也许还有一个原因，即无论率直的实干家多么愚不可及，但有时终究会想到，道路几乎总是得通往无论什么地方，而且主要问题并非道路通往什么地方，而在于道路必须直通下去，以便让那些冰清玉洁的孩子们不至于因为蔑视工程技艺而沉溺于害人不浅的游手好闲，众所周知，那可是万恶之源。人喜欢创造，也喜欢开辟道路，这毋庸置疑。然而，他为何又如此热衷于破坏和混乱呢？对此，你们倒说说看！不过，我对此倒想特别说几句。人之所以如此热衷于破坏和混乱（须知这是毋庸置疑的，他有时对此甚至堪称酷爱，这已是不争的事实了），也许是因为，他自己在下意识里害怕达到目的，完成他所建造的大厦？

接下去，地下室人提出了他著名的观点：尽管"二二得四是高妙绝伦的东西"，但人们也可能说"二二得五有时也是十分可爱的东西呢"。[①][33]这里出现的是地下室人所作出的最极端的论断：完美是一个致命的事物，它的纯粹或许很美，但也是丑陋的，因为它带来的只有静止，或者说某种活着的死亡。对于后者，胡说、一个其意义在于意义被清空的纯粹荒谬的句子，是一种起死回生的解毒剂。

---

① 《地下室手记》，第430—432页。

作为自由的胡说

地下室人通过极为尊重地援引另外一个可敬的对立：自由与必然之间的对立，提出了他对胡说的著名颂歌，他的《愚人颂》。[34]他一开始援引了传统的、耳熟能详的对理性的自私的批判。对理性的自我完善的追求导致了本质上对人类行为、实践的量化管理；实际上，正是在这种意义上，完美以及由之而来的对理论与实践之区分的消除，我们此前都已经探讨过了。也就是说，理论与实践之间的和解的不可能性，对由柏拉图首创并被我们的传统通过无数变形所认可了的神话来说至关重要，现在却变得可能了：首先作为一个梦想，最后表现为理性的自我完善。

如陀思妥耶夫斯基所指出的这种理性的自我完善，依赖于数学，而且特别依赖于量化了的参考数值，能将所有的行动类型简化为个别的关于关系的计算。[35]地下室人的论证中最核心的要旨，恰好不是将上述观点贬斥为离谱的天真，而是在实际上极其严肃地对待它。而且他的做法有很好的理由，因为人们可以认为，这样的关于关系的计算方式实际上是一种提喻法（synecdoche），它代表现代理性主义的主流思想，由这种思想出发，其最终结局是某种通用语言（characteristica universalis），某种普遍语法，它消除了错误的可能性。所有遵循这一语法的心灵——所有的心灵必须遵循它——在任何的语言行为中都会被聚集在一起。不再存在任何孤立的言说，也不存在任何无法被转变为对所有人都透明的语言行为。因此个人习语也不再存在，也不存在对既定的常规的强调，也不存在并非对以往无数次对话的重复的对话——不存在也不可能存在特殊事物，没有什么是离奇的、没有什么是新的。

对于这一壮丽的完美来说，地下室人的回应是一个极端的挑战，极端到许多人都可能认为这不过是谬误或者疯狂。

然而我要向你们重复一百遍，只有在一种情况下，唯一的一种情况下，人才会故意地、自觉地渴望去干那对自己有害的、愚蠢的，甚至是愚不可及的事，这就是：为了有权渴望去干那对自己甚至是愚不可及的事情，而不愿受到只许做聪明事这一义务的束缚。要知道，这真是愚不可及，这是放纵自己的任性，先生们，事实上，对于大地上所有我们的兄弟来说，这也许是最为有利的东西，在某些情况下，尤其如此。① 36

或许没有什么比胡说对我们更有利了。有什么能够更有利、更令人兴奋呢？甚至是神都不能跟不是必须有意义相比。如果我们无论有何行动，无论如何存在，都被认为必须是有意义的，那么所有的意义就变成了一种枷锁，一件紧身衣。但我们是否必须遵循这一规则呢？是否不能违反它呢？若违背了它，我们是否仅仅是再次确证了它的强制力，以至于我们超越或逃脱它的动机看起来无非是被嘲弄的，或者在最糟糕的情况下，被惩罚的对象？

诸如此类的问题触及了《地下室手记》的核心，它是一个关乎自由的基础性论证，将自由等同于从任何加诸我们人类意志之上的限制中彻底摆脱出来，以至于我们的意志甚至对自己来说都变得没有任何意义，而且实际上也不应该给自己设定意义。变得自由在其完全的和最彻底的意义上，是不再必须向任何人说明自身，包括不向自己说明自己。关于关系的彻底的语法或计算，由于其彻底的、透明的自我知识而被变成了空洞，也正因此，尼采可能会将《地下室手记》赞扬为"一首德国乐曲"——一部对《斐德若》中不断重复的告诫"认识你自己"（γνῶθι σεαυτόν）37 的破坏性的戏仿。让我的解释引领我们的讨论回到最初的出发点《斐德若》中。

在一部写于1940—1941年间的目前大部分尚未出版的手稿的开头，

① 　《地下室手记》，第 427 页。

科耶夫就注意到希腊传统中的智慧概念，其核心是关于自我的知识的习得，从而实现"认识你自己"这一格言。[38] 一个人如果想获得智慧，它就必须学习完美的自我知识。科耶夫将这一完美的自我知识定义为回答任何可能加诸某人行为之上的问题的能力。当一个人能够完美地回答所有此类问题，那么就会进入字面意义上的无事可做了。任何进一步的行为无非只可能是对人们早已熟知的事情的重复或者认定。所有的知识都有这种启示性的性质，只要我们能够明确地理解已经隐含在"那里"的东西。从这个意义上说，哲学作为对智慧的追求，是一项长期的事业，它使我们对自己有清楚的了解，并且它假定我们实际上就是这样做的。

在这种思维方式中回荡着柏拉图的回忆说，这一点很难被忽视。对柏拉图来说，变得有知是一种回忆的行为，回忆的是灵魂在天外之境（hyperouranian realm）中早已熟知的东西，这早于它的灾难性的附着于肉身，后者歪曲了灵魂此前的清晰影像，以至于它忘掉了此前看到的许多东西。它看到过事物的完美形式，而不是被这个生成的世界中的存在的偶然性所歪曲了的形式——这个世界就是我们现在所探讨的时空之中的世界。同样地，变得有知即便在回答问题或本来的解释某人的环境这一意义上，看起来也像意味着发现那些"在那里"等着我们去发现的事物，它们在我们的日常经验中是潜伏着的，从这一点上看，我们的经验是某种盲目无知。

在此，关键的假设是我们在潜在意义上是完善的；因此，对于经过省察的人生来说，人生的工作就是实现这一完善，方法是将我们之中不清楚的层面带到阳光之下、变得清楚明白。在这个意义上，所有的知识或者是如柏拉图所说的回忆，或者是某种把基于无论何种理由在我们的生命中变得不清楚的东西重新变得清楚明白的行动——合理性的本质就是自我明晰化。[39] 如果我们回到现代之梦想：哲学的目标就是关于关系的完善语法或计算，或许还可以说，达到完美和完全的清晰的冲动在那里也是显而易见的，只不过，其实现方式不仅限于我们关于自身的意识，而且包括了作为宏观整体之微观代表的我们。我们中的每一个都表现了、镜像着整体，我们包含着全体，全体都内在于我们。这一对称性的后果是，自我知识就是全体的知识，全体的知识就是自我知识，如我们将要看到的，这一等式在黑格尔那里变得更为出名。

地下室人敢于颠覆这一结构，他坚持认为最高的目标不是自我知识，实际上恰恰相反，是对自我知识的拒斥，只要自我知识不过仅仅是让个体变成机器上的部件、钢琴上的一个琴键的另一种方式。[①] [40]《地下室手记》中惹人争议的用词"琴键"来自下述担心：人类获得完善知识的努力定然会导致将人类转变成一个对象，人所有的个性都会被抹平。在此，地下室人将获得知识与变成一个事物联系起来：有知会导致物化。

或许变成一个事物的努力、彻底变成通用语言中的所指物的努力中最重要的方面，是这样的观念：思想自身必须改变。或许思想的正确本性会变得一清二楚。因为在这一背景下的思想恰好就是所有事物之间的正确和完善的联系，以至于任何事物都不会被改变、增加或减少。实际上，变化只可能是一个错误，一个限制，一个外来者。在此，基本的观点是，只要我们还是一种思考的事物，那么我们就必须以预先规定好了的方式进行思考，这方式是正确的，或者如我们所说："合乎逻辑的"。

对此没什么好奇怪的。我们应该正确思考，正如政治口号所说，正确的思想产生正确的行动。此外，所谓正确地思考，就是以一种能够清楚地把握"早已在那里"的事物的方式进行思考。这一补充是必要的，因为有一个可怕的问题：正确思考的前提是不存在反例，并且为了确保不存在反例，一个人必须考察所有可能的反例。否则的话，一个人就不能够保证它的思考是正确的，因为，毕竟**有可能**某个反例会被制造出来。因此，正确思考预设了全体性（totality），正确的、建立其规范的思想方式是不可能被任何可能出现的反例所驳倒的。但这正是问题之所

---

① 《地下室手记》，第 429 页。

在：如此一来，对无论什么人来说，如果正确的就是真实的和完整的说明，它如何可能是不正确的？如果这一说明是真实的和完整的，人们怎么可能不去追随这一说明？

在此有两个方面的问题。一方面，有这样的可能，一个人的思考是正确的，但根本没有意识到这一正确的思考方式；一个人揭示了正确思考的诸原则就是构成该思考的要素，这不过是把我们思想中不清楚的地方变清楚而已。因此，对思想的审查会让我们意识到主宰着我们思想的诸原则。我们意识到了这些规则，仅此而已，因为即便是这种意识，也是被上述规则所制约的。任何人都无法将对规则的审查同这些规则本身区分开来——这样的知识完全是循环的，甚至可以说是恶性循环。另一方面，也有可能一个人没有正确地进行思考，却通过求助于此前早就在那儿的事物来学习正确的方式。在这种情况下，依然难以解释不正确或者错误是如何渗入这个世界的。

这并非无病呻吟。认识层面上的渗入世界的错误类似于伦理层面上出现的一个问题：为何有恶？[41] 最大的区别在于，人们否认了意志对认识的重要性，但并未否认对伦理的重要性。换句话说，有这样一种源远流长的传统，它把将错误引入这个世界的责任明确地置于有限的、在俗世中生活的人类的手中。人可能并不按照他或她应该的那样去行事，这一可能性所暗示着的不统一性在将人与神区分开来的过程中扮演了关键的角色，因为错误的行动能力来自人类的缺陷或不完善，这一点显然不可能存在于神那里，后者的完善驱逐了任何缺陷的可能。在神那里，思想和行为之间不存在裂痕，而在人这里，这种裂痕的缺乏会是一个最令人震惊的可能性——这种缺乏只属于圣者和疯子。

自由与辩证理性

此外还有一个问题，它会把话题带得更远：我们能够对正确与错误进行有意义的思考，这是如何可能的呢？思考正确与错误的能力似乎会唤醒一个超乎二者之外的思考方式的精灵。什么是超越正确与错误的思考？它还是思考吗？在此，我们回到了如何定义思考的问题上，这个问题是《地下室手记》的核心问题，在出现了有关思考的各种态度的地方，有些态度跟行动关系密切，而另一些则不具备这样的关系。浮出水面的结构强化了陀思妥耶夫斯基叙事中的某种明显的辩证倾向，上述叙事中的这一倾向以一种双重的方式出现：既反映了德国的辩证思维的传统，又对其提出了质疑。随上述结构而来的一系列论证都以该结构为基础，其顶点是科耶夫本人对辩证理性的重新设计。鉴于这一结构的高度重要性，我准备在继续探讨此后的小说之前，以某种更为详尽的方式审视《地下室手记》中的这一方面。

如果我们注意到地下室人所思考的两个方面，我们就会得到一个关于小说中给出的选项的复杂观点。大体上，其选项有三：思想与行动是同一的；思想与行动并不同一；思想与行动并非全部。

1. 思想与行动是同一的。思想与行动的同一是行动派的明显表征。这种同一表现在下述事实中：行动派已经选定了一系列指导其行动的或多或少是完善的规范，而且不太可能被反例所改变，因为他会用他已经认定的事实来解释它们。行动派因此一般对变化是免疫的，不会将反例看作构成了一种对他的行为方式的威胁。基于上述理由，行动派不再需要思考，只遵循由选定了的规范所决定了的思考方式。换句话说，行动派践行的是一种变形了的计算合理性，因为对他来说，思考无非就是满足那些规范，或者确认那些规范，其方式是把可能逸出那些规范的事物转化到这些规范之内。然而问题在于，行动派的选择等于拒绝思考得更加深入。他接受了这些规范，其基础是并非臣服于这些规范；实际上，这个基础可能不会臣服于任何规范。他对这些规范的选择在这些规范之内无法得到说明，这样的情形就不是规范的，或者说，不是理性的——这恰恰是疯狂。

2. 思想与行动并不同一。思想与行动的不同一是非行动派的典型特征，后者用地下室人的术语来说，就是"手臂交叉坐在那里"①的人。[42]非行动派是在字面意义上无能决定如何行动的人。因此，所有的行动不过都是反应，是被超出了非行动派的人的控制的环境所迫，他更想避免这样或那样的复杂性，因为它们强迫非行动派去做那些他无法避免去做的事情。实际上，非行动派定然会将其全部行动视为对其理智上的正直的背叛，而关于背叛的这种想法会导致另外一个无法缓和的紧张关系。非行动派是不竭的紧张关系的聚集地，因为思想和行动的不同一确保了持续的、不可调和的张力。地下室人是一个否定的英雄，其程度甚至达到了拒斥或否定其自身的否定的程度。在这个意义上，他是疯狂的，因为他无力建立起任何形式的理性统治，甚至那个他用来支持他的否定立场的理智都不行。

3. 思想和行动并非全部。这或许是最有意思的观点。在思想和行动之外还有什么？在此，这一问题延伸到了反映：究竟什么是反映？人们将不得不论证反映就是思想而不是行动，如果情况如此，那么看起来在行动必须停止以便人们可以进行反映的范围内，不过是我们已经探讨过的思想的某种变体。反映可能是这种破坏性思考中的最优秀者，一种从未成就任何事物的思考。但情况确实如此吗？

如果那种给予了我们以思想与行动之关系的观点并未在实际上被上述关系包含在自身之内，那么就很难去准确地描述它究竟是什么。让我把情况明确一下：关于思想与行动之关系的思想定然要么是对上述思想的复制品，要么是外在于以上述方式定义的作为复制品的思想之外的某

---

① 《地下室手记》，第415页。

种思想。但如果那种思想仅仅是它所描述的思想的一个进一步的复制品，那么人们就会疑惑，描述是如何可能在实际上进行的，因为它看起来被下述区别所决定：正在进行反映的思想和无法被解决的被反映的思想之间的区别。如果问题可以解决，反映关系本身也会消失。这是一个关键点：反映着的思想的观点不可能跟被反映的思想的观点一致。若一致了，关系就不可能存在，因为观察者和被观察者之间的关键性的区分不可能被建立起来。

结局是极富启发性的：要么反映是不可能的，要么它是可能的，但仅仅基于不可能以完全的、最终的方式确定反映的主体——如果反映主体不可能用被反映的对象的术语来加以确定，那么同一性这一最基本的问题就是无法解决的。这仅仅是强调了作为某种思想的反映的不可能，因此也再次强调了反映本身的不可能。

那么，究竟什么是反映呢？在所有的观点之外的观点究竟是什么呢？如果它不是某种同一性或非同一性，那么它会是什么？有一件事是可以肯定的：它不是什么。它不是一个可以逐渐理解自身的思考着的我。恰恰相反，我不可能认识我自己，我不可能清楚地了解自己，我依然而且必定是一个对我自己而言的谜。既令人着迷又令人恐惧的作为自我的自我是不可能存在的。

《地下室手记》似乎将上述三点集合在一起：不思考的行动派、不行动的思想派，以及一个从无法解决的立场出发进入或"同延"（coextensive）二者的同时反映着行动派和思想派的人。然而，第三种立场若确实是一种立场的话，或许是最缺乏说服力的，我们在处理它的时候将不得不更加小心翼翼。首先，究竟"谁"是这个第三者，而且无法消解为文本中所给出的其他立场？对这一问题最为明显也最为简单的回答是这个谁不是别人，就是作者本人，我们知道，他既作为真实的人存在，也作为《地下室手记》这个虚拟世界的创造者存在。一个文本的作者，当他或她隐藏在叙事者背后的时候，能让我们形容他的词语就是"隐含的作者"（implied author）。在此回荡着许多幽灵般的回声，因为我们也许无法对这个隐含的作者说出除了他或她是谁之外的更多的东西——而且也无法超出"内在于"小说本身的角色们的方式。

但这一隐含的作者将我们的注意力吸引到了他自己身上（在此我们指的是陀思妥耶夫斯基），而且是在作品的一开头、用一个特别的注解，值得我们全部引用：

> 无论是手记的作者，还是《手记》本身，当然，都出于虚构。然而，如果考虑到我们的社会普遍地赖以形成的那些环境，那么像《手记》的作者那样的人物，在我们的社会里不但可能，而且甚至是一种必然存在。我试图较往常更清晰地向读者介绍一个不久以前那个时代的典型人物。他是至今还活着的一代人的一个代表。在这个以《地下室》为题的片段里，这一人物介绍了他本人和他的观点，并且似乎试图说明他之所以出现和必然会出现在我们中间的原因。下一个片段，才是这一人物记述其生活若干事件的真正《手记》。
>
> ——费奥多尔·陀思妥耶夫斯基[①]

这个注解本身使用了地下室人的某些司空见惯的技巧。对此，一个主要的例证是对于头两句所产生的矛盾的深刻印象。一方面，陀思妥耶夫斯基公开宣称本作是虚构的，同时在另一方面，他还向我们保证，在主角"不仅可能而且必然存在"的意义上，这本小说与社会现实紧密相连。当然，上述两个情态词的使用只不过是把水进一步搅浑。之所以如此，是因为它们不仅表明这一角色的存在（而且如果他真存在的话，为什么不像报纸那样简单地讲述他的故事呢？），同时他的存在不仅可能

---

① 《地下室手记》，第403页。

而且必然，这意味着某种意识形态上的承诺，它削弱了下述观念：作者是独立于或外在于作品的。实际上，在一开始就将作者的意图注入我们对该作品的解读具有同样的效果。尽管人们不太可能会走得如此之远去宣称这样的作者存在或意图的代入有滑稽的、主角致辞的效果，但毕竟展现出对作品的一种讽刺效应，因为它打破了小说的冲击性——对怀疑的悬置，作为作者的注释，它是含蓄的，同时从注释本身的内容来看，又是明确的。

这种讽刺的态度当然契合地下室人本身的那种犹疑，而且人们可能被诱导着认为，地下室人不过是出于谨慎的目的而制造出来的作者的面具。但这一身份并非如此肯定——讽刺或隐匿无法被彻底消除。这看来正是我们可能对作者形象给出的关键看法，他表现了行动派和理论派之间的冲突：他既是冲突的一部分，又超越了它。就像讽刺本身一样，他似乎同时既参与又拒斥了表面上由他创作的这部小说。在此出现的是这一奇特的第三者的形象，对自己的作品既赞同又反对。

这一否定作者与主人公同一的立场的意义何在？最明显也最重要的就是，它意味着在实际上存在着某些超越于所有立场之外的立场，更好的说法是，一个不可能被那些立场所定义的人，除非是一个作为它们的可能性的条件的 X 并因此无法从定性的角度与它们等同。小说中的作者的飘忽不定映像着实际作者的飘忽不定，因而作为作者的他也无法在定性的角度上跟实际作者等同。在上述两种情况下都有一种基本的基督教命题在起作用，在该命题的基础上创造才是可能的。在此我并非要补充上通常所说的"无中生有"（ex nihilo），因为那正是问题的核心。因为如果创造意味着某种新的东西出现了，那么新出现的东西的源头一定也是跟它一样的新；也就是说，它不可能跟已存在的任何事物有关系，而只能说是一种无关系（而且即便这一点也是可以探讨的）。那么，如果创造是新的事物的创造，是否还能存在着其他可能的创造呢？——那么它的基础定然在那个完全不同于它之所是的东西里面，某种近乎无的东西，尽管这一虚无不可能是某种本质或属性，而毋宁说是两者的缺乏。

陀思妥耶夫斯基由此在《地下室手记》中创造了一个熟悉的结构的独特版本。我们发现，理论与实践的对立最终被从下述观点来加以描述：它彻底不赞同任何一个，而且它甚至无法说明自身。

科耶夫的封闭的意义逻辑

这一问题会回到科耶夫对黑格尔的辩证逻辑的发展。科耶夫会试图拒斥那种在他看来显然是辩证逻辑中最重要的议题：它是一种封闭的还是开放的逻辑。从我们目前的观点看来，这一问题意味着，所谓封闭的逻辑是那种置身于其中的"观察者"，也就是这一逻辑结构本身的创作者，或者故事的讲述者，将其自身干净利索地折叠进了这个故事。而所谓开放的逻辑，是观察者或者讲述者在其中不可能被折叠进或者以别的方式被吸收进该逻辑本身，而是以一种必然不清楚的方式，停留在逻辑之外。封闭的逻辑是一种循环，在其中终点会带领我们回到起点。开放的逻辑也许会有一个循环的外表，但其不同之处在于圆圈不可能封闭地回到其起点，而是重复自身，任何形式的解决方式都不可能存在。

因此，我们已经在《地下室手记》中发现了这一基本的辩证结构，它会出现在科耶夫的著作中，而且也浸染了陀思妥耶夫斯基小说的其他方面——出乎人们意料的是小说所具备的极为深刻的辩证结构。我们接下去要审视的小说中的实践表明，陀思妥耶夫斯基明确地关注着像拉斯柯尔尼科夫和基里洛夫这样的行动派，也关注像地下室人以及从更为复杂的方式看去的尼古莱·斯塔夫罗金这样的思想派或否定派。陀思妥耶夫斯基发明了一种辩证运动的模型，将追求完美的行动派和否认完美的人们对立起来。陀思妥耶夫斯基以最坦率的方式提出了质疑，既包括朝向完善的努力，也包括朝向不完善的反向努力，他试图发现这一冲突的适切的目标，并寻求和解或平衡。

　　陀思妥耶夫斯基是否解决了这一冲突并不清楚。如我们将会在第二章结尾处所看到的那样，他给出了一个卓越的解决尝试，尽管可能被证明是无效的。无效的问题证明了陀思妥耶夫斯基的后继者们的烦恼，而且遭到了科耶夫的决定性挑战，他在其黑格尔讲座中转变了关于完善与不完善、终极性与非终极性的棘手问题。处于紧要关头的是人本身的定义。人是否是某种有待克服的对象？或者说，他是否该继续他的有缺陷的、近似游牧的流浪？人的不完善是否要高于人的完善？这种不完善会采取何种形式？又或者平衡是否可能？

注　释

1　与"疯狂"相关的另一个概念"无意义"（nonsense），用科耶夫所关心的术语来说更是如此，他在其后期著作中提出了一套意义理论，用以对抗沉默和无意义，后者被以最简洁的方式描绘为没有终点的或者说无限的对话，这种对话要么无法发现自身，要么无法限制自身。参见Kojève, *Essai d'une histoire raisonnée de la philosophie païenne* (Paris: Gallimard, 1968–1973), 1:23–33, 57–95。

2　Kojève, "Tyranny and Wisdom," in Leo Strauss, *On Tyranny*, ed. Victor Gourevitch and Michael Roth, 135–176 (Chicago: University of Chicago Press, 2013), 153. 以下缩写为TW。亦可参见 J. Derrida, "Cogito and the History of Madness," in *Writing and Difference*, trans. Alan Bass, 31–63 (Chicago: University of Chicago Press, 1978), 36。

3　科耶夫对陀思妥耶夫斯基持久而强烈的兴趣是众所周知的。参见Dominique Auffret, *Alexandre Kojève: la philosophie, l'état, la fin de l'histoire* (Paris: Grasset and Fasquelle, 1990), 183–197。Auffret重申了下述观点：陀思妥耶夫斯基对科耶夫的影响是基础性的，其重要程度至少跟索洛维约夫和黑格尔一样。

4　这一大逆转被看作"俄罗斯文学中的自我觉醒的反英雄之诞生"。参见 Robert Louis Jackson, *Dostoevskij's Underground Man in Russian Literature* ('s-Gravenhage: Mouton, 1958), 14。我们或许可以把对这一非终结性的英雄形象的勾勒看作给出了地下室中作为否定性英雄人物的辩证的另一极。

5　这或许是科耶夫在朝向黑格尔的过程中最为明显的"俄罗斯"特色。

6　Plato, *Republic*, trans. Chris Emilyn-Jones and William Preddy, vol. 2 (Cambridge, MA: Harvard University Press, 2013), 112 [516b]. 所有与现代译本相对应的通行的 Stephanus断句码（即柏拉图原著的断句码——译者注）都会在页码之后的方括号中加以标注。

7　一个关于柏拉图著作以及更宽泛的哲学传统中的疯狂的更为普遍的探讨，可参见 Ferit Güven, *Madness and Death in Philosophy* (Albany: State University of New York Press, 2005), 13–29。

8　Plato, *Phaedrus*, trans. James H. Nichols Jr. (Ithaca, NY: Cornell University Press, 1998), 49 [245c]；希腊文可参见 Plato, *Phaedrus*, ed. Harvey Yunis (Cambridge: Cambridge University Press, 2011), 51. 译文可能会引起争议，因为它所表达的是所有的灵魂在本质上是一个。这一希腊句子同时可能意味着"每个灵魂都是不朽的"。上述区别的重要性何在？在前一种情况下，灵魂只有一个，所有灵魂共同分有这一灵魂，它们都是同一灵魂的表现。在后一种情况下，灵魂有许多个，但都保有同样的本质性存在。问题的焦点在于一与多的关系，对柏拉图来说这至关重要。因为灵魂的统一构成了理想化的存在，意味着这样的灵魂是统一的，而且会被反映在经验世界中，以多种多样的形式进入质料，进入骨肉。如果复多性不过是灵魂进入质料的结果，那么所有的灵魂只是一个；如果情况并非如此，那么在理想化的存在中就存在复多性，其中的每一个个体都是理想化的。

9　Plato, *Phaedrus*, trans. Nichols, 49–50 [246a].

10　参见 Plato, *Republic*, 330–337 [414e–415c]。

11　Plato, *Phaedrus*, trans. Harold North Fowler (Cambridge, MA: Harvard University Press, 1914), 471–473 [246a–246c].

12　Plato, *Phaedrus*, trans. Fowler, 477–479 [248b–248c].

13　Plato, *Phaedrus*, Fowler edition, 466 [244d] (笔者直译)。

14　这个词组在不严格的意义上借用了詹姆斯·乔伊斯描绘青年艺术家的高贵形象的词语。参见 James Joyce, *A Portrait of the Artist as a Young Man* (Harmondsworth: Penguin, 1976), 253。

15　Plato, *Symposium*, trans. Alexander Nehamas and Paul Woodruff (Indianapolis, IN: Hackett, 1989), 58–59 [210c–211d].

16　"混化"指的是苏菲派圣者所达到的无我的状态。See Toshihiko Izutsu,

Sufism and Taoism: A Comparative Study of Key Philosophical Concepts (Berkeley: University of California Press, 1984), 8, 44.

17　Martin Heidegger, "Plato's Doctrine of Truth," in *Pathmarks*, ed. William McNeill (Cambridge: Cambridge University Press, 1998), 155–182. 这篇短文来自海德格尔1931—1932年冬天的一次讲座。然而，直到战后它才跟著名的"人道主义书信"一起出版。海德格尔的基本观点是，柏拉图的理念是衡量构成事物之根基的标准，这一思想的出现是决定性的一步，它创造出了直到20世纪依然流行的支配的形而上学（hegemonic metaphysics）。柏拉图主义的各种变体依然是西方的统治思想。至于科耶夫的观点，可参见TW，尤其是探讨柏拉图的普遍的帝国主义的那一部分(169–173)。此外，至于它跟神化、异教徒和基督徒的关系，参见John R. Lenz, "The Deification of the Philosopher in Classical Greece," in *Partakers of the Divine Nature: The History and Development of Deification in the Christian Traditions*, ed. Michael J. Christensen and Jeffery A. Wittung (Grand Rapids, MI: Baker Academic, 2007), 47–67。关于索洛维约夫，参见 Kojève, "La métaphysique religieuse de V. Soloviev," *Revue d'histoire et de philosophie religieuses* 14 (1934): 534–554; and 15 (1935): 110–152。该文改编自科耶夫的博士论文（原文超过六百页），他的博士生导师是卡尔·雅斯贝尔斯。参见 Kojève, *Die religiöse Philosophie Wladimir Solowjews*。manuscript NAF 28320, Fonds Kojève, Bibliothèque nationale de France (box no. 6)。

18　具体的例子可参见Jackson, *Dostoevskij's Underground Man*, 49–63。Jackson 称《手记》为"枢纽性著作"，在其中，"陀思妥耶夫斯基构建了其伟大著作的主题"。

19　我用"辩证性"一词并非与巴赫金对陀思妥耶夫斯基的解释及其遗产进行争论。但是，当我们将科耶夫的思想置于焦点，使其更为清晰之后，一场"模糊边际"的争论无论如何都会出现。巴赫金的关键概念"非终极性"，对科耶夫来说，在很大程度上不够一贯，或者用科耶夫晚年著作中对对话的长篇分析中所采用的术语来说，就是把"虚假的感觉"置于感觉之上。米哈伊尔·巴赫金与形式主义之间的争论，与巴赫金同科耶夫（他肯定比巴赫金更接近形式主义的思想）之间的争论，有着非常多的相似性。关于科耶夫与巴赫金关系的一个有趣的观点，可参见Emily Finlay, "The Dialogic Absolute: Bakhtin and Kojève on Dostoevsky's *The Devils*," *The Dostoevsky Journal: An Independent Review* 12–13 (2012– 2013), 47–58。

20　F. M. Dostoevsky, *Notes from Underground*, trans. Richard Pevear and Larissa Volokhonsky (New York: Vintage, 1993), 14.

21　Plato, *Phaedo*, trans. R. Hackforth (Cambridge: Cambridge University Press, 1955), 190[118a]. 在其人生的终点上，苏格拉底说他欠医疗之神阿斯克勒庇俄斯一只大公鸡，这是一个认同生命即疾病的姿态。在《偶像的黄昏》中，尼采就是将这一姿态解读为对生命即疾病的接受。Hackforth 否认了这一联系，其观点的来源是著名的古典学者 Ulrich von Wilamowitz-Moellendorff。这一否认并非特别令人信服，尤其是它并未给出论证。尼采的观点当然不能说完全没有价值。参见 Friedrich Nietzsche, *Twilight of the Idols* and *The Anti-Christ*, trans. R. J. Hollingdale (New York: Penguin, 1968), 39。

22　这立刻让人联想起克尔凯郭尔在《非此即彼》中对诗人的讽刺性描述："诗人是谁？一个不快乐的人，他将自己的愤怒深深埋在心底，而他的嘴唇却被塑造成另一副模样，以至于当叹息和哭泣经过它们的时候，听起来却像是美妙的音乐。"参见 Kierkegaard, *Either/Or: A Fragment of Life*, trans. Alistair Hannay (London: Penguin, 1992), 43。

23　科耶夫的评论是："语言来自不满足。人述说自然，后者杀死他，还让他受苦。他述说压迫他的国家。"这一评论反映的是地下室人的感情，他的呻吟是对那些导致了他呻吟的原因的解说。参见 Kojève, *Introduction à la lecture de Hegel*, ed. Raymond Queneau, 2nd ed. (Paris: Gallimard, 1968), 117。在更宽泛的意义上，这一论断意味着，人类的行为只要无法战胜死亡，就是一种面对死亡这一事实的恐惧或呻吟。艺术也一样是对我们的残酷环境的一曲悲歌，若无此环境，若自然规律不曾因强令我们去死而变成我们的负担，它也不会存在。

24　参见 Robert L. Jackson, *Dialogues on Dostoevsky* (Stanford, CA: Stanford University Press, 1996), 29–54。

25　Dostoevsky, *Notes*, 3.

26　Dostoevsky, *Notes*, 17.

27　Dostoevsky, *Notes*, 17.

28　正像那部滑稽戏的首要来源，阿里斯托芬的《云》所昭示的那样。不禁让我们想起在思想店（*phrontisterion*）中苏格拉底的可笑追随者们：他们在测量跳蚤跳高和蚊子放屁。其粗俗似乎就像泰勒斯的侍女在看到泰勒斯仰观天象时却不小心掉到坑里时发出的嘲笑。参见 Plato, *Theaetetus*, trans. Harold North Fowler (Cambridge, MA: Harvard University Press, 1921), 121 [174a]。

29　这一观点在海德格尔的著作中频繁出现，尤其是在他迫切希望在哲学与科学之间做出区分的时候。作为例证，可参见 Martin Heidegger, *What Is Called Thinking?*,
trans. J. Glenn Gray (New York: Harper and Row, 1968), 33。

30　安德烈·普拉东诺夫（Andrey Platonov）笔下可怜的沃谢夫（Voshchev）为反思
病所苦，从而"被调离了生产线"。参见 Platonov, *The Foundation Pit*, trans. Robert
Chandler and Olga Meerson (New York: New York Review of Books, 2009), 1。

31　参见 Joseph Frank, *Dostoevsky: The Stir of Liberation 1860–1865* (Princeton,
NJ: Princeton University Press, 1986), 344; Robert Louis Jackson, "Aristotelian
Movement and Design in Part Two of *Notes from Underground*," in *Dostoevsky (New
Perspectives)*, ed. Robert Louis Jackson (Englewood Cliffs, NJ: Prentice-Hall, 1984),
66–81; and James R, Scanlon, *Dostoevsky the Thinker* (Ithaca, NY: Cornell University
Press, 2002), 15, 57–80。

32　在这一方面，他与尼采的亲缘性令人惊讶。尼采认为艺术的最高形式是讽刺的
能力——实际上是自嘲的能力。参见 Friedrich Nietzsche, *Towards a Genealogy of
Morality*, trans. Maudemarie Clark and Alan J. Swenson (Indianapolis, IN: Hackett,
1998), 69。

33　Dostoevsky, *Notes*, 32–34.

34　在此我指的是伊拉斯谟的名著《愚人颂》（*In Praise of Folly*［1511］），其中
的戏谑和模棱两可可以被解读为地下室人的远祖。对于这一比较，如果人们考虑到
伊拉斯谟与托马斯·莫尔爵士——《乌托邦》（经伊拉斯谟之手于1516年出版）的作
者——的关系的话，其特别引人之处就会呈现出来。因为，在乌托邦里没有愚人。

35　参见 Martin Heidegger, *What Is a Thing?*, trans. Vera Deutsch (New York:
Gateway, 1968)。为了将这一观点置于恰当的背景之中，我或许该援引的例子是莱布
尼茨，他试图将数学计算的统治地位从自然世界延伸到历史、人类行为的世界中。莱
布尼茨提出了一个有趣的思想实验，他提出要建造一部机器，后者能解决所有的争
执或论争。莱布尼茨将这台机器叫作"推理机器"（ratiocinator），他的目标是确保
这台机器所进行的运算是如此完美，以至于通过一种简单的数学运算，任何争端都
会被表明从根本上就存在着某种可以被证明或者至少可以被揭示出来的错误。正如
莱布尼茨所说，我们只需要简单地说"让我们算一下吧"（Calculemus），问题就会
得到解决。（莱布尼茨著名的法语论文，使用了法语 contons 来指代 calculemus。）
G. W. Leibniz, "La vraie méthode," in *Philosophische Schriften* (Berlin: Akademie
Verlag, 2006), 4:3–7; and "Synopsis libri cui titulus erit: Initia et Specimina Scientiae

novae Generalis pro Instauratione et Augmentis Scientarum ad publicam felicitatem"
(Summary of a Book Whose Title Will Be: Beginnings and Proofs of a New General
Science for the Establishment and Increase of the Sciences for the Happiness of the
Public), in *Philosophische Schriften*, 4:443.

36 Dostoevsky, *Notes*, 28.

37 参见 Friedrich Nietzsche, *Sämtliche Briefe* (Berlin: Walter de Gruyter, 1986),
8:28。

38 Kojève, "Sofia, filo-sofia i fenomeno-logia," ed. A. M. Rutkevich, in *Istoriko-filosofskii ezhegodnik* (Moscow: Nauka, 2007), 271–324; autograph manuscript in
Fonds Kojève, Bibliothèque nationale de France (box no. 20).

39 这一观点出现在科耶夫的后期著作《概念、时间与对话》之中。参见 Kojève, *Le
concept, le temps et le discours*, ed. Bernard Hesbois (Paris: Gallimard, 1990), 50。

40 Dostoevsky, *Notes*, 30.

41 正如博尔赫斯对此的看法："存在着一个概念，它破坏并颠覆了所有其他的概
念。我说的不是恶，后者的有限领域在伦理学之中；我说的是无限性。" Borges,
"Avatars of the Tortoise," in *Labyrinths: Selected Stories and Other Writings*, ed.
Donald A. Yates and James E. Irby (New York: New Directions, 2007), 202.

42 Dostoevsky, *Notes*, 17.

第二章

附　体

　　如果死亡是如此可怕，自然法则如此强大，那么克服它们
如何可能？

——费奥多尔·陀思妥耶夫斯基

　　作为一个自我宣示的"悖论者"（paradoxalist），地下室人提出了一系列的论证来故意破坏《斐德若》中与神圣的疯狂相连的朝向完善的努力。地下室人是苏格拉底本人的远亲，他习惯于带着十足的讽刺声称，他的独特智慧在于他知道自己不知道，并且不具备作为完善知识的智慧。同样地，出现在地下室人的言谈中的不可能性，他对自我认知的粗暴而拙劣的模仿，同样也肯定了最终的知识——作为神之刺的理念图景——都是不可达到的。然而神之刺依然保持着它的力量。地下室人和苏格拉底的犹疑并不受人欢迎——我们还记得苏格拉底和地下室人一样丑陋、没有吸引力。人们可以用同样的方式评价对胡说的赞美，因为，在什么意义上胡说才能被看作是美的？人们或许会与胡说联系起来的、必定未成形的神性的概念是深藏不露的，而且不可能有吸引力。

　　而且实际上，陀思妥耶夫斯基小说中的伟大的黑暗英雄们才是最具欺骗性的，他们试图超出人和上帝所设立的边界。这些英雄是伟大的罪

犯，他们之所以伟大是因为他们敢于不服从，敢于发出新的声音，正如作为这些英雄的其中一员的罗季昂·罗曼诺维奇·拉斯柯尔尼科夫，在《罪与罚》的一开始所表明的。[1]

拉斯柯尔尼科夫与新耶路撒冷

对于地下室人来说，拉斯柯尔尼科夫是其回应。我们与拉斯柯尔尼科夫的第一次遭遇是在一个非常接近地下室人的情境之中。甚至语言都是类似的，因为那是一种不确定的、犹疑的语言。《罪与罚》开头的段落与我们在《地下室手记》中发现的一模一样，是关于犹疑的技巧的令人震惊的范例。开篇的一句以复杂的句法强调的是这一点："七月初，天气特别热的时候，傍晚时分，有个年轻人走出他在 C 胡同向二房东租来的那间斗室，来到街上，然后慢腾腾地，仿佛犹豫不决地往 K 桥那边走去。"[①][2]

接下去的段落维持着犹疑与不确定的气氛：拉斯柯尔尼科夫是懦弱的还是勇敢的？是被动的还是鲁莽的？他是否被贫穷所击倒？这些问题都没有清晰的答案。拉斯柯尔尼科夫直到决定去行动，也就是杀死典当商之前，一直是高深莫测的。拉斯柯尔尼科夫的新的话语，当然就是谋杀典当商的决定，将他从与地下室人的亲缘关系中解放出来。他的新话语是以犯罪的方式发出的。

当然，将犯罪与新奇等同起来并没有什么不寻常之处。在小说的后半部分，拉斯柯尔尼科夫的文章《论犯罪》问世，他在其中赞美了引入"新模式和新秩序"的人，立法者或法律的制定者，在此，他似乎影射

---

① 中译文引自陀思妥耶夫斯基著、非琴译：《罪与罚》，第 1 页，译林出版社，1993。以下只注书名和页码。

的是尼科洛·马基雅维利。[3] 作为立国者、"君主"，在其全部意义上，就是要提倡新法，反对旧法。拉斯柯尔尼科夫为新奇所作的论证——或者至少可以说，新的即便是有罪的，但却可以如此加以辩护——就是，新的法律是由像拿破仑这样的杰出人物创造的。

杰出的人、天才，正如我所说的那样，是《斐德若》中被神所蜇过的人的现代的、浪漫的对等物。这一论证的本质在于，高级知识给了人犯罪的权力，如果通过这种方式高级知识能够更高效地实现的话。以一种极容易让人联想起尼采的方式——因此不是公开的基督教的方式，拉斯柯尔尼科夫的文章对成百上千人的死亡采取了纵容的态度，如果这样的死亡能帮助新的语言来建筑其自身的话。[①][4]

苏格拉底描述了灵魂在上升到天外之境的时候所看到的理念的图景；如果有人拥有类似的东西，那么他就有义务将其带回这个世界并镇压反抗——去杀戮，为的是在全世界传播这种图景。在这种意义上，拉斯柯尔尼科夫把对权力的普遍要求上升到了合适的程度：衡量所有人性的标准。当然，随这一标准而来的问题也是显而易见的：人们怎样才能知道它是真理呢？

这一问题带领着我们回到了科耶夫对于疯狂的特征描述上。他的描述中内蕴着一个关于权威之构成的推论。对科耶夫来说，孤立的思想家看到的"理念"或其推理根本就不是真理，无论是其自身还是在与它相关的意义上都不是，无论它们的断言看上去有多大的普遍性都不行。人如何才能将其自身当下的确定性扩展到人类全体之中？在什么样的基础上，其他人才不得不接受这一主观确定的真理？绝非偶然的是，正是在上述意义上，《斐德若》中灵魂在天外之境看到的东西才会展现出一种神秘的形式。并不存在能够为理念进行辩护的论证，毋宁说，除了纯粹的假设之外别无他法。

---

① 《罪与罚》，第281—282页。

纯粹的假设在行动中的对应物是攻击性和物理层面的强迫。纯粹假设的最极端形式是谋杀。由于言说不能带来对权威的经得住考验的假设，拉斯柯尔尼科夫结束了对话而走向了行动，仅仅靠着行动，他才能宣称他本人就是他所认为的那个权威。为避免有人将这种对拉斯柯尔尼科夫的类型化描述看作幻想从而加以拒斥，我们应该将其放置在下述背景中加以考察：其他的许多人会将他们看到的真理转化为行动，并以此为认定权威的方式，因为单靠对话无法达成这一目标。

拉斯柯尔尼科夫给了我们一个简单而恰当的现代范例：拿破仑。[①]5 当然，拿破仑的神话就其自身而言已经是 19 世纪的重要神话之一。作为一个神话，它试图在言谈中强推拿破仑试图用他的军事征服来巩固的权威。这个神话的基础是建立在天才或内在的优越性之上的纯粹的自我假定。没有哪个外在的权威，也没有哪种超出更大的能力这一简单事实之外的真理能够给拿破仑一个正当性的辩护——或者至少最初看起来是这个样子的。但拉斯柯尔尼科夫并未关注拿破仑神话的这一方面。有人可能会推论说，他之所以如此不过是为了回答他的宿敌波尔菲里·彼得洛维奇（Porfiry Petrovich）的问题，后者试图将对拿破仑或者杰出之人的辩护归结为仅仅是基于超能力基础之上的论证。与此相反，拉斯柯尔尼科夫为这一论证提供了一个关键的要素。他这样做的方法是援引约翰尼斯·开普勒和艾萨克·牛顿的科学发现，后者的真实性有证据支撑而且必然得到普遍认可。拉斯柯尔尼科夫坚信这些普遍真理的发现重要到足以消灭掉那些或许会拒斥它们的人，除非是纯粹"出于恶意"或者对胡说的偏好。

但拿破仑与开普勒和牛顿的共同之处可能在哪里呢？什么是拿破仑的伟大发现或者新思想？拿破仑的伟大之处似乎在于他试图建立一个统一的帝国，一个新耶路撒冷；他伟大的行动不过是宣告了一个新词（而

---

① 《罪与罚》，第 282 页。

且也是最后的词）。拿破仑会带来时间的终结。拉斯柯尔尼科夫的声明如下：

　　"至于说到我把人分为平凡的和不平凡的两类，那么我同意，这样划分有点儿武断，不过我并没有坚持说，这两类人各有一个精确的数字。我只是相信自己的主要观点。这观点就是：按照自然规律，人一般可以分作两类：一类是低级的（平凡的），也就是，可以这么说吧，仅仅是一种繁殖同类的材料；另一类是名副其实的人，也就是有天赋或天才、能在自己的社会上发表新见解的人。当然，这样的分类，可以无尽止地划分下去，但是区分这两类人的界线却相当明显：第一类，也就是那些材料，就其天性来说，一般都是些保守的人，他们循规蹈矩，驯服听话，也乐于听话。照我看，他们有义务驯服听话，因为这是他们的使命，对于他们来说，这完全不是什么有伤尊严的事情。第二类人却都会违法，都是破坏者，或者倾向于违法和破坏，这要根据他们的能力而定。这些人的犯罪当然是相对的，而且有很多区别；他们绝大多数都在各种不同的声明中要求为了更好的未来，破坏现有的东西。但是为了自己的思想，如果需要，哪怕是需要跨过尸体，需要流血，那么在他内心里，凭他的良心，照我看，他可能允许自己不惜流血——不过这要看他思想的性质和规模而定，这一点请您注意。仅仅是就这个意义来说，我才在自己的文章里谈到了他们犯罪的权利。（请您记住，我们是从法律问题谈起的。）不过用不着有过多的担心：群众几乎永远不承认他们有这种权利，总是会处决或绞死他们（或多或少地），而且这也是完全公正的，这样也就完成了他们保守的使命，然而到了以后几代，这样的群众又把那些被处死的人捧得很高，把他们供奉起来，向他们顶礼膜拜（或多或少地）。第一类人永远是当代的主人，第二类却是未来的主人。第一类人保全世界，增加人的数量；第二类人则推动世界向前发展，引导它达到自己的目的。无论是这一类人，还是那一类人，都有完全同等的生存权利。总之，我认为他们都有同等的权利，而且——vive La guerre éternelle①——当然啦，直到新耶路撒冷从天而降！"

"那么您还是相信新耶路撒冷了？"

"我相信。"拉斯柯尔尼科夫坚决地回答。② 6

尽管拉斯柯尔尼科夫的防御仍是一种反讽，但它却是一个关于新耶路撒冷、关于一个在其中历史以及国家本身都被消除了的统一国家的大胆假定。一个遮遮掩掩的、不那么公开的前提是，所有的仅仅是特殊形式的反抗都要为了统一国家的利益而被消除。这究竟意味着什么？如果它的含义并不能轻而易举地从表面上看出来的话。此外，它确实如此吗？

通常的观点或许会认为拉斯柯尔尼科夫仅仅是提出了一种变形的、政治上的、作为权宜之计的论证，可以很好地被归结为一个公式："目的证明手段"。尽管拉斯柯尔尼科夫的论证中确实包含了这一思想，但它同时走得更远，将目标定位于建立新耶路撒冷——不仅仅是某种个别的政治秩序，因为个别的政治秩序会在这种或那种政治秩序无止境的为争夺统治权的斗争中臣服于别的秩序。而建立新耶路撒冷带来的是所有政治的终结，通过一场最终的末世转变，建立起一种普遍的秩序、人间的天堂。7

拉斯柯尔尼科夫在平凡的人和不平凡的人之间做出了区分，前者执着于重复、保守和连续性，而不平凡的人之所以不平凡，是因为他们打

---

① 法语：永恒的战争万岁。

② 《罪与罚》，第282—284页。

破了连续性。这一区分在上述背景下显得极有吸引力。很难，如果不是干脆不可能，把握终极秩序会是什么，如果它不是最终的或最确定的没有错误的重复——这一终极国家很接近于某种我们会把它跟无错的、自我调节的理性相联系的国家。新耶路撒冷之新，又在何处呢？

对这一问题的最具启发性也最显而易见的答案是：它具有普遍性。然而一个国家如何能够既是普遍的，又是单一的呢？怎样才能够让普遍性与对任一曾经有个源头的事物的重复等同呢？用更简单的话来说，如何能够让从定义上就不在时间之中、或者不再是时间的（而是时间的终点）事物，跟那些曾经存在或依然存在于时间之中的事物相一致呢？对我们来说，甚至是否可能去想象一个不在时间中的事物都是问题。

或许，以此种方式进行思考，恰好就是疯狂的定义。让我们再回顾一下《斐德若》，灵魂在天外之境中看到的正是那些不具时间性的事物。假如天外之境在时间之中，它就不再是它所是的样子。但既然从定义上看，它就不是在时间之中的，那么人们就不得不怀疑，它究竟可能是什么。当然，也正是在这一点上，苏格拉底所讲述的奇妙故事、神话使得人们跨越了上述困难，只要人们不对它们进行更为细致的考察。但如果我们考察了，我们会再次面对一个致命的问题：人们能不能给一个没有形式的事物以形式？ [8] 柏拉图并未允许这一问题的直接提出，因为他让理念充满了天外之境。柏拉图采取了另一种策略，允许另一个问题——理念与以之为"理想的"或"完美的"形式的事物之间的关系——在别的对话中提出，其中最著名的是《巴门尼德》。

对陀思妥耶夫斯基来说，这个问题至关重要，他在疯狂和犯罪之间建立起明确的联系，而柏拉图对此采取了极为保留（reticent）的态度。然而在此还有另外一种关系需要确立，疯狂、犯罪和新奇、"新"词之间的关系。新词之所以是新的恰恰是因为它永远不会变成老生常谈，也永远不会被常规完全接受，因为宏大的、非时间的普遍性领域，终极国家，严格说起来都是不可想象的；它是超验的。

在此我们进入了最古老的论证之中，而它们则转向了什么样的超验的、普遍的、无限的——也就是那些在某种意义上在我们的经验或者说在任何可能的经验之外的东西——事物对我们来说是可能的。当想象的结果不能被转换成任何可能形式的经验时，这就是疯狂最清晰、最令人不安的形式。实际上，这就是科耶夫在其论文《僭政与智慧》[9]中以微妙的形式提出的疯狂的概念。在疯狂的对立面，是科耶夫提出的以事物所是的样子看待它们，这可以转换为经验的语言，并且变成政治活动的模型。尽管这一观点看起来只不过是重复了通常的对于理论派与行动派之间的区分的反讽——确实，这样做的时候带着讽刺的快乐——但其中有着更深刻的潜台词：疯狂恰恰是执着于这样的观点，该观点不能用经验转译，它拒斥神秘，拒斥理智的正直，并坚持追求某种愿景，而该愿景最终根本无法达到前后一贯。

在这一方面，当我们回过头来，借助科耶夫来解读陀思妥耶夫斯基的时候，或许我们可以论证这正好是陀思妥耶夫斯基对拉斯柯尔尼科夫所进行的复杂描写要说明的。对这一看法的一个关键性证据是，《罪与罚》通篇都在明显地强调新奇性、新词，后者永远不可能真的被说出，永远不会出现在言语中，实际上，会以一种无法言说的谋杀行径来"说出"——不是被转换为对某个更高级的理想的经验，而是从一开始就要消除掉经验所具有的任何相关性。在这个意义上，谋杀建立起一道隔离墙，拒绝在某人自己的理念中接受任何他人，除非是为了驱逐后者，它是疯狂的理念、伟大的罪犯、新奇的预言，至少是出现在陀思妥耶夫斯基的小说世界中的这些事物的真正本质。

新词的创作者是胡说的专家，他不会把事物丢给言语。但转向胡说是相当可怕的，它足以引起最激进的政治行动：谋杀或者在肉体上消灭他人。胡说的专家寻求某种自由，它是如此完美、如此普遍，以至于它只能被比作某个神的自由，这个神是被剥夺了柏拉图式神话外衣的神，显现出不能显现的内容，是神秘结合着的神与自由。

基里洛夫：杀身成神

朝向普遍的努力意味着在朝向建立新耶路撒冷——也就是建立一个神圣的、完美的城邦——之后的无拘束的自由的努力，如果说拉斯柯尔尼科夫表现了这种努力中的不一致的一致（incoherent coherence），那么另外一个重要角色——阿列克谢·尼雷奇·基里洛夫则给这种努力戴上了夺目的光环：战胜上帝。拉斯柯尔尼科夫的立场依然保持在主流的政治背景之内，即最高目的是建立一个天堂般的城邦，把上帝之国带到人间，或者说体现两者最终的融合，而基里洛夫则更直接地超出了政治领域，指向了形而上学的自由。换句话说，拉斯柯尔尼科夫验证了自由的边界，其理解局限于我们跟其他人的关系这一背景之中，而基里洛夫干脆测试了我们跟上帝或者跟作为他的化身的诸如存在或自然之类的事物的关系的边界。

与拉斯柯尔尼科夫不同，基里洛夫是作为二号人物出现的。他就像《群魔》中的有些人物，似乎总是围绕着中心人物尼古莱·斯塔夫罗金旋转。但他主要关心的是自杀，这也是小说的中心。斯塔夫罗金以自杀而告终，在这一点上，他或许比基里洛夫更为一贯。尽管将来我会回到斯塔夫罗金——他是所有俄罗斯文学中最迷人也最复杂的形象之一——但为了给这一探讨做准备，我想先考察一下基里洛夫，尤其是考虑到包括科耶夫在内有那么多人对基里洛夫感兴趣。[10]

基里洛夫恐怕是文学作品中最不寻常的"建筑"工程师。他是关于自杀的理论家，这本身就是一个惹人争议的组合词。尽管每个人都可能读过加缪对哈姆雷特式伟大问题的修订版，在加缪那里，仍然有一个基里洛夫明确做出过的关键性决定。[11] 对基里洛夫来说，自杀不是一个问题而是一个命令，在此隐藏着他有趣的"黑暗"倾向。实际上，对基里洛夫来说，自杀是所有命令中最重要的那个，比起耳熟能详的"认识你自己"或"己所不欲，勿施于人"等甚至更为重要。忘掉道德、忘掉跟别人的关系吧！基里洛夫本人唯一关心的是那种真正重要的关系：我们跟上帝的关系。当然，这方面的关系会撇开那些将自身从上帝那里解放出来，不受影响地寻欢作乐的人们。基里洛夫对上帝的关心似乎是古怪的和老古董式的。毕竟，上帝死了，我们杀死了他。但基里洛夫对上帝的关心更为细微。他所关心的是上帝所代表的内容。

"只有当一个人把生与死都置之度外的时候，才能得到完全的自由。这才是一切的目的。"

"目的？那时候，恐怕谁也不想活了？"

"谁也不想活了。"他坚决地说。

"人怕死是因为他们爱生活，这是我的理解，"我说，"也是人的天性。"

"这样想是卑鄙的，也完全是个骗局！"他的眼睛闪出了光。"生活是痛苦，生活是恐惧，人是不幸的。现在一切都是痛苦和恐惧。现在人之所以爱生活，就因为他们喜欢痛苦和恐惧。而且他们也这么做了。现在人们是为痛苦和恐惧才活着的，这完全是骗局。现在的人还不是将来的人。将会出现新的人，幸福而又自豪的人。谁能把生与死置之度外，谁就将成为新人。谁能战胜痛苦与恐惧，谁就将成为神。而那个上帝还成不了神。"

"那么，依您之见，那个上帝还是有的啰？"

"没有上帝，但神是有的。石头中并不存在疼痛，但在因石头而产生的恐惧中却存在疼痛。上帝就是因怕死而引起的疼痛。谁能战胜疼痛与恐惧，谁就将成为神。那时候就会出现新生活，那时候就会出现新人，一切都是新的……那时候，历史就可以分为两部分：从大猩猩到消灭上帝，以及从消灭上帝到……"

"到大猩猩？"

"……到尘世和人发生脱胎换骨的变化。人将成为神，并发生脱胎换骨的变化。世界要变，事情要变，人的思想和种种感情也要变。足下高见：那时候人会发生脱胎换骨的变化吗？"

"如果大家把生死置之度外，那所有的人就会自杀，您说的变化也许就表现在这里吧。"

"这反正一样。骗局将被粉碎。任何一个想要得到最大自由的人，他就应该敢于自杀。谁敢自杀，谁就能识破这骗局的奥秘。此外就再不会有自由了；这就是一切，此外一无所有。谁敢自杀，谁就是神。现在任何人都能做到既没有上帝也没有一切。可是没有一个人这样做过，一次也没有。"[①][12]

"上帝就是因怕死而引起的疼痛"，这一高论回荡在上述篇章中，也让我们想到赫尔曼·梅尔维尔[②]在其著名的篇章中表达出的相当类似的观点："信仰，就像豺狼，在坟墓中觅食，甚至在这些死去的怀疑中，她都能够收集到她最重要的希望。"[13]对死亡的恐惧和痛苦造就了作为希望之所在的上帝，希望痛苦和死亡不会最终胜利，这个希望若非置于诸如柏拉图式的灵魂不朽或基督教式的重生之类的神龛之中，人们或许会发现其中明白无误的荒谬之处。基里洛夫不是一个荒谬的或讽刺的生物，然而对那些倾向于从荒谬或疯狂的角度看待他的人来说，他或许就

---

① 中译文引自陀思妥耶夫斯基著、臧仲伦译：《群魔》（上），第129—130页，上海三联书店，2015。

② 赫尔曼·梅尔维尔（Herman Melville，1819—1891），19世纪美国著名小说家、散文家和诗人，下面一句引文出自其名作《白鲸》。

是那样。与此相反，基里洛夫在探讨他全心关注的观念时，所表现出的却是明显缺乏热情，我们或许可以推测情况确实如此，因为他所坚持的首要态度是一种坚定的无动于衷，一种基于其自身的特殊组合。基里洛夫需要证明他的无动于衷、他的自由是摆脱了所有仅仅是世俗的兴趣，尤其是那些由恐惧而来的兴趣，他这样做的唯一办法，肯定是自杀。

然而，我们并不经常将自杀与无动于衷联系起来。如果短暂地回顾一下，再次回到理论态度和实践态度之间的区分，我们或许会注意到理论态度是保守的，它并不行动，或者看不出有什么行动的必要，因为实际上存在着沉思与行动之间的张力。一个人沉思着整体，而为了沉思整体，他必须压制住那种会掩盖对整体之沉思的兴趣，或者那种将沉思转变为一种观察，而观察的视角有着被决定其能看到什么的兴趣所规定了的局限性。在这儿隐含着的意思是：我的想法和需要决定了我看待事物的方式。因此，唯一的"如其所是"的看待事物的方式就是摆脱想法和需要，它们原本会扰乱我的看法（它们如其所是的那样属于动物的生存本能）。这一思考的方式显然得益于柏拉图，同样也得益于《斐德若》中驭马车者的神话，在那里，对天外之境的纯粹观看——这一观看被定义为无角度的，众所周知的，同时也是自相矛盾的概念：无所不见的眼睛——它被一种拉扯着人们远离这一纯粹观看并迫使他在行动中与之保持有限度和解的激情所限，即使不是被完全封锁着。

自杀似乎是一种深深植根于激情之中的行动，如果我们从其词根的字面意义上看，是植根于痛苦之中。[①] 如此一来，自杀行为如何可以成为无动于衷的证据呢？自杀是不是定然无法削弱基里洛夫所赋予它的目的？在这一点上，人们或许会发现一个逻辑上的失败，一个矛盾，并将基里洛夫贬为疯人，贬为那些被一个明显的字面上不协调的概念所占据的人们之中的一员。他同样也在说胡话，以此来努力将自己从对自然权

---

① 按照原文，suicide 的词根是 suffering，中文无从体现这一点。

威的谦卑认可中解放出来。又或者他对自杀的赞美是一种甜美音乐的颠倒了的形式，地下室人曾将音乐与牙痛相连。或许事情不应该听之任之。对基里洛夫来说，无动于衷就是自由，而最高的自由，最完美的无动于衷只有在一个人无惧于自杀或去死的时候才会出现，多么纯粹而简单！

　　然而，令人烦恼的问题依旧：为什么？是什么样的兴趣会迫使人们寻求从所有的兴趣中解放出来？为什么人们会对无兴趣发生兴趣？实际上，什么样的兴趣能够比对死亡的恐惧更为强大、更为直接、更不容易被掩盖或升华？梅尔维尔看起来正确的是，把生机与对死亡的恐惧联系起来——我们的行为为的是克服对死亡的恐惧，去消除它、隐藏它。所有这些行动来自一种难以抗拒的从死亡转身离开或转头不看的需要。

　　基里洛夫的思路深陷于一个丑陋的反讽，实际上是一个颠倒的"甜美音乐"之中。然而甜美却变成了丑陋，在小说中一个最为可怕和震撼的场景中，彼得·斯潘杰诺维奇·维尔霍文斯基迫使基里洛夫实践他的承诺，将理论转化为实践，去自杀。基里洛夫拒绝了彼得·斯潘杰诺维奇的要求。他这样做的理由或许可以由他自己的供述来说明：

　　　　有这样的几秒钟，每次总共也就五六秒钟而已，您会突然感觉到完全达到了一种永恒的和谐。这不是一种人间的感觉；我倒不是说这是一种天国之感，而是说这不是肉体凡胎的人所能体会的。必须脱胎换骨，或者干脆去死。这种感觉十分清晰而又无可争议。您似乎突然感觉到整个造化并突然说道：是的，就这样。当上帝创造世界的时候，他在创造万物的每天末了都说："是的，就这样，这是好的。"这……这不是深受感动，这只是一种恬淡和欢悦。您无须宽恕任何东西，因为已经没有任何东西需要宽恕了。您也不是在爱，噢——这比爱更高！最可怕的是这非常清晰而又十分欢悦。要是超过了五秒钟——那这心就会受不住，就必定会消失。在这五秒钟内我经历了一生，为了这几秒钟我愿意献出我的整个生命，因为这值得。如果要经受十秒钟，就必须脱胎换骨。我认为人应当停止生育。[①] [14]

基里洛夫犹豫了。他做出了一个关键的区分。他所描绘的和谐对生活在世俗国家中的我们来说是不可容忍的。我们不可能活在这样的和谐之中，除非在肉体上做出转变；也就是说，形而上学的转变要先于政治上的转变。人类转变成和谐共处的存在者，如此才能达到彻底的解放，没有这些，政治上的和谐之梦仅仅是个梦想。在这种情况下，自杀也不过是一种安慰剂，提供的是彻底解放的幻觉。即便在此，自由是如此之激进，人们甚至无法开始去描绘它，大概五秒钟的时间都不可能。在此，我们再次面对胡说，一种糟糕透顶的胡说，而基里洛夫不同寻常的语言，一种开始丧失句法完整性的语言，也证明了这一点。而语言，是将基里洛夫跟其他人联系起来的最重要的社会纽带，一个既松又紧的纽带。在他莽撞地冲向无限制的解放的过程中，基里洛夫也将自身从言语中解放出来——他从有意义转向了胡说。与其说他达到了与神等同的状态，不如说他仅仅使自己变得野蛮，他变成了一头野兽。

因此，我们回到了基里洛夫生命中最高光的一幕。这一场景发展了基里洛夫"理论"中的核心困境，他无法赋予他对无动于衷的追求以意义，除非揭示出它深深植根于一种对不再生活于由限制而来的痛苦之中的过于自信的欲望。我们或许可以假设，如彼得·斯潘杰诺维奇所希望的那样，为了提供一个必要的辩解，结束自己的生命对基里洛夫来说是一件简单的事情。但基里洛夫的理论本身看起来是面具掩盖下的对生的专横欲望。毕竟，简单的拒绝是毁灭性的：为什么要给其基本性质就是

---

① 中译文引自陀思妥耶夫斯基著、臧仲伦译：《群魔》（下），第 662 页，上海三联书店，2015。

在沉默中长眠的行动提出一套理论呢？真正的自杀不需要宣扬，也不需要劝诱改宗（proselytize）——如果一个人或许只是想"把事情做完"，那么对无动于衷的培养就没多少意义。

　　基里洛夫撕掉了面具。他变成了野兽。彼得·斯潘杰诺维奇等着他实现自己的自杀承诺。但他什么也没得到。

> 　　他虽然在阅读和欣赏那篇声明的措辞，但是他每分钟都在痛苦而又不安地倾听——他突然又火了。他焦急地看了看表，已经很晚了，他进去已经差不多十分钟了……他拿起蜡烛，向基里洛夫把自己关在里头的那间屋子的房门走去。在接近房门的时候，他又猛地想到，这蜡烛也快点完了，再过大约二十分钟就会完全点完，而且再没有别的蜡烛了。他抓住门把手，小心翼翼地倾听，听不见一点声音；他突然拉开门，稍稍举起点蜡烛：什么东西大吼一声，向他猛扑过来。[①] 15

这个"什么东西"当然就是基里洛夫，他变成了野兽——似乎是不再具有说话的能力，只剩下吼叫和喧哗。实际上在小说中，基里洛夫确实基本不说话（除了高呼"立刻、立刻、立刻、立刻"[②]之外）。他分解成了某物，彼得·斯潘杰诺维奇甚至无法正确地回忆或者描述。

> 　　接着便发生了一件岂有此理和迅雷不及掩耳的事，以致后来彼得·斯捷潘诺维奇怎么也没法把自己的回忆理出个头绪来。他刚一碰到基里洛夫，后者很快就把脑袋一低，用脑袋打落了他手中的蜡烛；烛台咣当一声飞落到地板上，蜡烛灭了。

---

① 《群魔》（下），第 696 页。
② 这段呼号紧跟在下面这段引文之后。

就在这一刹那他蓦地觉得自己左手的小指一阵剧痛。他大叫起来，他记得当基里洛夫向他俯下身来咬了他手指的那会儿，他忘乎所以地使出全身力气用手枪猛击基里洛夫的脑袋，接连打了三下。最后他终于把手指挣脱了出来，玩命似的拔脚飞跑，向公寓外跑去，一路上摸黑前进，寻觅着道路。这时，在他身后，从屋子里飞出一连声的可怕的喊叫。[①] [16]

在这悲惨的一幕之后，基里洛夫试图自杀。然而，理性的自杀早已过去，随之远去的还有那个为了从他最后的时刻似乎例证了的为激情所控制的、野蛮的行为中解放出来的人。野兽的狂暴怒火还是战胜了冷静的自杀决定。

斯塔夫罗金，空虚的英雄

基里洛夫仅仅是颗卫星，斯塔夫罗金才是中心、太阳，其他所有的角色都围绕他旋转。[17] 但斯塔夫罗金是一个特殊的中心。他是另一个胡说的专家，而他在小说中扮演的核心角色跟这一神秘性质关系密切。尼采再次给我们以启示。他在《偶像的黄昏》中的一句格言指出，那些从未被理解的人正因如此才具有了权威——来自谜团、神秘的权威。[18] 在这部小说中，斯塔夫罗金的这一方面很早就清楚地出现了，当时叙述者向我们讲述了三个令人震惊的、不寻常的事故。在重述这三个事故之前，叙述者给出了一个关于斯塔夫罗金的描述，这个描述提出了一个相当重要的观点，也是同样适用于基里洛夫的观点："他的面孔也使我吃惊：他的头发似乎太黑了点，他那浅色的眼睛似乎太平静、太明亮了点，他

---

① 《群魔》（下），第698—699页。

的面孔的颜色似乎太柔和、太白皙了点，他脸上的红晕似乎太鲜艳、太纯净了点，他的牙齿像珍珠，他的嘴唇像珊瑚——简直像画儿上的美男子似的，同时又似乎令人感到厌恶。有人说他的脸像副面具。"①19

　　美丽与厌恶的组合，就像在同一时间里斯塔夫罗金既是美丽的又是令人厌恶的（或扭曲的：отвратительный）一样毫无意义。一个人在同一时刻怎么可能既美丽又令人厌恶？这难道不违反神圣的矛盾律吗？当然，认为斯塔夫罗金掩饰得好，戴着面具的说法可以避免矛盾。在这种情况下，斯塔夫罗金不过是一个反讽的产物，一个虚伪的人（dissimulatio），舍此无他。关于反讽的这一定义，即它是某种意义，潜藏在另一种意义背后，看起来远远好于关于反讽的更为极端的定义，根据后者，意义的所有变体在或多或少的程度上都隐藏着一种原始意义的缺失。在上述两种情况下，有意义和胡说之间都存在着一种现成的区别，它确证了前者和后者之间的某种界线的存在，该界线能保护二者自身的完整性以及一个与另一个的关系。然而，如果我们把斯塔夫罗金的奇怪的含混性看作对由矛盾律所产生的相对清楚的区分所进行的渗透，情况就不是如此了。引入后面这一种可能性所带来的更大和更令人不安的后果是，有意义和胡说之间的区分本身开始解体。

　　但这一问题在最初的描述中只是被含蓄地暗示了。随描述而来的三个事故看起来都意味着斯塔夫罗金在传统的意义上多少有点疯狂，特别是在他表现出我们今天会称为"随机行为"的时候。然而这些随机行为不是善意的，若是的话，它们的随机特性会被更轻易地忽视。相反，它们属于暴力侵犯，由于看起来不像是遵循逻辑，它们就更加暴力。在这一方面，看起来没有动机的可消解的行为所带来的纯粹威胁（dissolutive）显得更加清楚。上述事故中的第一个牵涉一个鼻子，第二个牵涉一个妻子，第三个跟一个耳朵有关。所有这些都是黑色喜剧。

---

① 《群魔》（上），第49页。

在第一个事故中，斯塔夫罗金确实牵着某人的鼻子。这是一个受尊敬的长者，有一个习惯，在其声明中总是带着一个句子："不，您哪，这可骗不了我，他们休想牵着我的鼻子走！"[①]斯塔夫罗金在某种程度上反击了这一声明，在极其字面的意义上抓住并牵着这位长者的鼻子。这一事故引人发笑但也令人不安，不是由于我们可能预见的理由——诸如斯塔夫罗金的愤怒——而主要是因为斯塔夫罗金从未表现出愤怒："这一切都混账之极，且不说也太不成体统了——这种不成体统一眼就看得出来，是存心的和有预谋的，由此可见，也是对我们整个上流社会蓄意的、极端放肆的侮辱。"[②] [20]在此提出的主张也适用于斯塔夫罗金的另一个表面上"令人不安"的行动，两者都是暴力行为，只不过方式不同，其本质上的暴力或者表现为对人们所预计的行为准则的违背，或者是对这种预计本身的违背。斯塔夫罗金对新奇的爱好是犯罪的温床，一种可计算的丑陋或胡说。

可计算的丑陋，跟美丽与丑陋的结合一样非同寻常，尽管这一联系可能一开始并不清楚。然而，毫无异常的是美丽与秩序的结合，如我们所知，这一结合可以回溯到柏拉图那里，它构成了天外之境可以施加给那些曾瞥见了它的人们的力量中最关键的方面。至高的秩序是美的，因为它是有序、完美、终极。与此类似，计算依赖于秩序——在没有固定的结合规律的地方，人们不可能进行计算。如果我们接受丑陋是美丽的反面，那么看起来丑陋意味着秩序的缺失。但是，如果情况果真如此，那么可计算的丑陋本身就难以理解。无序的有序显现？这难道不是某种胡说，以至于突破了两个词各自区别的界线？ [21]

论证是这样的：斯塔夫罗金策划了他表面上看起来的随机行动。他是无序的代理人。但将斯塔夫罗金归结为无序的代理人就是将他归结为

---

① 《群魔》（上），第50页。
② 《群魔》（上），第51页。

他看起来试图否认的概念。刻意保持胡说恰好会陷入它试图嘲弄或克服的逻辑之中。这一论证同样曾被地下室人所针对，它是另一个论证的变体：一个人不可能一贯地述说虚无，因为述说虚无就等于将它转变为不再是它的定义所规定的东西。述说虚无就是胡说。[22] 除非它不再是它所是的东西，否则没有什么能具有现成的意义。但如果它不再是其所是，那么它会是什么？

这些复杂的本体论关怀不需要在眼下耽搁我们的行程。此刻的问题是，叙述者声称人们试图强加给斯塔夫罗金某种可理解的一致性，适用于他表面上的随机行为，以此种方式来消解他的行为引起的更为极端的可能性——根本不存在任何理由，他的行为仅仅是偶然的表现，一种对某些根本没有一致性表现的事物的表现，是对一致性表现的颠覆。我们再次回到了基本的问题上：人如何能够给没有形式的事物以形式？而且在这一点上，或许犯罪就是无形的附件，就是从形式中的解放。[23]

基里洛夫与斯塔夫罗金的共同之处是二人都迷恋犯罪，因为他们似乎都是否定的产物——基里洛夫代表着理论上的自杀，而斯塔夫罗金是一个没有个性的角色，让我们回想起地下室人所坚持的 19 世纪的理性人确实只能是没有个性的。斯塔夫罗金是一个没有一致性的英雄，换句话说，是一个其一致性在于没有一致性的英雄。在英雄的面具之下是一个美丽的个体，他正是丑陋的化身，或者更意味深长的，是一个无法解决的矛盾的化身——或者说解决这一矛盾的唯一办法是自杀。最后，我们得知斯塔夫罗金自杀了，尽管我们从未真正知晓他为何要自杀。有人假设，他或许可能隐藏在他自己的地下室里，想藏多久就藏多久。

斯塔夫罗金的自杀比起基里洛夫更加令人迷惑。基里洛夫的自杀并不真像表面上那样是一种理论上的自由。它并非认定死亡比生命更美好，基里洛夫最终的犹疑和他对其自杀意图的经常性谈论表明了上述观点。在基里洛夫这里，理论是实践的替代品，而不是要克服实践。毕竟，这样的克服，只能通过实施自杀来完成。

斯塔夫罗金谜一般的品质实际上是完全不同的。无聊似乎控制了他。基里洛夫面对痛苦时的"神圣的恐惧"与斯塔夫罗金所沉迷的无动于衷相距甚远。基里洛夫更像是地下室人嘲笑的行动派，斯塔夫罗金却是地下室人本人、"闪亮的黑暗"或"美丽的丑陋"的杰出化身。但他却感到无聊——而无聊难道不也是丑陋吗？[24]

圣者只会感到无聊。他意识到了所有迷恋的空虚（例如，基里洛夫并未意识到这一点）。圣者在存在与非存在之外"存在"——但是其意义何在？圣者是一个没有个性的存在物或者说存在的存在物，只要他认识到了所有仅仅是特殊形式的存在物的空虚。圣者是某种被悬置了的生命力，一个超然物外的形象，他并不给出令人安慰的故事，也不会给人以行动或不行动的动力，他不制造理论。圣者就是无聊本身，因为对他来说无处可去，而他的来处无非仅仅是一部错误的、滑稽而错误的历史，因为一个人看到的是所有的错误如何仅仅是给出目的、消除无聊的滑稽的尝试——而对死亡的恐惧是激发目的最重要的动力。圣者是末人（the last man）的一个变体，但却是一个极为复杂的变体，尽管他们看起来一模一样。

最终的和谐

理论与实践可能无法和解。或者我们可以用另一种方式谈论这一话题：理性与意志可能无法和解。我们可以援引一系列其他的对应概念，它们的关系中表现着同样的问题：终极性既是令人渴望的，又是引人拒绝的。尽管我们可能觊觎上帝所展现出来的和谐，并在最低限度的意义上将其看作一个对完美的隐喻，一个奋斗的目标，但模仿这一最终和谐的效果却是无聊或无情的重复，如地下室人所说的，我们似乎不惜代价地从中寻求宽慰。

那么，我们该如何处理这一基本问题呢？我们可否说这一结构以某种方式内嵌在人性或形而上学的确定性之中，因此我们无法克服？或者这一结构本身仅仅是一种叙事，其背后除了一部偶然的历史之外别无他物？这些问题在很大程度上具有认识论性质，它们问的是自由是否真的可能，不仅仅是作为胡说或否定的可能。如果自由仅仅作为胡说或否定才是可能的，那么我们必须回头质疑我们的定义，因为胡说看起来是指向我们定义的界线，而不是构建了一个定义本身。一种关于否定性能力的肯定定义是有改变能力的，因此它是不可能的，它给了那种否定性能力一种肯定的同一性。

但是，若自由不仅仅是作为胡说而出现，那么随之而来的问题是：自由有何重要，以至于我们会希望得到自由？实际上，在上述两种情况下问题都会出现，因为事实是，我们正在谈论自由，而在谈论自由这件事上，我们已经揭示了它有某种好处，而不仅仅是出于些许被迫。陀思妥耶夫斯基本人把自由看作人类行为的最高目标。他设定了对自由的向往，即便在这种向往消解为虚无的那一刻也是如此，它是人类行动的前提条件。没有任何其他的行为具有如此的重要性；意志比理性重要得多。

如果我们从表面价值的角度来衡量地下室人和陀思妥耶夫斯基小说中的其他黑暗英雄，我们不得不得出结论说，他们追求的是从被地下室人如此雄辩地描述的、令人蒙羞的自然之力中解放出来。自然侮辱人，其极端形式是作为自然物的人在他们征服自然、逃避其令人窒息的拥抱的尝试中彼此侮辱。在此，莱布尼茨在形而上学的局限性、道德的和物理的恶之间做出的联系清晰可见。[25] 我们的形而上学局限性——我们的不完善性或者无能征服自然——是驱使着陀思妥耶夫斯基的英雄们所进行的那种反抗的动力。但在这些陀思妥耶夫斯基式的英雄的绝望努力之中并不存在必然性；他们可能会得出一个不太相同的观点，该观点要求他们自身臣服于整体，放弃意志，而后者在陀思妥耶夫斯基那里就像在奥古斯丁那里一样，都是反抗的标志点。

另一个陀思妥耶夫斯基：佐西玛

　　还存在着另一个陀思妥耶夫斯基，他提出了对自由问题的另一种回应，与到目前为止我们所考察的都大相径庭。我对陀思妥耶夫斯基的叙述集中在一个核心的困难上，它清楚地表现在《地下室手记》之中，也表现在拉斯柯尔尼科夫和《群魔》中的英雄们得到了或者行将得到胜利的暴力之中。在所有上述情况下，这一核心困难，理性与自由或者理性与意志之间的冲突，都被证明是无法调和的——人们必须选择自杀或者地下室人的混乱（muddle），他无力解决任何问题。

　　这另一个陀思妥耶夫斯基以令人瞩目的方式转化了混乱。他的做法是进行下述两种自由概念的转换：从一种自由，它唯一导向了一种从来自其意志的或胡说的英雄们的任何一个或多或少带有乌托邦色彩的梦想的限制中摆脱出来的自由；到另一种自由，它认可某种生活方式，后者是作为一种实际上的计划任务出现的。陀思妥耶夫斯基所强调的重点不在终极或绝对的自由——这种自由据其定义在此生此世毫无立锥之地——而是这样的自由：它的实现主要是作为一种与他人之间的、并在他人之中的关系。这种类型的自由把陀思妥耶夫斯基式的意志英雄所追求的绝对自由的不可能性或不一致性作为其可能性的条件，它出现在巴赫金所指出的陀思妥耶夫斯基的"对话性"（dialogicity）之中，毫无疑问，这是一个复杂的概念。[26] 然而就眼下而言，我想描绘的是陀思妥耶夫斯基所做出的关于下述二者的区分：意志的英雄，他努力的方向是绝对自由；另一个是更少戏剧性的社会自由的英雄，指的是陀思妥耶夫斯基最后的小说《卡拉马佐夫兄弟》中的一个非常有趣的例子：神父费拉庞特（Father Ferapont）和长老佐西玛（Zosima）之间的敌意，这种敌意在小说的第二部分中造就了一种惊人的对比，一种值得仔细研究的"好的一面和坏的一面"（pro et contra）。

费拉庞特神父出现在第二部第四卷中，这是著名的以"紧张"或"撕裂伤"为题的一卷，²⁷ 尽管小说前面的章节也曾提到他，但那时他是作为一般意义上的长老制的反对者和个别意义上的佐西玛长老的对立面出现的。在对费拉庞特神父进行详细描写之前，该卷的第一章给出了佐西玛长老主要思想的简单介绍，以最清楚的方式体现在他行将就木之际：

> "你们应该彼此相爱，神父们，"长老教诲说（据阿辽沙后来所能回忆起来的），"爱上帝的人民。我们并不因为自己来到了这里，关在这个院子里，因此就比俗世的人们神圣些，正相反，凡是来到这里的人，正因为他来到这里，就已经自己意识到他比所有俗世的人们，比地上的一切人都坏些……一个修士以后住在这个院子里越久，就应该越加深切地意识到这一点。因为如果不是这样，那他就根本没有必要到这里来。只有当他意识到他不但比一切俗世的人坏，而且应该在世界上的一切人面前为人类的一切罪恶——不管是全体的或是个人的罪恶负责，那时我们才算达到了隐修的目的。因为你们要知道，亲爱的，我们每个人都应该对世上一切人和一切事物负责，这一点是毫无疑义的，这不但是因为大家都参与了整个世界的罪恶，也是因为个人本来就应当为世上的一切人和每一个人负责。^① ²⁸

在此，佐西玛的基本假定是我们每个人都有对彼此的责任，这一立

---

① 中译文引自陀思妥耶夫斯基著、耿济之译：《卡拉马佐夫兄弟》，第 239 页，人民文学出版社，2002。

场吸引了相当多的关注——人们可能会争辩说这正是伊曼纽尔·列维纳斯哲学的基石。[29] 这一思想的基本点是我们对他人的认可，最初是在我们对他人有义务的范围内。其他人不是"为了我们"而存在；与此相反，他人之所以是"为我们而在"的，仅仅局限在我们确定自身是有责任的或者要回应他们的范围内。列维纳斯非常敏锐地发现了佐西玛简单布道的本质上的社会性定位。我们不是修道院中的生物，相反，我们作为被造物最主要的是对神的忠诚，而这一点体现在对他人而不仅仅是对神的忠诚上。与他人的关系定义了一个人的虔诚和信仰。

费拉庞特神父代表了与上述观点截然相反的对立面。神必须先于任何其他的人。与神的关系胜过了与其他人的关系。个体的救赎是核心，而不是作为拯救群体的计划，或者建立一个诸如此类的群体。费拉庞特神父是一个"伟大的极速者（faster）和沉默的保持者"，他的严格的禁欲主义和古怪使得他有资格做一个"基督的傻瓜"（fool in Christ），一个被神直接碰触过的人。他离群索居而且也不准备跟人交往。

费拉庞特神父从不去见佐西玛长老。他虽住在庵舍里，却没有人用庵舍的规矩去约束他，这也正是因为他的一切举止常显出疯狂的样子。他大约有七十五岁了，也许还要大些。他住在院墙角上蜂房后面一间差不多要倒塌的旧木头修道室里。这修道室是在多年以前，还在前一个世纪，为一个也是很伟大的持斋者和缄默者约纳神父修建的。那个神父活到一百零五岁，关于他的苦行至今在修道院里以及附近一带还流传着许多有趣的传说。费拉庞特神父在七年以前设法也搬到这个平静的小修道室里来住，——这修道室简直就是一间农舍，但是又很像钟楼，因为里面有许多捐献的神像，神像前面还点着捐献的长明灯，好像费拉庞特神父就是被派在那里负责看管它们和点燃油灯的。听说他三天只吃两磅面包，绝不再多，——这是一点也不假的；一个就住在养蜂场里看守蜂房的人每三天给他送一趟，但他就连跟侍候他的这个看蜂房的人也很少讲话。四磅面包连同礼拜天晚弥撒后院长准派人给这位疯僧送来的圣饼，就是他一星期的全部食粮。罐里的凉水每天给他换一次。他很少出来做弥撒。到修道院来膜拜的人们看见他有时整天跪着祈祷，不起身，也不朝旁边看。有时即使同这些人对答几句，也极简单零乱，古里古怪，而且常常近于粗鲁。[①] 30

费拉庞特神父是某种程度上的疯子或基督身上的傻瓜，正是因为他从未注意到其他人。他约束自己而且从不开口，除非是以一种神秘的方式，而其他人试图去进行解释——这个"神圣的"疯子的预言式言说多数情况下是胡言乱语（而且骇人听闻），尤其是人们决定无视可能深锁于其中的神圣信息时。在这一方面，费拉庞特神父也是一个胡说的提供者，这种胡说再加上他的离群索居是摆脱社会枷锁的自由的形式，与之类似的是喋喋不休的地下室人所享受的（并为之哀叹的）自由。对这位北方僧侣的描述之后的对话是陀思妥耶夫斯基笔下最伟大的喜剧时刻之一。但这同时也揭示了费拉庞特神父的古怪之处，他似乎发明了自己版本的圣-灵，即圣灵（把 святой дух 放在一起形成了 святодух），这是俄语中的一个诙谐的文字游戏。然而，发明并不是一个真正虔诚的人的美德，此外还有不少细节表明，费拉庞特神父的过于招摇的虔诚在某种嘲讽的意义上是在演戏，即人不会跟上帝相连，而是跟人的虚荣相连，正是这一虚荣驱使着陀思妥耶夫斯基笔下的其他英雄们去挑战上帝。在这一方面，佐西玛长老尽管位高权重，但被证明是更为谦虚的，他更清楚地意识到了人类现实的不和谐和无秩序与神圣的和谐之间的距离。

---

① 《卡拉马佐夫兄弟》，第 243—244 页。

佐西玛的计划是让自己在他人面前保持谦卑，这计划实际上要战胜一种尽管可能是非常自然的将自身置于他人之先的倾向：这一倾向指向的是虚荣。让自己摆脱虚荣的方法之一是明明白白说话，让所有人都能理解，而不是像费拉庞特神父那样讲预言或打哑谜。在这种情况下，费拉庞特神父的沉默或许可以轻易地被解释为拒绝交流，因而就是拒斥与他人关系中的最简单的元素。最终，费拉庞特神父对群体的拒绝看来像是对他人的轻视而不是真正的理解。只有上帝对费拉庞特神父来说才是合适的，他满眼都是恶魔，佐西玛长老的房间中尤其多，因为后者积极地接受了群体，因而无法让自己在面对他人时免疫。

佐西玛长老和费拉庞特神父之间的张力构建了一个经典的陀思妥耶夫斯基式的"丑闻"或"危机"场景，这一场景彰显了两种看待基督教的极端不同立场之间的对立的重要性，佐西玛倾向于大范围的"同一层面上的"关系，由此出发，信仰的确立是由群体的确立来证明的，而费拉庞特神父倾向于与上帝结合，从而排除了任何其他形式的群体。在这一幕丑闻之前的小节里出现了一段精心编织并引人注目的关于犯罪与救赎的叙事，既涉及佐西玛长老年轻时的轻率之举，也包括一个关于神秘陌生人的，一直困扰着人们的杀手的传说。可以肯定，佐西玛的主要思想是，我们每个人都有对于他人的和为了他人也为所有其他人的责任，这一思想的特别意义似乎跟这一陌生人有着特别的共鸣。

　　他说："天堂藏在我们每人的心里，现在它就在我的心里隐伏着；只要我愿意，明天它就真的会出现，而且会终生显现在我的面前。"我看出他是在带着感动的心情说话，而且用神秘的眼色对我望着，似乎在询问我。接着又说道："关于每个人除去自己的罪孽以外，还替别人和别的事担错一层，您的想法是完全对的，可惊叹的是您竟能突然这样完满地把握这种思想。确实不假，一旦人们了解了这种思想，那么对于

他们来说，天国就不再是在幻想中来临，而是实实在在地来临了。"① 31

　　这一思想的精妙和简单之处，似乎被紧随在这段叙事之后的对佐西玛之死的反应所证伪了。对他的圣洁的质疑出现了，因为没有出现腐臭的神奇消失，因此没有奇迹能够给出一个神圣的征兆，以表明佐西玛不仅仅是普通人，而是在某种程度上高于人。对超自然的关注，与佐西玛的简单讯息不同，显然与拒绝这个信息有关。因为它仅依靠人类的力量来建立最终王国，但没有正面证据表明这样做其实是一个神圣的工程。那些试图实现这一计划的人们必定只能依赖于一个本质上无根基的确信。费拉庞特神父猛然提出了对佐西玛的圣洁的质疑，而且通过这一质疑他慢慢地将怀疑灌输给许多在场的人。为了回答佐西玛的某位密友向他提出的问题——"谁能对自己说，'我是圣洁的？'"——费拉庞特神父做出了下述生动的评论：

　　　"我是不清洁的，我并不神圣。我决不坐在椅子上面，让人家像对偶像似的膜拜！"费拉庞特神父又吼叫起来。"现在有些人在破坏神圣的信仰。去世的这位，你们的圣者，"他转向人群，用手指着棺材说，"他不承认有鬼。他不驱赶恶鬼，却给人吃药。所以你们这里就聚集了这么多，像角落里的蜘蛛似的。现在他自己也发臭了。我们看出这是上帝伟大的指示。"② 32

　　费拉庞特神父运用他作为伟大的极速者和沉默的保持者的权威去嘲

---

①　《卡拉马佐夫兄弟》，第 453 页。
②　《卡拉马佐夫兄弟》，第 501 页。

讽佐西玛和他的关于社会和谐是基督教计划的真正进路的讯息。人们可能轻而易举地论证，佐西玛所坚持的观点是我们在众人面前而且为了众人而有罪，这一观点意味着我们让每个人都变成了偶像而且担负起为了全体的责任，然而这责任会逐步侵蚀上帝的权威，尽管是以细微的方式。费拉庞特神父再次确认了个体救赎的重要性是首要的，高于对一个彼此平等的群体的全体成员的救赎——我们是上帝的奴仆，不是人的奴仆。

纵向与横向的爱若斯

人们在《地下室手记》中发现的区别在《卡拉马佐夫兄弟》中经历了一次引人注目的变形，因为行动派在后者中变成了一个新形态的英雄，他建立在关于行动的下述观念上：行动的目的与陀思妥耶夫斯基的意志的英雄所追求的目的截然不同。后者努力去实现的理想就其自身的本性而言会超出人类世界，他们拒绝接受不完美，他们的追求昭示着我们在柏拉图的挑战中所注意到的张力。达到完美的努力，美的理想在终极意义上彻底拒斥所有的不完善的、丑陋的、不必要的事物——这是消灭有限的生命的号召，在这一意义上，是一个蓄意谋杀的、破坏性的号召。与之相反，在《卡拉马佐夫兄弟》中，理想化身于他人之中——一个人可以在与他人的关系中努力拯救自己的罪恶，通过认可自己无法消除的对他人的责任来完善自身，佐西玛在一段重要的文字中所称的"主动的爱"，使得人们可以真正地变得相信"上帝的存在和灵魂的不朽"。[33]此外，这一作为计划的行动的思想会使人远离地下室人和斯塔夫罗金的有害的犹疑——一个人变成上帝，不是通过涉足某种必定不可能的对神圣自由的模仿（这一模仿首先被理解为从行动的必要性中摆脱出来），而是借助主动地建构一个完美的群体，在其中行动不再需要决断，而是会变成"第二自然"，所有关于自我意识的困难问题都会将自身消解到一个最终的、完成了的协约（compact）之中，在其中，所有的公民都会在他人中接受自身，而他人也会在他们中接受自身。理论与实践、理性与意志在最后的综合中走到了一起。

然而人们不可能轻易忘掉地下室人的论断：人们对这一奋斗的终点既向往又恐惧，后面这种恐惧出现在那种毁灭性的反抗之中，其对象是理性或者无论哪种思想权威所宣称的"情况就是如此"。让我们援引宗教大法官的问题："人被造就为一个反叛者，反叛会是幸福吗？"[34] 如此一来，我们如何可能协调那些意味着意志的优先性的说法与转向在某种表面上的或潜在的最终的综合中寻求和解的努力呢？最终的综合是否可能呢？终极性或者诸如此类的"和平"是否可能？抑或唯一的终极性就是无尽的斗争的终极性，在这种终极性中意志的行为总是会搅扰和谐或平衡所获得的任何东西？

地下室人坚持意志的优先性，它不是某个强迫我们去完成或完善我们自身的代理人的表达，而是确保完成或完善不可能实现。几乎无人怀疑这一观点是相当重要的。柏拉图朝向美的爱若斯似乎遇到了对手，一个完全不同的爱若斯，它朝向的是美的残缺、破坏、丑陋、不和谐——总之，因为自身的缘故而走向偏差。

出现这两种直接对立的爱若斯的可能性为我们提供了一种对陀思妥耶夫斯基的意志英雄的相当不同的解读。对它们来说，我们或许可以认为理想仅仅是托词或借口，某种形式的伪装，掩盖的是意志对抗任何秩序之可能性的不懈行动。从这一点出发，拉斯柯尔尼科夫和基里洛夫都是意志的英雄，不过是在不同的和或许更纯粹的意义上，因为似乎附加在他们的不满意的表现之上的感觉残留物，仅仅是一种残留物甚或一个幻象。正如叙事者在引入费拉庞特神父的那一章中所说的："因为即使是那些抛弃基督教、反抗基督教的人自己，实质上也仍然保持着他们过去一直保持的基督的面貌，因为直到现在，无论是他们的智慧，还是他们的热情，都还没有力量创造出另一个比基督在古代所显现的形象更高超的人和道德的形象来。即使做过尝试，结果也只弄出了一些畸形的东西。"①35

如果我们回到撕裂或撕裂伤的概念上，我们或许可以将这两种极其不同的英雄统一起来：一种试图治愈创伤，另一种试图任其如此，与伤口共存是因为他们没有任何治愈它的欲望——毋宁说，他们一直在制造伤口。但这并非任何日常意义上的受虐狂。恰恰相反，这是对承受苦难的能力、违背常识的能力、散播不和谐并以之为人间正道的能力的重要性的一种宣示。人就是暴力！地下室万岁！

如果我们严肃地对待这一观点，地下室人的犹疑就会表现为意志的行动和决定不服从的后果，而不是无能于决断。实际上，这种决断的无能仅仅是自我怜悯的宣称。地下室人以一种与柏拉图的模型完全对立的方式颂扬着他的不完善。他是一个恶意地意识到了自己的兽性的野兽。他像苏格拉底一样是一个森林之神（Silenus），将一种更为基本的破坏欲隐藏在自我完善的建设性原则之下，他的破坏性的反讽相当明显地，如果并未明言的话，是完美与死亡的联合。

柏拉图的神圣疯狂所寻求的自由是从此生此世的生活中摆脱出来，从如此之多的只要我们还生活在这个世界上就要臣服的侮辱和必然性之中摆脱出来。这一自由在意志英雄中发现了自己的对立镜像。意志英雄的核心不是建立新耶路撒冷的欲望，也不是超越所有人类限制，变成一个神的欲望。毋宁说，意志英雄是一个纯粹的反抗者，一个追求嘲弄或贬低创造的人。他是所有人中最具攻击性的疯人或罪犯，因为意志英雄只有一个意图：否定在任何特定时间点上被视为权威的任何东西。意志英雄是批判者，他超越语言直达行动——他进行否定，但在这样做的时候并不必然带来好处。36 在此出现的大问题是：这一意志英雄关注着个体的救赎，关注与上帝合一的努力，关注变成一个与俗世和其他所有相

---

① 《卡拉马佐夫兄弟》（上），第250页。

对立的神，但他是否是那个最危险也最暴力的罪犯呢？与这一引人注目的人格形成鲜明对比的是自我牺牲或虚己（kenotic release）的英雄，这个社会性的英雄最英勇的行为不是最高的自我肯定，而是其直接的对立面：最高程度的自我弃绝，后者实现在某种接近于对他人的、对全部人类的责任，同时也是为了他人、为了全人类的责任之中。

注　释

1　对这些"英雄们"的最好处置是把他们看作某种属于黑格尔左翼的"人–神"（*chelovekobog*），参见 Nel Grillaert, *What the* God-seekers *Found in Nietzsche: The Reception of Nietzsche's Übermensch by the Philosophers of the Russian Religious Renaissance* (Leiden: Brill-Rodopi, 2008), 107–139。

2　Fyodor Dostoevsky, *Crime and Punishment*, trans. Richard Pevear and Larissa Volokhonsky (New York: Vintage, 1992), 3.

3　马基雅维利的回声相当明显：君主或者立法者可以做他不允许别人做的事。参见 Niccolò Machiavelli, *The Prince*, trans. Peter Bondanella (Oxford: Oxford University Press, 2008); 至于新模式和新秩序，亦可参见 Machiavelli, *The Ten Discourses on Livy*, trans. Harvey C. Mansfield and Nathan Tarcov (Chicago: University of Chicago Press, 1996), 5。

4　"照我看，如果由于某些错综复杂的原因，开普勒和牛顿的发现无论如何也不能为世人所知，除非牺牲一个、十个、百个甚至更多妨碍或阻碍这一发现的人的生命，那么为了让全人类都能知道自己的发现，牛顿就有权，甚至必须……消灭这十个或一百个人。" Dostoevsky, *Crime and Punishment*, 259.

5　Dostoevsky, *Crime and Punishment*, 260.

6　Dostoevsky, *Crime and Punishment*, 260–261.

7　参见 Carl Becker, *The Heavenly City of the Eighteenth-Century Philosophers*, 2nd ed. (New Haven, CT: Yale University Press, 2003)。

8　在此我援引的是伊普利特·特伦耶夫（Ippolit Terentiev）在《白痴》第三部分中的非凡而绝望的句子："有什么本来没有形象的东西变成有形象的吗？"参见 Fyodor Dostoevsky, *The Idiot*, trans. Richard Pevear and Larissa Volokhonsky

(New York: Vintage, 2002), 409。亦可参见 Gary Saul Morson, *Hidden in Plain View: Narrative and Creative Potentials in "War and Peace"* (Stanford, CA: Stanford University Press, 1988), 130。

9　Kojève, "Tyranny and Wisdom," in Leo Strauss, *On Tyranny*, ed. Victor Gourevitch and Michael Roth, 135–176 (Chicago: University of Chicago Press, 2013), 153–154.

10　正如在第一章中已经标注的那样,科耶夫在他的黑格尔讲座中至少提及基里洛夫两次,在他的文章《黑格尔、马克思和基督教》中至少提到一次。

11　参见 Albert Camus, *The Myth of Sisyphus*, trans. Justin O'Brien (New York: Vintage, 1991)。

12　Fyodor Dostoevsky, *Demons*, trans. Richard Pevear and Larissa Volokhonsky (New York: Vintage, 1994), 115–116.

13　Herman Melville, *Moby-Dick*, in *Redburn, White-Jacket, Moby-Dick*, ed. G. Thomas Tanselle (New York: Literary Classics of the United States, 1983), 832.

14　Dostoevsky, *Demons*, 590.

15　Dostoevsky, *Demons*, 622.

16　Dostoevsky, *Demons*, 624.

17　在此我援引的是陀思妥耶夫斯基自己提出的著名评论: "因此,这部小说所有的感染力都来自这位君主,他才是真正的英雄。其他所有围绕他的,就像一个万花筒", "一切都包含在斯塔夫罗金这个角色之中。他就是一切"。参见 Fyodor M. Dostoevsky, *Polnoe sobranie sochinenii*, 30 vols. (Leningrad: Akademia nauk, 1972–1990), 11:136, 207。

18　Friedrich Nietzsche, *Twilight of the Idols*, in *Twilight of the Idols and the Anti-Christ*, trans. R. J. Hollingdale (New York: Penguin, 1968), 34.

19　Dostoevsky, *Demons*, 43.

20　Dostoevsky, *Demons*, 45–46.

21　浮现在脑海中的是塞缪尔·贝克特,如果不是路易·斐迪南·塞利纳的话:丑陋、歪曲、作为谨慎的策略的怪诞。或者是他们的先驱:尼古拉·果戈理。

22　参见 Martin Heidegger, "What Is Metaphysics?," in *Pathmarks*, ed. William McNeill (Cambridge: Cambridge University Press, 1998), 82–96; and J. Derrida, "Cogito and the History of Madness," in *Writing and Difference*, trans. Alan Bass (Chicago: University of Chicago Press, 1978), 33–37。

23   对陀思妥耶夫斯基的无形（*bezobrazie*）概念的关键性解读，参见 Robert Louis Jackson, *Dostoevsky's Quest for Form: A Study of His Philosophy of Art* (New Haven, CT: Yale University Press, 1966), 40–70。杰克逊极其出色地表明了陀思妥耶夫斯基的艺术思想本质上来源于柏拉图。然而，无形仍然停留在传统的形式–质料的区分范围内。更为激进的观点是，柏拉图的理念自身在其无中介的纯粹性中，对我们来说可能除了空无别无其他，这一观点尚未得到探讨。

24   小说的关键词之一，мне все равно，字面意义是"对我来说一切都没有区别"，它是"深度厌烦"（deep boredom）的关键性表达，正如海德格尔在其长达120页的关于"烦"（boredom）的论文中所描述的那样，后者出现在他于1929—1930年间进行的课程讲座"形而上学的基本概念"之中。在此出现的联系或许可以看作海德格尔与陀思妥耶夫斯基的深度联系之间的额外证据。参见 Martin Heidegger, *The Fundamental Concepts of Metaphysics*, trans. William McNeill (Bloomington: Indiana University Press, 2001), 59–174。

25   G. W. Leibniz, *Theodicy*, trans. E. M. Huggard (La Salle, IL: Open Court, 1985), 136.

26   巴赫金的非终结性（unfinalizability）概念或许是科耶夫对无终结性（nonfinality）之批判的一个靶子。正如我们将要看到的，科耶夫认为，在任何特定的时间，只有一系列有限的可能性才是可能的。直到这一论点得到证实的那一个可能的时刻到来之前，没有任何人能够保证这些可能性或许是无法穷尽的或无限的。因此，对科耶夫来说，巴赫金的关于非终极性的断言就是一个虚构，取悦的是那些想相信人类经验本质上的开放性的人。

27   一个大胆的猜测会将陀思妥耶夫斯基的"撕裂"或"压力点"（stresspoint）的概念跟海德格尔的"裂缝"（rift）或裂隙（der Riß）概念——一个艺术作品的关键而基本的方面——等同起来。陀思妥耶夫斯基最初看作是否定的——一个人身上的扭曲、撕裂伤或伤口——变成了对海德格尔而言的艺术作品中重要的、肯定的一面，因为它阻止了那个作品被改变成一个简单的对象或变得封闭起来。这一类很有吸引力，因为海德格尔认为"不完善"具有积极意义而且很重要，与陀思妥耶夫斯基在这一篇章中所表现出来的观点形成对立。参见Martin Heidegger, "The Origin of the Work of Art," in *Basic Writings*, trans. David Farrell Krell (New York: Harper Perennial, 2008), 143–203, especially 188–189。

28   Fyodor Dostoevsky, *The Brothers Karamazov*, trans. Richard Pevear and Larissa Volokhonsky (New York: Farrar, Straus and Giroux, 2002), 163–164.

29 参见 Emmanuel Levinas, *God, Death, and Time*, trans. Bettina Bargo (Stanford, CA: Stanford University Press, 2000)。

30 Dostoevsky, *Brothers Karamazov*, 166–167.

31 Dostoevsky, *Brothers Karamazov*, 303.

32 Dostoevsky, *Brothers Karamazov*, 335.

33 Dostoevsky, *Brothers Karamazov*, 56.

34 Dostoevsky, *Brothers Karamazov*, 257.

35 Dostoevsky, *Brothers Karamazov*, 171.

36 正如《浮士德》第一部中梅菲斯特所说的："我是那种力量的一部分/总是向往着罪恶，但做的却是好事。"

第三章

神　人

　　　　纯粹属人的宇宙是不可理解的，因为没有了自然，人什么
　　也不是，纯粹而简单。

　　　　　　　　　　　　　　　　　　　　　　——亚历山大·科耶夫

　　在费奥多尔·陀思妥耶夫斯基之后，疯狂还剩下了什么？努力变得
像神或者变成上帝也似乎无法摆脱跟犯罪——最为暴力且大规模地拒绝
被他人和自然所奴役——的联系。如此理解的解放在本质上是反社会的，
无法作为一种社会规划来实现，因为所有这类计划都与限制相关，其最
深的根基在责任中，后者不是附带的也不是偶然的，它是社会契约的真
正本质。在这一背景下，理性与意志之间的冲突会表现为个体与社会的
冲突，形而上学解放的"垂直的"爱若斯与社会解放的"水平的"爱若
斯之间的冲突，后者几乎就是某种形式的奴役，或者"坏的意识"，如
尼采在《道德的谱系》中如此雄辩地表明的那样。[1]

　　在陀思妥耶夫斯基之后出现了两种引人注目的尝试，试图以形形色
色面目出现在俄国的理性与自由之间进行调和，在不小的程度上造就了
19世纪末和20世纪初的宗教复兴。两种尝试的关键之处都是拯救神化
的概念，使之不再陷于陀思妥耶夫斯基式的论辩之中。作为一个概念，
它不再赋予从社会契约中最极端地解放出来以合法性，相反，在实际上
它成了作为社会规划的解放的必要**条件**。这些尝试否定了陀思妥耶夫斯
基既赞扬又抨击的恶棍展览馆中的那些被社会驱逐的人、不善交往的人

以及罪犯的孤独努力，肯定了一种更为极端的普遍神化的规划，这样的神化与所有人相关而不仅仅局限在孤独的少数人之中，这样的规划的前提不是**从所有人中**解放出来，而是**所有人**的解放。

此时的中心人物是弗拉基米尔·索洛维约夫和尼古莱·费德罗夫。索洛维约夫被看作是最重要的俄罗斯哲学家。他的神人（богочеловек）概念尝试在理性优先的基础上实现理性与意志的和解。从根本上，费德罗夫是一个更不寻常的角色，他试图唤起的是惊异和不信，因为他认为人性的唯一任务，唯一真正的任务是战胜死亡，而且不仅仅是通过拯救那些活着的人，还包括复活所有那些曾经活着的人。

索洛维约夫和费德罗夫同意神化是历史的真正目标——就是说，一旦人类变得神圣了，历史也就终结了。在这一点上，他们都拒斥了陀思妥耶夫斯基在思考终结性时所发现的张力。但他们达成终结性的路径大相径庭。费德罗夫是两者中明显极端的那个。他坚信形而上学的解放是解放之可能性的唯一条件。任何形式的解放，如果不能从物理意义上的自我保存的必要性这一罪与恐惧的源头中彻底解放出来，必然会因为缺乏彻底性而归于无效。索洛维约夫坚持的是一个更为温和的立场，即让自己的意志服从神的意志，从而才有可能变得与神同一；通过学习关于服从的正确教导，人会将自身从悲惨的死亡中解放出来。

弗拉基米尔·索洛维约夫：关于**神圣人性**的演讲

索洛维约夫影响最大也是最集中阐明他关于神化的思想的，或许就是他著名的关于神圣人性（Чтения о богочеловечестве）的演讲。1877—1878 年间，他在圣彼得堡向大量听众发表了上述演讲。[2] 正如其标题所表明的那样，这些演讲提出了一种神学与哲学的综合，同时也包括东正教传统与西方理智主义传统中诸要素的综合。在上述两种意义上，人们可以断定索洛维约夫的演讲提出了一个模型，启发了大约五十年后科耶夫在巴黎对待黑格尔的方式。二者重叠的层面不应该被忽视，因为科耶夫的黑格尔讲座中蕴含着一场与索洛维约夫的争论，而这一点在科耶夫关于索洛维约夫的其他著作中一清二楚。[3] 因此，人们可以把黑格尔讲座看作一种回应，对象是两位大师，同时也是两种不同的路径，回答的是同一个问题：神化所追求的究竟是什么？

在 19 世纪的俄罗斯思想中，索洛维约夫是一个关键人物，他既是第一个真正全面的俄罗斯宗教哲学的创造者，同时也是所谓的随革命而终结的俄罗斯文学白银时代的宗教复兴背后的主要灵感源泉之一。他于 1853 年生于莫斯科。他的父亲是一位杰出的俄罗斯历史学家。索洛维约夫 1869 年进入莫斯科大学，先是就读于物理和数学系，之后进入历史和语言学系。他是一个与众不同的学生，兴趣广泛，但主要关注的是神学问题。离开大学一年之后，他加入了莫斯科神学学会，但最终回到圣彼得堡大学学习哲学，1874 年，他在那里撰写了第一部著作：《西方哲学的危机（反对实证主义者）》（*The Crisis of Western Philosophy [Against the Positivists]*）。他在莫斯科大学谋得一个职位，但在获得了一年的资助之后，前往英国研习诺斯替派和神秘主义神学。他在大英博物馆获得了他的著名的对智慧或 "Sophia" 的第一个异相（vision）。1876 年他返回俄国并写了第二部著作《整体知识的哲学原理》（*The Philosophical Principles of Integral Knowledge*）。他辞去了莫斯科大学的职位并在 1877 年俄土战争中加入了泛斯拉夫运动。1877 年，他发表了一个内容独特的演讲。保罗·瓦雷里对此演讲给出了一个很好的概述：

> 他的主题简单而粗暴。世界为两种互相对立的、但同样有缺陷的宗教原则所支配：伊斯兰式的或者东方的 "非人的上帝" 原则，一条为普遍的奴役辩护的原则；另一条是现代欧洲

"无神的人类个体"原则，一条确立了"普遍的自我中心论和
无政府主义"的原则。这些原则之间的冲突只可能导致一个危
险的循环。幸运的是，对人性来说还有一个国家，俄罗斯，在
这里东西方交汇并将它们的精神分歧转变成一种更高的宗教原
则：bogochelovechestvo，上帝的人性。作为历史的"第三种
势力"，俄罗斯注定不仅要指出通向君士坦丁堡的道路，而且
要开辟通向普遍的、神圣人性的文明综合的未来道路。[4]

从这一演讲到我们接下去要考察的一系列关于神圣人性的演讲只有
一步之遥。就在差不多同时，索洛维约夫写下了另一部重要的著作：
《抽象法则批判》（ *The Critique of Abstract Principles* ），于 1880 年
出版。在其生命的最后二十年中，索洛维约夫涉足的活动惊人地广泛，
包括新闻、艺术（他是一位著名的诗人），当然也包括哲学。他撰写了
三部重要著作：《爱的意义》（ *The Meaning of Love* ，1894 ）、《善
的合法性》（ *The Justification of the Good* ，1897 ）和《关于战争、
进步和历史终结的三篇对话以及一个关于敌基督的小故事》（ *Three
Dialogues on War, Progress, and the End of History, with a Brief Tale of
the Antichrist* ，1899 ）。他逝于 1900 年。

索洛维约夫的十二次关于神圣人性的演讲涉及关于人生的真正目的
思想的方方面面，再现了那个最传统的哲学问题：什么是良善的生活？
但这却置于一个特殊的现代语境中，随着实证主义的兴起，这个问题看
起来在很大程度上失去了其重要性。[5] 索洛维约夫以其典型的方式开始
演讲，他请求回到不是哲学而是宗教，或者说对世界的宗教态度上，后
者能更恰当地考虑对他来说的关键议题：表面上偶然存在的"人性、世
界与绝对原理以及对所有存在者的关注"之间的联系。[6] 演讲的直接任
务是确定这一联系的本质，以及随着这一决定产生的行动后果。在这种
意义上，这些演讲有着明确的政治性，尽管通过将这些任务隐藏在宗教

对话的语言和传统之中，索洛维约夫能够掩盖他的结论的政治意蕴。[7]

在探究这些演讲之前，我想对其基本观点做一个引导性概述。借助这一概述，我希望能够让接下去关于这些演讲的探讨更为清晰。索洛维约夫在他的表述中非常有针对性，但他在演讲中也涉及了很多问题，有时这些问题也可能是分散的。

索洛维约夫的核心观点看起来相当简单：人性的真正努力是首先假定神圣同一性的存在，然后在世俗的、日常存在的偶然和相对的环境中最大程度地反映神性。[8] 在我们能够成功地模仿神性的范围内，在一个从定义上并不允许完全地模仿的世界上，我们获得了神性、变成了神人。每一个个别的生命都是个别的，但它可以在其个别性中尽最大努力去表现整体、表现普遍。可以确定，这就是对索洛维约夫来说朝向真正的人的努力的最终目的，因为最真的人就是那个最有效地让她本人变得绝对的人，那个将自己奉献给神圣的绝对或普遍性的责任的人。

索洛维约夫的解释具有明显的——同时毫无疑问也是自觉的——三重性。这种三重性会将柏拉图与奥古斯丁等同，并且最终在更普遍的意义上，跟德国观念论等同，后者是柏拉图模式最现代的变体，最全面地发挥了柏拉图模式的意义。德国观念论是柏拉图式的基督教思想所达到的最完全的形式，因此也是最自觉的表达。三者之中的共同要素是神性与作为必然的观念论者的绝对的同一，这一绝对提出的任务是只有通过将绝对化身于每一个人时才能完成。索洛维约夫对宗教的强调，意味着他不是追求个体的救赎，而是作为整体的人性的救赎，任何少于这种整体救赎的情况，都不可能把这个词据为己有。

对全体救赎的强调提供了一个对陀思妥耶夫斯基的否定英雄的回应。此外，它还是一种尝试，去探索陀思妥耶夫斯基小说表面上的积极方面，方法是给看起来微不足道的关于兄弟关系的生命以哲学深度。这一声明最令人难忘的表达是在《卡拉马佐夫兄弟》里佐西玛的演讲中，佐西玛劝告他的听众们在彼此面前因罪过而鞠躬。尽管我不想停留在这一点上，值得注意的有趣之处是，索洛维约夫转向了关于存在的伟大对话传统——无论是异教的还是基督教的——而这一做法本身似乎背叛了陀思妥耶夫斯基对神秘的表象（representation）的强调。佐西玛在很大程度上是一种尝试，他代表了一种良善生活，值得追求也值得珍视，它是行动的典范，将地下室人没完没了的言谈抛在身后。

否定的绝对

索洛维约夫的文章从一开始就关注着否定、关注着否定的英雄或者首先从否定的角度去理解的人类。如果我们回顾地下室人对无限——作为一种引领，从一个终点到另一个，再到下一个，以此类推——的关注，索洛维约夫在第二场演讲中对绝对的说明就可谓意味深长："绝对性，就像类似的无限概念一样，有两种含义，一个是否定的另一个是肯定的。否定的绝对毫无疑问属于人类，在于下述能力：它超越每一种有限性、有限的内容，不会被后者限制，不会满足于它，而是要求更伟大的事物。用诗人的话来说，它在'没有名字也无法度量的对狂喜的追求'的能力之中。"⁹

有人可能会论证说，这是对地下室人窘境的一种敏锐的描述，在很大程度上也确实如此，如果人们认可地下室人确实在追求"某种更高的事物"，某种终极性或者从地下有限的人的存在的悲惨境地中解脱的话。如果情况如此，那么地下室人就变成了无原型的存在者的原型，其身份就是没有身份，一个由其所不是而定义的存在，一个否定上帝的人嘲弄着否定上帝的观念，由此也就是人成为上帝这一观念。因为在这种情况下，变成上帝的人几乎就是神秘传统中的人，他在神秘结合、*unio mystica*，或者"黑夜中的黑牛"① 的那一个珍贵时刻进入了一种自我虚无的狂喜之中。

但是，索洛维约夫心中同时还有另外一个现代模型——行动派。若用更为宽泛的术语来表述这一点，索洛维约夫同时也提出了一种对现代资产阶级的解放叙事的批判。或许这一叙事的最好表述是经由卡尔·洛维特（Karl Löwith）而变得流行的世俗化主题，后者声称现代的启蒙运动不过是将基督教的进步观念转换成了资产阶级的进步神话。[10] 人们不再是通过一种世俗的、良善的基督教生活而向着来生的灵性救赎前进，而是朝着救赎的资产阶级变体——对物质富足的认可前进。没有一个统一的理想——索洛维约夫在救赎的资产阶级变体中看到的只有显而易见的自私自利——就不会有作为对我们根深蒂固的自私之克服的救赎，因为我的自由来自他人的牺牲，而且必须被定义为纯粹的否定，和通过我的能力不再去屈服于种种限制。表面上肯定性的富足的理想，本质上可以归结为否定性的无止境的自我确认。

索洛维约夫试图同时反驳下述两者："用否定法获得上帝知识的人"和行动派。前者是一种讽刺和离群索居的生物，后者只想着通过别人来寻求自己的富足；或者说，索洛维约夫论证了否定性的人隐藏着一个肯定性的要求："心满意足"（full content［требование полноты содержания］）。因为"在对全部的现实和生命的全部占有之中蕴含着肯定的绝对性"。至于为何这一肯定性的要求被抛弃掉了，依然是个谜。索洛维约夫似乎以相当传统的方式断定，现代世界不过是迷失了道路，人们会设想，它受到现代科学或资本主义偶像即在字面意义上变成一尊神的可能性的欺骗，而这只能导致不满足，因为西方文明借助反复灌输一个否定性的自由理想，已经"假定了无尽的努力及其满足的不可能性"[11]。

---

① 黑格尔对同一哲学的著名评价，参见黑格尔著，贺麟、王玖兴译：《精神现象学》，商务印书馆，1996 年版，第 10 页。

肯定性的绝对

在以上述方式表明了确认一个肯定性的绝对理念或理想的重要性之后，索洛维约夫继续发展了这一理念或理想，方法是追踪其在哲学和神学传统中的脉络。在此，索洛维约夫创造了一套柏拉图主义的历史，这是一部绝对的自我启示的历史，其顶峰在索洛维约夫本人之中，他是否定性真理的谦虚的代言人。

索洛维约夫所创造的三元和三位一体的叙事极为吸引人。它的基本结构属于"黄金时代"的形式，在其中，一种永恒和绝对的真理，一种蕴含在源头之中的真理，在时间中慢慢展现出来。[12] 人们可以将这一叙事同另一种伟大的来自柏拉图的例证相提并论，在后者那里，思想的任务是回忆因我们悲惨的附体而被遗忘了的完美。重大的、具有划时代意义的区别，在于由道成肉身的基督所展现的决定性转变。在柏拉图那里，相当清楚的一点是，回到天外之境，回到完美之境，回到绝对真理，只有在没有肉体的情况下才可能——对于其悲惨的本质就在于生存在一个物质世界上的生物来说，这是一个最为不便的事实。[13]

基督转变了柏拉图式的叙事，使之从一种不可能性（或否定性）变成了一种肯定的收获，借此，肉体为绝对所充满。对索洛维约夫来说，道成肉身的意义很难被高估：道成肉身是这样的一个事件，它通过将绝对变得为可附体的个体所接受而改变了历史，与柏拉图式的禁令形成了生动的对比。换句话说，如果柏拉图式的智慧在本质上是一种悲剧性的徒劳，由之出发，一窥天外之境中的理念的努力就不可能取得胜利，因为完全从字面上来说，事物的本性不允许这种胜利，而道成肉身则允许最大的转变行动。一个人可以在字面意义上变成一个进入肉身的神，这可能看起来很不寻常——至少乍看如此。

　　一种附体的绝对有可能是什么？索洛维约夫用了很长篇幅来处理这一问题。他演讲中最具技术性的因素就来自他试图解释附体的神或偶然性的绝对这些看起来矛盾的概念。他第一个也是最基本的断言是启示是绝对必然的，如果一个人要确保绝对原理的现实性的话。在这一点上，索洛维约夫表现了惊人的坦率，他声称绝对原理之现实性的确定性，其存在只能借助于信仰的赐予，而不能归结为纯粹理性的单独作用。[14] 如果事情确实如此，那么索洛维约夫为描述同一性而精心编织的论证以及对绝对原理的引入，似乎不过是哲学教学，或者用更粗鲁的话来说是作为**故障保护**（propaganda fidei）的宣传而已——在"宣传"这个词最古老的含义上。

　　这些论证的出现带有令人迷惑的多样性。为保持跟索洛维约夫本人的三元论的倾向相向而行，我可以将这些论证分为三个群体，第一个设定了绝对的历史形式，它将自身揭示在基督教之中，第二个设定了它的神学结构，第三个说明了为什么历史首先是必然的。因此，索洛维约夫为自己设定了基督教护教士的通常任务，以及一种特殊的兴趣，关注的是为什么绝对原理只能在索洛维约夫本人的著作中才能达到其全部的自我表达——根据索洛维约夫，这些演讲本身就是关于那些本来就存在的事物的绝对原理的最终启示。是索洛维约夫而不是黑格尔，在历史的基本意义的明晰化之中宣告了历史的终结。

　　索洛维约夫的历史观之所以有趣，主要是因为他的方法：他把宗教发展的三个阶段同基督教传统的三个要素编织在了一起：

> 　　第一个阶段的代表是广义上的多神教，它包含了所有的神秘主义宗教，或者说所有的所谓的自然宗教。我称这一阶段为**自然的**或**直接的启示**。在宗教发展的第二个阶段，神圣的原理在与自然的区别中得到了启示。它被揭示为对自然的否定，自然存在物的虚无化（缺失），从自然中否定地解放出来。这个

阶段带有本质上的悲观或者禁欲的特征，我称之为否定的启示。它最纯粹的形式表现为佛教。最后，在第三阶段，神圣的阶段，神圣原理成功地呈现在自身的内容之中，呈现在那些在其自身之中也是为了其自身的内容之中（相形之下，此前它只是揭示自身于它所不是的内容之中，即在它的他者之中，或者在对那个他者的单纯否定之中，因此仍然处于与他者的关系之中，而不是像在自身之中那样）。这一我所谓的第三阶段，总体上是**肯定的启示**，包括了几个清晰的、可察觉的层面，应该分别加以分析。[15]

第一和第二阶段关系紧密，因为它们都与意志相关。第一阶段描绘了所谓的自然意志的发现，它是"每种实体的独有的自我确证……所有他者的唯一实体的内在的和外在的否定（the inner and outer negation by one entity of all others）。"自然意志描绘的是关于自我保存的表面上的自然命令，肯定某人之存在的斗争，后者不可能被终结，根据索洛维约夫的观点，即便对食物的需要或者其他的"低级欲望"是容易满足的也不行。在这一层面上，索洛维约夫所称为"自然的自我中心论"依然大行其道。在与索洛维约夫所发展的柏拉图观点完全一致的一种行动中，自然表现为一种"盲目的外在力量，与人类异质，是一种邪恶和欺骗的（силой зла и обмана）力量"[16]。

如果被索洛维约夫与这样的自然观联系起来的自然宗教不能够战胜自然，而且在实际上表现为与自然的一致，那么他所识别的其他两种宗教，否定的和肯定的，因其对自然的敌视和对作为我们生命的主宰力量的自然的征服而被统一起来。否定宗教意味着意志从自我确证转变为自我否定。意志的概念不是把自己的存在与其他所有的存在者对立起来的最强烈的假定，它流行于否定宗教之中，是否定的一种，可以看作从自我确证的自然进程所设置的陷阱中解放出来。这样的意志因此就是一种自我毁灭的意志或自我牺牲的意志；这是一种自杀的意志，它最终会把人从自然意志或物质层面的自我确证的枷锁中解放出来。[17]

就像其后的阶段一样，这一否定阶段是一种试图战胜罪恶的尝试，可以被恰当地理解为自我确证和无力克服自我确证，而这似乎又是自然宗教的中心观点。改变这一状况的关键要素是否定——我们最好在以后涉及科耶夫的时候还记得这一点。第一个为神所创造的行为就是否定的行为，借助这一行为，人站在了自然的**对立**面上。这行为是神圣的疯狂，因为它是一种似乎瞄准了某人自己的"自然"兴趣利益的行为，而且还是神圣的，因为它诞生于我们可以称为在面对特殊时的对普遍的渴望。普遍精确地描述了这一否定特殊的步骤，因为在对特殊的否定之中——从而也是对我的意志的否定——我情不自禁地会进入一个在其中我行为的特殊结构会削弱其自身的境地。行动优先考虑的是不优先考虑我自己的兴趣利益，这样的行动实际上打着与任何利益无关的旗号，而这一特殊兴趣——某种其兴趣就在于没有兴趣的兴趣——是一种自我谦虚或自我毁灭的行动。

但正如我们所知道的，这一自我谦虚同时也是一种摆脱束缚的行动，包括自然的主宰、自我确证和索洛维约夫笔下的"罪恶"。因此，远离罪恶转向良善的第一步是一种否定行为："对所有有限的、受约束的属性的这一彻底否定已经是对绝对原理本身的否定性确证。对某种尚未掌握原理本身的意识来说，这样的否定性确证是必要的通向关于它的肯定性知识的第一步。"[18] 索洛维约夫把这种对绝对的否定性欣赏归诸佛教，它依然可以保持其否定状态。我们发现自己仍然停留在伟大的陀思妥耶夫斯基式英雄们的否定性绝对之中；生命的目的、真正的解放就是死亡。

对此，用柏拉图的术语来说就是，只有这一否定的爱若斯还不够。但肯定的爱若斯又怎样呢？如果肯定的爱若斯、对理念本身的把握对柏拉图来说就是不可能的，那么它对索洛维约夫来说就是可能的，当然，要通过基督这个代理人。索洛维约夫对肯定性原理必不可少的引入隐藏在关于统治的话语中，指出"某种实体（существа）真正的、肯定性的自由预设了统治、肯定性的力量或者统治某物的力量，实体因该力量而是自由的"[19]。由此出发，索洛维约夫将否定的自由等同于奴役，将肯定的自由等同于主宰，这种等同，我们将有机会在科耶夫主要的认识论叙事中再次提到。

所谓主人就是某个假定绝对观念戴着基督面具的人。但这究竟意味着什么？索洛维约夫所发展出来的结构，他解释的第二部分相当惊人，这是因为他通过同时援引东西方传统中的大师们，从而对柏拉图主义和基督教进行了毫不掩饰的综合。这一解释的引人注目之处或许在于，随着对奥古斯丁——索洛维约夫在其他方面加以反对的西方基督教传统最重要的思想家的探讨，他的解释到达了一个高点。

两种绝对？

更多的三元。索洛维约夫在其关于宗教的三元概念内部嵌套了一个关于其最终要素、肯定性宗教的三元思想。但在涉及这个三元之前，我想再次回到（第三次回到）关键的概念：基督，他是一个中介性的要素，使得对柏拉图式的不可能性，也就是柏拉图所宣称的对人类理智而言，对天外之境的终极掌握之不可接受性的克服得以可能。从这一观点出发，看来非常清楚的是，否定性在柏拉图那里同样占统治地位，尽管理念的原理是肯定性的。因为如果那些理念在最终极的意义上无法为有限的心灵完全接受，那么，它们除了作为一种令人好奇的试探、一种实际上的坦塔罗斯窘境——只能眼睁睁看着他无法拥有的东西——的变体之外，还能是什么？

基督可以作为何种形式的中介性要素呢？在基督教的神学教义中，或许没有什么比这一问题更充满争议了。某种"要么/要么"（either/

or）主宰了对这一问题的回答，其基础是，在基督那里究竟哪种是更根本的：神还是人？这一"要么／要么"暗示着一个极难回答的问题：一个人怎么可能过上一种普遍性的生活、神性的生活？过这种生活的人是一种隐喻、一种传说，还是一种"现实"？

这个问题是一个连接点，联系起索洛维约夫和费德罗夫，并最终联系起科耶夫；这是一个驱动着这三个人的问题。它同时也使得我们能在三者之间做出区分，因为他们的回答大相径庭：索洛维约夫保持着一个神圣的绝对和一个"神性的人"（他著名的——同时也是成问题的——"两个绝对"）的概念；而费德罗夫试图创造一个再也不会臣服于死亡的神圣个体；科耶夫主张的是一个绝对有限的存在者，他接受了自己的有限性，并在抛弃了神圣绝对（用科耶夫的术语来说）的基础上将其作为绝对的边界。

索洛维约夫的回答是：

很清楚，神必定是一个有意志的人，一个活的神，因为人类个体会得到肯定性的确认。但在其绝对本性之中的神能够成为一个人吗？这个问题被误解所模糊。这些误解来自两种对立观点中都存在着的单面性，二者都跟作为绝对的神的最初概念相矛盾。另一方面，那些肯定神的人性的人们往往同时断定神仅仅是一个人，某个具有这样或那样属性的确定的人。泛神论对这一立场的反抗是正确的，确证了这意味着神是有限的，剥夺了神的无限性和绝对性，把神变成了诸多事物中的一个。实际上很清楚的是，神作为绝对不可能**仅仅**是一个人，仅仅是一个我，他比一个人更多。但那些反对这一限制的人陷入了相反的单面性立场，认为神缺乏个体的存在，他只能是一个非人的、有关全体的实体。但如果神是实体，也就是从其自身获得存在的事物，如此一来，既然它将全体包含在自身之内，那么它定然不同于全体或者确证了自身的存在。否则，就不存在任何包含物，而缺乏内在独立性的神也不会是一个实体而仅仅是全体的一种属性。因此，神作为实体必定拥有自我确证和自我识别；他必定拥有人性和意识。

因此，真相显然是，神圣原理不是一个人，但仅仅是在并未被一个个体的人的确定性所耗尽了的意义上；**它不仅是一而且还是全体**，不仅是一个个别的存在者，而且包含一切的存在者，不仅仅是存在而且是本质。作为绝对，神圣原理同时既是主体又是实体。[20]

关键是最后一句："神圣原理同时既是主体又是实体。"这个句子最初出现在黑格尔《精神现象学》的序言之中[1]，用科耶夫的话来说，它用尽可能简洁的方式描述了启发黑格尔计划的中心观念。[21] 这样的简化或概括激怒了许多评论家，他们视之为荒谬的或幻想中的还原。然而除此之外，人们又该如何言说绝对原理呢？因为这难道不是还原本身的本质，即所有归为一吗？可以肯定，多种多样的还原是可以设想的，但是在此走上前台的比喻——用一种有趣的术语来说——是一种需要无限还原的东西，它关乎的是让个别主体的生命进入全体的生命及其反向运动的转换。

但情况确实如此吗？关于这一还原的神究竟是什么？在关乎还原的这一意义上，什么是有害的？尽管我不想在此就这个话题花太多时间，但或许有用的是考虑一下下述教义的关键之处究竟有些什么，根据该教义，要不惜代价地避免作为缺乏细微区别或差别的还原。

对索洛维约夫来说，对诸如此类的多重性和完全的多样性的迷恋，几乎等同于向自然宗教态度的回归。因此，它就是自我确证和面对所有

---

① 参见黑格尔著，贺麟、王玖兴译：《精神现象学》，商务印书馆，1996 年版，第 10 页。

其他的特殊性确证自身的特殊性的伴随物。这一类中最极端的确证来自每种特殊性的绝对个体性，也就是说，这样的个体性是无穷无尽的——这样的特殊性变得像一个无限的神本身。特殊性的奠基性命令是将自身同所有其他特殊性分别开来；对个体性的迷恋定然反映着同一条命令。如此理解的特殊性妨碍了理解，或者至少妨碍了彻底的理解，因为它假定或打赌说部分的理解作为理解是可能的。[22] 换句话说，我们只能"暂时地"（provisionally）思考事物，因为我们无法终极性地思考它们。但这会引发一个问题，即部分的或暂时的思想从根本上是否是一种思想，还是它仅仅是对思想的一种拒斥，更喜欢将其看作有用的假说，一种关乎存在于自身之内的神圣特殊性的假说。在此，我的意思是这个问题——正如我们将要看到的关乎科耶夫的重要时刻——即一种特殊陈述是否有意义，如果它并未指向一个一贯的整体的话。如果某种意义是飞逝的或可变的，那么它是意义，还是仅仅虚假的意义？或者，如果不存在最终的标准，我们该如何区分意义与疯狂，或意义的完全缺失？[23]

索洛维约夫不得不否认这种特殊性是因为它彻底阻止了或封闭了神圣原理。如果这个特殊性没有被作为具有某种无法言喻的特殊性来克服，就无法逃避纯粹的自然存在。为什么人要逃避自然存在？自然存在有什么不好？索洛维约夫认为它是恶，并且在整篇演讲中都在跟作为恶的居所的自然进行争论。但其目的何在？特殊性实际上是恶的居所；正如奥古斯丁曾指出的那样，它是一种诱惑，导致人们远离绝对、远离绝对的纯粹和美，后者无非就是从特殊性中彻底解放。当然，索洛维约夫并非如此地蔑视特殊性。特殊性也可能变得美丽动人，在与绝对相一致或反映了绝对的意义上，它可能变得美丽。也就是说，如果对特殊性的渴望仅仅是出于它自身、出于它自身所具有的内在"价值"，那么对索洛维约夫来说，它就不值一提，或者更糟糕的是，它是一种顽固的诱惑，导向的是无意义的、自相矛盾的事物。因为一个只追求自己满足的疯子的必然结果，就是只为自己而活的特殊性。

因此，对索洛维约夫来说，还原必须以一种完全不同的方式去理解。事实上，这种还原将事物还原为它们的特殊性，它们的"秘密生活"；这种还原最初把它们从其抽象性或关于特殊认识的矛盾概念中拉了出来，削弱并破坏了它们——它们失去了跟绝对的接触，失去了跟整体明显的内在联系。这就是说，如果所有的认识都在实际上是特殊的，那么就根本不存在认识。每人都会以牺牲他人为代价为自身提出要求——或者不考虑他人，似乎他们所拥有的不过是存在的幻影——的世界如果得到胜利，那么将没有任何知识存在的可能。但是，这样的知识概念再次引发了问题。正如维特根斯坦相当令人信服地证明的那样，某种私人语言是不可能的；用科耶夫的术语来说，它实际上是一种疯狂。[24] 与此类似，基于同样的理由，特殊个体在实际上能够获得某种知识，这一想法困难重重，令人担忧。

如果存在着知识或者相互理解（例如任何对全体的认识），那么必定有某些事物是超出了特殊性的。所以我们能够问为什么这一超越了特殊性的某物必须是绝对的。回答相当简单。如果人们没有一个绝对，那么所知的全部都不过是特殊的；如果所有的知识都是特殊的，那么就根本不存在知识——至少这是索洛维约夫为之辩护的核心观点。

如果情况确实如此，那么对绝对的肯定性确证看起来会具有最高的紧迫性，因为否定的绝对实际上无法建构知识，除非借助出自《申辩》的苏格拉底的格言：苏格拉底的智慧来自他意识到他既不知道，也不可能知道。哲学家的独特之处仅仅在于在否定的意义上知道得更多，在于事实是他不像其他人，他意识到他无法宣称自己知道——绝对地知道——因此根本不知道任何事情。哲学家的高级智慧来自某种建构性的无能，却试图掌握关于整体的肯定性知识。所有对知识的断言因而都是某种形式的欺骗。

索洛维约夫在这一本质上是怀疑论的立场中看出了弱点。思想者必须超越这一立场，并且在信仰的引领下，达到对肯定形式的知识的确证。

这一肯定形式的知识可以在被转化了的柏拉图主义中发现。转化它的是道成肉身的可能性。道成肉身意味着绝对进入了个体，在一和多之间形成了完美的和谐。借此，个体变得与神同一，并以此种方法神化了自身。

但这一神化过程不能跟单纯的个体行为相混淆，基于后者，某些人会被救赎，而另一些会被诅咒。索洛维约夫思想中更具探索性的一个方面以一种让人回想起莱布尼茨（而且是相当有意的）的方式提出，所有存在者都在其能力所能达到的范围内反映着绝对原理。① 当然，正如这些关于神性的理论所典型地表现的那样，绝对原理在其中获得其全面表现的生物就是人类。索洛维约夫的大胆之处在于，他认为这一全面表现不是有限的，而可能跟它所反映的原理一样绝对；事实上，它必须如此，否则道成肉身的承诺就不会得到实现，因为"每一个确定的存在者在最初的时候都可能仅仅是一种自我确定，确定绝对会是什么"，而且会在进步过程中变成绝对。[25]

这一出现在第六场演讲中的引人注目的论断构成了全部演讲的焦点。在宣称绝对可以在一个有条件的物质形式中得到绝对的表现之后，索洛维约夫进一步描绘了这一形式遍及了所有的区分、面具和表面上的错误，如何会是潜藏在全部的人类历史中的最基本的形式——而他是第一个认出了这一点的人。

神　化

基本的形式就是神化。神化（θέωσις）的概念在东部基督教传统中根深蒂固。[26] 索洛维约夫对这一传统的继承是相当有趣的，因为它结合

---

① 按照莱布尼茨的单子论，单子是最基本的存在者，每个单子都跟另一个单子的反映能力不同，但都反映着整个世界。

了该传统中传统的新柏拉图主义的一面和奥古斯丁的思想，从而揭示了索洛维约夫试图在所有表象中发现唯一的形式的尝试。在这一方面，索洛维约夫的思想再次采取了一种三元结构作为基础。他将不同的要素综合在传统之中，创造了一个非常有趣的、非常重要的核心的三元论：意志、理性和存在。他由此不仅将柏拉图主义和基督教传统中的一个关键性思想家联系起来，而且把德国观念论也联系了起来。实际上，索洛维约夫论证说，所有三种类型的思想可以像复写本（palimpsest）那样彼此叠加在对方上面，描绘了一种本质上统一的内在结构。我们或许可以假设这一结构可以给索洛维约夫同样应用于从自然经过否定最后到肯定的不同形式的宗教分类，染上同样的色彩。

索洛维约夫对这一基本结构的描述如下：

在我们的精神中，必须区分出它的直接的存在（esse）、它的知识（scire）和它的意志（velle）。这三种行动是同一的，不仅仅是根据它们的内容，而且在一个认知着和意欲着自身的事物的范围内也是如此。它们的统一性更为深入。其中的每一个都包含着其他两者的特殊品格，因此，每一个都已经内在地包含着三位一体的精神的整体、全部。实际上，首先是"我是"，但不仅仅是"是"——我是那个认知着和意欲着的（sum sciens et volens）。此后，我的如此这般的存在已经在自身中包含着知识和意志了。其次，如果我知道，那么我知道或我意识到了一个事实：我存在着并且我意欲着（scio me esse et velle）。因此在这里，在诸如此类的知识之中，或者说在知识的形式之下，存在和意志都被包含于其中。第三也是最后一条，我意愿着我自身，但却不仅仅是我自身，而是作为存在和认知着的自身；我意欲着我的存在和我的知识（volo me esse et scire）。因此，意志的形式同样也包含着存在和知识。精神

的这三种行动的每一个都因其他两者而在自身之内是完成的，
它从而变成了个体化的，即进入了整全的三位一体的存在。[27]

然而索洛维约夫宣称，这一基本的结构仅仅是一个类比，就像新
柏拉图主义的三元论，所谓的三重本质（hypostases）——太一（τὸ
ἕν）、理智（ὁ νοῦς）和灵魂（ἡ ψυχή）——以及"古典"（费希特式的）
德国观念论的三元的绝对主体（das absolute Ich），其中包含着经验的
我（das Ich）和非我（das Nicht-Ich）。索洛维约夫似乎想要结合上述
三元论，把存在看作唯一的和绝对的，认知看作理智或我，意志作为灵
魂或非我。

只有通过某种暴力，通过把这些概念从其原初语境中相当极端地剥
离出来，上述这些互相重叠的概念间的类比才能彼此适合。而这或许就
是索洛维约夫的观点——绝对原理以一种近乎三元的方式出现并贯穿在
历史之中，但是三元结构是可能的，而且镜像着另一个关键的三元结构，
即三位一体。无论我们对索洛维约夫的精确性做何感想，这一观点是非
常明确的：世界建筑在三元之上，后者进入了世界并因此能带领着人们
返回自身具备完全形式的绝对之中。没有理由说绝对不可能实现于特殊
之中，因为早已有如此之多的特殊性在绝对之中发现了庇护所。[28]

此外，资格条款和这一类比之中的粗糙和谐或多或少有点刺耳。如
果索洛维约夫试图让我们相信这一多样性中的统一，那么他就抛开了诸
如这种多样性的源头之类的更为困难的问题，至少一开始是这样做的。
然而更令人震惊的是对类比的援引，这是一套古老的亚里士多德派的工
具，借助它，人们或许可以言说那些他们本来不可能真正认识的事物，
因为它们局限在自身之内。对类比的使用看起来意味着绝对原理不可能
被认知，因为它在自身之内，而且实际上我们被扔回了索洛维约夫最初
的宣告：信仰的重要性在于获得关于绝对原理之存在的确定性。[29]

人们忍不住猜测，有某种事物跟某种"als ob"或"as if"近似①，在此起作用的原理会导致一种复杂的循环，而且或许是一种不可避免的循环。这个圆圈是这样的：为了认识绝对原理，一个人必须知道它的存在，但实际上，一个人不可能知道它存在；一个人不得不假定它在实际上存在，因此信仰锚定了思想。[30]这一圆圈让我们求助于疯子的问题，他在深渊上建构了一套逻辑框架，每时每刻都在宣称这一架构是建筑在现实的构造之上，因此我们必须以其本来面目接受它。索洛维约夫解释的是某种非必然的实在（positum）的必然后果，这在他的演讲中属于他的视野中极其古怪的方面，对此，无论是费德罗夫还是科耶夫均未忘记，因为二者都把绝对理解为不是某种有待恢复的遥远的"被给予者"，而仅仅是一种有待完成的普遍计划。与此相反，索洛维约夫发现自己置身于一个更为困难的立场上，他劝告我们接受作为实在的早已如此的那些事物，从而劝告我们努力获得早已拥有的东西。因此，索洛维约夫需要解释为什么我们看不见或者说早已忘记我们已经拥有的东西，为什么我们会碰到绝对的可遗忘性（这一点柏拉图借助神话进行了解释）。

因此，如果我们考虑索洛维约夫的计划，将其看作提出了某种非必然的实在的必然的意义，那么第六场演讲之后的这些演讲看来就会变得说服力不足。情况之所以如此，是因为索洛维约夫作为其真理的代言人，将演讲的平衡性花费在了试图说明为什么绝对至今为止并未在它曾经为他所见的道路上出现。这一可怕的有共性的困难似乎折磨着所有那些声称他们此时此刻的观点或多或少比别的都强，可以达到对此前出现在哲学中的所有意义的最终或"综合的"说明的人（考虑一下黑格尔和海德格尔），它推动着索洛维约夫去创造一个更进一步的说明。目前为止的说明是相当传统的，进一步的说明是关于衰退和回归的，其中包括了对上述回归的提倡，这一点在他那个时代是相当合适的。

————————

① als ob 为德语，as if 为英语，意思都是"仿佛""似乎"。

智　慧

　　然而，在此后的演讲中，索洛维约夫发展出了一个极端重要的概念：关于智慧或 Sophia 的概念。如索洛维约夫所说，"智慧是一个上帝在其创造工作中、在他面前就有的概念，此后，他实现了这一概念"。神圣的工匠（demiurge）现在变成了基督，现在我们中的每一个都被召唤来实现同样的计划，即正确地模仿基督（imitatio Christi）。这一理想的内容是理想的或完美的人性，"最终包含在完整的神圣存在或基督之中"。这一完美的人性究竟是什么？

　　　　尽管一个人作为现象是暂时的和可变的事实，但作为本质的人类必定是永恒的和无所不包的。那么，什么才是一个理想的人？确实，这样的存在者定然既是一又是多，因此不仅仅是从他们身上抽象出来的、所有人类个体的普遍共同的本质。这样的存在者是普遍的，同时也是个别的，一种实际上包含了所有人类个体于自身之中的本质。我们之中的每一个，每一个人，本质上、主动地植根于并分享着普遍的或绝对的人类。[31]

　　这更像是一个计划宣言而不是一个论证。"分享"或"分有"的问题本身是如此之棘手和难懂，以至于柏拉图本人为之撰写了一整部确实难以理解的对话：《巴门尼德》。在此，索洛维约夫通过求助基督而解决了大部分的问题。演讲中的基督角色——当然也包括作为整体的基督教——为他提供了一个趁手的独断的辩护，用以解释这样做的理由。但这是一个有趣的策略，如果不是错误的策略的话。演讲中最为贯穿始终的主题是，人们可以实现一种普遍的绝对的原理于有条件的相对的生命之中；从这一策略中生出了对无限制的生命的承诺，一个如其表面上那样有吸引力但同时潜在地不一贯的承诺。

我们在此回到了这一简单的问题：这样的绝对如何能够出现在有条件的人之中？尽管去论证"绝对"不可能以任何其他方式"出现"，这毫无疑问是正确的，但"绝对"可能以在其自身之内的方式、作为"绝对"出现吗？显而易见，反对意见多得很。索洛维约夫是否推着我们前进到了一个更为激进的、奠基于信仰的立场上？也就是说，人们把这一立场看作信仰的一种独断的条文，即"绝对"出现了，而且会准确地以自身之内的无条件者，即绝对，而出现吗？

这才是真正的主要的论证——断言"绝对能以其绝对性的形式出现在一个事物之内"并不存在真正的矛盾。第一个回应是索洛维约夫似乎早已预见到的——绝对若出现在有条件者之中，只可能是作为一种缺乏，唯一可以通达绝对的方式是借助否定。然而，索洛维约夫给出的最为大胆和麻烦重重的回答是，在有条件者试图模仿绝对的"存在"的不同程度的范围内，绝对是可以出现在前者之中的。模仿是一个**计划**，人们必须去执行的以达到绝对的一个计划。在此，绝对被用来制订一套努力的计划。这一努力该如何实行？为什么它不能渐渐接近，不能达到它的目标？换句话说，一个有限的存在物，或者至少是不得不死的存在物，如何能够模仿或"理解"无限制的无限者？根据索洛维约夫的看法：

> 神圣的力量构建了活着的逻各斯的单一的、完整的、绝对普遍的、绝对的个别有机体。与此类似，全部的人类因素构成了一个接近完整的有机体，一个既普遍又个别的有机体，它是活着的逻各斯的必然实现和容器。它们构成了一个普遍的人类有机体，既是上帝的永恒肉体又是世界的永恒灵魂。既然后面这个有机体，即永恒存在的智慧，定然包含着多样的元素，对它们来说，她才是真正的统一体，每一种元素都是永恒的神圣

人性的必然组成部分，它们必须被看作是永恒地存在于绝对或世界秩序之中。[32]

这一段说法有没有带我们走得更远呢？科耶夫论证说——很难反驳这一论证——索洛维约夫无法实现下述诺言：借助创造一个生活在这个世界上的神圣存在者来达成道成肉身。毋宁说，索洛维约夫保留了模仿的力量，上面一段话似乎确证了这一点。因此，人类总是处在次一级的位置上，他是模仿者，不能真正在平等的意义上跟绝对原理合而为一。[33]人能做的最好的事情是让自己完全臣服于神圣原理。但这种臣服永远不能完全实现；即便仅仅是"保留以备不时之需"，人类也不可能完全放弃她的意志。用简单的、柏拉图式的术语来说，人类所能做的，无非是做绝对原理的幻影，但即便是一个包罗万象的幻影也不过是个幻影，易于向缺陷或错误的实践应用屈服。

这一问题的实践层面需要加以强调，而且它向索洛维约夫提出了难题。一个生活在时间——换句话说就是行动——之中的生物如何可能跟一种绝对原理等同？后者之所以是绝对的，必定是因为它是在时间之外或在时间之先的。人们可以将这个论证继续推演到时间在最初必然是由绝对原理创造的。非时间性的和时间性的区别不过是重复了另外的区别，而它们的基础是相同的（无限与有限，完美与不完美，完成与未完成，以此类推）。在所有这些情况下，否定性跟任何不是绝对的存在者相连——成为非绝对的存在就是变成否定性，也就是说，有条件的、有限的、缺乏的。

生活在时间之中（还有别的可能的生活吗？）定然意味着不完美，意味着认可在实现或模仿绝对的过程中的错误。确实，时间中的生命从绝对的角度来看，本身就是一个错误，如果绝对真的是无时间性的或先于时间。康德意识到了这一问题，因此考虑到了道德义务的完美实现。归根结底，对一个不完善的存在者来说，绝对命令是不可能的，即这样的存在者在本质上依然植根于时间、日常经验之中，它被康德看作是完全他律的（inalienably heteronomous）。[34] 与此相反，索洛维约夫拒绝接受这一困难，却并未给出一个有说服力的替代选项。他必须解释时间、历史以及随之而来的对某种绝对的发现，后者是我们必须回归的对象。一个人会终结在某种本质上是康德式的立场上，伴随着一种他必须追随但无法完全遵循的道德律令，因为完全的实现将会要求彻底根除自我利益——或者，用康德的术语，倾向或习性（Hang）。[35] 看起来转化不能仅仅是象征性的，它必须勇于变得更为激进。

尼古莱·费德罗夫和普遍的重生

激进的转化这一解决方案的提出者是尼古莱·费德罗夫。他是一个极不寻常的思想家，对于大多数人来说，他的关于普遍重生的哲学似乎是彻底的疯狂，如果不是荒谬的话。最简略的概括会招致嘲笑和不信任。如果哲学真是一次由疯子指引着朝向黑格尔术语中的被颠倒了的世界（verkehrte Welt）的航行，那么它最大胆的船长之一定然是费德罗夫。毕竟，他宣称普遍重生是人类的目的，人类朝向其目的生活是荒谬的、疯狂的、愚蠢的，除非我们集合起来努力去克服那个目的，不仅在思想上，而且在现实中都要克服它，这样做不仅仅是为了我们自己，更是为了曾经活着的所有人。这样的宣称究竟是什么意思？对永恒生命的追求的后一个方面是费德罗夫的"计划"、他的"共同事业"或者"任务"（общее дело）中最为有力也最为奇怪、独特的一面。对费德罗夫来说，确实不存在中间地带，也不存在任何妥协，因为两者首先都是灾难，都是对真理的背离——基督在重生中代表了真理。

为了避免人们认为费德罗夫确实是疯了，非常值得注意的是他吸引了最严肃的兴趣，尤其是来自 19 世纪俄罗斯的那些最优秀的心灵，人们从中可以发现陀思妥耶夫斯基、索洛维约夫、列夫·托尔斯泰，以及一群杰出的科学家和探险家，例如康斯坦丁·齐奥科夫斯基（Konstantin Tsiolkovsky），这位飞行之父。[36]

1829 年 6 月 9 日，费德罗夫生于坦波夫省的克柳奇（Kliuchi）。他是贵族帕维尔·加加林（Pavel Gagarin）的私生子。费德罗夫接受了良好的教育，尽管他在相当于高中阶段时辍学了，理由并不很清楚，而且也没有上大学。他在俄罗斯南部当了大约二十年的中学教师，从一个城镇辗转到另一个城镇，最后在莫斯科的鲁缅采夫（Rumiantsev）图书馆当了主任图书管理员，并终老于此。

费德罗夫立刻就得到了重视。他关于图书馆馆藏及其内容的知识具有传奇色彩，就像他节俭的生活方式和令人着迷的"共同任务"（общее дело）思想——普遍重生一样。他早年的仰慕者 N. P. 彼得森（Peterson）把他的思想介绍给了陀思妥耶夫斯基和索洛维约夫，两人都被费德罗夫的思想所吸引。托尔斯泰也注意到了费德罗夫，19 世纪 70 年代和 80 年代，两人进行了多次对话。尽管托尔斯泰钦佩费德罗夫的简单性，但他并不赞同后者的普遍重生计划（认为该计划是对我们的人性的**拒斥**，而非对它的最高表现）。

费德罗夫同时还有另一批崇拜者，例如齐奥科夫斯基。费德罗夫的主要作品《共同任务的哲学》，分两部分别于 1906 年和 1913 年相继出版。其中包含了大量评论，记录者是彼得森和另一位学生，杰出的博学者弗拉基米尔·V. 柯热夫尼柯夫（Vladimir V. Kozhevnikov）。

革命之后，费德罗夫派出现在不同的地区（例如中国的哈尔滨），他的影响可以在共产主义者中感受到，例如后者对新人类和某些时候对消除死亡的极端希望的坚持；遗体保护委员会（Immortality Commission）的成立以及对弗拉基米尔·列宁遗体的保存是这一希望的产物之一。20 世纪的伟大作家之一，安德烈·普拉东诺夫崇拜费德罗夫，列宁思想上的重要对手亚历山大·波格丹诺夫（Alexander

Bogdanov），也反映着费德罗夫的影响。

　　把上述情况牢记在心之后，我想探究费德罗夫的"观念"（idea），但只局限于简要辑录在《共同任务的哲学》中的几篇重要论文。其中最重要的两篇有着奇特的篇名："论兄弟之谊或血缘关系问题，论无兄弟、无血缘，即世上没有和平国家的原因，以及恢复血缘的方法：从'无知'到'有知'，神职人员和俗人，信徒和非信徒的一个备忘录"和"超道德主义或普遍的综合"。[37]

共同任务

　　《论兄弟之谊》是一篇奇特的论文，篇名的过分冗长①说明费德罗夫所提出的中心观点非常复杂。[38]其中最容易说出的是一种对人类之共存的完全不同的态度的号召。这是一个多少有些常见而平庸的对团结在一个共同事业中的号召，但费德罗夫把这一平庸号召变成了革命的号召；因其持续的极端性，它显得令人激动，如果不是令人发疯的话。

　　费德罗夫的长文（最近的俄语修订版几乎长达三百页）分成了四个部分。[39]第一部分开始于对 1891 年发生在俄国的可怕饥荒的探讨。他描绘了一种相当极端的对抗饥荒的尝试：用炸药去人工降雨。费德罗夫发现了炸药用途中的重要益处，因为这是一个范例，它极不同于炸药的其他用法，它不是用于彼此毁灭，而是帮助人们保护自己。在此，一种单纯出于战争目的而发明的技术，通过一种完全相反的目标用途而得到了转化。这一转化是对人性的一个完全不同的、可能的未来的关键象征，在这样的未来中，技术的巨大威力不是被用于互相毁灭，而是被用于建立一个团体，它会比所有曾经存在过的团体都更为长久。

---

①　完整的篇名见上文。

到目前为止，这一类思想似乎一直徘徊在陈词滥调的范围内，徘徊在对驯服破坏和否定的冲动的无休止的、重复的呼号中。但重要的是我们还记得，这些呼号在很大程度上是另一个划时代的转化的结果，在这个转化中，有史以来最伟大的、最暴力的帝国之一——罗马帝国，开始臣服于基督教宣教人物，创造了一个普遍的和平帝国，一个人间的上帝之城。

当然，这一类事情从未发生。罗马灭亡了，普遍帝国的承诺传给了拜占庭，而后是莫斯科——第三罗马。相当清楚的是，这一论断激发了费德罗夫的论文，以及他不断更新的号召：将好斗的冲动转化为建设一个普遍的帝国的力量，后者把所有的人类召集到一个共同的事业之中。

关于普遍帝国的论述很难说是新的，实际上，它是西方思想中最强有力的比喻之一。科耶夫本人奇特地将这一比喻的兴起归诸哲学，尤其是归诸下述事实：西方第一个真正的普世的征服者，马其顿的亚历山大，恰好是亚里士多德的学生。[40] 然而，对费德罗夫来说，关于普遍帝国的论述却不是亚里士多德式的：它直接属于基督的承诺，而且也属于重生的承诺——在此急转弯出现了。综上所述：对费德罗夫来说，普遍帝国不仅意味着人间帝国、传说中的上帝之城的建立，而且是可能的最伟大帝国的建立，它超越了尘世，延伸到了永恒：一个战胜了我们最大的敌人——死亡的帝国。人类只有在接受了基督朝向神性的邀请，在重生中变得与神合一之后，才能变成真正的人，变成最伟大的人，即基督的真正兄弟。

费德罗夫文章的主旨是为达成上述目标勾画出一个计划。该计划的第一个要点在某种意义上已经很清楚了。现在，我们为准备战争而囤积的大量资源必须传送给所有战争中的最伟大者：战胜死亡本身。费德罗夫计划的第二点相当有趣：心灵的任何一种不是旨在消除死亡这一极其实用的目的的追求，都被他消除了，借此，他试图消除理论与实践之间的区分。

重生的原则也可以被称为实证主义，但却是一种行动的实证主义。根据这一原则，它就不会是被实证知识所替代的神秘知识，而是被真正的、有效的行动所替代的神秘的、象征性的行动。重生原则不对共同实践的行动设置任何限制，从而与孤立个体的行动形成了对比。这一行动的实证主义并非来自神话这一异教祭司的幻想，而是来自神秘艺术的形式、通俗的仪式和祭祀。重生把象征性的行动变成了现实。行动的实证主义没有阶级局限性，它是大众的实证主义。对人们来说，科学将会成为一种方法，而科学的实证主义仅仅是属于作为孤立的阶级或阶层的学者们的哲学。[41]

费德罗夫简单地拒绝了柏拉图思想中的那些确保了理论与实践之区分的基本假设。这是一个令人窒息的策略，值得进行仔细的考察。

对费德罗夫来说，理论是一种接受不可能性的沉默的后果。人涉足理论工作，因为有一种怀疑，那种工作可能永远不会对人类实际上是如何生活的产生任何影响——心灵被置于真空中进行思考，因为在这一点上，心灵跟我们的物质现实没有任何联系。费德罗夫对这一区分的记录借助的是两个阶级的区分："有知的"和"无知的"。有知的跟理论相连，无知的跟实际行动相连。费德罗夫坚持认为有知的人必须摆脱那些占据了他们的心灵却与生存和人类福祉的实际问题无关的那些问题。确实，通过直面这些来自实践的挑战，有知的和无知的联合起来达成共识：如此定义的实践具有优先性。有知者和无知者在这一宏大实践任务中的融合创造了群体的进一步基础。

这是精明的一步。一方面，费德罗夫实际上翻转了理论与实践的关系，并以之作为消除理论的前提。他这样做的时候，借助的是公开地鼓动那些"有知的"人或者在俄罗斯背景下通常称为"知识分子"

（intelligentsia）的人转向实践。理论并不指导实践，而是变得彻底倒向对实践目标的获取。费德罗夫因此简单地重述了现代西方思想中的一个主要的意向，而且目标相同：通过技术主宰自然。另一方面，费德罗夫消除了他所认为的社会上的最有害的区分，后者比富人和穷人之间的区分更具决定性。他的观点极不寻常：那些有知的人和无知的人之间的区分是不平等和社会内部冲突的根源，这一观点是费德罗夫思想最独特的特征之一。为了实现共同任务的目标，在知识的产生和传播过程中，要保证所有人都在一个合理的、平等的基础上共同劳动，借此，费德罗夫试图消除他的新群体中的内在冲突得以产生的主要原因。

因此，费德罗夫论文的前两节勾勒出了某个消除了外在和内在意见分歧的团体的发展，消除的方法是全身心地专注于唯一的任务，即创造出能够让人间天国成立的技术。他一以贯之地将自然看作"盲目的力量"（слепая сила），并坚持认为这一盲目的力量要通过理性转变为合规律的力量，可以用来服务于新兴人类的兄弟之谊这一正确的目的。当然，该目的最重要之处在于技术的创造，它消除了所有毁灭性力量——如果人类的兄弟之谊确实战胜了内在于自身的敌意，它追寻的就是将作为结果的和谐强加给自然，而且只有借助这一方式，才能确证自身的和谐性质。自然虽然一度与人性对立，但必须在建设最终任务——普遍重生的正确前提条件的任务中变成人性的亲密战友。

无须多言，这一普遍重生并不适用于这个世界上的任何其他生物。费德罗夫的共同任务仅仅适用于人类，而且，作为一个能想象的最为极端的对自然的驯服——实际上就是帝国的大规模计划，它跟自然之间没有那么友好的伙伴关系。尽管费德罗夫使用了温和的官腔术语，比如"规则"（регуляция）来描述这一把自然的盲目力量转化为理性力量的计划，相当明显的是，这一规则的意思，无非就是把自然转化得跟无尽的自我保存这一狭隘的人类目的相一致而已。什么是理性的，什么就是服务于自我保存的。[42]

鉴于费德罗夫一贯假定共同任务的正当的基督教本性，上述等式非比寻常。实际上，费德罗夫思想中最脆弱的一面是有关其正统派立场的问题。假定对自然的基本的敌意，以及劝告人们通过将自然转化为人类利益的仆从，把敌意化为友谊——这两种假设初看起来似乎跟对抗上帝的魔鬼的反叛更为协调一致。毕竟，共同任务等同于修正自然，使之跟人类目的相一致。[43]

通过强调上帝保证我们对大地的主宰，我们可以运用我们的自由去改变后者并由此展现对上帝的忠诚，费德罗夫似乎驳回了这一问题。在这一方面，有一个更为有趣和深远的理由支持费德罗夫对共同任务的基督教本性的强调，即重生这一事实本身。对费德罗夫来说，基督的受难和重生是一个范本性的叙事，意味着战胜自然的奴役，后者在最终极的意义上意味着死亡。费德罗夫压制住了此处令人不安的问题：重生似乎实现了对自我保存的内在的、自私的兴趣，否则基督会通过自愿赴死而战胜它。然而，费德罗夫清楚地看到了这一问题，他试图用相当精妙的（或者说疯狂的，如果你愿意的话）方法来处理它，即把战胜自然这一共同任务转变成人不仅仅致力于一个世代的利益，而且要致力于所有曾在地球上生活过的不同世代的人们的利益。这一粗暴扩张的共同任务变成了对费德罗夫而言的道德的本质。献身于普遍重生的计划，相当明显地被认为战胜了下述反对意见，即协力掌握自然反映的是魔鬼般的骄傲和野兽般的自我确证，而不是正当的基督教的虔诚（filial Christian piety）。

费德罗夫共同任务的虔诚层面切中了上述棘手问题的核心。他试图将人类的自私和自我主张与基督教的自我克制调和起来，这也许最明显地表现在他非凡的努力中，他试图将自我保护的主要表现形式，即家庭，与致力于某种程度上超越自我保护的任务的普遍共同体的概念调和起来，后者是费德罗夫试图去奠基和创造的最终群体。[44]

费德罗夫运用从家庭关系中借来的两个中心隐喻来描绘这一群体：

兄弟之谊和血缘关系。如果可以将"兄弟之谊"看作我们跟我们在共同任务中的同事们之间的关系的表现，他们是我们在生活和工作中的同事，共同致力于将自然从一种盲目的力量转化为理性力量的任务，那么，我们可以将"血缘关系"一词看作这一任务的目标：普遍重生。费德罗夫对此异常清醒。普遍重生是血缘关系的恰当表达，因为它建立并确证了一种远远超出单纯的祖先崇拜的，对某人的祖先的虔诚。在这一点上，共同任务包含两个基本方面，因为征服自然的计划是最基本的前提，有争议的、更具野心的复活我们所有的先祖的计划，"变得成熟"或抛弃"不成熟"的计划是以此为前提的，正如费德罗夫多次在不同的地方提及的那样。

费德罗夫的综合在于他使用了适合家庭的术语，以促进一个普遍的共同事业。由此他试图将家庭由一个群体内部的特殊单位转化为普遍的东西。这当然是冒险的一步，因为这是在试图克服对狭隘的血缘纽带的关注，后者导致了柏拉图提出，家庭作为必然排外的生命单元需要被打破，因为它对旨在创造普遍群体的计划来说具有潜在危害。如我们所知，《理想国》中最极端的判断之一是压制护卫者们之间的血缘关系，最著名的就是他们共同拥有后代。费德罗夫反对这一做法，代之以将家庭普遍化，并给予它一个共同的、"家庭式的"任务。[45] 费德罗夫确定用亲情代替容易引发纷争的情爱，后者在他的新群体中不会有任何位置（当然，这不一定是必须的）。

但我此前提出的问题，就是说这一"家庭式的"任务不能获得真正的普遍性，也不能忽视。人们不得不明确群体性的自我确证与个体性的自我确证之间的不同究竟在哪里，而费德罗夫并未直接回答这一问题。他似乎认为自私本质上是建立在物质的个体化之上，以及我的肉体的需要与其他人的肉体需要的对抗之上。如此一来，向共同计划的转变，如果不是该计划的目的，实际上就是一个渐进的过程，在其中，受制于我们的物质的、世俗的存在的自私至少从一开始就被规划进了某种集体性

（collectivity），后者致力于从总体上消除上述自私。如果这个任务是由其目的决定的，那么共同任务的最初阶段仅仅是一个开端，它最终导向了关键性的转变，即"单一性"（singularity），其主要特点——根除死亡——消除了自私的物质条件从而一劳永逸地消除了自私。[46]

如果我们可以用不同的阶段来描述费德罗夫的计划——费德罗夫并未直接这样做——我们会得到下述表达：

1. 终止不同民族之间的敌对状态——创立一个世界国家。

2. 借助消除"有知的"和"无知的"人们之间的区别，终止世界国家内部的敌意。

3. 通过完成两项任务——规范化自然和保存先祖，把世界国家转变成一个兄弟般团结在一起的群体。

4. 达到对自然的技术征服——大地被规范化并建立地上王国。

5. 达到对历史的完美复原（recuperation），完成记忆的传宗接代功能，这是普遍重生的前提条件。

6. 随普遍重生而来的，是一个最终的、不死的个体所组成的群体的建立，历史的全部复原及其终点的达成，超越死亡的帝国的建立。

我们已经探讨过其中大多数阶段的内容。剩下的是澄清两点：费德罗夫关于历史的概念和普遍重生的概念本身。这两个概念分别是费德罗夫文章的第三和第四部分的主题。

费德罗夫的历史观很独特，跟他对于行动的关注完全合拍。把历史看作是讲述死者的故事，试图保持他们在记忆中的存活——换句话说，历史作为复活死者的形式依然是纯粹比喻性的（воскрешение в смысле метафоры）——这是有知者的历史，他们早已从行动中退却，屈服于将重生的过程仅仅看作隐喻的做法。历史作为过去的复原，作为过去的再现，作为培育记忆的方法，不仅仅是在面对死亡时承认失败。

这种历史必须被共同任务中的新形态历史所超越，后者通过尽可能地保存死者从而为字面意义上的死者重生开辟了道路。历史是一项计划，它向前看，期望着一个时刻，到那时，普遍的重生在技术上是可行的；历史为这一时刻做好了准备，对它来说，历史是必要的。[47]

在这一新的意义上，历史是忠诚于家族的反映，因为它保存过去，不是因为过去是现在的一个组成部分或者是理解现在的一个途径，而是为了过去本身。通过保存过去，我们确证了我们致力于保存先祖，不必然是我们如何看待他们，也不必然作为我们的先驱——这两种态度都反映了某个自认其现实性居于首要地位的世代的自我中心主义——而是为了先祖本身。简而言之，我们满怀爱意地回顾，并给予过去跟我们的现在同样的尊重，或者如我所说的，我们将现在渗透进过去，我们"展现"（presence）或重新激活它。因此，费德罗夫对博物馆和档案馆特别着迷，因为它们的真正价值在于提醒我们，我们有责任让过去重现生机，不仅在记忆中恢复过去（尽管这本身就是一个必要的开始），而且从字面上讲，通过发现一种技术，可以恢复表面上失去的生命。

费德罗夫文章的第四部分，也是最后一部分，以一个惊人的劝诫结束了对普遍重生的讨论：通过将我们的星球改造成一种太空飞行器，超越我们星球的界限。通过这个飞行器，我们可以继续在整个宇宙中散播（distribute）复活的死者。

上帝还是野兽？

让我们把话挑明：费德罗夫的思想是古怪的、疯狂的——或许是一个疯子的梦想，其最根本的假设是生命毫无意义，**除非它能够借助重生而得到救赎**。费德罗夫以之为基础所建立起来的结构可能看起来是荒谬的，是一个疯子的思想产物，但人们同样可能碰到直接的反驳：若将其思想与现实联系起来，那么他的基本假设就不是那么容易反驳的。实际上，它表面上是对柏拉图的挑战的基督教重述：努力将历史从一个关于差错和错误的叙事中转变为一项主动的计划，试图纠正这些错误，而且是以基督的名义行事。也就是说，费德罗夫宣称基督是救世主，恰恰因为他给我们指出了救赎之路，通过真正的而非隐喻的战胜死亡的方式拯救我们的世俗生活。

与索洛维约夫的对比很有启发。尽管索洛维约夫对费德罗夫的计划充满了同情，他似乎最终无法接受从隐喻之境到现实之境的极端转变。除了明显的事实之外，对索洛维约夫来说还有一些隐蔽的理由，后者必须处理的问题是肉体的死亡要被战胜。因为，如果索洛维约夫要保持一贯，他就不能论证说肉体死亡是一个终极性事件，尽管对费德罗夫来说似乎如此。变成神人意味着不再惧怕肉体的死亡；这意味着跟上帝合一，是在以肉身形式存在的世界上的对其完美性的终极表现。[48] 证明某种对肉体的迷恋，例如，人们应该努力通过技术手段转化世界和肉体，为的是变得不朽，对索洛维约夫来说，即便在最好的情况下，也代表着一种本质上的混乱，泄露了一种无能，即除了使我们的物质存在永恒之外，不可能有其他方法变成神。而恰恰是通过将我们自己从对物质身体、特殊性的强迫性关心中解放出来，我们才能真正地分有上帝。因为如果上帝通过戴着他儿子的面具的方式向我们显现，那么他本身最终依然是超越于这种世俗表现的。不能认识到这一关键的区别，就等于不能认识到成为上帝所真正需要的东西。且不计费德罗夫通过将动物式的自私跟更伟大的道德目标、我们对祖先的义务联系起来而掩饰这种自私的努力。确切地说，锚定了费德罗夫计划的对物质的迷恋，意味着一种野蛮化（bestializing），在其中唯一重要的是物质存在的继续。[49]

那么，一个人变成了什么，上帝还是野兽？人类必须被征服吗？人类真正的命运是战胜还是毁灭自己？事实上，这是历史的目标吗？这些问题直接来自陀思妥耶夫斯基及其追随者的激进思辩，正如我们将在以下章节中看到的，这也是亚历山大·科耶夫庞大哲学计划的基础。

注 释

1 Friedrich Nietzsche, *Towards a Genealogy of Morality*, trans. Maudemarie Clark and Alan J. Swenson (Indianapolis, IN: Hackett, 1998), 56–59.

2 V. S. Solovyov, *Lectures on Divine Humanity*, trans. rev. and ed. Boris Jakim (Hudson, NY: Lindisfarne, 1995). 俄文原文引自V. S. Solovyov, *Sobranie sochinenii*, ed. S. M. Soloviev and E. L. Radlov, 2nd ed., 1911–1914 (reprint, Brussels: Izdatel'stvo Zhizn's bogom, 1966–1970), 3:1–181。科耶夫本人认为这些演讲是理解索洛维约夫的形而上学的"主要资源"，也是他的基本思想。参见Kojève, "La métaphysique religieuse de Vladimir Soloviev," *Revue d'histoire et de philosophie religieuses* 14 (1934): 537。尽管科耶夫喜欢将索洛维约夫与谢林等同，但克莱因（George L. Kline）等人将索洛维约夫划归为一个"新黑格尔主义者"，并强调索洛维约夫对黑格尔的借鉴。参见 George L. Kline, "Hegel and Solovyov," in *George L. Kline on Hegel* (North Syracuse, NY: Gegensatz, 2015)。

3 参见Kojève, "La métaphysique religieuse de V. Soloviev," *Revue d'histoire et de philosophie religieuses* 14 (1934): 534–554; and 15 (1935): 110–152。这篇文章节选自Kojève, *Die religiöse Philosophie Wladimir Solowjews*, manuscript NAF 28320, Fonds Kojève, Bibliothèque nationale de France (box no. 6)。科耶夫还出版了*Die Geschichtsphilosophie Wladimir Solowjews* (Bonn: Friedrich Cohen, 1930)。科耶夫反对索洛维约夫的主要是后者坚持神圣人性在面对神的时候的服从立场，所谓的两种绝对的理论在本质上是成问题的，因为它们并不是平等的。这方面的例子可参见Kojève, "La métaphysique religieuse" 15 (1935): 124。

4 Paul Valliere, *Modern Russian Theology: Bukharev, Soloviev, Bulgakov* (Edinburgh: T and T Clark, 2000), 114.

5 参见V. Solovyov, *The Philosophical Principles of Integral Knowledge*, trans. Valeria Z. Nollan (Grand Rapids, MI.; William B. Eerdmans, 2008), 19。这篇论文的写作时间与上述演讲几乎同时，它的开篇就提出了一个关于上述问题的清晰构架，该构架预设了苦难和罪恶以及神正论的问题。索洛维约夫的确将自己关于良善生活的探究建构在人类目的的框架之内：人类存在的普遍目标是什么？目标的确定反过来确定了良善生活可能是什么的轮廓——也就是说，一种实现上述目标的生活。仅从这一点出发，人们可能会被误导着争论说索洛维约夫以苏格拉底的方式探寻什么是良善生活，因为他的问题跟基督教对神正论的关心混在了一起。

6 Solovyov, *Lectures on Divine Humanity*, 1.

7 索洛维约夫思想中的行动的力量具有关键地位，而且看起来对科耶夫产生了相当重要的影响。奥利弗·史密斯（Oliver Smith）最近关于索洛维约夫思想的研究，优点之一就是对个别人物在行动中所扮演的角色的关注。参见Smith, *Vladimir Soloviev and the Spiritualization of Matter* (Brighton: Academic Studies Press, 2011), 32–36, 95。史密斯援引了朱迪丝·科恩布拉特的重要评论："所有俄罗斯宗教哲学都坚信行动的角色，一种任务或задача，其实现将会意味着与上帝和创造合一。"参见Kornblatt, "Russian Religious Thought and the Jewish Kabbala," in *The Occult in Soviet and Russian Culture*, ed. Beatrice G. Rosenthal (Ithaca, NY: Cornell University Press, 1997), 86。亦可参见Thomas Nemeth, *The Early Solov'ëv and His Quest for Metaphysics* (Cham: Springer, 2014), 115–123; Randall A. Poole, "Vladimir Solov'ëv's Philosophical Anthropology: Autonomy, Dignity, Perfectibility," in *A History of Russian Philosophy 1830–1930*, ed. G. M. Hamburg and Randall A. Poole (Cambridge: Cambridge University Press, 2010), 131–149; and Valliere, *Modern Russian Theology*, 143–171。

8 迈克尔·S. 罗斯（Michael S. Roth）将这一主题简洁地表述为："索洛维约夫的双重视角的重要性是很清楚的：通过将绝对看作是化身于时间（人性）之中的，他给予人类历史以相当的重要性。历史进步的结构是由其目的决定的，后者是持续不断地将所有人类集合进一个普遍的同上帝的再次结合之中。"参见Roth, *Knowing and History: Appropriations of Hegel in Twentieth-Century France* (Ithaca, NY: Cornell University Press, 1988), 87。

9 Solovyov, *Lectures on Divine Humanity*, 17.

10 Karl Löwith, *Meaning in History* (Chicago: University of Chicago Press, 1949).

11 Solovyov, *Lectures on Divine Humanity*, 17–18.

12 这些叙事通常情况下是关于堕落的叙事——一种展现为从完整的开端堕落或衰败的叙事。人们也可以称这样的叙事为"伊甸园式的"（Edenic）。

13 没有任何一部对话在处理理念世界与以肉身形式出现的或物质世界的关系上比

《巴门尼德》更为重要。

14　Solovyov, *Lectures on Divine Humanity*, 30.

15　Solovyov, *Lectures on Divine Humanity*, 38.

16　Solovyov, *Lectures on Divine Humanity*, 40–41.

17　这一概念对科耶夫的哲学事业来说当然至关重要，尽管科耶夫转化了索洛维约夫的思想，把否定变成了肯定的属性，例如，真正的人类统治的特征是不再假定一个外在的或先在的作为"最初的"绝对的上帝。正如科耶夫注意到的："否定的存在物本质上是有限的。如果一个人死去了，他就可能是人。但一个人为了成为人，必须作为一个人死去。死亡必须被自由地接受。"Kojève, *Introduction à la lecture de Hegel*, ed. Raymond Queneau, 2nd ed. (Paris: Gallimard, 1968), 52.

18　Solovyov, *Lectures on Divine Humanity*, 44. 注意，与科耶夫的对比昭示着科耶夫的无神论倾向。

19　Solovyov, *Lectures on Divine Humanity*, 45.

20　Solovyov, *Lectures on Divine Humanity*, 67–68.

21　Kojève, *Introduction à la lecture de Hegel*, 529; Kojève,"The Idea of Death in the Philosophy of Hegel," trans. Joseph Carpino, *Interpretation* 3, no. 2/3 (Winter 1973): 114.

22　对绝对可理解性的认可出现在德国观念论的"全部或一无所有"的倾向之中，其最典型的表现来自谢林，他坚持认为孤立的或唯一的特殊性是一个矛盾。科耶夫肯定了这一假设，正如我们将要看到的，这一点在他战后的著作中越发明显。只有在所有的部分都被理解了了的前提下，一个人才能理解整体，每一个部分都是跟其他部分相连的。没有一个与另一个的关系，根本不存在理解。参见 F. W. J. Schelling, *Philosophical Investigations into the Essence of Human Freedom* (1809), trans. Jeff Love and Johannes Schmidt (Albany: State University of New York Press, 2006); and Kojève, "Sofia, filo-sofia i fenomeno-logia," ed. A. M. Rutkevich, in *Istoriko-filosofskii ezhegodnik* (Moscow: Nauka, 2007), 320; autograph manuscript in Fonds Kojève, Bibliothèque nationale de France (box no. 20)。

23　关于这一探讨，可参见 *Attempt at a Rational History of Pagan Philosophy* 的第八章。只要有变化的可能，那么它就是部分的，科耶夫因此质疑了意义的重要性——在这一方面，一旦全面认识是可能的，那么说"暂时的"就等于说"有错的"或"不真的"。如果全面认识不可能，那么关于真理和错误的标准就不存在。如此一来还剩下什么意义？我们如何能将其与胡说、疯子的梦想或诸如此类的东西区分开来？不再让我们自己关心什么是真的（或者什么是"事实"）是一种特殊的策略，或许可以用来否定对我们创造现实的能力的任何限制。科耶夫的态度直截了当：一个人或者终结于"疯狂"，他行动着"似乎"这个世界就像他想象的那样——从实践的观点看，这肯定是一个危险的立场；或者他通过集体行动，把世界转化得跟一个普遍接受的理想相一致。

24 参见Saul Kripke, *Wittgenstein on Rules and Private Language* (Cambridge, MA: Harvard University Press, 1982)。克里普克强调了"内在化了的"（internalized）规范问题，或者科耶夫的术语所说的"主观确定性"。缺少了任何一种外在的或公共标准，我如何能够知道我所说的就是我认为我正在说的？如果我进行检查，我或许会记错或者干脆忘得一干二净。没有任何一个可能的裁判，我真的迷失在自我之中。

25 Solovyov, *Lectures on Divine Humanity*, 81.

26 关于这一话题，最近涌现了不少重要的文章。例如 Norman Russell, *The Doctrine of Deification in the Greek Patristic Tradition* (Oxford: Oxford University Press, 2004)。

27 Solovyov, *Lectures on Divine Humanity*, 95. 奥古斯丁的原文是这样的：dico autem haec tria: esse, nosse, velle. sum enim et scio et volo, sum sciens et volens, et scio esse me et velle, et volo esse et scire (*Confessiones*, book 13, para. 11).

28 比起例如海德格尔的将所有的历史都还原为存在的历史，索洛维约夫的理论是否更为古怪？

29 Solovyov, *Lectures on Divine Humanity*, 71.

30 Solovyov, *Lectures on Divine Humanity*, 81.

31 Solovyov, *Lectures on Divine Humanity*, 108, 113, 118.

32 Solovyov, *Lectures on Divine Humanity*, 121. 译文有改动。

33 以下是科耶夫主要的不满之处：如果有一个神，人不可能变成神，除非将神下降为人，也就是说，借助与无神论一样的方法。

34 Immanuel Kant, *Groundwork of the Metaphysic of Morals*, trans. H. J. Paton (New York: Harper and Row, 1964), 88–99, 100.

35 Immanuel Kant, *Religion Within the Limits of Reason Alone*, trans. Theodore M. Greene and Hoyt B. Hudson (New York: Harper and Row, 1960), 23–27. 亦可参见 Gordon E. Michalson Jr., *Fallen Freedom: Kant on Radical Evil and Moral Regeneration* (Cambridge: Cambridge University Press, 1990), 37–40。

36 参见George M. Young, *Russian Cosmism: The Esoteric Futurism of Nikolai*

Fedorov and His Followers (Oxford: Oxford University Press, 2012)。

37　俄文原著可参考N. F. Fedorov, *Sobranie sochinenii*, ed. A. G. Gacheva and S. G. Semenova (Moscow: Traditsia, 1995–2000)中的第一卷和第二卷。*The Philosophy of the Common Task* 的删减版译文见 N. F. Fedorov, *What Was Man Created For?: The Philosophy of the Common Task*, trans. Elisabeth Kutaissoff and Marilyn Minto (London: Honeyglen, 1990), 33–102。关于"超道德主义"的论文可以在同一卷的第105—136页找到。有篇研究费德罗夫思想的优秀英语论文：Irene Masing-Delic, *Abolishing Death: A Salvation Myth of Russian Twentieth-Century Literature* (Stanford, CA: Stanford University Press, 1992), 76–104。综合性的论文参见 Michael Hagemeister, *Nikolaj Fedorov: Studien zu Leben, Werk und Wirkung* (Munich: Otto Sagner, 1989)。

38　篇名表明了典型的费德罗夫式的对完善性的强调。人们在费德罗夫的许多著作中都发现了某种重复性，这一点对它们的架构来说是本质性的，一方面它指示着作品背后的观点的简单性，同时也指示着使其一遍遍重复的强迫性需要——为的是彻底的说服。

39　Fedorov, *Sobranie sochinenii*, 1:37–308.

40　Kojève, "Tyranny and Wisdom," in Leo Strauss, *On Tyranny*, ed. Victor Gourevitch and Michael Roth, 135–176 (Chicago: University of Chicago Press, 2013), 171–173. 亦可参见A. M. Rutkevich, "Alexander Kojève: From Revolution to Empire," *Studies in East European Thought* 69, no. 4 (December 2017): 329–344。

41　Fedorov, *What Was Man Created For?*, 56.

42　正如费德罗夫所意识到的："只有当所有人都分有了知识的时候，将自然看作一个在其中感觉会为非感觉做出牺牲的整体的科学，才不会再对这一有意识的存在者对无意识的力量的歪曲了的态度无动于衷。"而且他还加上一句："然后，应用科学会致力于将毁灭的工具转化为规范盲目的、带来死亡的力量的工具。"Fedorov, *What Was Man Created For?*, 40; 亦可参见第76页。

43　Fedorov, *What Was Man Created For?*, 40. 这一镇压对费德罗夫的计划来说至关重要；围绕费德罗夫的激进神学产生了相当多的争论——它是否还是一种神学？或者它是否是所有可能的人类学中最极端的那个？

44　Fedorov, *What Was Man Created For?*, 89.

45　这看起来更像是儒家而不是基督教的做法，除非人们考虑到适用于东正教的独特的关于群体的观念。

46　"单一性"是雷·库兹韦尔（Ray Kurzweil）的术语，指的是人类意志达到了一种新类型的存在的时刻。

47　Fedorov, *What Was Man Created For?*, 77.

48　从一个相当独特的观点处理索洛维约夫思想的有趣研究，参见Mark Johnston, *Surviving Death* (Princeton, NJ: Princeton University Press, 2010)。

49　这似乎也是科耶夫的观点；这一点同样反映在最近出版的海德格尔《黑皮书》的一篇引人注目的文章中："以此种方式，低层次的动物力量第一次大行其道，通过合理性，动物性（animalitas）首次发挥了作用——其目的是让尚未完成的动物，即人类从动物性中解放出来。"参见 Martin Heidegger, *Anmerkungen I-V (Schwarze Hefte 1942–1948)*, ed. Peter Trawny (Frankfurt: Vittorio Klostermann, 2015), 41。

THE

BLACK

CIRCLE

第二部

黑格尔讲座

第四章

最后的革命

由雷蒙·格诺（Raymond Queneau）编辑，于二战之后出版的科耶夫关于黑格尔的讲座构成了最为大胆也最为全面的对科耶夫革命性计划的介绍。今天很常见的是将这些演讲驳斥为哲学上和语言学上不正确的、"坏"的黑格尔。不幸的是，同样很常见的，是反驳上述反驳，并自信地宣称它们并不着调，认为科耶夫并不仅仅是一个黑格尔的解释者，他本身就是哲学家，因而他应该被允许有更大的解释权。[1] 对科耶夫的这种辩护，有一个有力的先例可以借鉴，那就是对海德格尔的解读。[2] 整个 20 世纪 20 年代，甚至可以更进一步说整个 30 年代，海德格尔发明了一套解释方法，他本人不无自夸地称之为"暴力的"。在其关于康德的名著《康德与形而上学疑难》的第二版序言中，海德格尔回应了他的康德解释所招致的 Gewaltsamkeit（暴力甚至残忍）的指责：

> 被指责为暴力，确实能够得到这一文本的支持。无论何时，当它被引导着在思想家之间建立某种活动着的对话时，哲学–历史的研究肯定会跟这一指责合拍。与历史文献学——它有自身的任务——形成对比的是，一种深思熟虑的对话所服从的是另外的规则。它们是更容易被暴力侵犯的。一个对话中缺

乏的东西越构成威胁，短处越经常出现。[3]

海德格尔面对的听众有两种：哲学家和非哲学家。他给解释的暴力
所做的辩护是，这样的解释在真正的哲学中基本上不可避免，并将其定
义为"深思熟虑的对话"（denkerische Zwiesprache），而且他承认这
一暴力只是对那些非哲学家来说才显得是短处。海德格尔直接关上了针
对他的批评的大门——可能甚至包括那些"暴力的"——因为他的解释
方法仅就批评来说才显示为不适合哲学。

那些为科耶夫辩护（或攻击他）的人说他不仅仅是一个解释者或评
注者，重复着上述论证的某种变体。[4]尽管我不会重复这一辩护，但如
果我们要接受科耶夫演讲中出现的对黑格尔文本的复杂态度的话，我确
实认为解释暴力的问题至关重要。因为，尽管科耶夫经常仰赖于解释的
惯例，但他肯定不想进行一项对黑格尔文本的标准学院派解释。人们甚
至可以论证说，他对传统倾向的依赖无非仅仅是对他理论中清晰的愤怒
的调和或掩饰，就像一个社会恩典（grace）的圣餐盘（patina）足以掩
盖一种更为彻底的冒犯一样。科耶夫最声名远扬的冒犯之一是他对宽泛
的概括或格言式的还原（broad generalization or aphoristic reduction）
的偏爱，这远远超出了谨慎的、合理的研究范围，以至于被看作是幻想
或极端。

科耶夫通过《精神现象学》中的主奴关系对认识的表面上的关注是
证明这一点的实例。但是，人们可以发现许多散布在科耶夫的全部评注
中的极端论断，这些说法在劝告人们说黑格尔文本中的某个特殊方面至
关重要时，显得既陈腐又自相矛盾。如果科耶夫反复强调认识的中心性
（centrality）——格诺所编辑的著作开篇就是关于这一部分的一个评
论——那么同时也存在着相反的断言，在最后的演讲中所发现的就是一
例："将黑格尔体系理解为一个整体的关键"或许可以在《精神现象学》
导言中的一个简短的篇章中找到，其主要看法是"一切都取决于将真理

不仅解释和把握为实体，而且要解释和把握为主体"[5]。该书开头和结尾的冲突提出了一系列基本的问题，指向了其内在的结构和一致性。

还大量存在着其他令人震惊的论断，科耶夫著名的警句天赋展现了出色成效："人就是绝对的、辩证的不安定（Un-ruhe）"[6]，"人的存在是一种被调剂过的自杀"[7]，"语言产生于不满足。人言说着杀死他并让他受苦的自然"[8]，"拉摩的侄儿被普遍化了——这就是启蒙（Aufklärung）"[①][9]，"人必须是一个空，一个无，它不是纯粹的无，reines Nichts，而是在某种程度上消灭存在的东西"[10]，"我们可以将人定义为一个维持自身于存在之中的、在实际上持续着的错误"[11]，以及"人的存在本身除了下述行动之外什么也不是：正是死亡活着人的生活"[12]。

这些格言式的句子可不是学院派讲座的硬通货；恰恰相反，它们更像哲学格言，无论是否带有反讽的意图，其目的是震惊或欺骗他的法国听众，而且这是科耶夫"哲学教学法"的构成部分。[13]科耶夫肯定会因为他的过度表现（exuberance）和缺乏诚信（probity）而受到谴责——他必须解释，而不是制造谜题或谜语。解释者或评注者的任务可以精确地归结为：他或她必须解释难解的东西，必须澄清，必须揭示文本中似乎存在的任何东西——换句话说，就是那些抵御解释的东西。解释始于抵御人们靠近的东西，始于那些让自身远离直接理解的东西。科耶夫似乎在其他地方毫不在意地承认了这一点，但他似乎也满足于留下一些东西不加解释，声称"一个人必须给读者留下一些东西：他应该更进一步，自己思考"[14]。

除此之外，公开出版的评论是出了名的不平衡，过分地关注两种叙事：主奴叙事以及圣者叙事。《精神现象学》第四章 A 节中的主人和

---

① 《拉摩的侄儿》，法国百科全书派哲学家狄德罗的对话体小说，描写的是"我"与小说主人公拉摩的侄儿的对话。

奴隶——科耶夫所用的德文版只有 9 页——在科耶夫的评论中被详细讨论。同样，《精神现象学》最后一章中的圣者叙事在德语文本中有 15 页，但拥有 173 页的科耶夫的评论——最后的十二次演讲。相比之下，科耶夫对《精神现象学》前三章的论述是概要性的，法文版只有 9 页。他对《精神现象学》第五章的论述也是如此，以 17 页涵盖了 129 页德语文本。科耶夫对《精神现象学》的第六章和第七章更为谨慎，但很明显，最后他的评论几乎完全集中在两个简短的章节上。科耶夫自己对文本的划分证实了这一戏剧性的变化，仅仅对第四、六、七和八章给予了足够的重视。[15]

在上述所有方面，科耶夫的评注都标榜着对学院派规范的偏离、"离经叛道"（eccentricity），而这一点引发了严重的解释问题。我们如何接近科耶夫？如果我们把他的作品当作一种学术解释或评注来看待，难道我们没有背叛它的精神吗？——文本中似乎贯穿着对"暴力"或"怪癖"的偏爱。如果我们像科耶夫对待黑格尔那样对待它，难道我们不是自封为有权进行暴力或古怪的解释的"哲学家"吗？毕竟，我难道不可以根据科耶夫可能会嘲笑的惯例来解释科耶夫吗？也许最有力的解释，莫过于遵循一般而言无须明说的要求，将他的文本放在一起，作为一个整体来阐释。[16]

作为评注者的科耶夫

斯蒂凡诺·哥洛兰诺做出了一个重要的评论：科耶夫与尼采的关联被普遍低估了，我认为他是正确的。[17] 或许跟科耶夫对黑格尔的处理最为接近的一个类似文本，可以在一部与科耶夫的评注有着许多惊人联系的著作中发现，这就是尼采的《道德的谱系》。[18] 在上述两种情况下，一种特殊的风格、表面上致力于辛勤和清醒的对某个主题的处理——或许我们可以假定，这种类型的工作主宰了尼采如此乐于进行嘲讽的英国心理学家——变成了非凡且勇敢的建议的摇篮。在此，我们拥有了一匹特洛伊木马，它不寻求教化它的听众，而是试图征服他们，借助的是某种戏剧性的、极端的修辞术（实际上是一种近乎启示录式的修辞术），它指出了我们当今时代的意义，以及由之而来的我们该采取何种行动来回应上述著作中所包含的原则。这不是一种保守的、慎思的修辞术，而是革命的。在上述两种情况下，它们告诫的都是扔掉奴隶的枷锁，支持激进的解放形式。

对解放的强调是科耶夫评论的核心，它运用了一种明显的反讽，因为评注者的"通常"工作不是从文本中解放出来，而是对文本的谦卑与服从。正如我已经指出的那样，注释者应该使用谨慎的解释原则来解释文本，若不追溯得更远，这一原则的权威性是由对亚里士多德注释的传统所确立的。这些注释出现在古代学术环境之中，并试图解释大师的困难文本——在后来的注释传统中被称为哲学家的阿拉伯伟大思想家阿威罗伊的那些评论在中世纪的西方产生了巨大的影响。这些注释是延续和完善传统的方式，而不是结束或改变传统。他们处理亚里士多德文本的每一部分，并且倾向于回避科耶夫作品中的那种广泛陈述。简而言之，这些评论是为他们力求维护的伟大传统服务的行为。

我们似乎在科耶夫的评注中找不到任何类似的东西，正如《黑格尔演讲》的第一部分所表明的那样，在科耶夫的评注中，讽刺和幽默的自我意识是主宰。取自科耶夫1939年发表的一篇文章的这一部分，扮演着评注的角色，既包括黑格尔的文本也包括科耶夫的评注。[19] 但是，与大多数传统评注不同，这两个文本的设定相当混乱，因为它们只是用括号和斜体来加以区分。此外，评注在许多点上任意窜入了黑格尔的文本。人们得到的印象不是尊重原文的评注，而是试图创造一种平等的对话，或者更激进的对话，其中评注者——在这方面肯定处于优越地位，因为哲学家自己不能回应——通过澄清大师显然无法或不愿说出的内容而占据了上风。[20]

在此，让我把事情说清楚：科耶夫的评论发展了一种哲学理论——特别是关于同一性的起源和终结的理论——而且似乎借用了黑格尔文本。可以肯定，科耶夫表现出了对黑格尔文本的基本忠诚，但他从文本中衍生出一个完整的哲学理论，其方式远不止对文本的经过验证的解释。相反，科耶夫将文本作为他自己富于想象力的建构的基础，其起源和结束的故事只能不精确或模棱两可地与黑格尔文本联系起来。科耶夫尊重大师，但也背离了黑格尔的教义，创造了似乎是他自己的教义。

或许我已经被认为只是学究式地指出科耶夫的评注不"仅仅"是一种评注，而且实际上具有独立的哲学结构。人们不需要争论解释中的正确或充分与否的问题，因为这些关注在很大程度上无关紧要。此外，这种在海德格尔及科耶夫的影响下产生的关于解释的准确性的理论，在今日的学术话语中已经变得很流行。现在看来，没有什么原文，只有一系列话语的增生（proliferation），后者被看作某种"证据"，证明了原文的缺失。教条变成了德里达式的（Derridian），其意义来自单一的、德里达式的宣称：解释之可能性的条件，以及解释本身，就是不存在对任何文本的单一解释。[21] 这一可能性的条件变成了德里达式的教条，这一点本身就具有讽刺意味，因为这一教条因它的内容而落空，或者会被它的内容背叛；如果不存在某种可以被宣告为最终的解释，那么就没有任何解释的教义可以被看作是最终的，前提是教条本身的归属是一种解释，一个故事，就像任何其他故事一样，在权威性上既不比别的多，也不比别的少。

文本的这种彻底解体是科耶夫处理黑格尔文本的方法的后果之一。还有一个并不明显的推论：科耶夫的文本本身也垮掉了。既没有最终的文本，也没有最初的文本，只有文本的增生，所有这些都是讽刺性的"复制品"（simulacra），一个不存在的本源的复制品。

然而这显然**不是**科耶夫在其评注中要追求的。设计这些评注的目的是得出一个决定性的、最终的点，后者不涉及那种或许来自德里达式的增生的"虚空之舞"（spinning in the void）。但德里达式的增生毫无疑问是科耶夫方法的一个可能后果，而且通过揭示这一可能后果，德里达式的增生指向了科耶夫理论中的内在张力：解释的权限，或哲学的疯狂，与最终的限制——历史的终结或终极国家。后者是科耶夫在其演讲中一直坚持的最重要的教条之一。以我们说过的话来描述这一点就是，在科耶夫那里，有一个显而易见的张力存在于看起来是纯粹否定性的事物和肯定性的事物之间，或者说，存在于彼此对立并且或许是互相排斥的任务——破坏与创造之间。

这一论证需要对科耶夫的解释进行更为全面的说明，远比我目前所做的要多。眼下，只需这样说就够了：科耶夫似乎允许他自己获得的解释的权力开启了可怕的实际上令人目眩的可能性，对于后者，以后的科耶夫本人会加以破坏。科耶夫晚年思想中最有力的一个方面是试图表明我称为（多少有些打趣）德里达式信条的那种增生是不可能的，或者说，不是增生而是其反面：对同一个简单行动的无尽重复。[22]

那么，科耶夫对普遍接受的评注方法的歪曲或戏仿，意义何在？它是否真的如我指出的，是一种权威的傲慢？其基础是科耶夫的哲学本性，他假设自己是一个哲学家而不仅仅是一个评注者。那么，对黑格尔的评注作为智力对话（denkerische Zwiesprache）的一种特例，其最根本的缺点是否可以因为它是真正的哲学对话的副产品而得到原谅呢？或者我们是否应该采取另一条路线，即科耶夫的朋友列奥·施特劳斯的路线呢？后者是文本之显白方面与隐微方面的区别的著名支持者。[23]从这一观点出发，我们能否说科耶夫将其极端性隐藏在了良好的学术礼仪之下？

甚至存在另一种第一眼看上去很小却也重要的可能性，因为它是科耶夫本人多次依赖的：他只是在适应不同时期的基础上重复黑格尔的文本而已。在这一方面，科耶夫所从事的庞大的哲学计划于"二战"之后在很大程度上是秘密进行的，用他自己的话来说，就是试图让黑格尔的体系跟上时代，面对新的受众。但问题依旧：如果黑格尔的体系是历史的终结或哲学的终结，那么为什么它还需要更新？并非完全没有道理的是，假设某种更新是必要的，那恰恰是因为历史或哲学并未终结——人们并未把握住要点，因为它需要再次申明。

如果精简一下，我们最终会得到两种选项：科耶夫是一个革新者或有偏见的简化者，他将黑格尔转化得服务于他自己的革命目的；或者他是一个忠诚的评注者，为了服务于大师，他将黑格尔转化为当今时代的真理革新者，就像科耶夫是一个19世纪或20世纪的托马斯主义者，试图向现代社会证明阿奎那的必要性。科耶夫是主人还是奴仆，这要看情况：为了解释大师的需要，他或者否定他或者赞同他。又或许，在一种极端的忠诚又背叛的复杂行动中，科耶夫是当代的犹大，他对导师的背叛首先使得他的导师显露出真正的面目，成为历史的顶峰，他在这样做时采取的方法超越了作为他的前辈的那些黑格尔最早的学生。[24]

通过考察《黑格尔解读引论》，我们首先要审视所有这些选项。相应地，我首先要给出一个对这篇文本的解读，目的是设定一个背景，以便进一步阅读另外两篇出自《引论》的关键性文本，即1838—1839年的演讲。在我看来，它们是整本著作的另一个中心、该书的戏剧性结尾——著名的关于死亡的演讲。简而言之，开篇的文本设定了演讲的基本主题：认识论叙事，其方法是提出一个对科耶夫本人的解释过程的含蓄说明；这种方法对我产生了强烈冲击，而我本人正在做的，正是对这位最不走正道且有清醒自我意识的黑格尔解释者的解释。

我可以顺便补充一句，以这种方式，我无视了格诺在他的编者注中给读者的建议（并未出现在英译本中）。格诺要求那些并不想追随《精神现象学》文本的读者只需要读读导言和两个附录，以及1937—1938年间的头三个演讲。[25]尽管科耶夫的英文译者和编者似乎部分地遵循了这一禁令，因为它完全可以追溯回科耶夫本人那里；但是英文版中去掉的近三百页的法语原文，包括一篇关于死亡的重要附录、所有1935—

1936 和 1936—1937 年间的演讲，以及 1938—1939 年间的一半演讲，这一做法看起来根本不合适。这种对法语文本的激进剪裁漏掉了科耶夫本人所撰写的一大部分内容，人们想知道，关于科耶夫作为解释者的暴力的论点，是否不曾从这种遗漏中不正当地受益。

欲望，人的诞生

引论的开篇文本"以引论为幌子"，阐述了一个创世叙事、一个关于起源的故事或哲学神话，其依据是著名的黑格尔《精神现象学》第四章。在其中，黑格尔以极其简化的形式描述了他的自我意识。科耶夫并没有引用黑格尔的文本，而是用他自己的话开头："人是自我意识。"[26] 开头的文本是自我意识的创造叙事，因此也是人的创造叙事。在黑格尔的语境中，人与自我意识的等式并不十分大胆，科耶夫在接下来的几段中作出的论断也是如此，他声称自我意识以欲望为前提，作为自我意识的第一个标志而出现的**我**是欲望的**我**："（人类的）**我**是欲望的**我**或欲望本身"（Le Moi [humain] est le Moi d'un–ou du–désir）。然而，比上文大胆得多的是，科耶夫通过关于"**我**"这个词的诞生的明显原创叙述来证明这一主张的正当性。科耶夫没有提供进一步的理由或该论断的进一步推论。[27]

根据科耶夫的说法，人最初便会思考或完全专注于他所思考的事物。因此，人并不会意识到自我。更抽象地说，认知主体只是迷失在它所认识的对象中。科耶夫明确地将人与认识的主体相联系，也将人所考虑的事物与客体联系起来。因此，他将他最初讨论的术语从类似于自然态度的东西转变为适合主体和客体的术语、现代哲学的术语。科耶夫通过将我的诞生、自我意识的诞生称为人类现实的诞生（la réalité humaine），建立了另一种联系。不仅人，而且人的现实也是自我意识，这种联系本身就很有意义，但也具有更广泛的含义，因为"人的现实"一词似乎援引了对人类的另一种定义，即海德格尔的"此在"。科耶夫的学生亨利·柯宾（Henry Corbin）在 20 世纪 30 年代使用非常法语化的术语"réalité humaine"作为对此在的翻译。[28] 因此，科耶夫不仅反对古代和基督教对人的定义，而且反对海德格尔或存在主义哲学的定义，肯定了作为人与自我意识的等式，这是针对海德格尔的第一批众多批评性题外话（critical asides）中的一个，其意义将随着我们进一步进入文本而变得越来越明显。[29]

自我意识是如何"诞生"的？当然，它是由欲望而生的。科耶夫声称，只有当欲望不唤醒他使他回到自身时，人才会全神贯注于他所思考的东西。我使用了不寻常的英语结构"唤醒他回到自身"，因为科耶夫使用法语动词 *rappeler*（回忆）来描述欲望如何向自我揭示自我。对这个动词的使用很有趣，原因有二。首先，它似乎包含了对海德格尔的召唤（Ruf）概念的（很大程度上是戏仿的）引用，由此，此在来到自身。其次，它暗示了一种觉醒或回归自我，这最初是相当令人困惑的，因为如果一个人还没有被构建为一个自我，他怎么能被召回呢？如果欲望的时刻是作为我的我、作为自我的自我出现的时刻，那么这个行动怎么可能是它所声称的那样：一个基础，一个开端？更明确地说，如果揭示的行为预先假定了这种同一性（自我，我），那么一个自我如何首先被揭示给它自己？我们不是进入了无限的倒退或恶性循环吗？

这一初始问题所提出的话题很重要。如果我的自我建立是有缺陷的或不可能的，那么我们必须将科耶夫的描述视为在某个关键方面有缺陷，或者说非常具有神话色彩，只能给人一种经不起仔细检查的逻辑推演的印象。有人可能会争辩说，这个缺陷只是指出了科耶夫工作的修辞性质，它依赖于看似令人信服但经不起严格检查的叙述，而科耶夫在给陈德草的一封信中也承认，这些演讲是一种哲学宣传。[①][30] 说得不太礼貌一些，我们是否必须得出科耶夫对我们撒谎的结论，以说服我们接受一个除了精心编造的谎言或虚构之外什么都不是的哲学结构？这似乎是一个微不足道的结果，或者是对科耶夫作为宣传者的弱点的断言，因为提出可能如此迅速和容易地被驳斥并且从一开始就无法赢得同意的论点，肯定不是宣传的标志。我认为如此轻视科耶夫并不明智。

那么，自我如何才能第一次向自己展示自己呢？我认为，正确的科耶夫式的答案只能来自欲望的定义。科耶夫最初将欲望定义为纯粹的生物需求，例如吃饭的需求，他坚持认为，除了在"生物现实"（une réalité biologique）的背景下，自我意识不能以任何其他方式出现。科耶夫进一步将这一现实与动物性等同——欲望的最初表现形式是纯粹的动物需要，例如食物、性、保护，等等。这种欲望的出现虽然是必要的，但还不是自我意识出现的充分条件，它首先伴随着另一种欲望而出现，其对象在生物世界中并不直接被发现。尽管如此，科耶夫只给了我们欲望的**种类**。他还没有告诉我们什么**是**欲望。

欲望就是否定。这是什么等式？科耶夫引入了否定，首先将其等同于焦虑或不安，然后再等同于行动。欲望是导致行动的焦虑和不安。一旦完成，行动就会使我们回到静止状态，我们可能会满意地认同这种状态。现在，科耶夫迈出了关键的一步，将满足欲望的行为描述为否定，描述为"对所欲对象的破坏或至少是转变"。他提供了一个例子，其中再次提到了吃，这是他描述动物欲望时选择的隐喻。为了消除饥饿，人们必须破坏或改造食物。科耶夫以典型的全面姿态表示，"所有行动都是否定性的"，其意义在于："行动远非让给定的事物如其所是，而是破坏了它；如果不是在其存在中，那么就是在其给定的形式中。"欲望

---

① 陈德草（Tran Duc Thao, 1917—1993），越南哲学家，曾就读于巴黎高等师范学院，对现象学在法国的传播起到了重要作用，在现象学与辩证唯物主义之关系的研究方面亦有建树。

是行动，它否定或改变既定事物以达到满足或"充实"——它在下述意义上完成：欲望在满足或满意中消散。强调转变而不是破坏引出了科耶夫的下一个观点。作为否定行为的欲望将给定的事物转化为一种新的现实，一种主观的现实："因为如果由欲望产生的行为为了获得满足而破坏了客观现实，它就会在它的位置上通过破坏行为本身创造一种主观的现实。"[31]

欲望通过否定来创造。它创建的第一个事物是一个主体。每一个行动都将主体作为否定的行动者①，作为过程中的否定，带来或唤起主体。因此，科耶夫声称欲望的**我**是一个空虚（un vide），它只通过其消极的行为接收积极的内容，这一论断现在看起来更有意义，作为一个不预设它应该创造的同一性的起源。毋宁说，科耶夫描述了一个自我建构的动态过程，其第一步是自我与作为欲望之空虚的自我的消极关系。因此，预设的不是同一性，而是同一性的缺失，这是一个起点，由此出发继续前进，通过否定或改变既定事物的行为来获得同一性。

科耶夫创造了最初似乎是主体的生产主义模型，包括真理本身就是一种"产品"的想法。然后他勾勒出生产计划。但这是一个从根本上简化的生产主义模型，它把中介工具简化为否定本身。人们想象一台将输入转化为输出的否定机器，根据从一开始就决定生产过程的程序——也就是说，生产过程只是重复一种先天起作用的生产模式。根据科耶夫的说法，一台否定机器和一个动物（其本能大概扮演程序的角色）之间的区别是动物所拥有的"自我感觉"——奇怪的是，严格来说，这种自我感觉是无法明确证明的。一台否定机器和人类之间的区别必须稍微复杂一些，因为人类显然在没有事先程序的情况下进行否定。人类在一个事先没有预定的否定过程中成为自己。没有先验，

----

① 行动者（actor）这个单词，一般翻译为演员。在此及此后的许多地方，科耶夫应该是在行动者的意思上使用这个词的。当然，这是否对莱蒂丝·巴特勒的表演理论产生了影响，值得探讨。

没有重复的计划；"计划"（如果仍然可以这样称呼它的话）首先是从生产过程本身产生的。这本质上是自然与历史的区别，前者是必然的领域，后者是自由的领域。[32]

将人类行为描述为一种非先验决定的生产过程，这对科耶夫来说可能是不公平的。我这样说是因为人类生产与动物生产的区别不仅在于它的非先验特征，而且在于它的对象，即被认为是否定之目标的给定物。人类被给予的独特的东西，人类通过摄取或转化它来"否定"以便吸收的"食物"是什么？人类行动者所渴望的什么？

科耶夫的答案很明确：欲望。人类欲望的对象是欲望。现在，这可能听起来很陌生，甚至是武断的。科耶夫甚至还没有费心去引用相关的黑格尔文本。[33] 我们还处于起步阶段。虽然简单的生产主义隐喻可以充分描述科耶夫对动物欲望的基本方法，即"原材料"，即给定的，通过动物的活动在物理上转化为其他东西。但当用于第二个对象时它至少初看上去是失败的，这第二个对象的给定性明显不同，因为它与一个对象相关，而该对象又描述了与给定事物的关系。因此，对欲望的欲望不是与作为具体给定的对象的关系，而是与另一种关系的关系。

所以我们拥有了一种与另一关系有关的关系，而这另一关系又以同样的方式与其他事物相关。那么这个其他事物是什么？它是未经处理的质料，被给予的或动物欲望的"对象"，又或者是另外的关系？其间的区别在此还是很重要的，因为某一关系"奠基于"某种给定的事物之上，而后者给欲望的等级提供了一个起点，然而另一种与另外的关系的关系，或许会导致上述起点的无限延搁。在第一种情况下，存在着某种基础，一个原初的所指（originating referent），然而在第二种情况下，这一基础是缺失的，或者说被无限期地延搁了。由于第二种情况会削弱科耶夫创造的欲望模型（而且或许会导致我在上文中提到的德里达式增生），人的欲望极不可能仅仅跟其他人的欲望相关。我们必须在实际上接受科耶夫此前曾经表明的，作为否定的欲望不仅仅是纯粹的理想，更是预设了一个生物意义上的起点。看起来似乎是，若起源的故事有什么意义，那么只有在这个起源是生物的且牢固地植根于物质世界之中才行。但人们跟以前一样怀疑情况是否必须如此。换句话说，被给予者存在着某种含糊之处：它本身实际上已经是一种产物，还是某种未经处理的质料、某种接近自然的东西？

这之所以重要，是因为科耶夫论证他的观点时说，欲望的欲望是只属于人的，其理论基础在于，它不是自然的，其对象不是由动物转化的自然中的原始材料，而毋宁说已经是另一种欲望。只要这另一欲望超越了（dépasse）被给予的现实，那它就是非自然的："因为被看作欲望的欲望——即在其满足之前——仅仅是一个被揭示出来的虚无，一种并不实在的空虚。欲望作为某种空虚的揭示，某种现实性之缺失的表现，从根本上不同于被欲望着的事物，它不是某种事物，不是某种静止的、真正永远地与自身同一的存在者。"[34]

人的欲望以动物欲望为前提，但也超越了它，它是任何欲望概念之可能性的条件。既然人的欲望超越了动物欲望，那么它定然也超越了动物欲望具体的（或直接的）物质性，说明这一超越的方式是将人的欲望等同于非同一性或否定性，后者是在科耶夫的意义上使用的。但并不存在关于这一结论的自明证据。这使得谨慎的考察成为必要。

另一方面，动物欲望如何能够产生人的欲望，这一点难以说清。人的欲望从动物欲望中的创生并未表现出任何形式的必然性。那它为什么会是如此产生的呢？另一方面，同样不清楚的是，既然它似乎把不能作为对象的变成了对象，为何人的欲望的内容必定是空虚或空无，一种自相矛盾的内容。或许这两种反驳都不过是接近科耶夫的人的欲望之定义的两种不同方式：一种不可能真正成为对象的对象的创造，一种其内容破坏其形式的对象，一个为悖论或不一致性所困扰的对象。[35]

科耶夫似乎认为这一悖论或不一致性是欲望试图去治愈的"伤口"。人的欲望天生就带有对自然目的的不满足，尽管它不能完全将自身从自然目的（作为这种不满足的源泉）中解放出来。但是，正是这一试图从自然目的中解放出来的欲望构成了人的欲望的特征，在这个意义上，它必须被看作**内在地**是一种否定或空虚，因为没有任何一种自然物或被给予的东西可能与之相对应。换一种方式说，就是科耶夫似乎将人的欲望描述为对自然目的的不满足——人的欲望随不满足而出现，伴随着对自然秩序之运行的某种形式的打破。人的欲望来自动物欲望，因为后者中有些东西被打破了。

　　人们在文章的哪一部分发现这一论断的呢？这一推论是否是人们必须要做出的呢？如果是这样，那么它是一个公平的推论吗？对欲望的这一特征的最清楚的预期，是科耶夫将欲望等同于不安或不稳定。请注意科耶夫有趣的观察结果："人是绝对辩证的不安（*Un-ruhe*）。"[36] 当然，与辩证的不安相联系的是"否定的可怕的力量"，《精神现象学》关于自我意识章节之前的三章都出现了这一辩证运动的动力。[37] 因此，从前进运动而不是其表面上的对作为辩证主体的人的关注的角度看来，上述论断并无特殊之处。这一关注带来了有关辩证法的若干棘手问题，也揭示了科耶夫最独特的假定：辩证法并不必然描述了世界本身、心灵和自然之中的某种内在结构，而是表现为人应对自然的形式，这一应对只有在表现为不满足、敌意、冲突的表征的时候，作为否定性才是一以贯之的。[38] 当从这一观点来看的时候，科耶夫对黑格尔自然哲学的极端忽视会变得很容易理解——对我们来说，不管其具体轮廓如何，仅仅是一个去否定或转变的对象，很难存在一种关于它的肯定性的哲学。[39]

　　在进一步讨论欲望之前，我想在这一点上稍作停顿，因为在科耶夫对我们生物现实重要性的坚持与我们正在发展的欲望概念所揭示的对这种生物现实的敌意之间，似乎存在一种张力。换一种说法就是，在科耶夫那里似乎存在着介于以下二者之间的一种张力：与自然和解、在自然世界中认同自己，以及在寻求征服而非和谐或和解的否定计划中压制自然。正如我们将看到的，科耶夫对和解的描述中也出现了同样的张力，意思是说，至少有两种可能的方式来解释科耶夫的纲领性断言，即人类的欲望是欲望的欲望。

　　一方面，这种断言可能意味着一个人以一种激进和绝对的方式否定另一个人的欲望，以至于我只以牺牲所有其他人为代价来保证我的**我**，他们必须使他们的欲望符合我自己的欲望。我们都成为我的自我的模仿者，通过将一种同一性纯粹、无差别地强加于所有其他人，这项任务定然会以失败告终，因为消除另一个，就像消除我们的生物现实一样，涉及我自己的消除。另一方面，这种欲望"同化"的进一步可能结果是一种普遍的、同质的同一性，在这种同一性中，我们都可以自由地接受同一个同一性。[40] 虽然这些问题远远超出了当前的解释任务，但我希望它们有助于阐明科耶夫将欲望与不安和不满足等同起来的准确意义，不仅在不满足所暗示的与自然的关系方面，而且在通过与作为欲望存在的其他人的关系方面，后者叠加在第一个关系之上，成为其必要的分身（double）。

　　回到最初的问题：人类欲望源于对自然欲望的不满足，进而来自对自然目的的不满足，这一推论是必须做出的吗？不安和不安定是否表明了不满足，而不满足又向我们揭示了对自然的本质敌意？我认为我们可以肯定第一个推论，而不必肯定第二个推论，或者至少不必无条件地肯定第二个推论。正如我所指出的，这里的关键是一件非常重要的事情：否定是在追求和解还是征服？或者更准确地说，追求两者的辩证结合，即和解与征服是同一的或相互对立的。从这个意义上说，将否定等同于代理人（人类代理人）的行为是一种挑衅性的举动，很可能会破坏和解的概念并再次表明科耶夫对将自然视为哲学的正确对象的敌意。[41]

　　现在，让我们继续前进到科耶夫评注开篇中的下一阶段。科耶夫做出了至关重要的陈述："与自然对象相关的欲望不是人类的，除非它被另一个与同一对象相关的欲望所'中介'：人类渴望别人渴望的东西，因为他们渴望它。"[42] 这里我们可能有一个更明确的原因来解释不满足，因为科耶夫指出，为了欲望之间的竞争、为了产生独特的人类欲望，前提是存在多种自然的或动物的欲望。不言而喻的假设是，这种多元化本身会引起冲突，因为它揭示了自然欲望的脆弱性，这是由缺乏单一的自然欲望而产生的。但差异本身是不够的。不同的"自然"欲望的可能性确实只是无害或无差别的，直到这些欲望相互冲突。欲望的冲突引发了自然的自然性问题，从而引发了同一性问题。当我们面对与我们明显不同的其他人时，我们就会成为自我——其他欲望的表现，其他"本性"所暗示的对我们自己身份的否定，迫使我们的同一性被打破。我们要么默认这种打破，要么积极寻求通过改变他人的自然欲望来克服它，使其符合我们的欲望。我们渴望他人的欲望，以确保我们自己的身份，或者更准确地说，消除他人对我们自己身份的挑战。

那么，我们可以说，对自然本身的敌意，其根源在于不同"自然"所揭示的不和谐，以及自然欲望的多样性本身所揭示的不和谐。欲望所揭示的"伤口"与欲望的不同安排的根本不可通约性有关；用尼采的要言来说，也就是"人是未完成的动物"（der Mensch ist das noch nicht festgestellte Tier）。[43] 或者，正如我们可能说的那样，人是极其不完美的动物，丑陋而贫穷，是色情的动物。野兽和神是完美的，因为它们不知道区别，也不知道缺陷，以及缺失。

我们的不完美导致了群体，而野兽和神作为完美的存在，不需要群体。群体以多元和冲突为前提。因此，它预设了人的欲望和自我意识的觉醒。人的欲望试图在群体的形成中克服其对自然的不满足或不和谐；城市或国家是自然的完成，或对自然的克服。

和　解

这种由卢梭和黑格尔开创的叙事是著名的"认识论主题"的核心，

它完成了科耶夫对黑格尔解释的开篇。[44]公平地对待科耶夫——作为对那些认为科耶夫对黑格尔采取奇特方法的人的反驳——他似乎完全有理由将《精神现象学》第四章的这一部分赋予首要意义，用极其明智和细心的黑格尔学者罗伯特·皮平的话来说，就是"黑格尔所有著作中最重要的一章"[45]。这一章的关键在于，我作为一个有自我意识的存在，作为人，依赖于另一个有自我意识的存在。我的欲望与他人的欲望有关，人类同一性的形成是完全社会化的。极端个人化的同一性就是疯狂或不连贯。因此，科耶夫的疯狂概念，他在《僭政与智慧》中提出的论点，在黑格尔坚持社会性的首要性作为任何人的同一性的起源的观点中，找到了正确的起源。在这方面，科耶夫对我们之前研究过的陀思妥耶夫斯基式英雄造成了决定性打击，因为他们试图摆脱限制，以某种方式像神一样，这决定了他们在悖论中的失败。他们寻求个人救赎，而科耶夫寻求集体救赎——这是科耶夫与索洛维约夫和费德罗夫形成联盟的关键所在，而这实际上是唯一不带疯狂色彩的救赎形式。

人的欲望由他性（otherness）来中介。正如我们已经注意到的，这一中介正是另一个人的与某个事物相关的欲望。如果相似性已经被预设（事物从两个角度看都是可欲的），那么角度的不同就是决定性的，因为它必定涉及冲突，如果它将导致同一性的形成而后者是一种关乎自我的特殊的意识的话。科耶夫通过指出视角涉及价值，推动了这一论证："所有的欲望都是关于某种价值的欲望。"[46]这又是一个背离常轨的举动："关于价值的欲望"究竟是什么意思？我们可能有理由感到惊讶。科耶夫将欲望定义为对他人欲望的欲望，并指出这种欲望是真正的人类欲望，因为它的对象在自然界中是找不到的。如果我们同意后一点，我们就会得出一个新的等式：人类的非自然欲望是对价值的渴望；价值概念区分什么是人，什么不是。赋予价值是人为的，因为这种价值赋予只是基于不同主体对某些共同的不确定因素（X）的不同期望。也就是说，关于自然对象的冲突或竞争为价值提供了原材料，而价值只不过是一种记录不同欲望之关系的方式。[47]

　　这里的关键区别在于，所有动物的欲望都归结为一种压倒性的"价值"，即自我保存。这样的价值问题永远不会出现，因为最终的价值总是相同的。人类是不同的。他们赋予事物价值，仅仅是因为其他人渴望它们，无论它们对生存的效用是什么。这种对效用的漠视，将所有事物都纳入自我保存的制度之下，是一种独特的人类现实的标志。[48] 因此，最纯粹的人类现实包含对自我保存的最彻底的漠视。偏离自我保存的制度是人类独特欲望的最清晰表达。

　　　　换句话说，人"证明自己"是人，只有当他冒着（动物
　　性）生命的危险，将其生命作为人类欲望的功能之时才能成
　　功。正是在这种风险中，人类现实创造并揭示了作为现实性的
　　自身；正是在这种风险中，人类现实"证明了自己"，也就是
　　说，展示、证明、验证了自己，并证明了自己与动物、自然现
　　实有着本质的不同。这就是为什么说自我意识的"起源"必然
　　是冒着生命危险（走向一个本质上不重要的目标）。[49]

　　人的欲望是他人欲望的欲望（le désir du désir d'un autre）。[50] 仅仅渴望他人的欲望，虽然是必要条件，但显然不是充分条件。还需要更多。一个人不仅必须欲望他人成为人类的欲望，而且还必须准备冒着生命危险来"赢得"这种欲望。如果如科耶夫所言人类的欲望仍然类似于动物的欲望，那么赢得他人的欲望只能意味着必须否定或以其他方式摄取或同化所欲望的"对象"；当对象是非对象，即人的欲望自身时，这一类比的确切含义并不是那么清楚。

　　为了开始掌握科耶夫所追随的东西，我们必须考察否定性之所以是其所是，亦即，行动。科耶夫不是在谈论某些概念游戏中的永远不会脱离理论领域的策略，他明确谈论的是世间的行动——这是另一种支持

他坚持我们的生物现实性之重要性的方式。对科耶夫来说，显而易见的是，如果人与动物之间的类比被完全切断，那么谈论欲望就是毫无意义的——剩下的只是动物。在这一方面，科耶夫是真正的黑格尔派，他提出对某个给定的现实性的超越并不导致后者的消失，而是被包含进了一个新的现实性，这一现实性以给定的现实性为前提，并在决定性的运动中超越了它。[51]

所以，如果欲望是一种行动，那么接受或吸收这一行动只能采取将该行动导向与我自己的行动相一致的形式来进行。用价值概念的术语来说，科耶夫注意到欲望着他人的欲望，在最终极的意义上是一种通过让我的价值替代他人的价值的方式来达成的欲望。原文中的相关段落非常有趣。不是说我想用我的"价值"替代别人的价值，原文说的是我渴望把我的价值，即"我所是的或者我所代表的价值"替代他人的价值。[52]我希望他人认可我的价值并以之替代他或她的价值——认同在这个意义上就是征服。

这一征服与跟死亡的斗争相关。只有我通过冒生命危险去行动，不惧否定他人的欲望，我自己的价值才能取得胜利。在这一欲望的竞争中没有中间地带，没有否定不一致的和平协定，也没有一种和解能让双方在进入冲突之前各自为政。冲突的结果只有一个，只有在跟死亡的斗争中，结果才是可以肯定的。科耶夫认为，没有冲突，就绝不可能有任何人存在于大地之上。

这种思想冒犯了民主情感，后者认为通过谨慎的讨论，而不是死亡，不一致也可能得到消除。但是在此我们必须非常谨慎。科耶夫谈论的是开端，而他关于开端的说法最终会给民主协商带来合适的位置。

跟死亡的斗争有三种形式：双方都死、一方存活或者双方都存活。只有在第三种情况下才会有个开端。这一点相当重要，因为它强调了社会必然性：孤独的胜者不可能建立一个社会，因为孤独的胜者是孤独的。一种彻底孤独的意识不可能变成彻底的自我意识，因为没有他者；而没有他者，也就没有自我——在此，互相影响是根本的。那么，在第三种情况下，双方存活的唯一可能是一方选择不去战斗或者至少不去跟死亡战斗。

> 为了让人类现实性变成一种"被认同的"（recognized）现实性，对立双方必须在战斗之后已然存活。而这只有当他们在这一斗争中采取了不同的行动时才有可能。借助不可还原的，或者更好的说法是不可预见的或"无法推论的"自由行动，借助这一斗争本身、同时也是在这场斗争之中，他们必须将自身构建为不平等的。虽然并非是以任何形式"命中注定的"，但一方必须惧怕另一方，必须向另一方投降，必须拒绝冒生命危险去满足他的"被认可"的欲望。他必须放弃自己的欲望同时满足他人的欲望：他必须"认可"他人而无需被他人"认可"。现在"认可"变成了"认可"他作为他的主人，而认可他自己变成了被认可为主人的奴隶。
>
> 换句话说，在他的最初的国家之中，人从来不仅仅是人。他总是而且必然是、本质上是，要么主人，要么奴隶。如果人的现实性只能以社会现实性的方式才能存在，那么至少在其源头上，社会是人的唯一条件是它在蕴含着一种主人要素的同时，也有一种奴隶要素，"自主的"存在和"依赖性的"存在。[53]

在此有两种基本的观点，一个是没有不被认可的人的现实性，另一个是这种认可的最初形式以极端的不对称（asymmetry）和不和谐为特征。

为什么人的现实性必须得到认可？如果我们再次回到科耶夫自己在《僭政与智慧》中关于疯狂的论证，我们或许会获得一种关于认可意味着什么的更清楚的理解。科耶夫从根本上将疯狂与拒绝承认现实性的社会结构的优先性等同起来，而且带着一种明显的讽刺姿态，宣称试图在社会现实性"之外"或"之上"生活的哲学家，不可能将他的人生同一个疯子的人生区别开来。但是，这一疯狂之所以是疯狂，当然是因为它成长于一种不一致之上：它必须以某种方式肯定在其他情况下它会否定的社会现实性——它对社会现实性的否定预设了那种现实性。不管人们喜欢与否，人的或社会的现实性是我们能够安全地如此这般指称的唯一现实性。任何其他的说法都是一种不一致的认识，一种疯狂，一条弯路，一个梦或幻觉，或者用费拉庞特神父的话来说，是一种着魔（a seeing of devils）。

因此，论证人的现实性是"被认可的"现实性，无非就是论证它既是由社会现实性构成的，也是由其中介的。所谓"中介"，我试图指称的是科耶夫最有趣的论断之一，即一个人所看重的是一种社会现实性的创造，它没有自己的"内在"价值，如果那一价值被理解为在事物的本性之中，或者归于另一种相似的价值，某种通过暗示价值或多或少先于或外在于社会性，实际上否定价值的社会建构的价值。对科耶夫来说，像"自然的"或"自明"的价值是不存在的。

或许这一观点的最大范围的冲击是，欲望最终显示在方向上是水平的——这是当科耶夫坚决地认为黑格尔是一个极端的无神论者时所强调的一点。欲望的首要形式是导向另一种自我意识、另一个人，而不是上帝（就像陀思妥耶夫斯基的基督教英雄佐西玛一样）。柏拉图式的秩序可以引导着爱若斯一路上升到天外之境，这实际上是在社会中，即在政治斗争中，为获得认同而走出的一步。说得更直接一点，科耶夫对人的现实性的社会根源的强调，创造了一种新的极端的关于起源的叙事，**降格**了其他的起源或创造的叙事，例如柏拉图的那些叙事，它们并不认为社会关系是根本的。我们不是被上帝创造的，上帝反而是在压倒性的社会冲突中被我们创造出来的，它出现于一种内在的冲突之中，其结果是为更多的冲突创造基础。尽管这一观点决定性地不同于费德罗夫与索洛维约夫的那些观点，因为上帝被置于社会关系之中，而不是其外在的保障者，但创造一个终极社会的任务无论如何都是相同的。被彻底根除了的是来自永恒、无时间性的（而且是非常个体化的）救赎的诱惑，只要上帝是创造者，而不是我们创造出来的，那么这一诱惑就一直存在。科耶夫肯定了他自己的论断：基督教的"唯一"错误在于复活。[54]

其结果是为更多的冲突创造了基础，因为它表达的是一种根本的不平等：主奴关系。《精神现象学》在第四章第一部分中展开了这一思想，即著名的，同时也非常简短的对主人和奴隶的探讨，[55] 随着这一思想，科耶夫开始了他对黑格尔文本的真正评注。这本身当然就是一个有启发性的和引人注目的策略，因为这看起来像是科耶夫用他自己关于欲望的起源学说替代了黑格尔的起源学说。

科耶夫有很好的理由这样做，因为在《精神现象学》中，黑格尔对欲望的介绍在这一点上在黑格尔研究者中间引起了混乱。[56] 似乎出现了两个主要问题。第一，第四章与此前的章节是什么关系？第二，一个人如何能够让欲望适应于一种关于社会性的理性说明？第二个问题让我们回到了理性与意志（或理论与实践）的关系上，其方式极其复杂，但有着同样根本的意义。为表现这些问题，可以提出一个问题，指向的是科耶夫关于黑格尔的论述，在其中要么建起理性的优先性，要么建起意志的优先性。在此，科耶夫关于人的现实性的起源的论述，其意义相当重要，因为它们认为社会现实性的合法规则在其他任何现实性中都没有基础。它们不"内在于"上帝或自然或真理之中，因为所有这些不过是社会斗争中的"策略"——人工物品或实际上的斗争武器。然而，如果情况如此，科耶夫自己关于起源的论述会是什么？它能运用的权威是什么？它不也是一种人工物品或武器吗？[57]

从科耶夫关于人的现实性的起源的论述中出现了这些可能性，而且它们提出的问题极其重要。但我们目前尚未达到一个能充分地处理这些问题的时刻。我们仍然必须通过考察主奴关系本身，来完成我们关于科耶夫评注之开篇的论述。

自我确定性

　　在其评论开篇的这一部分中，科耶夫紧密地追随着黑格尔的文本，尽管他保留了许多跟他关于起源的最初论述相一致的重点。[58] 他开始于一种上文探讨过的关于疯狂的论证的变体，然后转向了这一部分评注的核心、重点：需要将他者处理为一个人确保自身作为一种客观真实的确定性的方式，而不仅仅是一种主观的确定性。

　　　　"第一个"初次遇到另一个人的人已经将某种自觉的、绝
　　对的价值赋予他自己：一个人可以说他相信自己是个人，他拥
　　有作为一个人的"主观确定性"。但是这一确定性尚不是知识。
　　他赋予自己的价值有可能是一种幻象；他拥有的对他自身的观
　　念有可能是错的或疯狂的。为了让那一观念是真的，它必须表
　　现出某种客观现实性，也就是说，是一种有效实体，不仅仅为
　　其自身而存在，而且为自身以外的现实而存在。在这个问题中，
　　人要成为现实的、真正的"人"，而且要知道自己就是如此，
　　那么就必须把他所有的关于他自己的观念强加在除他之外的其
　　他存在者身上：他必须得到他者的认可（在理想的、极端的情
　　况下：被所有他人认可）。或者再一次：他必须转化在其中他
　　并未得到认可的（自然的或人的）世界，使之成为他的被认可
　　得以在其中发生的世界。将与一个人的计划相对立的世界转化
　　为与这一计划相一致的世界，被称为"行动""行为"。这一
　　行动——本质上是属人的，因为是人化的和人为的（humanizing
　　and anthropogenic）——会开始于将自身强加给某人会遇到的

"第一个"他人的行动中。[59]

主观确定性在认识论上是可疑的。我可能会认为自己是西班牙国王，一个神，或一扇玻璃窗，但这些仅仅是想象带来的未受精的蛋，除非别人也接受了我对自己的这种形容。我的自我解释仅仅是一个幻象，直到某人接受它是真的，是实在的。这里的要点带来了显而易见的麻烦：客观性在这种一个意识与另一个意识的关系之外再无基础。[60]客观性不仅仅是内在于世界之中，它不是某种我们所有人都必须臣服的事物。毋宁说，客观性是一种行动的产物，从此出发，我通过成功地将我的自我解释强加给别人，而且是作为他们自己**必须**接受的东西，从而将主观确定性转变为客观真理——实际上，这一自我假定的过程构成了我的身份。如我们所知，通过表现我为了我的主观确定性而同死亡斗争的决心，我才能强推这一点，而且前提是我能找到其他的宁肯接受奴役而不愿去死的人。"第一个"奴役实际上是接受他人强加的价值并以之为自己的价值。

这种自愿的接受是主奴关系的真正起源，但却不是其终点。我们必须问：接下来，这种关系的终点在哪里？或者，这种关系真的会结束吗？我们或许可以援引常言：有始必有终，但很难证明这一点定然如此。

然而科耶夫坚持有一个终点。奴隶不可能满足于永远是奴隶。主人也不会满意。主奴关系具有内在的不稳定性，因为它不是一个能彻底满足双方的关系。不满足的原因就在于这种关系中内在的、根本的不平等。奴隶并不被认为具有价值上的平等性，甚至不被看作是人；主人也未被认可，因为奴隶不被看作人，从而没有能力将主人看作是平等的。如果主人通过消除他者来保障他自己关于自我的意识，那么他的失败会达到这样的程度：别人无法完全地认可他，除非作为一个非人的奴隶。奴隶之所以不是人，正是在这一意义上：他拒绝与他的主人战斗，拒绝冒生命危险。作为其结果，奴隶表明他自身更多地关注自我保存，或者说保存其动物存在，而不是变成真正的人。换句话说，奴隶不能或不愿意通过对他人欲望从而也包括他自己的动物欲望（为了自我保存）的无尽的否定，来将其自身的同一性确定为"纯粹的否定"。如科耶夫所说："人之所以是人，取决于他在多大程度上想把自身强加给另一个人。"[61]

然而说奴隶不是人是一回事，说他试图变成人，试图得到认可又是另一回事。为什么在向主人投降之后，奴隶不再简单地接受他的被奴役地位呢？奴隶如何能够自愿地接受一个他并不真正向往的命运？

在奴隶这里存在着的冲突似乎在主人那里没有对应物，人们或许可以论证说，这种主奴关系之间的不平衡（disequilibrium），在奴隶自身中被反映为一种不同种类的欲望与不同的对象之间的冲突。我们已经识别出了两种欲望——动物的和人的，两者在类比的意义上相互联系，尽管它们的目的可能更为不同——实际上，两者在本质上是对立的。动物欲望可以被精简为活下去的欲望，众所周知，斯宾诺莎将其定义为努力（conatus），是所有生物的本质。[62]

人的欲望远没有那么简单。科耶夫首先认为人的欲望是一种同化别人欲望的欲望。这一温和的、学究气的对人的欲望本质的表述方式，允许我们绕开更简单的观点：人的欲望借助将其自身置换为任一和所有种类的、各种各样的欲望，从而将他性（otherness）转变成对自身的反映。也就是说，人的欲望试图将所有的他性（包括自然的和属人的）转化为对自身的反映、一种和声，在其中，所有的声音唱着同样的歌曲，或者所有的多样性都将自身消解在对唯一者的复制之中。人的欲望在其最底层是一种处于与自然或其他人相对立的位置上的欲望，这一位置等同于一个神或者上帝本身，因为正如科耶夫所说，一神教不过是纯化了的多神教。

在最终极的意义上，站在一个神的立场上与所有其他相对，意味着所有其他都必定是奴隶；也就是说，它们自身必然不足以变成上帝。真正属人的欲望根除了所有构成其霸权的障碍，但它却不能被奴隶所满足。这正是科耶夫开始发掘出其引人注目的逻辑的地方。主人自己必定在某种意义上渴望他的奴隶能够完全像他一样，从而他能够作为一个他所配得上的自觉的意识而受到完全的认可。当然，主人可以从另一个主人那里得到这一认可，这一认可相当于完全的自我意识，因为它是绝对纯粹的，因为两位主人都在对方中认可了自身——是**我的**也是他的，是他的也是我的。他性本身并未被简单地废除，而是被带到了完全的自我反映的顶点上。让我们再次借用反映的隐喻，我们可以说上帝与其显现之间的关系，是主人在其与奴隶的关系中所追求的，但却不是某种完全的反映。仍然存在着某种必然对抗的他性，表现为在无论哪个给定的奴隶那里的对主人的不完全的反映。但这一关系是可以改变的，它取决于奴隶战胜其对动物欲望的依赖的程度，这种依赖是阻碍完全反映的一种缺陷。只有通过战胜这种缺陷，即存在于他自身之内的奴隶，奴隶才可能正确地将主人以是其所是的样子加以认可。

　　这一过程占据了科耶夫评注的最后三分之一的内容，因为，正如科耶夫反复强调的那样，奴隶是动态的、变化的、创造历史的真正动力。[63]与奴隶相比，主人深陷绝境（impasse）。主人的意愿是冒生命危险将他的价值强加给奴隶，而这使得主人没有其他事情可做。可以肯定，他不能被奴隶正确地认可，也不可能直接地带来这种认可。主人所剩下的只是极好的休眠或疲惫（这是对尼采式主人的灵巧戏仿，后者是完全的自然暴力，一只羊群中的"掠食鸟"）。只有他不自愿的影响才能带来他无法完全得到认可的状态的结束，用科耶夫的话来说即他的"悲剧"，方法是将奴役强加给奴隶以至于奴隶试图将自己从那种奴役中解放出来。人们实际上并不完全清楚这样的主人可能会是什么。这样的主人必然是一个神秘莫测的存在者，因为他没有更进一步需要否定的欲望，他的否定没有内容，因而也没有肯定的内容。在科耶夫式的叙事中，主人所扮演的仅仅是一个历史之开端的扳机或"催化剂"，否则历史根本就不可能开始。但是，如果主人要为历史的开端负责，那么他就不会继续在其中扮演更进一步的肯定角色。主人的在场是否定性的，是一种需要克服的缺失——对奴隶而言的自由的缺失。[64]

在此出现的自由概念应该是相当具体的。奴隶想要享有跟主人一样自由。在这一联系之中，很重要的一点是回顾一下，对科耶夫来说，欲望总是被中介的。但根据其定义，奴隶是某个将别人的欲望置换为自己的欲望的人。奴隶通过否定自己的欲望从而认可了主人的欲望，但反过来却行不通。这种反转是奴隶的主要特征，他希望来自主人的认可，方法是否定他对自己的欲望的否定。对主人欲望的否定过程就是科耶夫所称的历史。奴隶创造了历史而不是主人，后者在本质上是惰性的（inert）。

然而，对主人欲望的否定，同样也是对它的假定。换句话说，对主人欲望的否定最终也会在一个转化的欲望中保存它。[65]在此我们只需要回顾一下被无数次重复过的对德文单词扬弃（Aufheben）的重视就够了，黑格尔用它来描述真正的、辩证的否定，既包括否定，也包括对所否定的对象的保持。这一否定和保持的运动仅仅表达了一种共同观念，只有在否定性的情况下，只有在被其否定的事物之中，否定才能获得同一性。因此，如果奴隶否定了主人用自己的价值替换奴隶价值的欲望，那么这种否定只能换来上述置换的反面——如果主人试图同化奴隶的欲望，那么奴隶也会同化主人的欲望。

奴隶同化主人欲望的第一步是通过劳动——对自然的否定来进行的。奴隶的劳动转变了环境，为的是养活主人。通过这种方式，奴隶转变的不仅仅是自然而且还包括他与主人的关系，因为主人变得依赖于奴隶的劳动。奴隶学会了计划、组织、计算、否定表面上的自然直接性或最初那种让奴隶成为奴隶的与自然的联系。人们可以争辩说这样的奴隶的劳动是一种对其本源的否定，由奴隶创造的历史消除了他**作为奴隶**的历史。

> 因此，通过把奴隶从自然中解放出来，劳动把他从他自身
> 中解放出来，从他的奴隶本性中解放出来：它把他从他的主人

那里解放出来。在原始的、自然的、被给予的世界上，奴隶是主人的奴隶。在被他的劳动所改变了的技术世界中，他统治着（或者至少有一天他会进行统治），作为绝对的主人。这一主宰来自劳动，来自对被给予的世界和被给定在这个世界中的人们的渐进式的改造，它最终会变成跟主人的"直接"主宰完全不同的事物。因此，未来和历史不属于战士－主人（warrior-Master）——他要么死了，要么无限期地保持着自身与自身的同一性——而是属于劳动着的奴隶。奴隶在借助自己的劳动改变既定世界的过程中，超越了被给定者以及被那个被给定者给予的他自身中的东西；因此，他超越了自身，而且也超越了主人，后者与被给予者联系在一起，而且作为不劳动者，他原封不动地保持着自身。如果死亡的痛苦为了奴隶而化身于战士－主人的人格之中，如果它是历史进步的前提，那么只有奴隶的劳动才能实现并让上述进步达到完成。[66]

此外，奴隶学会了延搁他自己的满足——时间首次变成存在是在由工作所强加的满足的延搁之中。这样一来，时间也存在着一个潜在的目标，一个似乎来源于最终满足之达成的目标。

科耶夫在其评论的最后提出了最终满足的问题，这是非常恰当的。在此，引人注目的焦点在死亡上，尤其是在对死亡的痛苦和恐惧上。归根结底，正是这种对死亡的恐惧使奴隶成为奴隶，奴隶试图通过工作，通过推翻主人来解放自己。主人代表着奴隶对一个他无法接受的世界的依恋。劳动是拒绝（nonacceptance）的象征，是奴隶通过战胜为主人所统治的世界，通过超越它，从而战胜他自身状态的欲望的象征。

主人永远不能让自己同他所居住于其中的世界相分离，而且如果这个世界消失了，他也随之一同消失。只有奴隶才能超

越这个被给予的世界（它被主人所征服），而且不会随之消
失。只有奴隶才能改变这个形成了他并且把他固定在奴役之中
的世界并创造一个世界，这是他造就的世界，他会在其中获得
自由。而奴隶是通过被迫的、痛苦的劳动，在为主人服务的过
程中获得这些的。可以肯定，这一劳动仅凭本身是无法解放他
的。但在通过他的劳动改变世界的过程中，奴隶同时改变了自
身，因此创造出了新的客观条件，后者允许他重新拾起他在一
开始因为畏惧死亡而拒绝了的为被认可而战的自由的斗争。因
此，到了最后，所有奴役下的劳动实现的不是主人的意愿，而
是一开始并非自觉的奴隶的意愿，他最终会胜利，而主人必然
会失败。[67]

　　这是一个很有启发意义的段落，我们很快就会看到。人们或许可以
期待奴隶的劳动会在实际上将他带入一种相互认可的关系中，这一相互
认可看起来会是由奴隶最初对主人的顺从所引起的冲突的合适的解决方
式，科耶夫在其黑格尔讲座的其他部分中也提及了这一点。但科耶夫一
开始并未在此提及。毋宁说，奴隶的劳动把这个世界改造得如此彻底，
以至于主人消失了，而主人的消失是因为死亡似乎也消失了。还有什么
比对死亡本身的征服，更可能将奴隶从那些使得他成为一个奴隶的恐惧
中解放出来呢？

　　科耶夫清楚地表明，奴隶将"被给予的世界"改造成了一种人工物，
在这一过程中变成一种将自身从对自然的依赖中解放出来的存在者。正
如我们所知的那样，主人让自己摆脱这种依赖，因为主人从定义上说对
改变世界没有兴趣。严格地说起来，主人对我们来说完全是神秘莫测的，
因为主人作为奴隶的对立面，作为一个与他并不惧怕的世界相连的人，
不可能知道成长、变化、转变。在这一方面，主人是自由的，因此也是
无时间性的。

除了用一种否定的方式，我们如何能够想象主人？因为我们作为奴隶劳动的创造物，除了用我们自己的技术的主宰（我们由以改变世界，使之变成一个再也不会恐吓和疏离我们的事物的种种不同的模式）的术语之外，很难理解主宰意味着什么。借用诺瓦利斯的名言 ① 来说，我们变得"处处是家乡"。如果说与死亡的战斗的威胁产生了感情和对象，以及对死亡的巨大恐惧，它同样也产生了对这种恐惧的彻底征服，创造了一个根本不知畏惧为何物的存在者，他就像主人一样，把他的强制性的世界改造成一个给我们以家园的世界。

注 释

1 这是来自施特劳斯学派的典型反响，同样也来自其他人，比如茱蒂丝·巴特勒，她简洁地指出："科耶夫的黑格尔演讲既是评注，也是哲学上的原创著作。"参见 Butler, *Subjects of Desire: Hegelian Reflections in Twentieth-Century France* (New York: Columbia University Press, 1987), 63。亦可参见 F. Roger Devlin, *Alexandre Kojève and the Outcome of Modern Thought* (Lanham, MD: University Press of America, 2004), xiv–xv; James H. Nichols Jr., *Alexandre Kojève: Wisdom at the End of History* (Lanham, MD: Rowman and Littlefield, 2007), 21–30; 以及Stanley Rosen, *Hermeneutics as Politics* (Oxford: Oxford University Press, 1987), 103–107。其他人不那么乐观，或许他们有很好的理由。参见 Philip T. Grier, "The End of History and the Return of History," in *The Hegel Myths and Legends*, ed. Jon Stewart (Evanston, IL: Northwestern University Press, 1996), 183–198; Joseph Flay, *Hegel's Quest for Certainty* (Albany: State University of New York Press, 1984), 299。弗雷（Flay）直接指出："科耶夫的影响是不幸的，对一个原著的评注者来说，没有几个人比他做的更为粗暴。"此外还有其他人，比如迈克尔·福斯特（Michael Forster）认为科耶夫的解释是正确的，至少也是可以接受的。巴里·库珀（Barry Cooper）提出了一个中间理论，接受科耶夫的解释为"通俗化"（vulgarized）了的黑格尔，同时赞扬它

① 诺瓦利斯（Novalis，1772—1801），德国浪漫主义诗人。此处所说的名句的完整表述为："哲学原就是怀着一种乡愁的冲动到处去寻找家园"。

的机敏和有力。参见 Cooper, *The End of History: An Essay on Modern Hegelianism* (Toronto: University of Toronto Press, 1984), 3。乔治·L. 克莱恩（George L. Kline）肯定了科耶夫的解释的重要性，也指出了其不足，参见 Kline, "The Existentialist Rediscovery of Hegel and Marx," in *George L. Kline on Hegel* (North Syracuse, NY: Gegensatz Press, 2015)。或许，相对最为平衡的更为晚近的对科耶夫的解读正确地评价了科耶夫，认为他强调了黑格尔思想作为一种对历史的思考，其中有潜在的革命因素。参见 Eric Michael Dale, *Hegel, the End of History, and the Future* (Cambridge: Cambridge University Press, 2014), 80–109。此外，戴尔（Dale）承认（回应弗雷）科耶夫更像科耶夫而不是黑格尔："实际上，《黑格尔解读引论》对于阅读黑格尔来说并不是特别有用，如果人们想要的是黑格尔而不是科耶夫的话。因此，如果人们想要理解马克思对黑格尔的借鉴，而不是理解科耶夫，那么对于如何通过马克思来阅读黑格尔，科耶夫的著作并不是一个好的引导。但是，作为理解科耶夫思想的指南，《黑格尔解读引论》依然是理想的出发点"。（83）这一评论重复了跟对海德格尔一样的评论。

2　科耶夫看起来尽可能地接受了自己。参见 Kojève, review of G. R. G. Mure's *A Study of Hegel's Logic*, *Critique* 3, no. 54 (1951): 1003–1007。

3　Martin Heidegger, *Kant and the Problem of Metaphysics*, trans. Richard Taft (Bloomington: Indiana University Press, 1997), xx. 译文有改动。

4　参见Butler, *Subjects of Desire*, 63, 这是为科耶夫辩护的观点; 以及Flay, *Hegel's Quest for Certainty*, 299, 其中包括了否定的观点。

5　Kojève, *Introduction à la lecture de Hegel*, ed. Raymond Queneau, 2nd ed. (Paris: Gallimard, 1968), 529 (后文缩写为 ILH); Kojève, "The Idea of Death in the Philosophy of Hegel," trans. Joseph Carpino, *Interpretation* 3, no. 2/3 (Winter 1973): 114 (后文缩写为IDH)。

6　ILH, 66. 所有科耶夫文本的翻译都出自笔者，除非另有说明。

7　ILH, 93.

8　ILH, 117.

9　ILH, 135.

10　ILH, 167; Kojève, *Introduction to the Reading of Hegel*, ed. Allan Bloom, trans. James H. Nichols Jr., 2nd ed. (Ithaca, NY: Cornell University Press, 1969), 38 (后文缩写为 IRH)。在我已经能够将其视作基础的地方，我会经常修改尼克尔斯

（Nichols）的杰出翻译，为的是强调或澄清我所援引的科耶夫文本的相关背景。此外，如我在本章中提到的，英语译文省略了差不多300页的法语原文；因此，所有未被尼克尔斯翻译的法语文本都是由我翻译的。

11　ILH, 463; IRH, 187.

12　ILH, 550; IDH,134.

13　然而，我注意到科耶夫把一种整体的压缩能力附加给了部分的黑格尔本人和他的表意文字（ideogram texts）。参见ILH, 415。

14　Kojève, "Tyranny and Wisdom," in Leo Strauss, *On Tyranny*, ed. Victor Gourevitch and Michael Roth (Chicago: University of Chicago Press, 2013), 255.

15　ILH, 97. 然而，公平地对待科耶夫的话，应该注意到，他评论中对行动的关注往往掩盖了对《精神现象学》前三章中描述的"被动沉思"的关注。事实上，正如乔治·L.克莱恩所说："我认为，是科耶夫首先充分强调了被他称作'沉思''欲望'和'行动'等在黑格尔那里的相互关系。他的观点是，（被动）沉思在意识的初始阶段让位给自我意识阶段的欲望，而反过来，在自我意识和主动理性阶段，它表现在行动之中。欲望将否定引入辩证的舞台，而否定导致行动。"参见Kline, "The Dialectic of Action and Passion in Hegel's *Phenomenology of Spirit*," in *George L. Kline on Hegel* (North Syracuse, NY: Gegensatz, 2015)。这一观点跟罗伯特·皮平（Robert Pippin）的观点相反，他对科耶夫的黑格尔解释的描述完全建立在下述基础上：科耶夫对《精神现象学》前三章的相对忽视。参见Pippin, *Hegel on Self-Consciousness: Death and Desire in the Phenomenology of Spirit* (Princeton, NJ: Princeton University Press, 2010), 11。

16　普鲁登斯（Prudence）建议解释科耶夫对黑格尔的态度，这种解释既独立存在，又指出科耶夫对文本的一些偏差或简化。很明显，科耶夫在黑格尔学者中的声誉值得进一步研究，这一研究本身值得做，但这不是本研究的目的。尽管斯坦利·罗森（Stanley Rosen）为科耶夫辩护，声称他的著作值得更多博学的评论，但黑格尔学者的担忧无疑是有道理的。有人可能会争辩说，对于特里·平卡德（Terry Pinkard）和罗伯特·皮平这样的学者来说——他们认为《精神现象学》创造了一种全面的实践哲学——科耶夫的解释看起来即便不是反常的，也一定是有问题的。其他黑格尔学者似乎更含糊地看待科耶夫的解释，尽管在当前英美的黑格尔话语中很难找到科耶夫的拥护者。至于一种更肯定地看待科耶夫的解释，认为它在其自身的范围内可以得到辩护的观点，可参见，例如 Michael Forster, *Hegel's Idea of a Phenomenology of Spirit*

(Chicago: University of Chicago Press, 1998), 248。至于在许多方面都追随科耶夫的观点，参见 Catherine Malabou, *The Future of Hegel: Plasticity, Temporality and Dialectic* (New York: Routledge, 2005)。

17　Stefanos Geroulanos, *An Atheism That Is Not Humanist Emerges in French Thought* (Stanford, CA: Stanford University Press, 2010), 131. 哥洛兰诺对科耶夫的处理总体上是极好的，而且也是除了格罗伊斯（Groys）之外在英语世界中最有用的。最有问题的方面可能是，它假定了对人作为资产阶级自由的历史个体的基本理解，而科耶夫正试图将其作为更动物性的而不是人性的加以消除。科耶夫的计划最终是"反人道主义"还是更深刻的人道主义？哥洛兰诺没有参与这场辩论。尽管如此，科耶夫的根本挑战在于如何定义人。尊重动物欲望的奴役更人性化，还是根除这种欲望更人性化？科耶夫得出的结论似乎是后者，在这样做的过程中，他质疑了哥洛兰诺所依赖的人性的定义。

18　我们甚至可以回溯得更远，指出卢梭的第二部论著《论不平等》是对学术论著的模仿和戏仿。

19　该文章出版时题为："Autonomie et dépendance de la conscience de soi" (Autonomy and Dependence on Self-Consciousness), *Mesures* (January 14, 1939)。

20　如果原始作者不能根据解释来纠正或澄清他的文本的话，这个问题是所有解释中固有的。除非以欺骗性的隐喻形式，否则与死者对话是不可能的。

21　参见 Jacques Derrida, "Before the Law," in *Acts of Literature*, ed. Derek Attridge (London: Routledge, 1992), 191。

22　目前尚不清楚德里达是否会反驳这一说法，好像重复是一件令人憎恶的事情。事实上，德里达自己对极端新奇性的关注相当明显地表现在"我思和疯狂的历史"以及其他许多论证之中，后者是他用来反对不经中介就达到事物之所是的可能性的。获得这样的达到的一次次失败，对德里达来说不是否定性的，而是某种有益的谦卑的来源。

23　对此的"经典"文本当然是Leo Strauss, *Persecution and the Art of Writing* (Chicago: University of Chicago Press, 1988)。

24　参见 Eric Michael Dale, *Hegel, the End of History, and the Future*, 80。

25　ILH, 8.

26　ILH, 11; IRH, 3. 关于黑格尔的著作，参见G. W. F. Hegel, *Die Phänomenologie des Geistes*, ed. Heinrich Clairmont and Hans-Friedrich Wessels (Hamburg: Felix Meiner, 1988), 127–135; or G. W. F. Hegel, *The Phenomenology of Spirit*, trans. A. V.

Miller (Oxford: Oxford University Press, 1977), 111–119。更多《精神现象学》引文首先会给出英文版页码和段落码，然后用括号标出德文页码。

27 当然，黑格尔本人在第四章中介绍了自我意识和欲望的关系，但科耶夫对该关系的发展并不寻常。此外，评注的时候完全无视《精神现象学》的导言和前三章，这件事本身就极为引人深思；人们因此指责科耶夫的解释是糟糕的，因为它忽略了《精神现象学》的关键方面。参见，例如 Pippin, *Hegel on Self-Consciousness*, 11。关于欲望，参见 Pippin; and Frederick Neuhouser, "Deducing Desire and Recognition in the *Phenomenology of Spirit*," *Journal of the History of Philosophy* 24, no. 2 (April 1986): 243–262。关于其他的书评，参见Paul Redding, "Hermeneutic or Metaphysical Hegelianism? Kojève's Dilemma," *The Owl of Minerva* 22, no. 2 (Spring 1991): 175–189。

28 Redding, "Hermeneutic or Metaphysical Hegelianism?"; Ethan Kleinberg, *Generation Existential: Heidegger's Philosophy in France, 1927–1961* (Ithaca, NY: Cornell University Press, 2005), 79.

29 Kleinberg, *Generation Existential*, 69. 克莱因伯格认为科耶夫对海德格尔的理解"复杂，甚至有点印象派"。或许更好的办法是指出科耶夫的解释是有倾向性的，将海德格尔的术语解释为试图逃避黑格尔或自我意识哲学，从而扭曲了海德格尔的术语。科耶夫关于黑格尔和海德格尔的著名的解读，有一篇未发表的书评可以证实这一论点。参见 Kojève, "Note inédite sur Hegel et Heidegger," ed. Bernard Hesbois, *Rue Descartes* 7 (June 1993): 35–46。

30 Gwendoline Jarczyk and Pierre-Jean Labarriere, *De Kojève à Hegel: 150 ans de pensée hégélienne en France* (Paris: Albin Michel, 1996), 64. 科耶夫的话令人震惊："一方面，我的课程本质上是一种旨在给人留下深刻印象的宣传工作（frapper les esprits）。这就是为什么我有意识地强调主奴辩证法的作用，并且总体上对现象学的内容进行了示意性的处理。"鉴于科耶夫惯有的讽刺意味，很难说这段话在多大程度上反映了演讲的真相。然而，如果有人认真对待《僭政与智慧》中的科耶夫，那么将他的论点归因于争论的政治意图而不是学术意图（如传统上所理解的那样），这至少是一个公平的猜想。

31 ILH, 11–12; IRH, 4.

32 在这里应该小心。开端的自由是唯一看似绝对的自由点，甚至它也不能是绝对的，因为开端是否定的，因此受其否定的任何事物的制约（即使那个否定是对"绝对"开端的否定）。这些条件随着否定活动的继续而变得清晰，人们可能会争辩说，否定的继续过程仅仅是一个逐渐清晰地掌握由开端所确立的局限性的过程——事实上，这可以说是科耶夫的整体思想，只要它坚持自我理解是一种与开端相关的或包含于其中的含义的明确说明。尽管科耶夫强调人的同一性本身是消极的、空洞的或不存在的，但否定的过程产生了一种积极的话语同一性，在这个意义上，它不仅仅是哥洛兰诺所说的"人与**否定**的解构性同一"，而且既是它又是它的对立面，当从最终的终点，普遍或同质的状态或"亡者之书"（我将在第六章讨论）来看时，否定和创造之间的区别已经消失了。参见 Geroulanos, *An Atheism*, 151。

33　我们必须假设科耶夫指的是黑格尔在《精神现象学》中著名的自我意识和欲望方程（121，§ 167 [105]）。但正如我所指出的，科耶夫的叙述似乎"摆脱"了黑格尔的文本，至少在法文文本的前六页中是如此，这实际上取代了黑格尔自己对第四章的介绍。

34　ILH, 12; IRH, 5.

35　跟柏拉图的对比既是显而易见的，也是很有启发的。在这个意义上，科耶夫涉及了某种（轻微）隐藏着的对《会饮》和两种形式的即高级的和低级的爱若斯的评论。

36　ILH, 66.

37　尽管如此，在此似乎存在着某种质疑的可能，因为自我出现的故事似乎预设了在辩证过程中成为自身的自我的存在，这是此前提出的与欲望强迫着回归自我的同一性相关的问题的另一个版本。

38　引自科耶夫对辩证法的评论，参见黑格尔讲座的第一个附录。参见 ILH, 453; IRH, 176。

39　继卢梭之后，科耶夫赋予历史特权，将其定义为人类对自然本身的消除。事实上，对于科耶夫来说，历史似乎除了作为对自然的否定、它的对立面之外别无意义。他甚至争辩说，保留自然哲学是黑格尔的主要错误。参见 ILH, 377–378。

40　普遍和同质状态将在接下来的章节中进一步讨论，特别是第八章。不过，这是一个奇怪的同一性，因为它必须是某种就像一个绝对的同一性的东西，一个绝对的同一性又能是什么？科耶夫在这里犹豫不决，甚至一度暗示普遍和同质的状态是一种"极限情况"（limitcase）。参见Kojève, *Esquisse d'une phénoménologie du droit* (Paris: Gallimard, 1981), 182 (hereafter abbreviated as EPD); Kojève, *Outline of a Phenomenology of Right*, trans. BryanPaul Frost and Robert Howse (Lanham, MD: Rowman and Littlefield, 2008), 165 (hereafter OPR).

41　在此出现了终极性与否定之间张力的萌芽，而这一点会在科耶夫那里渐渐壮大。人们如何知道否定何时完成？

42　ILH, 13; IRH, 6.

43　Friedrich Nietzsche, *Beyond Good and Evil*, trans. Marion Faber (Oxford: Oxford University Press, 1998), 56.

44　在其关于自爱与自尊（*amour de soi* and *amour propre*）的概念中，卢梭是认识论主题的有争议的创始人。参见 Frederick Neuhouser, *Rousseau's Theodicy of Self-Love* (Oxford: Oxford University Press, 2008), 29–53。

45　Robert B. Pippin, *Hegel on Self-Consciousness*, vii. 在其他情况下，皮平都让自己远离科耶夫对黑格尔的解读。

46　ILH, 14; IRH, 7.

47　当然，仅仅是不同欲望的共同对象的可能性就引发了一个关于共同性起源的问题。不同的欲望似乎以所渴望的对象的差异为前提，这也以超越差异的共同的同一性为前提。但是这个共同的同一性是从哪里来的呢？如果同一性是由否定、人类活动创造的，那么在该活动之前就不可能有一个肯定性的"给予"。科耶夫关联到这项活动上的多元性，必须与任何总体共性不一致。共同对象本身只能是先前否定的创造，但绝不明显的是，先前的否定揭示了诸如本性或共同潜在的同一性之类的任何东西，它是"给定的"，尽管是隐含的。

48　同样，这种同一性似乎有问题。对科耶夫来说，自我保存不是某种给定的东西吗？而且，如果人类（而非动物）的否定创造了给定，那么它是如何被给定的？正如我们将要看到的，自我保存对科耶夫来说不是理所当然的。它是特定选择的结果，是在战斗中投降而不是死亡的决定，而这种选择揭示了两种同一性，即科耶夫将其与人类联系起来的主人的同一性，以及科耶夫将其与动物联系起来的奴隶的同一性。主人拒绝任何给定的东西，而奴隶在这方面犹豫不决；对于科耶夫来说，不清楚为什么奴隶选择成为人类——或者情况是否确实如此。科耶夫自己对通过技术或革命的恐怖解放奴隶的犹豫说明了这个问题：通过技术征服死亡的奴隶似乎更像野兽而不是人，而通过恐怖获得解放的奴隶看起来更像人而不是野兽。

49　ILH, 14; IRH, 7.

50　这一表达在法语中也很尴尬。我从字面上进行翻译——有人可能更喜欢"欲求"——以捕捉所有格的特性。

51　科耶夫同时将指环的形象用于黑格尔演讲和他的《法权现象学概论》，以描述他的"二元论的本体论"："它是这样的形象，或许可以强迫人们承认二元本体论的计划并不是荒唐的。让我们想想一个金戒指。有一个圈，这个圈对戒指来说是本质性的，对金子来说也是一样：没有金子，这个'圈'（此外，它不会存在）就不会是一个戒指，但是没有圈，金子（它尽管会存在）也不会成为一个戒指。"这一形象让我们回忆起黑色的圆，因为其中心是圈（trou），空虚，为一个框架所围绕着的缺失。参见 ILH, 487; IRH, 214–215。

52　ILH, 14; IRH, 7.

53　ILH, 15; IRH, 8–9.

54　"La seule erreur-théiste-du Christianisme est la résurrection" (The only-theistic-error of Christianity is resurrection). Kojève, "Hegel, Marx and Christianity," trans. Hilail Gildin, *Interpretation* 1, no. 1 (1970): 41.

55　Hegel, *Phenomenology*, 111–119 (§178–196) [127–136].

56　在他写给陈德草的著名的信中，科耶夫本人承认这是他自己的一个发明，尽管科耶夫的说明并不是受到欢迎的那种。参见 Gwendoline Jarczyk and Pierre-Jean Labarriere, eds., *De Kojève à Hegel: 150 ans de pensée hégélienne en France* (Paris: Albin Michel, 1996), 64–65。有关黑格尔第四章中的欲望的其他探讨，可再次参考 Pippin, *Hegel on Self-Consciousness*, 6–53; and Neuhouser, "Deducing Desire," 243–262。关于这一问题的概述，参见Scott Jenkins, "Hegel's Concept of Desire," *Journal of the History of Philosophy* 47, no. 1 (2009): 103–130。

57　这种对科耶夫的解读表明了他跟卡尔·施密特（Carl Schmitt）之间的亲缘性，后者坚持认为冲突是政治的基础（我们可以推测，从此出发出现了所有其他类型的人类行为），这扩展了科耶夫对这类关系之一的排他性关注。

58　实际上，科耶夫走得更远，例如，他将黑格尔相对中立的"生命的存在"（das Sein des Lebens）翻译成了"活的动物"（la vie-animale），一种可能的（如果不算偏颇的）对德文的翻译。

59　ILH, 18; IRH, 11. Commenting on Hegel, *Phenomenology*, 111 (§178) [127–128].

60　既没有自然也没有被给予的事物，对科耶夫来说，这不是第一次了。即便是主奴关系也不是被给予的；毋宁说，它是一种哲学家仅仅描述过的生产性的源头，科耶夫当然意识到了这一关系并非如此明显地对所有人都是一种并非必然给予的"被给予"，而是来自偶然的人类行动，因此需要哲学家的"教育的"或者"宣传的"行为。

61　ILH, 19; IRH, 13. Commenting on Hegel, *Phenomenology*, 113–114 (§187) [130–131].

62　Conatus指称斯宾诺莎选择的拉丁语动词conari（尝试、努力）。"Unaquæque res, quantum in se est, in suo esse perseverare conatur." （每个事物，只要在其自身之内，就会努力保持其存在。) Baruch Spinoza, *Ethics* part 3, prop. 6, in *Spinoza: Complete Works*, trans. Samuel Shirley (Indianapolis, IN: Hackett, 2002), 283.

63　奴隶创造了文明，文明实际上是奴役的产物，这一观点里没有什么新东西——这一点在很大程度上甚至可以通过对尼采的《道德的谱系》的粗略阅读而得到。在此，就像在科耶夫思想的其他方面，《道德的谱系》对科耶夫的评注来说构成了相当重要的参照（因为《道德的谱系》本身在某种意义上也是对黑格尔的评注）。

64　"但是人不能作为主人活着。"或者更好的表述是（引自《法权现象学概论》）"主人之出现在历史中仅仅是为了消失。他在那里仅仅是为了会出现一个奴隶。"（EPD, 242; OPR, 213, 译文有改动）。关于"catalyst," 见 ILH, 175。

65　可以肯定，这是一个有问题的观点，因为主人尽管深陷绝境，却需要奴隶来延续他的生命。被奴隶所奴役是主人最终的毁灭和堕落。科耶夫说主人"可以死得像个人，但他只能活得像个动物"(ILH, 55)。

66　ILH, 28; IRH, 23. Commenting on Hegel, *Phenomenology*, 117 (§194) [134].

67　ILH, 34; IRH, 29–30. Commenting on Hegel, *Phenomenology*, 119 (§196) [136].

第五章

时间不再

> 时间不再。
>
> ——《新约·启示录》10:6

哲学家是最出类拔萃的奴隶。[1]哲学家是本质在于变化的存在者。哲学家试图战胜他所遭遇的限制，规定了他在其中发现自身的情境的限制。哲学家所追寻的，不是停留在如 philo-sophia 这个词所意味的爱智慧者，而是变成一个 sophos（ὁ σοφός），一个智慧的存在者，一个在彻底的、无缺陷的自我意识中超越了限制的人，能够以完美的一贯性回答所有关于他的行动的基本问题的人。[2]哲学家代表了一道桥梁、一种转变，转向了另一种存在，对后者来说，没有什么是不熟悉的、奇怪的、新奇的。变得聪明的哲学家已经获得了诺瓦利斯在其浪漫派名句——"他已经学会了四海为家"——中所指称的对象，而且对他来说，没有更进一步的时间，因为哲学家在时间中找到了家。即便是死亡都不再能够让哲学家屈服。安提戈涅所提出的令人不安的、如此之困扰着海德格尔的问题，却归于沉默。[3]

在此简要概述一下科耶夫在《黑格尔解读引论》中再现的最长系列讲座中所发挥的中心观点。这一系列由十二篇演讲构成，来自1938—

1939 这一重要的年份，也是科耶夫的研讨班的最后一年，此后由于法国被占领而无法继续。演讲占据了法文版《导言》大约三分之一的内容。它们是该书的主要部分，完全展现了它的中心原则以及科耶夫解读黑格尔的最独特的原创部分，将黑格尔关于斗争的叙事跟对索洛维约夫神圣人性的观念或智慧的复杂重述编织在一起。不幸的是，这一独特的系列演讲中只有一少半被译成了英文，对那些没有法文版的人来说，这一缺失严重地阻碍了人们接近科耶夫思想的复杂核心。毫不夸张地说，这样的科耶夫在许多重要的方面，在很大程度上对英语世界来说是陌生的。

　　在本章中，我的目的是就科耶夫最为关心的圣者、智者，或者 sophos 这一在科耶夫的评注中发挥出来的存在于第二个重要叙事中的主导性形象，给出一个说明。哲学在圣者的形象中走到了自己的尽头，圣者为哲学给出定义，从而赋予哲学以意义，即作为一种存在方式，或者更简单地说，一种生活方式。因此，科耶夫对圣者身份的关注，同时也是对哲学身份的关注；两者走到了一起，任何一个都不可能在没有另一个的情况下得到定义。因此，为了把握科耶夫对哲学的理解，人们同样必须把握他对圣者的理解。此外，科耶夫对定义圣者的关注也展现在另外的语境中，即我们在第四章中考察过的主奴关系。科耶夫实际上叠加了两种叙事，取自黑格尔的《精神现象学》第四章的主奴叙事，和取自该书最后章节即第八章中的圣者叙事。

　　科耶夫并未明确地将两种叙事联系起来，尽管很清楚的一点是，哲学家是一个奴隶。由于这两种主要的叙事的相互交织是科耶夫《引论》中的思想的主要方面，我想简要说明一下哲学家是如何被置于主奴叙事之中的，以此作为预备性的阶梯，它最终通往的是更彻底地把握科耶夫对圣者的关注的意义。

哲学与奴役

如我们已经看到的那样，科耶夫认为主人是一种陷入困境的存在者。如我们所理解的那样，一个主人确实无法做出任何有着根本重要性的事情，因为主人的本质在于保持原样，也就是说，不去改变。主人已经通过他的死亡意愿向我们表明，他对变化毫无兴趣。为了将自己的欲望强加给奴隶而情愿去死，这是他不愿改变的最严酷的表达。

奴隶拒绝战斗的那一刻，将奴隶如此定义的关键一刻，同时也是奴隶让自己向变化敞开的一刻。奴隶不可能一如既往地活着。两种立场发现它们自身处于矛盾之中，而正是这一矛盾才是奴隶试图克服的对象。因为奴隶永远不会是"他自己"，直到他能够假定某种身份，这种身份不再被构成身份缺失的东西所定义。只要奴隶必须改变以适应主人的欲望，奴隶就在最严格的意义上仅仅跟空无（nullity）同一。

这或许看起来是过于强硬的一种说法。空无可能意味着什么呢？它意味着主人并不认可奴隶。主人认可奴隶的唯一可能取决于奴隶适应主人的欲望并用那些欲望置换自己的欲望的程度。在这种意义上，奴隶无非就是一个无关紧要的东西或者一件工具，其身份由主人根据他要求奴隶去完成的任务来确定。奴隶可能一直如此，一直是一件没有身份的工具，但如我们所知，奴隶不会满足于、满意于一直保持那样的地位。奴隶对死亡的拒绝引向了一种对抗无身份（nonidentity）的人生。

科耶夫坚持认为，主奴关系自身会根据主人逐渐增长的对奴隶的依赖而成比例地改变。这一坚持要求对它所揭示的假定进行进一步的审查。这些假定会精简为一个基本的命题，虽然并未明说，但可以从认可本身的结构中推论出来：不平等不可能永远保持其自身。其推论是断言和谐或平衡必然会笑到最后。看起来，这一点肯定不是认可这一主题的最基本的含义，意即，最初的不平衡——在其中，任何进入了并未发生的斗争中的一方都不会获得它所寻求的认可——定然会导致某种平衡的建立，即互相认可。

对此的另外一种表述来自一个简单的公式，它现在实际上已经成为共识：缺乏孕育了欲望，后者试图战胜缺乏。如果我们把不平衡看作某种形式的缺乏，那么不平衡引入了它自己的反方。但究竟有没有一个让我们必须接受这一"逻辑"的理由呢？这确实是一种逻辑吗？我们能够不设想一种永恒的不稳定性，一种永恒的不平等吗？我们能够不认同地下室人吗——在某种情况下，我们的欲望并不遵循"平衡"的逻辑，即克服匮乏的平衡命令？

在此我们必须非常精确才行。我们所讨论的缺乏究竟是什么？什么是奴隶的缺乏？它仅仅是身份吗？主宰着奴隶的、创造了他如此这般的身份的，是那种创造了他的最初的恐惧：对死亡的恐惧。作为奴隶生命之起源的缺乏是一种重要的缺乏，一种由死亡来表现的永久性的缺乏。奴隶实际上是认可了非永久性的存在者，在这一意义上，奴隶的可变的、暂时性的存在是对有限性、无法保持其自身存在的存在者，无法将自身从临时转向永恒的存在者的最好表达。

如果把这些模式映射到彼此身上，我们会发现，身份的根本缺失，是由同样根本的缺失即存在的缺失所定义的。在此我们可能被诱导着提出一个有关奴隶的以偏概全的论断：欲望本质上是指向一个人保持自身的存在。斯宾诺莎的简单命题胜利了——自我保存是最主要的原则。但情况确实如此吗？人们可以相当容易地达成这一点：自我保存恰好是奴隶试图克服的，在奴隶那里起作用的，是一种更为复杂的或微妙的欲望。

这一更为复杂的欲望是从自我保存的欲望中**解放**出来以便获得主人的**认可**。自由与认可并肩而行，一个不可能离开另一个。在这一方面，奴隶为主人的劳动变成一种战胜一开始造就了主奴关系的恐惧的任务；这是一项巨大的反转或转化的任务。奴隶的寓言并不仅仅是跟奴役相一致的，也不仅仅是跟奠基于对认可或身份的否定之上的自我保存相一致的。与此相反，奴隶的寓言在它描述了一种试图被认可的欲望，一种反转了奴隶最初的"错误"（他由于惧怕死亡而拒绝战斗）的欲望的意义上，是相当明显地属人的，这一描述借助的是将主人的世界转换为属于奴隶的世界，不仅与最初为了认可而斗争的主人相关，而且跟其他处于这场斗争之中的主人相关，内容是由这一斗争所创造的游戏中的策略：上帝与死亡。

如果死亡如黑格尔说的那样是"绝对主人"，科耶夫则将主人置于开启了历史的社会斗争之中。只有战胜了社会主人和导致了奴隶的社会性弱势或不被认可的地位的恐惧，这一斗争才可能走向终点。在这里重要的是，我们要记着，奴隶的计划不是某种达到"超越者"（beyond）的个体救赎，而是通过在这个世界中得到认可。而这个世界也是奴隶创造的。确实，这个世界是由奴隶创造的，是一个免除了所有认可上的限制的国度，本质上人人平等的国度，或者如科耶夫所说的"普遍的、同质化的"国度，首先而且最重要的是，它是一个通过相互认可而来的救赎的容器。

在此，仍然模糊不清的是这一普遍认可与死亡的关系。科耶夫承认奴隶通过技术改变了世界，看起来很清楚的是奴隶的劳动必定会消除任何可能用于阻碍全面认可的事物，比如奴隶最初对死亡的恐惧，但科耶夫并未很清楚地说明对世界的改造是否可以带来战胜死亡这一最极端的可能性。《引论》中收录的最后的演讲直接谈到了死亡，我们将来谈到它的时候，会明确地再次回到这一话题。现在只需说一下，科耶夫对死亡的态度在这方面出奇地模棱两可。这不是一件无关紧要的事，因为这中间存在着重大差别，说得委婉一点就是，费德罗夫的解放理论强调真正从死亡中解放出来是解放的必要条件，而别的理论并未走得如此之远。在第一种情况下，解放肯定了个体的重要性——对死亡的恐惧引起了一种难以抗拒的对个体性的迷恋，而在第二种情况下这一点并不如此清楚，因为集体的同一性似乎更重要。

尽可能简单地表述一下这个重要的观点：认为从死亡中的真正解放

是任何政治解放的前提，就等于强调个体、肉体的优先性。其他唯一可能的从死亡中解放的方式是象征性的，此种模型的主要形式是基督，他的死实际上是一个寓言，指的是自我的死亡导致了群体的诞生，后者建立在群体的而不是个人的身份的优先性之上。我们或许可以从这一区别中推论出科耶夫偏爱这样的观点：战胜对死亡的恐惧是一种对群体的献身，对创立一种集体身份的基本献身。因为人们可能与从死亡中的真正解放联系起来的关于个人身份的思想看起来很大程度上是不一致的，这一点我们以后会看到。[4]

尽管科耶夫推荐通过劳动和群体战胜对死亡的恐惧，但在黑格尔演讲的导言中，在1936—1937这段重要年份的演讲中，他同样描述了看起来另一种完全不同的观点：通过恐怖手段克服对死亡的恐惧。[5]科耶夫直言不讳地说：

> 多一点时间：正是通过恐怖手段奴役才会消失，甚至主奴关系从而包括基督教也是如此。从此之后，人会在尘世中、在国家中追寻满足，在其中绝对自由再也不会存在——除了作为领袖的拿破仑；但人们可以说即便是后者的自由也被现实性所限制；无论如何，后革命时代的国家领导通过他的行动得到了全然的"满足"，因为这一限制着他的现实性是他自己的创造。[6]

拥抱恐怖以确证奴隶的死亡意愿，从而作为一名革命战士接受死亡，起初似乎并不符合通过劳动战胜死亡的概念。它们真的是对奴役的目的以及随之而来的历史目的的另一种表述吗？或者说，它们之间是否有互补关系，是否有一种由普遍的、同质化的国家所引入的和平？后者变成对死亡的最终胜利的条件，是一种相当容易让人联想起费德罗夫思想的东西。在多数情况下，科耶夫简单地将两者结合起来，建议说正是战斗**和**劳动一起创造了最终的解放。

这些解放的不同版本或阶段反映了奴隶的双重本性，他既是动物又是人，既是自我保存这一假定的产物——拒绝战斗到死——也是否定上述拒绝的人类能力的产物。作为自我保存的产物，奴隶不应该寻求改变。但是，用科耶夫的术语来说，奴隶不会改变这一事实是其本质的"人性"的清楚证明。进行改变，即便是在主人的命令之下，也要承担产生（一种属人的）身份的风险，通过劳动来改变世界，会承担由将其改变为人工物而来的驯服和主宰本性这一必要的风险。

但是，尽管改变世界或许会带来巨大的风险，这一改变的结果却不是在一场暴力起义（恐怖手段）中自愿地面对死亡，而是消灭它；奴隶对死亡的"复仇"是技术世界。因此，尽管有人性化的外表，但通过劳动征服自然也可能类似于一种野兽化。另一种可能性，即奴隶在随普遍革命而来的恐怖中消灭了主人，更接近于避免这种形式的野兽化。

在上述两个例子中均起作用的是自我保存。根据科耶夫的观点，解放的唯一源泉是战胜自我保存。然而奴隶继续活着这一简单的事实让他的解放出现了问题——全面的解放把人置于主人的绝境、一种无法过下去的生活之中。因此，我们或许可以推论说奴隶并未获得完全的解放，完全的解放与持续的存在并不兼容，因为持续存在的每一秒钟都至少意味着一种对自我保存的非常坚定的执着，无论个体或群体都是如此。那么，即便在最低限度下，我们养育自身并保护自己免于那些基本的威胁——而我们对于死亡的恐惧一直维持着。

被科耶夫称为"公民"（citoyen）的解放了的奴隶，既是战士也是工人，既是神又是野兽，因此是一种有趣的混合物。我们并不清楚的是，科耶夫如何消解了这种张力，它内在于这种混合物中，甚至内在于普遍的、同质化的国家中，后者已经根除了冲突，尽管自我保存的命令尚未被消除，至少在普遍的、同质化的国家中的公民们还要继续生存的意义上未被消除。似乎没有什么办法能够在从奴役中获得完全的解放（或"赦免"）与对肉体的尊重这一自我保存的命令（如果仅仅是以持续存活的形式）的后果之间达成和解。即便我们能够论证说奴隶的解放之所以能实现是借助了革命和劳动的人化过程，因此世界被改造成人工物，奴隶也因此变成工人和战士的混合物；但持续存在的问题并不会因此而轻易消失，除非持续存在采取了一种极端不同的形式，不会表现出对任何一种物理需要的屈服。这种可能性或许实际上就是科耶夫心中所想的，尽管他从未明确地表明这一点。他把后历史的存在者看作一只野兽，或一个神，或两者都不是。[7]对于这一点，作为工人和战士的混合物，公民应该同时超出两者。

　　让我们回到我们最主要的观点：奴隶的"计划"是改造世界和他的主人，这就是科耶夫所理解的历史的本质；也就是说，作为一种建立其平等认可的社会斗争，主人和奴隶由此战胜了原来的关系，建立了新的，也是最终的关系，如"公民"一词所指的那样，这是一种相互认可的关系。奴隶与世界的不同形式的改进关系，实际上就是社会思想的不同形式，描述和解释它们，对科耶夫来说，是《精神现象学》的主要目标。[8]《精神现象学》宣告了奴隶的自我意识，这一宣告会带来对奴隶之依赖于外在于他的世界的克服，方法是表明外在世界是奴隶的一种产物——实际上，它之依赖于奴隶就像奴隶依赖它一样。在此，平等的假设再次将自身显现为被理解为分析与计划的《精神现象学》的本质，也就是说，作为一种散播终极真理、和谐的完满（plenitude）的计划。

　　然而，正如我们刚刚看到的，科耶夫对于这一最终和谐的完满的可能性难说乐观。奴隶内在于自我保存和自我否定、自我牺牲之间的张力不会轻易得到解决。如果科耶夫提倡普遍的、同质化的国家正是这一问题的解决方法，他同时也否定国家能够带来彻底的自由，而他将这种自由跟自杀或接受人生本质上的空虚或等同于死亡相联系。[9]在关于绝对认知的演讲中，用不同的说法留给我们的是一种正在浮出水面的张力：在对后历史的国家的想象中，该国家似乎偏离了科耶夫总体上对普遍的、同质化的国家，也就是由行动之人所创造并为哲学家所描述的最终的"超级国家"的正面说明。

考虑到上述情况，很有可能费德罗夫式的解读是最有吸引力而且一以贯之的，普遍的和同质化的国家，在通向经由劳动而达成的对自然的彻底否定的路途中，建立起了可转变的、后革命的政治结构。无论如何，科耶夫表明了这一终极目标的巨大的矛盾之处，这一矛盾在目标达成之后，必定与所剩下的事情相关。完全实现了的、普遍的、同质化的国家中的公民，战士—工人，似乎仅仅是一架自动机，一个活死人，既不是动物也不是人，而是处在历史终点上的两者在表面上消失之后的产物。

在这一叙事中，哲学家出现在哪里呢？第一个或许也是最明显的推论是，哲学是奴隶意识的表达。《精神现象学》中的伟大运动（the grand movement）记录着奴隶自觉地发现了自己是一个奴隶及其转变，即把奴隶的存在转化为一种超越了主人和奴隶的存在：圣者。《精神现象学》因此是一部非常特殊的著作，既是哲学的又超越了哲学的界限。在这一意义上，人们可以说《精神现象学》从一种再也不存在临时性的限制、超越了哲学迄今为止之所见的角度出发，给由观察而来的作为临时性对话的哲学带来了终结，因为它完全和绝对地终结了、"赦免了"所有不现实的可能性。科耶夫追根究底的关注之一，就是确定这样的一种角度究竟会是什么。

这些都是以偏概全的看法。科耶夫经常被指责在没有充分的文本或论据基础的情况下提出以偏概全的主张。基于这一理由，我想通过对科耶夫关于圣者的说法，也就是他对《精神现象学》最终也是"最神秘的"章节的解读之中的说法，进行细致的审查，从而得出上述看法。[10]

圣者自传

我们可以用相当简单的方式来表述科耶夫的基本观点：《精神现象

学》是一部圣者的自传，圣者什么都是，同时什么也不是；圣者创造这本书正是为了作为一种"证据"证明他的智慧，同时也作为由他创造，也是为了他而创造的普遍的、同质化的国家的基础性的、建构性的文件。[11] 因此，关于主奴关系的说明也是奴隶对自己的起源的说明——他旅程的起点，通向的是在圣者的形象中战胜他的被奴役的存在。哲学家是中介性的形象，他描绘了奴隶的自我克服的不同阶段，以此作为考虑他的状况的不同方式，其顶点是圣者完全的自我觉醒。[12] 科耶夫使用的术语是"conscience de soi"，字面意思是"自身的觉醒或自我意识"。"自我意识"实际上更可取，因为它前置了觉醒中的群体性方面，得到了该词的语源学上的证明（拉丁语 cum，意思是"与"；scientia，意思是"知识"），该词的这一方面在德文词 Selbstbewußtsein 中无从体现。因此，这里从法文到德文的翻译具有哲学上的意义，因为它暴露了意识的公共的一面，意识（consciousness）实际上是对某种意识（awareness）的表达，后者不是某种本质上的对自我的初始意识，而是一种文明化了的人工物，由奴隶在跟他的主人的斗争中"制造"出来。

这一澄清或许可以反过来用于大胆地表现科耶夫关于圣者的说明中最为独特的一面：圣者不是一个孤独的个体而是一个公众（而且政治性的）人物，而且是最高等级的人物。科耶夫一再强调没有普遍的和同质化的国家的建立，圣者就不可能存在。通过这一做法，科耶夫去除了一个悠久的传统，根据这个传统，圣人在孤独的自我沉思或冥想中把自己与世界隔离开来。对科耶夫来说，这一智慧形象只是通向智慧的完全展现的旅途中的一站，而且它并不充分，确切的原因是它无法采取行动来将这个世界转变成一个圣者能够敞开自身与其他人一起生活，而不是孤立起来远离他人、生活在一个与世隔绝的团体中，无法在面临将他们指责为疯狂的时候为自己辩护的世界。[13] 对科耶夫来说，圣者的普遍性要求一个普遍的国家，在其中所有的公民实际上都是圣者——这样的圣者是人类存在的最终极的形象，这一形象建立了我曾经提到过的、作为科耶夫对黑格尔解读的最决定性假设的那种平衡。

现在我之所以要提到这一中心观点，是因为它是有关圣者的任何一种探讨的合适准备。过于容易地被归结给科耶夫关于圣者的探讨的，是传统的关于智慧人的观念，认为圣者是孤独的、疏离的、高高在上的——简而言之，不能将自己完美的自我意识扩展到全体之中。但是，当然，这一失败是根本性的。科耶夫主要的洞见之一是，他假定没有任何一种私人的智慧配得上智慧之名。他论证说，这样的智慧不可能是真正的智慧，因为它不能成功地将自身跟疯狂区别开来。圣者的疏离，他与众人的疏远，实际上在众人根本无法理解或把握圣者不得不告诉他们的东西的范围内就是一种疯狂。[14] 科耶夫相当机敏地推论说这种关于圣者的观念需要创造出一种远离世界的智慧的源泉，它可以作为权威的堡垒，可以说明圣者为何难以向别人证明他的智慧。

科耶夫演讲的这一方面即试图去说服的一面不应该被低估。[15] 毫无疑问，这里有种镜像效果在起作用，因为科耶夫所做出的关于圣者的那些评注可以应用于他宣称自己已获得智慧的声明（尽管是来自黑格尔）。科耶夫的圣者自传是他假定要进行宣传的一部作品，而他的作为结果的哲学教学法是一种劝说他的听众接受这一圣者模式的努力，因为只有这种接受才能给它以完全的和最终的真理的价值——在科耶夫演讲的语境中，这一点值得反复强调。科耶夫的著名评论，大意是说，他的演讲是某种形式的哲学宣传，能够太过容易地被用来忽视更全面和有趣的哲学观点，后者是科耶夫提出的关于圣者和真理的本性的，即它们不仅仅是单纯的理论创造物，而是更需要行动才能变成现实。正像科耶夫在其战后的写作提纲"黑格尔、马克思和基督教"中所提出的，黑格尔哲学是唯一尚未被驳倒的哲学，因为他的哲学计划的本性恰好在于它是一种试图付诸实践的计划。这里的口号——可以肯定是一种相当陌生的——是一个人必须行动或劳动以创造真理；哲学的任务是真理的工作，去产生真理。[16]

　　阅读《引论》是一件哲学教学法的工作，其目的在于带来智慧，而不是去发现智慧，就像它早已经在那里一样。智慧因此是哲学家的一种言语上的创造，一种哲学家为自己设定的目标。在这一方面，我们或许可以带着新的视角回到对科耶夫关于评注任务的观点的探讨上。如果如某些科耶夫的批评者乐于让我们相信的那样，科耶夫可以证明并不是一个爱空想的或独断的评论家，那么几乎不能怀疑的是，他的目的看起来跟那些典型的与评注或一般意义上的学术文献联系在一起的目的并不相同。科耶夫的评注带有公开的政治目的：创造一种条件来建立一种政治现实性，它能够让哲学的努力完成在圣者的形象之中。因此，科耶夫不是向我们展示一种正确的解读，展示在文本中有些什么；毋宁说，他在阅读原文时采取了如下方式，即将其理解为一种指引，指引着一种完善的计划，该计划会被那些愿意倾听并追随的人执行，从而实现向真理的"转变"。

　　仅从演讲的外观上就能清楚地看出这一意图。当科耶夫声称圣者并不是历史的**必然**终点时，他提出了一种有趣的观点。科耶夫首先指出，圣者的概念"只有对哲学家来说才是成立的"。为支持这一观点，他特别指出，只有哲学家"希望不惜代价地**知道**他在哪里，去考虑他是什么，在首先考虑过他是什么之前不会多走一步"[17]。这里的要点在于，只有在考虑清楚了他在哪里，他是什么之后，哲学家才有所行动。换句话说，哲学家是一个有着自我意识的人，相应地，也是唯一有可能接受智慧挑战的人，智慧在此被理解为彻底的自我意识。因此，如科耶夫所注意到的那样，哲学家就是一个寻求对他所涉足其中的所有行动都给予全面说明的人，一个寻求在这种意义上全知的、满足的，并且道德上完善的人。

　　如果哲学家是唯一可能对圣者的理想感兴趣的人，那么并不清楚的是，对那些不在意成为具备彻底自我意识的人们来说，会发生什么。科耶夫特别指出了哲学家和信徒（le religieux）之间的区别。他之所以这样做，是因为哲学家和信徒在他们对完美的坚守中，无论是完美的人（圣者），还是完美的存在（上帝），都表达了一种关于完善性或绝对性的假设，而科耶夫在这一假设中发现了一种结构性的相似性。然而，科耶夫宣称，没人能够让一个信徒相信，成为一个哲学家是必要的。信徒实际上并不存在于"理性的空间中"，因为信徒并非将其对完美存在的坚守建立在论证之上，而是在启示之上。哲学家能够做出的关于启示的论证并不比其他人的更多，因为启示的效果就是将那一启示的内容从论证的空间中驱逐出去。一个人相信是因为他相信。为信仰论证实际上是削弱信仰的权威——它已经是外在于信仰的了，作为一种立场它不应该存在，除非是作为一种错误或罪。对于那些接受了一系列固定的基础作为其可能性之条件的人类行动来说，上述道理同样适用——人们可以从数学中找出例证。在这些情况中，一个人无法在不质疑那些教条的普遍性和可行性的情况下，对这些教条进行"外部的"论证。

在所有这些情况中，在存在着接受奠基性原理的地方，就会有某种"无法思考的"事物成为所有来自它的思考的基础。哲学家是一个无法容忍这种无法思考的人。[18] 但是，正如科耶夫指出的，拒绝接受无法思考之物——尽管这是对圣者之理想的肯定，对他来说，没有什么是无法思考的，甚至包括"无物"（nothing）本身——并不必然导致对智慧的肯定。科耶夫区别了两种可能性：柏拉图式的和黑格尔式的。柏拉图传统否认了获得终极智慧的可能性。也就是说，柏拉图否认哲学家可以通过战胜那无法思考的而变聪明；智慧是不可触摸的。哲学家所能做的，最好不过是认识到智慧遥不可及。因此，哲学家是牛虻的最具攻击性的形式，无法变聪明，同样也无法满足于那种无能。哲学家在这一方面是一个不满足的人，他意识到了自己的不满足。[19] 对科耶夫来说，黑格尔颠覆了柏拉图并且提出了惊人勇敢的论断：人可以变聪明，以及并不存在基本的无法思考的事物，没有任何根本性的问题是没有答案的。人可以回到开端，从而完成认知的圆圈，并且在这样做的过程中变成一个圣者。[20]

这可能看起来是个荒谬的答复。科耶夫并不提倡人的全知吗？无论多么神秘，人都能够完美地回答所有与他或她的行为相关的问题吗？但是，在此，柏拉图的理想和科耶夫的黑格尔之间的区分来得最为分明。按我们通常理解的那样，"全知"（omniscience）假定一个人能够拥有对现在、过去和未来的完备知识——一切都一蹴而就。这一模式是可见的，如海德格尔在其 1928 年夏的莱布尼茨讲座中注意到的那样；有一种"观察着的神"（visio Dei）或"直觉"（intuitus）能够"一下子"把握全体。[21] 显然，这种类型的认知不是语言的，因为它随时间而成比例地分配。但是，如果认知是"在"时间之中的，它如何可能是完备的呢？休谟的论证，仅举眼下想到的一例，根据它，某种关系 X 的必然性（未被质疑而且也不可质疑的稳定性），穷尽所有时间都不可能得到绝对的保障。变化总是可能的，直到一个人历遍了所有可能的对这一关系的重复——换句话说，直到时间的尽头。

柏拉图式的答案是非常明显的：一个人不可能在时间中完全获知时间之外的东西。人最终获得的模型是一个时间中的对时间外的模型的多少有些完美的模仿，如此这般以至于很难去把握一个如何跟另一个有关。柏拉图的"分有"（μέθεξις）概念并不能令人完全满意。论证的任务落在了那个试图在时间之中假定知识的完美性而无须终结时间（把我们送回到时间之外）以达成目的的人身上。正是科耶夫在其演讲的第二个主要部分，包括第六到第九演讲中承担起了这一重担。[22]

在我讨论科耶夫这些演讲中发挥的主要观点之前，我想回到科耶夫所构造的圣者的另一个方面，随着讲座的结束，这一点将变得越来越重要：科耶夫提出了一种同源性（homology），存在于朝向智慧的哲学家和对上帝的角色的假设之间，后者被哲学家理解为普遍的、同质化的国家中的模范公民。可以考虑一下这一从演讲四中选取的著名的段落：

读一本基督教神学手册（我强调一下：基督教）就够了，

在其中上帝实际上是一种整体的和无限的存在，在读完这一手
册之后可以说：有问题的存在——正是我。当然，这一点非常
简单。但是，即便是在今天，这对我们来说似乎也是一种荒谬，
一种无双无对的"艰巨性"（enormity）。谁公开做出这样的
肯定，我们都会将其标示为疯狂。这意味着它是极端难以肯定
的（严肃地说，的确如此）。事实是，哲学思考已经过去了千年，
直到有一个黑格尔出现，为的是敢于说出这一点。很简单，首
先，一个人达到基督教上帝的概念并不容易。其次，即便达到
了这一概念，也不容易让自身跟它认同，将它运用于自身。黑
格尔告诉我们只有对普遍的和同质化的国家中的公民来说，这
才是可能的。因为只有这一公民，也就是说，一个通过从特殊
性出发的圆圈式运动，有效地实现了存在的三位一体式的整体
的人，在用特殊的方式将它本身高举到普遍（the Universal）
之后再回到它——只有这一公民才有可能确信与上帝的同一而
无须变得疯狂，他的确信可能是成为一个圣者，他可以通过将
其揭示为一种现实性，也就是说通过宣布它是一种绝对真理来
肯定它。[23]

尽管带有反讽的色彩，这一段落汇聚了科耶夫论证中的若干重要的线
索，就像它导致了一个更为详细的对有限的全知（finite omniscience）
的可能性说明一样。圣者不仅仅是哲学的终点，圣者也必须为神学立
场提供一个终点，而这一点只有在圣者假定了神的同一性的时候才有
可能。

尽管这论证确实非同凡响，而且肯定会对科耶夫的崇拜者提出挑
战，但它绝非像可能看起来的那样古怪，尤其是当我们涉及科耶夫勇敢
的——而且是非常俄罗斯化的——对基督的描述：杰出的基督教形态的
"上帝，基督教的上帝，通过变成人而超越了作为上帝的自身"。换句

话说,科耶夫将基督的形象用于论证无神论被看作是假定上帝与人同一,它是基督教的必然结果:"简单地说,圣者的无神论并非将自身建设得跟任何神学一致:它生于基督教神学,而且也只能从其中诞生。(更确切地说,这并不是无神论的事,而是神人论〔anthropotheism〕;这一黑格尔式的神人论预设了基督教神学,因为它将**基督教**的上帝观念应用到了人身上。)"[24]

当然,这一论证追随的既不是索洛维约夫,也不是费德罗夫。但是它交织着他们的愿望:于基督之中探索上帝与人的结合,达到了一个并未预料到的结果,通过上帝之死,作为圣者的人诞生了。作为圣者的人最终以如此这般的形式出现了,并且摆脱了他的奴役状态——变成了圣者、神人,尽管很难说是在索洛维约夫的意义上,更不是在费德罗夫的意义上。在此,科耶夫用非常典型的一招把在索洛维约夫那里显露无疑的,却内蕴在费德罗夫那里的神化概念,通过翻转其含义进行了改造。人不会变成上帝并因而取消他所有的限制,恰恰相反,人通过把有限设定为绝对而变成上帝。

此外,通过不仅设定上帝的同一性,而且也设定此前哲学的同一性,人类变成了圣者。从某些观点看来,基督教传统和哲学传统的这种融合,可能会让一众批评家在震惊之余斥之为胡思乱想,如果不是从根本上就不正确的话。毕竟,现代哲学的坚定信条之一是,糅合基督教与哲学会同时伤害两者,因为在两者之间不可能取得平衡——如科耶夫本人似乎肯定的那样,因为他提出只有哲学才能达成完全的自我意识。[25] 因此,或许有点令人惊讶的是,科耶夫同时强调基督教结合进了圣者和哲学的历史;智慧的自传在这个意义上是综合性的。但它的基础何在?有可能整合这两种迥然不同、彼此排斥的传统吗?科耶夫的理由何在?

就像尼采一样,科耶夫似乎——至少一开始——通过宣称基督教思想仅仅是柏拉图主义的一个版本,来给这一整合进行辩护。[26] 只要基督教还在思考,那么它就是用一种独特的柏拉图方式进行思考。用更明白的话来说，科耶夫似乎在论证，在基督教顾及自身的范围内，在与自身妥协的范围内，在逐渐意识到自身的范围内，它必须依赖柏拉图传统的概念铠甲来做到这一点。如果我们考虑科耶夫看起来大胆而且相当现代的断言——哲学是一种自我意识，那么基督教就像言谈的任何其他领域一样，需要转向哲学或者"变得哲学化"，为的是给自身一个说明。在这一点上，基督教神学是一种半遮半掩的或者说有限形式的哲学，它若想对自身有完全的意识，那么最终就不得不回到哲学。科耶夫暴露了基督教这一方面的形象，从而有权提出神学实际上并不是人的身份的基础，而仅仅是人的自我认识的一个阶段，就像该叙事中其他所有阶段一样，被标志着奴隶生活的旨在推翻主人的斗争所主宰着。此外，科耶夫坚持认为，与柏拉图不同，黑格尔的成功之处在于，通过将上帝与人同化，他推翻了有神论的哲学，在这一意义上，科耶夫认为黑格尔抓住了基督教真正的革命内核，同时借助人类学战胜了神学。

在这一方面，尽管科耶夫并未加上一句基督教是"众人的柏拉图主义"（Platonismus für das Volk），但他关于基督所扮演的形象是民主化了的上帝的构型的思想，看起来是追随着尼采思想的基本线索。在此，重要的是我们要记住，革命性的、含糊的词组"我是上帝"在科耶夫关于圣者的思想背景下，也是一种具有革命的、民主的作用的声明。圣者的形象是"公民战士"，是法国大革命的最终产物，而且如我们将要看到的，也是通过历史并且在历史之中达到的最终产物。如果说尼采关于基督教的论断看起来几乎就是一种对乌合之众的嘲弄，科耶夫把这种嘲弄转变成了一句战斗口号，号召最激进的政治计划：以圣者形象对大众进行"神化"，某种普遍的和同质化的主体流行于普遍的和同质化的国家之中。因此，科耶夫在一个新的和神学上激进的基督教形式下，追求着他的俄罗斯前辈们所珍视的目标，只要基督教的本质对科耶夫来说是通过将人或人类转变成绝对而造就无神论。[27]

当然，这种神化多少也有点不太寻常，因为是神变成人而不是相反；

因此，人们或许会争辩说这根本就不是神，这一点，科耶夫在将如此意义上的神化看作神人论的时候是公开认可的——其结局是一种对索洛维约夫的极端化和反转，后者正如科耶夫在他许多著作中反复提到过的那样，并未在神人性（Godmanhood）的关系中成功地压制上帝优先性。对科耶夫来说，索洛维约夫式的神人依然主要是一个戴着上帝枷锁的人，一个次一级的形象，接近于康德式的道德行为主体，试图变成目的王国（Reich der Zwecke）的一员。[28] 在这一意义上，索洛维约夫式的上帝从未真正地变成人；等级秩序依然故我。

科耶夫的神化观念几乎就是一种戏仿。我们在第一章中开始的柏拉图式的挑战，遇到了一种彻底的转变。由此，垂直的、等级森严的爱若斯关系——欲望对认识来说是根本的这一思想的远祖——被消除了，取而代之的是水平的、平等的爱若斯关系——相互认可的关系，为普遍的、同质化的国家奠定了基础。在此出现的平等假设，再次成为科耶夫哲学事业的指导性原则。柏拉图式挑战典型的结构性平衡缺失，一种只能引发无尽冲突的平衡缺失，最终被抛弃了。

作为神圣人性之构型的概念的时间化

然而，科耶夫意识到人们不可能仅仅靠命令来取消或"完成"某种传统。他的哲学教学法正是如此——一种教学法，尽管是一种革命性的教学法。在哲学圣者的形象中神化，如果科耶夫这一思想的主线在1938—1939年的前五篇演讲中就已经设定好了，那么如我所注意到的那样，接下去的三篇演讲提出了一个重要的、原创性的、更为详细的关于人如何可能在一个有限的个体中实现圣者理想的哲学说明。

科耶夫面对一个基本问题：完美或完成作为圣者的化身，如何可能出现在时间中。因为时间作为流逝或运动（自身逐渐消失），看起来会跟完成根本对立。科耶夫理论的风险奇高，因为他给自己的任务是，解释历史的最后身影何以能够出现在历史中，既然它在本质上被理解为短暂的。一个人如何可能在一个"最后的"整体性中调和静止和运动，存在与虚无（das reine Sein und das reine Nichts）？

　　当然，黑格尔对此的回应大名鼎鼎：生成（das Werden）提供了运动与静止、存在与虚无、永恒与时间之间的和解。[29] 尽管科耶夫开始于最后的两个词汇，但他实际上用它们回溯到了另外一种可敬的关系：空间与时间。空间是自足的；它是完整的，静止的。在时间中的不是自足的，是不完整的和运动着的。科耶夫将永恒看作时间，而把时间看作空间的转换，由此将黑格尔的生成重组为一种空—时关系，一种空间与时间关系的进化。

　　科耶夫将其关于这一问题的论述置于作为完全的和最终真理的全知背景下；这提醒人们记起《精神现象学》导言中的著名句子："真理即全体"（das Wahre ist das Ganze）。之所以这样做，科耶夫有着很好的理由，因为把圣者看作满足了的存在者或者道德完善的人是可能的——如科耶夫所承认的那样，两种品质都适用于斯多葛派的圣者；但他并非全知。[30] 全知这种"品质"在黑格尔之前从未有人敢赋予一个时间中的存在、一个有限的个体。科耶夫注意到真理（对黑格尔来说真理并不存在，除非它已经完成并且在此意义上永远静止）并未因上述原因而被看作与时间一致。因此，科耶夫的描述考察了与永恒和时间有关的各种对立之间的关系，涉及作为认识和获得真理的工具的概念。借助在这条道路上的继续推进——与概念一起——科耶夫预见到了一种关联性说法，人无须依赖于某种类似直觉的东西去表明对存在的整体把握。科耶夫想要坚持的是黑格尔的勇敢的原创性说法，一种完成了的、对全体的言语上的说明，即一种内在的时间性的说明是可能的。科耶夫列出了概念和时间之间主要的四种关系：

1. 概念（C）是永恒（E）。如科耶夫的说法：$C=E$（如在巴门尼德和斯宾诺莎那里一样）。

2. 概念是永恒的（E'）。$C=E'$，及其两种变体：要么C在时间（T）之外跟E'相关（如在柏拉图那里），要么在T之中（如在亚里士多德那里）；或者C与T相关（如在康德那里）。

3. 概念就是时间。$C=T$（如在黑格尔那里）。

4. 概念是时间性的（T'）。科耶夫用方括号表示这是不可能的：【$C=T'$】。[31]

科耶夫将最后一种关系括起来，因为那使得知识不可能——纯粹的或非重复的流动着的存在者，像一个无理数——他将关注的中心转向其他。他注意到在1、3中设定的关系是概念同其自身的关系，第一个典型地属于巴门尼德和斯宾诺莎，第二个是黑格尔式的。第二种关系有两个子集，它们描述了概念与其他概念之间的关系，要么是永恒的要么是时间中的。在第一个子集中，概念要么跟外在于时间的永恒相关，这一关系是典型的柏拉图式的，要么与时间之内的永恒相关，这一关系是亚里士多德式的。在第二个子集中，概念与时间本身相关，这一关系被科耶夫归结给康德哲学。

科耶夫以其典型的简洁方式将概念与时间的所有可能关系还原到上述五种可能性上，这是一个非常重要的步骤，因为它由此把意识的基本形式约简为这些有限的可能性的集合，在没有概念的情况下去思考意识，简单地说，不可能。尝试着这样去做会迫使我们进而依赖某种海德格尔所描述的处于跟神性的联系之中的直觉，而对这种直觉的需要意味着它跟时间没有任何关系，因此没有语言，也没有概念性，除了"纯粹的"存在什么也没有，也就是说，虚无。[32]

如果对概念与时间之关系的可能性的形式进行限定是极其重要的一

步，它所做的意味着意识可能的形式必然是有限的，而对其中的每一种进行精确解释依然任重道远。人们可以轻而易举地想象出那些抱怨：科耶夫理论的惊人还原，以及随之而来的过分简化。[33]

为满足这些担心，科耶夫提供了两套复杂的图表，试图描绘五种与时间的关系的所有可能的形式，第一套以时间性本身为背景，然后是来源于这些时间性关系的意识形式的分类法。这是典型的科耶夫——甚至他的学生们都会对他图解式解说这一爱好开开玩笑。当人们瞥见手稿中的某些极为复杂的图表时——《试析理性的异教哲学史》的第三卷与关于康德的著作最为典型——人们肯定会认同他们似乎感到的，至少是一开始感到的那种困惑。在第一套图表中（出现在演讲六中），也有一种特殊的反讽在起作用，试图将时间性的关系翻译成空间性的关系并以之为澄清工作的手段。但是，对科耶夫来说，对事物的空间式掌握避免了未完成性（incompleteness）的时间性效果，或者使得该效果扁平化。实际上，这正是科耶夫图表方法的一个非常有趣的方面——他试图找到一种合适的教学方式去在时间中传达时间的完成，由此在解释自身之中镜像着需要解释的基本问题。尽管这看起来或许对有些人来说有点牵强附会，或者对无关紧要之处的过于拔高，但值得记住的是科耶夫的整个事业就是一种内在于自我意识之中的实践。因此，即便是最微不足道的观点也不可能是偶然的，它们只可能由于解释上的疏忽或无能而是错的。

两套图表结合起来的效果是提供了一种简洁的、可视化的对意识的唯一可能形式的说明。这样一来，它们就是《精神现象学》本身的图像化表达，从一种本质上神学的关系开始追踪概念的运动，直到一个指向了黑格尔的完全自我指涉（self-referentiality）的概念的节点。它们因此描绘了科耶夫在此前演讲中早已提及的同样的神人论（anthropotheistic）的运动。也就是说，假如有人想要把第一套图表（一共十一种）叠加到第二套（只有七种）上，他就会得到一幅关于概念与时间之间的主宰性关系的完整图像，以及一种把那些关系转化为神学或人类学语汇的翻译，因为正如我已经说过的，它们所描述的运动协调了概念最根本的所指从外向内的转变过程，以与上帝同一的人类作为假设。

我先提出几个科耶夫对人类学叙事的图表描述的重要细节。图表描述强调了第一类关系中概念与永恒之间的区分问题。尽管科耶夫将这一等式归诸巴门尼德和斯宾诺莎，他更愿意用斯宾诺莎的体系来描绘他所指称的这一问题中的模糊之处。科耶夫所使用的最形象的术语是"无宇宙论"（acosmism），它认为斯宾诺莎体系的最核心缺陷是它不可能跟人类心灵相关，因为该体系在定义上就排除了时间。人的心灵需要思考，而思考发生在时间之中。因此，如科耶夫所评论的那样，企图把握斯宾诺莎的体系就是在这种企图中背叛它——或者更好的说法是，它揭示了把握一种语言上的，也就是说，在时间中排除了时间的体系的不可能性。在此，科耶夫强调了他的一个基本观点：我们需要时间进行思考，我们是语言的存在者，我们理解的界限是由某种时间性的维度所决定性地形成的。科耶夫所援引的其他所有的例子都尊重这一基本观点，正如我所注意到的，人所提出的上帝假定是作为整体的科耶夫系列演讲的基本的叙事主旨，这一假定在渐渐增长着的概念的时间化过程中最明显不过。[34]

接下去在第二种关系中的两个例子，把概念与永恒（E'）联系了起来。它们并未将概念与永恒等同起来，毋宁说，它们意味着这样的概念跟永恒、跟某种固定的和不变的东西有关联。这两种关系最主要的区别是在相应的永恒与时间（T）的关系之中。因为科耶夫与柏拉图联系起来的变体，即永恒在时间之外——柏拉图式的理念或诸多理念并不包含时间。因此我们遭遇了问题的一个变体，后者与巴门尼德和斯宾诺莎有关，至少在概念与某种非时间性标准的关系存在很大问题的情况下是如此，因为肯定不清楚的一点是，在时间中展开的思想如何能够传达不在时间之中、外在于时间的事物。然而，尽管存在这样的问题，它并未从一开始就被阻止，而这是一个重要的步骤。有人可能说这一步对应了哲学进入市场的冒险，在那里"人的存在对知识来说变得非常重要"[35]。第二种关系中的亚里士多德式的变体将永恒置于时间之中，作为一种摆脱柏拉图式困境的方法——永恒作为形式的固定结构在起作用，其实体体现为它们的合适的目标或时间中的完美，一种固定结构以不同但确定的方式重复自身。

科耶夫然后转向了康德，从而回避了大部分的哲学史，而这戏剧性的一步强调的是科耶夫归于康德的革命性的重要性，后者开启了终结于黑格尔的决定性转变。在康德那里，科耶夫将概念同时间而不是永恒相联系。这究竟意味着什么？

康德并未把永恒设置成作为发散性理解之工具的概念之可能性的前提条件，相反，他迈出了戏剧性的一步，将这一角色赋予时间。科耶夫警告说这并不意味着概念"变得"有时间性了。他声称，对康德就像对所有"真正的哲学家们"一样，概念依然是永恒的，也就是说，它是自身不变的。但不像柏拉图或亚里士多德那样，康德公然将概念与不变的东西脱钩而与可变的事物相连；概念变成了变化本身的固定的或不变的结构，由此康德寻求概念与运动的和解。尽管科耶夫并未直接说明，这一变化的意义在于消除概念性理解的外在标准，将其从一种本质上神学意义的概念与永恒的同一性，转变为本质上无神论的或人类学的标准，该标准关乎我们的日常生活：时间（与历史）。第二套图表相当清楚地表明了这一点。

在第三种关系中，概念与时间之间的不寻常的等式，也就是对科耶夫而言的黑格尔思想的特征，将这一从永恒性或永恒朝向时间的运动推进一步，方法是消除任何外在的标准，建立其概念的时间性并作为其同一性。概念不再是与时间的关系，而就是时间本身。毫无疑问，这是一种难以理解的同一性，因为它似乎削弱了下述观念：概念在某种程度上是或避免或转变时间之流，从而进入某种固定模式的标志。根据科耶夫的看法，前者是柏拉图式的，后者是亚里士多德式的。如果概念就是时间，人们如何能够避免下述结论，即作为运动的概念再也不能成为知识或真理的基本容器。

但是，根据科耶夫的看法，将概念与时间等同是唯一能够说明变化、行动的方法，唯一能够说明将一个人理解为一个将自身从作为历史的历史中解放出来的个体的方法。否则，概念与永恒性或永恒的关系，禁不住会将人与真理同化，而后者与人在时间中、在世界上的存在无关。例如，当科耶夫论证说斯宾诺莎主义的体系是无宇宙论的时候，他的意思是说，真理与永恒性的等式阻止了人干预知识或真理的可能性——数学的语言等效于沉默。[36] 另一个选项打开了人干预知识和智慧的大门——意思是说，在柏拉图和亚里士多德那里是"被动地"，而在康德那里是"主动地"。这一从被动或理论，到主动参与到知识和真理之中的转变，为科耶夫所提出，它强调的是时间，而后者对康德和黑格尔来说都是关键点。

根据科耶夫，概念与时间的等式需要概念中人的生成以作为奴隶的生成。实际上，概念就是时间带来了一个更进一步的等式，后者在黑格尔的思想中表露无遗：概念是历史，历史是概念。现在，在此看起来或许我仅仅是通过所谓的"澄清"把一个谜团加到另一个谜团之上。我想强调的是，概念是历史，是一种叙事的观点，看起来很清楚的是，作为概念的历史就是精神现象学本身，就像它就是科耶夫对它的说明一样。换句话说，科耶夫在探讨概念从永恒"下降"到时间之中时所提出的叙事，就是概念本身，它通过假定历史就是其本身的哲学过程，最终也只能在那一历史的完成中回归本身；理解过程的完成就在于对那个过程本身的理解之中。

科耶夫创造了若干与这一主要的同一性相对的重要的同一性。他将时间、欲望与否定等同，而且关键性的一点是，他将人与所有三者——时间、欲望和否定——等同，并且最终与概念自身等同。相反，他将概念与言语和劳动——奴隶的劳动——等同。因此，有一长串引人注目的同一性需要我们去解开。

科耶夫否认存在着"自然的""宇宙的"或"深层次的"时间。[37]
他宣称时间之存在的唯一限度是历史的存在；也就是说，人的存在（对
科耶夫来说，这是唯一的存在）是斗争的结果，这种斗争开启了作为奴
隶故事的历史。"在历史进程中将存在显示于他的言语中的人是'经验
存在着的概念'"，这个词被科耶夫用来翻译黑格尔的"der daseiende
Begriff"，后者出现在科耶夫所断言的时间和这一"经验存在着的概念"
之间的黑格尔式的同一性之中。[38] 只有人在时间之中——"实际上，人
是时间而且时间是人"。没有人，"自然会是空间，而且仅仅是空间"。
这些说法导致了一个结论，即时间只跟人相关，而空间只跟自然相关。
仅仅几页之后，科耶夫强调了这一区别，此时他强调的是，人是一个空
间中的"空洞"（trou），处在当下的"一个空无，一个虚无"。[39] 这
个空间中的空洞是某种不在场的在场。它被理解为对当下不满足的欲望，
正是一种为了实现于未来的现实性而否定当下的欲望。

在此，如果我们把时间、欲望和否定集合在一起，就会觉察到三者
之间的强烈互动。时间是欲望，欲望是否定，因此时间是否定（对永恒
性、纯粹当下、"停顿的当下"［nuncstans］的否定）。[40] 时间为了未
来而描述了对静止的现在之否定的运动，这一对当下的否定变成了过去。
时间描述了否定的运动，后者把现在变成了某种新的现在的过去，而这
一新的现在继而被别的新的现在所否定，取决于欲望指向了什么样的尚
未存在的东西。"因此，总体上说：**历史**运动生于未来，穿越过去，为
的是**实现**自身于一个临时性现在的现在之中。在黑格尔眼中，时间因此
是属人的或历史的时间：这是一个来自意识和自觉行动的时间，它在当
下实现了一个朝向未来的计划，该计划之形成的基础是熟悉过去。"[41]

这一三元本质（时间、欲望、否定）构成了作为辩证概念的人的历
史性的真正本质。我们就是这一概念，而这一概念描述了一种作为某种
既定现实（一种固定或永恒的主人的现实）之否定的特殊历史，为的是

一种我们为自身而拥有的未来的观念。"人由此既创造又毁灭，这本质上是他所理解的未来观念的功能。"[42] 相应地，时间描述了人——在——世界——之中的方式，即否定"被给定的"空间关系。在这一方面，时间作为否定等同于劳动。时间是奴隶的劳动，他由此将自身从永恒中解放出来，进入了时间本身，而永恒是主人深陷的困境。用更抽象的话来说，历史就是概念的时间化的故事。

通过将概念与历史等同，科耶夫提出了一套引人注意的理论，说明历史是否定给定事物（空间的，或用时间的术语来说就是永恒的事物）的劳动，它反过来又表达了实现某种未来、某个理想的欲望。那么，这个理想是什么？如果对给定事物的否定反过来就是如科耶夫所说的那种人工的或技术的现实，属人的或历史的现实的创造，那么就其内容而言，这一现实性的准确轮廓似乎相当难以捕捉，除非我们把《精神现象学》本身就看作那一历史。而这正是我们应该做的。《精神现象学》的复杂事业在它所描绘的历史就是它自身的历史的意义上，是循环的——如我所说，它是种类（sorts）的自传，某个给了我们自传概念的概念的自传。换句话来说，《精神现象学》是一个给了我们历史概念的概念的历史，它给我们的这后一个概念是一个等式，即历史就是概念，而概念就是历史。奴隶的理想是为了时间而消除永恒。

对这一等式——它看起来像是创造了一种危险的历史主义——人们可能会有诸多反驳，其中之一是，存在着某种程度上超越了时间的范例式的或理论上的现实性，这种思想完全建立在废墟之上。这样理解的理论失去了全部的意义和权威。因此，科耶夫关于主奴关系、概念、否定等的声明应当被理解为并不适用于某种适应不同情况和环境的理论，而只能是适用于唯一的一种历史，在上述声明的帮助下，这一历史展现开来，达到了这样一个节点，在这个节点，历史认同了作为完全的、因此在这种意义上作为全知的自身。它们是内在的而不是超越的。

现在在这里困扰着我们的问题是这样的：科耶夫关于全知的逐渐生

成的说法令人信服（或者说是黑格尔式的）吗？这个问题表明了许多困难之处：完美如何能够作为时间而生成？正如我们从柏拉图那里得知的，完美不可能逐渐生成。完美不可能将自身借给生成；它早已经存在。这是一种科耶夫视角下的描述柏拉图关于概念的思想的方式：确定的关系适用于外在的标准——永恒——后者不可能在时间中实现，它属于主人而不是奴隶的深陷的困境。根据科耶夫，亚里士多德对此的说法是肯定了完美可以逐渐生成，只要每一种存在都会在时间中变成它所是的样子（它的形式或本质，"它是其所是"，或者 τὸ τί ἦν εἶναι）。康德的变体是假定事物的逐渐生成就是物自体、时间对事物的展开来说是本质性的，它们是任何可能的经验的构成性条件之一。但是，既然时间是所有可能经验的界限，那么很明显的是，经验在本质上是不完善的。对康德来说，无论是知识上的还是行动上的完美都是无法达成的，因为它本质上与时间不兼容，正如经验不可避免的局限性以其短暂性特征所证明了的。

但黑格尔呢？时间概念本身如何？如果概念有赖于与时间相对立的某种程度上的固定性，那么黑格尔如何能够确实地假定两者之间的平衡？用最简单的话来说，在时间中，如何可能存在完成的、固定的知识，即全知？

如我们已经看到的，科耶夫的答案直截了当。全知之所以可能不是"在"时间中而是时间本身的真正形式的内在表达（immanent articulation），时间在对自身之完成的、在对自己的逐渐意识到自己就是时间这一核心的和最终的叙事的认可中，达到了自身的完成。这一认可并非独立于也非不同于它所描述的历史；毋宁说，它是那一历史的最后一刻，那时，概念通过对作为自身历史的概念本身的彻底认可，从而彻底地达到了自身。在科耶夫看来，历史与时间的等式描述了黑格尔体系的最终平衡。正是在这一方面，奴隶试图通过跟主人平起平坐而建立起另一种描述平衡的办法，它假定了奴隶的劳动在实现这一最终平衡时的决定性意义。历史终点处的奴隶，是将自身从永恒中彻底解放出来，进入了历史本身的奴隶，是达到了作为历史的劳动（或产物）的奴隶，历史会随着上述解放而终结。作为时间的奴隶的出现，是从作为自我保存这一最深层次的欲望的永恒性中最终的解放。随着完全接受作为历史性的、时间性的、有限性的——和完成了的人类，历史也终结了。[43]

科耶夫的圣者放弃了费德罗夫的"共同任务"，把它看成一种本质上想要避免死亡的屈从性的欲望（还可能有其他欲望吗？），从而得到了自由。但是，这一立场再次充满了困难，因为存在于终点上的含混性又回来了。就像奴隶一样，圣者只会发现自己处于张力之中：接受历史的、时间的和有限的人类，同时保持活力并撰写"亡者之书"（对此我会在下一章加以解释）。如果历史的终点没有给圣者留下任何可做的事情，那么继续活着的圣者就欺骗了自己而且永远不会结束，或者仅仅是重复。此外，圣者无法对他的选择或重复进行解释；因为这样做会意味着他并不在终点上，仍然有某些事尚未完成。循环性作为黑格尔的"创新"，无法被妥协——回到开端就是回到沉默或"重复"（对科耶夫来说，两者实际上是一回事）。[44]

因此，模棱两可、全知，无论如何都是阅读《精神现象学》本身的叙事所带来的后果。一个人将其自身加入了作为一切的自传的概念自传之中。但是，正如科耶夫在其演讲中早就注意到的，采取亡者之书所提倡的立场——这种立场在面对某人自己的思考方式时是完全透明的，它只有假设所有阅读《精神现象学》的人都具有同样的思想模式时才能出现——的后果是全知，它是易碎的、某个**决定**的最终后果。科耶夫写下了圣者和信徒的区别：

> 对立非常清楚。很明显，在这两种极端观点之间什么也没有。从下述时刻开始：奴隶劳动者把世界在他的主人和他自己之间区分开来，通过他的劳动废除了非人的自然的自觉的现实

性。或者换句话说，从下述时刻开始：犹太－基督教的人把巴门尼德的空间从他自身和他的上帝（对我们来说，是他根据自己的形象创造的，而对他来说，是他被创造时所依照的形象）之间区分开来；从这一彻底分离的时刻开始，人已经无法将他的知识投射进某种自然的现实性中，并像异教哲学家那样通过恒星的圆周运动而称之为真理。他必须把他的知识与他自身或与上帝相连，而无法同时与二者相连，因为只有一种绝对是可能的。

这两种极端的态度都被意识到了：其一借助黑格尔的人类－逻辑，另一个借助基督的神－逻辑的叙述。两者明显地不可协调。而且两者也不可能简单地被推翻。如果有人能从一个转到另一个，其方法只能是突然的跳跃；因为不存在转换，因为两者之间什么都没有。赞成一个意味着反对另一个；反对一个意味着支持另一个。选择绝对是单一的，而且最大限度地简单明了——问题在于为自己进行选择（也就是说，反对上帝）还是为上帝进行选择（也就是说，反对自己）。做出决定是没有"原因"或理由的，只有决定本身。[45]

人决定是否要认识自己；前者（认识自己）是哲学的本质，后者（不认识自己）是神学的本质。前者是语言的，后者终结于沉默、某种无言或沉默的神秘主义（unio mystica），或者实际上终结于对某种本质上无从知晓的"他者"的无限言谈（或无尽的闲谈）之中。前者是人之权威的最极端的假定，后者因神秘或不可知的权威而彻底拒绝了人的权威。[46] 前者追求作为完全的自我认知的自由，后者是这种自我认知的永恒的缺失。前者追求某个目标，后者缺少这种目标。一种清楚地将这些区别的基本意义置于它们的适当背景之下的方法，会带领我们回到关于基督教和柏拉图主义间的关系的问题上。在一个人决定去思考的范围内，他会追随着哲学的道路直到作为其顶点的黑格尔；在一个人绝对不去思考的范围内，他走向了另一条道路，他之所以可以如此是因为没有任何论证可以打败信仰，后者对所有理性论证的最终回应是"因其荒谬所以我才相信（credo quia absurdum est）"[47]。

由此科耶夫似乎意识到他的解释计划在很大程度上仅仅面向那些愿意听他讲话的人——那些已经决定思考的人。最重要的是，科耶夫清楚地表明，首先，一个人选择了思考；其次，接受合理性或对话或诸如此类的东西，其核心层面上必定存在着一个非理性的决定。这一对决定的强调，从理性传统中带走了说服的主要意义。理性再也不能因为自身建立在自己对事物的现实性的高超洞见上而指引某人走向它；与此相反，一个人不可能一劳永逸地说为什么理性比非理性好，这对科耶夫的思想来说，是非常重大的问题。科耶夫所依靠的那些论证，其具有强制力的核心是，坚持认为反对理性和完全的自我认知的决定等同于疯狂或孤立，但是他不可能给出其他某种关于为什么理性更好的说明。如地下室人那样的疯狂、孤立或纯粹意愿的行为，不需要理性，也不能给出理性。[48]

或许科耶夫只会承认明显的那一点，因为如果哲学的权威是必要的，那么就很难理解为什么首先会需要一种哲学教学法。哲学应该早已是普遍的，任何一种造就哲学合适听众的任务都永远不该出现。与科耶夫简单地声称历史有终点相反的是，我们不妨再次回顾，对科耶夫来说，终结历史是一项**计划**，在实施的过程中会变成哲学的正确的完成。这一计划有一个目标：产生圣者，完全的自我意识。如我们所知，完全的自我认知只有在战斗结束后才会出现；普遍的和同质化的国家是奴隶的最终胜利的结果。

科耶夫对这一计划的现实性的怀疑，远比他的学生或批评者们愿意承认的多。[49]他暗示，即便无所畏惧如黑格尔，也不太可能获得那种对圣者来说必不可少的完全的自我意识。

在科耶夫此后的关于时间的演讲中，这个问题进入了更令人关注的中心。它实际上之所以引人注目，是因为科耶夫表达这些怀疑之前先给出了一种描述，对象是我所认为的最不寻常的发明之一：亡者之书。

什么是亡者之书？该书为圣者所造，是他行动的最终结果。它包含有圣者的真理，通向绝对知识的道路。在科耶夫所赋予的人的意义上，它不是属人的。也就是说，它不是时间，不是行动，不是欲望；它没有未来。亡者之书既是圣者的墓志铭，也是他的自传，而圣者是在时间的终点上反映着所有其他人的公民。

注　释

1　"正是奴隶才会变成历史性的人、真正的人：最后，哲学家，黑格尔会借助相互认可的方式来理解终极的满足的原因和方法。" Kojève, *Introduction à la lecture de Hegel*, ed. Raymond Queneau, 2nd ed. (Paris: Gallimard, 1968), 54. 以下缩写为 ILH。

2　科耶夫写道："圣者是一个完全、完美地意识到他自己的人。"参见 ILH, 271; and Kojève, *Introduction to the Reading of Hegel*, trans. James H. Nichols Jr. (Ithaca, NY: Cornell University Press, 1969), 76 (以下缩写为 IRH) 。

3　Martin Heidegger, *Introduction to Metaphysics*, trans. Gregory Fried and Richard Polt, 2nd ed. (New Haven, CT: Yale University Press, 2014), 163–200.

4　参见 Mark Johnston, *Surviving Death* (Princeton, NJ: Princeton University Press, 2010), 270–304. 如我之前的注释中说过的，这一广受欢迎的著作从一个表明索洛维约夫与科耶夫（尽管可能更多的是与索洛维约夫有关）的强烈亲缘性的角度出发，考察了与索洛维约夫、费德罗夫和科耶夫有关的重要话题。

5　哥洛兰诺在这一方面尤其有帮助，因为他令人兴致盎然地、细致入微地解读了科耶夫试图寻找关于历史（以及人的死亡）叙事的目的之特征的不同尝试。哥洛兰诺描述了三种不同的路径，两种出现在黑格尔演讲中，第三种出现在科耶夫的《权威的概念》（*Notion of Authority*）中，后者写于1942年，科耶夫在世时并未发表。在他的描述中，哥洛兰诺倾向于关注结果，后者或者是某种衰落（"末人"），或者是野兽化（未能战胜自然），无论是哪一种，都伴随着作为自由的历史性个体的人的死亡。

尽管哥洛兰诺的说法在其自身的体系之内毫无疑问是有道理的，但我试图以另一种方式指出哥洛兰诺如此有效地发现的问题，后者必定与解放的悖论，与变成真正的人的悖论，与表面上自由的、历史性的、个体性的存在的悖论有关，而无论这些名词如何——一个与尚未解放，而且依然处于解放的漫漫征途中的奴隶有关的问题。正如科耶夫已经注意到的："只有在否定这种存在（人的'动物性存在'）的过程中他（人）才是人。"（ILH, 53）我试图澄清的科耶夫的问题有两个层面，因为他混合了解放是如何获得的（通过恐怖手段、技术，或者两者兼有）以及解放的状态可能是怎样的。我们是否会变得像动物，回到了从自然的错误中解放出来的自由，回到了先于创造了历史的斗争的状态；还是我们变成了某种完全不同的东西，既不是人也不是动物？这一最终的反讽（哥洛兰诺否认这一点）意味着对自然的彻底否定会将我们带回一种像是自然但又绝对不同的状态中，因为它是人化劳动的产物。

6 ILH, 144. Commenting on chapter 6, part B.3, in G. W. F. Hegel, *Die Phänomenologie des Geistes*, ed. Heinrich Clairmont and Hans-Friedrich Wessels (Hamburg: Felix Meiner, 1988), 385–394; or G. W. F. Hegel, *The Phenomenology of Spirit*, trans. A. V. Miller (Oxford: Oxford University Press, 1977), 355–363 (§582–597).

7 科耶夫使用的形象，如"无精神的肉体"或"蜜蜂"，意味着野兽化。但这一结论并非必然。我们会在第七章中加以讨论的这些形象构成了科耶夫引人思考的"宣传"的一部分。可以考虑某种更为明确的东西，如后历史的国家，如科耶夫所暗示的那样，更不可能被想象，因为作为人性最高表达的人的死亡，随之也带来了动物的死亡。如科耶夫所说："相形之下，一种纯粹属人的宇宙是无法理解的，因为没有自然，人是空无，纯粹而简单。"Kojève, *Esquisse d'une phénoménologie du droit* (Paris: Gallimard, 1981), 244; *Outline of a Phenomenology of Right*, trans. Bryan-Paul Frost and Robert Howse (Lanham, MD: Rowman and Littlefield, 2008), 214. 译文有改动。这个句子紧跟着对戒指的探讨而来，强调了人与自然之间关系的重要性，以及随之而来的历史目的并不寻常的方面——两者最终都不会存在。

8 这是科耶夫对黑格尔的原创解读之一，因为他不把辩证法看作一种方法，而是看作一种形式，借助这种形式，哲学家（或者更好地说，圣者）仅仅是描述了在历史的终点上的"现实"，以及导致"普遍历史"之终极真理的斗争和劳动。参见 ILH 455, 462, 466; IRH 179, 186, 191。

9 ILH, 143. Again commenting on Hegel, *Phenomenology*, chapter 6, part B.3.

10   Tom Rockmore, *Cognition: An Introduction to Hegel's* Phenomenology of Spirit (Berkeley: University of California Press, 1997), 179. 《精神现象学》认为获得了绝对知识（或者用科耶夫的术语，智慧）会带来哲学的终结，这一观点似乎是一种共识。但《精神现象学》的确切结果是一个充满争论的主题，它一点都不清楚。实际上，可以公平地说一个人对于《精神现象学》（以及随之而来的对哲学的影响）的看法取决于一个人如何解释在这一章中提出的终极性（finality）概念，而且存在着大量不同的解释。要了解对这一章节和绝对知识的不同观点，可以参考 Michael Forster, *Hegel's Idea of a Phenomenology of Spirit* (Chicago: University of Chicago Press, 1998); Robert Pippin, *Hegel's Idealism* (Cambridge: Cambridge University Press, 1989); Terry Pinkard, *Hegel's Phenomenology: The Sociality of Reason* (Cambridge: Cambridge University Press, 1994); and Catherine Malabou, *The Future of Hegel: Plasticity, Temporality and Dialectic* (New York: Routledge, 2005)。此外还有一些其他重要的著作：Jacques Derrida, *Glas*, trans. John P. Leavey Jr. (Lincoln: Nebraska University Press, 1986); Joseph C. Flay, *Hegel's Quest for Certainty* (Albany: State University of New York Press, 1984); Martin Heidegger, *Hegel's Phenomenology of Spirit*, trans. Parvis Emad and Kenneth Maly (Bloomington: Indiana University Press, 1988); Martin Heidegger, *Hegel*, trans. Joseph Arel and Niels Feuerhahn (Bloomington: Indiana University Press, 2015); Jean Hyppolite, *Genesis and Structure of Hegel's Phenomenology of Spirit,* trans. S. Cherniak and J. Heckman (Evanston, IL: Northwestern University Press, 1974); Charles Taylor, *Hegel* (Cambridge: Cambridge University Press, 1977)。同时，作为一种补充，参见 Robert Pippin, "The 'Logic of Experience' as 'Absolute Knowledge' in Hegel's *Phenomenology of Spirit*," in *Hegel's Phenomenology of Spirit: A Critical Guide*, ed. Dean Moyar and Michael Quante (Cambridge: Cambridge University Press, 2011), 210–217。

11   参见 Allen Speight, *Hegel, Literature, and the Problem of Agency* (Cambridge: Cambridge University Press, 2004), 12。关于《精神现象学》是一本成长小说（bildungsroman）的探讨，参见 Michael Forster, *Hegel's Idea*, 437; and H. S. Harris, *Hegel's Ladder* (Indianapolis, IN: Hackett Publishing, 1997), 1:10。无论它是一部成长小说还是传记（关于人或者上帝），其主题似乎都是精神本身，而不是特殊的科耶夫式的神人、圣者、精神的个体化或道成肉身。

12   科耶夫很清楚哲学家或者圣者仅仅描述了奴隶的自我克服："这就是说哲学家或者'圣者'（savant）与存在和现实之对立的态度是一种纯粹被动的沉思，而且哲学的

或'科学的'行动将自身局限在对现实和存在的一种简单的描述之中。"(ILH, 449)

13　Kojève, "Tyranny and Wisdom," in Leo Strauss, *On Tyranny*, ed. Victor Gourevitch and Michael Roth (Chicago: University of Chicago Press, 2013), 153.

14　Kojève, "Tyranny and Wisdom," 153–154.

15　在这一方面，科耶夫将他自己的身份带入了疑问。如果一个哲学家或圣者仅仅是描述事实如何，那么他并不试图影响或改变它。然而科耶夫的教学法是非常主动的而且寻求带来"转变"。如果是这样，科耶夫扮演了一个非常有趣的角色，他之宣扬真理，为的是实现它；他是新宗教的预言家。更好的表述是：他是行将取代宗教的真理的预言家。"人……获得了绝对哲学，后者会取代宗教。"(ILH, 114)

16　Kojève, "Hegel, Marx and Christianity," trans. Hilail Gildin, *Interpretation* 1, no. 1 (1970): 42.

17　ILH, 279; IRH, 85.

18　"无法思考的"和"无法说出的"是海德格尔思想中的习惯用语。参见海德格尔的名篇《柏拉图关于真理的原则》(*Plato's Doctrine of Truth*)序言中的评论。参见 Martin Heidegger, *Pathmarks*, ed. William McNeil (Cambridge: Cambridge University Press, 1998), 155。

19　ILH, 280; IRH, 86. 科耶夫将柏拉图的观点等同于有神论，而将黑格尔的观点等同于无神论；柏拉图肯定了获得智慧的不可能性以及随之而来的哲学生命的必然的怀疑(*zētētic*)本性，黑格尔式的对仅仅借助人类理性获得知识的强调。科耶夫将自身置于黑格尔一线，反对海德格尔之类的人物，他在这一宽泛的含义上将后者归入有神论。他的或许最清楚的关于这一区分的探讨，节选自尚未完全出版的手稿 *Sofia, filo-sofia i fenomeno-logia* (278–284); autograph manuscript in Fonds Kojève, Bibliothèque nationale de France (box no. 20)。

20　对科耶夫来说，循环(circularity)是相当重要的，它是区分黑格尔与柏拉图的标准——或者用科耶夫的术语来说，是区分哲学与神学的标准。如他所说："这个关于循环的观念，如其所是的那样，是由黑格尔带来的唯一原创的要素。"(ILH, 287)他还说："因此，对黑格尔来说有一种双重标准适用于智慧的实现：一方面，圣者居住于其中的国家的普遍性和同质性；另一方面，他的知识的循环。"(ILH, 289)至于国家，科耶夫写道："圣者之可能，只有在这样的国家：它完成了这一进化，其所有的公民都'超越了'他们自身……在那里没有任何彼此互相排斥的特殊的利益。"(ILH, 301)

21   Martin Heidegger, *The Metaphysical Foundations of Logic*, trans. Michael Heim (Bloomington: Indiana University Press, 1984), 45.

22   科耶夫把第八章分成了三个部分。他的分法在黑格尔原文中并不存在。他把自己的论述做了如下分割（英语页码和分段，其后是德语原文的页码和分段）：演讲一和演讲二是导言；演讲三和演讲四覆盖了第一部分，大体相当于德语原文的六页的内容（479–485，§788–797 [516–522]）；演讲五和九、十覆盖了第二部分，大体相当于德语原文的五页内容（485–490，§798–804 [523–528]）；演讲六到八是论时间和概念的一个"附录"（excursus），基于德语原文的两页内容（486–487，§801 [524–525]）；演讲十一和十二覆盖了第三部分，包含德语原文的最后三页（490–493，§805–808 [528–531]）。

23   ILH，319.这一演讲为英译本所未录。

24   ILH，300.这一演讲为英译本所未录。

25   参见 Heidegger, *Introduction to Metaphysics*, 8–9。

26   Friedrich Nietzsche, *Beyond Good and Evil*, trans. Marion Faber (Oxford: Oxford University Press, 1998), 4.

27   迈克尔·罗斯的出色研究使得这一点浮出水面。参见 Roth, *Knowing and History: Appropriations of Hegel in Twentieth-Century France* (Ithaca, NY: Cornell University Press, 1988), 83。亦可参见 Kojève, ILH, 289："黑格尔哲学是一种神–逻辑；只有它的上帝才是圣者。"（Hegelian philosophy is a *theo-logy*; only its God is the Sage.）

28   Immanuel Kant, *Groundwork of the Metaphysic of Morals*, trans. H. J. Paton (New York: Harper and Row, 1964), 103–104.

29   在此，我当然指的是《逻辑学》的著名开篇。参见 G. W. F. Hegel, *The Science of Logic*, trans. George di Giovanni (Cambridge: Cambridge University Press, 2010), 45–82。亦可参见科耶夫对这一开篇的有趣处理：*Le concept, le temps et le discours*, ed. Bernard Hesbois (Paris: Gallimard, 1990), 229–260。

30   ILH 61, 287; IRH 93.

31   ILH, 337; IRH, 101. 关于时间与概念等式的基本关注点，一个有用的指南是Paul Livingston, *The Logic of Being: Realism, Truth, and Time* (Evanston, IL: Northwestern University Press, 2017), xi–xv, 129–131.利文斯顿认为时间与概念的"结构主义式的"等式（对科耶夫对黑格尔的解读来说似乎是最为德国化的），由于一致性和完成性方面的原因，有着相当严重的缺陷。利文斯顿所表达的关注，与科耶夫关于历史终结或终结的思想问题有着相当大的关系。自始至终我都在考虑这个问题，但是在第八章关于《试析理性的异教哲学史》的讨论中更为详细。

32 Heidegger, *Metaphysical Foundations*, 42–69.

33 显而易见，科耶夫本人对此相当敏感。他最后的重要著作《试析理性的异教哲学史》是一项对概念的时间化的彻底而详尽的考察，长达1200余页。本来是1938—1939年间的三个演讲中的注脚，后来变成了这一未完成的皇皇巨著的主要的哲学内容。如果别的都不算的话，这一晚期著作提供了足够的证据表明科耶夫的"还原"绝非鲁莽的、肤浅的、挑衅性的思辨。他的冷漠态度，导致有人断定他并非像实际上那样谨慎或严肃——他对自己的学识轻描淡写，很少表现出广博的知识。然而当人们阅读他的黑格尔讲座的笔记时，一个完全不同的形象出现了。它们惊人地详细和严谨，由超过两千页的备忘录构成。在这一意义上，我们所拥有的文本全部是碎片，不过是巨大的冰山的一角而已。

34 参见Heidegger, *Metaphysical Foundations*, 47。

35 ILH, 364; IRH, 131.

36 这是一种科耶夫式的共识：数学是沉默的一种形式，既不是一种语言也不是一种言语。对科耶夫来说，数学类比的问题在于他所强调的数学的非时间性的本质，后者与数学可能应用于其上的事物的时间性存在相对立。实际上，就最坏的可能性来说，看起来似乎数学类比（科耶夫很频繁地使用）充其量也是不足的。在这一方面，科耶夫对待数学的态度是很有启发意义的，尤其是考虑到他可观的能力。如我在别处所注意到的，我并未发现在科耶夫那里援引过数理逻辑中所发生的巨大进步，其先驱包括哥德尔，冯·诺伊曼和阿兰·图灵，他们都是科耶夫的同时代人。人们只能对这一情况的原因进行思辨，因为科耶夫对量子物理学的热切兴趣提供了一个鲜明的对比，比照的是他对会导致计算机革命的数理逻辑的明显无视。我的总结是，科耶夫发现数理逻辑作为逻辑有着深刻的问题，其原因与他反对斯宾诺莎的原因一致：对科耶夫来说，逻辑的数学化很可能等同于消除语言中的时间层面。因此，对他来说，现代数理逻辑是一种辩护性的或反动的逻辑，它从黑格尔式的革命性逻辑、对时间的解释中转头离开。这当然不是在量子物理学中发生的情况，这一区别或许可以解释科耶夫对量子物理学的兴趣以及他对现代数理逻辑的否定。此外还可能有另外一种理由，由黑格尔本人以最简洁的方式提出："就像我在其他地方提到的，只要哲学想变成科学，它就不能从它的次一级科学中借来方法，比如数学，就像它不能满意于内在直觉的绝对保证，或者运用基于外在反映的论证。"参见 Hegel, *The Science of Logic*, 9。

37 ILH, 366; IRH, 133. 在一个注释中，科耶夫在某种程度上认可了这一判断，声称："或许在自然中与时间无关是不可能的；因为或许（生物）生命至少在本质上是时间性的现象"（ILH 366; IRH133）。这一区分模糊了科耶夫在时间性与人的劳动之间所设立的关联。它在最好的情况下是一句模棱两可的话，在最坏的情况下是一种自相矛盾。

38 ILH, 366; IRH, 133. 黑格尔的原文如下："Was die Zeit betrifft, von der man meinen sollte, daß sie, zum Gegenstücke gegen den Raum, den Stoff des andern Teils der reinen Mathematik ausmachen würde, so ist sie der daseiende Begriff selbst."参见 Hegel, *Phänomenologie*, 34; *Phenomenology*, 27 (§46)。

39 ILH, 366, 368; IRH, 133, 135.

40 Kojève, *Essai d'une histoire raisonnée de la philosophie païenne* (Paris: Gallimard, 1968), 1:104.

41 ILH, 368–369; IRH, 136.

42 ILH, 371; IRH, 139.

43 ILH, 540. 如科耶夫在别的地方所说的："正是通过让自己屈服于死亡，通过言谈来揭示死亡，人才最终达到了绝对知识或达到了智慧，由此也完成了历史。" Kojève, "The Idea of Death in the Philosophy of Hegel," trans. Joseph Carpino, *Interpretation* 3, no. 2/3 (Winter 1973): 124.

44 ILH, 287. 对科耶夫来说，回到开端，阅读亡者之书是重复的沉默，因为"新词"是不可能的。

45 ILH, 293.

46 科耶夫将这一点跟神学态度或哲学中的有神论态度相连。

47 如科耶夫的朋友施特劳斯所论证的那样，在信仰和哲学之间没有任何论证的可能性，因为信仰的核心假定是"不管怎样"都会相信。

48 实际上，在此我们清楚地看到地下室人的"破坏性"，他不会满足于淡出的行动，而是感到被强迫着证明他对理性的拒绝。因此，他引入了矛盾，因为他试图（或者假装着）对为什么人不可能基于后者的内在的不可能性给出一个合理的说明。如此这般的地下室人是一个无尽言谈的大师，他对终结的拒斥是对任何一种关于完成的思想的直接挑战。正如我在第一章中已经探讨过的，并且在第八章中还要探讨的，他的声明中的语言上的等式，即2x2=5是对语法的歪曲，最终会导致胡说。

49 罗森或许是其中最苛刻的，他声称科耶夫的"体系配不上他的智力水平，甚至配不上他对《精神现象学》所做出的启发性的评论"。参见 Rosen, "Kojève's Paris: A Memoir," in *Metaphysics in Ordinary Language* (New Haven, CT: Yale University Press, 1999), 277。然而，罗森的诚实令人耳目一新，而且他的观点不能被忽视，因为他对科耶夫了解甚多。他怀疑科耶夫的历史目的多少有点像某种规范性的理想，或某个爱开玩笑的人的把戏。如果有明确的证据表明它是一个规范性的理想，那么（相当自然地）就更难以支持将其列入玩笑或把戏之类，尤其是考虑到科耶夫后来试图为自己的观点辩护时的严肃性。

第六章

亡者之书

　　　　人的存在是被调停的自杀。

　　　　人的全体（人性）应该像一个个别的人那样死去；普遍的
　　历史必须有一个确定的终点。

　　　　　　　　　　　　　　　　　　　　——亚历山大·科耶夫

　　亡者之书是圣者的智慧，哲学的圣经。[1] 它不是活生生的智慧，而
是圣者在物质制品中的"客观化"或"客体化"。在此有一个有趣的反
讽在起作用，因为圣者标志性的特征是内在化（Er-innerung）的圆圈
式过程的完成，由此作为上帝的他者在圣者形象中变成了人。[2] 显然，
做一个圣者还远远不够。圣者留下了他的智慧的证据，而且根据科耶夫，
这一证据不是次要的而是圣者的必要成分。没有亡者之书，就没有圣者。
此外——也是更令人迷惑的一点是——这是一本圣者之死的书。在这一
方面，亡者之书不仅仅扮演了圣者智慧之证据的角色，它同样见证了圣
者智慧的有限性的特征，因为仅有圣者还不够。他必须留下一些东西，
因为他不能在自身中，也不能以关于自身的方式保持他的智慧。圣者总
是而且必然是有限的。他死了，但关于他的书活着——实际上是永远活
着——成为他死的纪念。

圣者的行动，也就是说，知识的行动从人那里分离出来进入了亡者之书。"辩证运动"不再是**世界**或历史的运动，变成了当下意义上的语词—概念（Word-concept）或"辩证的"运动。这一从人中的分离，或者这一朝向语词—概念的"运动"之路之所以发生，是因为远离了矛盾，世界和人不再能向前"移动"自身。换句话说，世界死了；它过去了，带走了所有它意味着的东西，包括人。而且，由于死亡，世界和在—这个—世界上的—人（Man-in-the-World）都不再能作为继续"存活"或"运动"的"辩证"概念的物质支撑。永恒的概念"运动"的物质支撑从现在起在亡者之书中被称为"逻辑"：这本书（"圣经"）才是永恒的逻各斯的化身。

因此圣者并不像一个人那样行动。但是他之所以不这样行动的唯一理由是，就在圣者变得可能的那一刻，人就不再能行动。相反，智慧变得可能，只有当所有属人的目标都已**经达成**的时候。[3]

上述两段出自第十篇演讲的末尾，它们提供了一个引人注目的总结，对象是科耶夫最不寻常和最具挑战性的关于圣者和他所留下的圣书的观点。举例来说，如果科耶夫的工作是去解释全知如何能够在一个有限的个体中找到其表现，他似乎认可了这一说法，方式是假定就在全知最终在一个个体中变成现实的那一刻，时间——他将时间与概念等同——在历史性的完成中终结了。圣者就是我们现在或许可以称为第一个后人类的人，尽管他是全知的，但他在科耶夫应用于——作为欲望、否定和时间的存在者的——人类身上的空间的意义上，他不再是人类。此外，圣者借以实现的行动或实践同样也来到了终点。它只能以言谈的形式保存在亡者之书里，它把否定的行动，世界借以变得存在并完成的表面上的辩证运动转换成了亡者之书的逻各斯。人与历史在圣者之中走到了尽头：人的神化同时也是人的终结。[4]

　　并不奇怪的是，从这些非同寻常的观点中，围绕着科耶夫对黑格尔的解读产生了不少争论。[5]不仅仅是这些观点出现在了关于《精神现象学》中含义模糊的16页内容的几乎长达两百页的演讲的结尾部分，而且圣者和亡者之书的概念似乎比科耶夫评注中的几乎任何其他部分都更明显地"曲解"了黑格尔的原文，把它看作是一种特殊的、反身性的、思辨的步骤。无论一个人多么仔细地审视《精神现象学》的最后16页，他实际上都很难被强迫着去找到对亡者之书的暗示，更不用说圣者了。当然，或许看来很明显的是，《精神现象学》本身就是亡者之书，而黑格尔就是圣者。[6]然而，同样明显的是，在这一背景下，科耶夫最终抛弃了任何有关文献学方面的顾虑，他变成了亡者之书的预言家。这是一个麻烦不断的角色，理由有很多。如我们将要看到的那样，作为预言家的科耶夫似乎声称他自己并不是一个圣者。如果他不是，他如何能宣称解释圣者？但人们或许可以做出更为苛刻的论断：这一最终的解释、同时既重要又典型地表现科耶夫立场的结论，仅仅是一厢情愿地把某种外在的原则生搬硬套到了黑格尔的原文中，这一做法可以比肩海德格尔所做出的最粗暴的干涉。[7]

　　我是有意用"外在原则"的，因为人们无法避免地会怀疑，科耶夫强调了一种阅读黑格尔的方法，如我们在其他若干章节中已经考察过的那些倾向一样，该方法更多地跟独特的俄罗斯式的对神圣人性或战胜人性的关心有关。在这个说法中实际上没有什么新鲜内容，其他评论家曾怀疑过这一点，至少在科耶夫跟索洛维约夫思想相关的范围内是如此。[8]或许不太明显的一点是那种强有力的俄罗斯式的联系：连接起了人和世界的终点与最为独特的——和特殊的——普遍主义，这就是大名鼎鼎的时间的终点与把莫斯科建成"第三罗马"的联系，这一联系本身很接近费德罗夫追求建立的重生的死者构成的新群体。[9]尽管这一论断或许像鲁莽的思辨，人们仍然想知道科耶夫的斯大林主义对这一明显不可能的意义究竟认可到了什么程度：导致了历史和人的终结的世界革命的发生地，如我们所理解的那样，是莫斯科。莫斯科是发源于罗马的传统的终点和顶点，控制权转移（translatio imperii）到了它的最高点，变成一个超过自然本身的帝国。在这一方面，科耶夫对欧洲思想的介入呈现出一种极为不同的色彩，并带来了另一种对其演讲的解读——作为一个寓言，说的是用被殖民的奴隶超越此前的欧洲主人，莫斯科将成为第三罗马这一宣称被刷新了，在时间的终点上，奴隶会跟主人平等。[10]

科耶夫由此获得了胜利，而他的前辈们，从陀思妥耶夫斯基到费德罗夫，更不用说其他人，在这一点上大多失败了。他不仅仅把欧洲理智传统的完成，即黑格尔嫁接到了他自己的目的上，而且这样做的时候正是在欧洲文明显而易见的首都：巴黎。

在此，我提及这些特别的观点为的是给出一个说明：在科耶夫1938—1939年演讲的最后部分中，究竟什么是重要的。但这只是该部分的一个方面，对我来说，在急切地回到这些观点之前，似乎最重要的是更详细地考察科耶夫圣者和亡者之书的概念。如果圣者观念以及与之相互补充的人和历史之终结的概念，已经引起了比科耶夫思想的任何其他层面更多的（也是更严厉的）争论，那么其中的某些争论似乎来自科耶夫的对话者们更大的争论意图。其中最直言不讳和最有影响的一些试图论证科耶夫是一个反人文主义者或后现代的和启示录式的人物，却没有完全展示科耶夫论证的全部意义。[11]因此，作为对这些争论的再平衡（counterbalance），我提出一种对圣者和与圣者的出现联系在一起的终极性形象的详细说明。

圣　者

关于圣者形象的长长的探讨占据了科耶夫 1938—1939 年演讲的最后三分之一。尽管我们已经相当详细地考察了圣者作为全知形象的可能性，但尚未考察圣者的现实性；也就是说，我们还没有考虑到圣者作为一个活生生的人的实际表现可能会带来什么。在此我们进入了科耶夫思想中最为开放的思辨领域，因为甚至那位宣称自己是圣者的黑格尔，都不太清楚这样做是否正确。与某些科耶夫的批评者所认为的似乎不同，支撑历史确实走到了终点的假设的证据是模棱两可的。有时候，科耶夫把历史的终点跟斯大林联系起来，而另一时刻，则是拿破仑。[12] 抛开终点的同一性，科耶夫的宣称，即历史已经达到了终点的作用是一种劝告，涉及的是完成的哲学计划，而这一完成显然尚未完成。如果它完成了，那么就不会需要科耶夫劝告式的评论了。

关键点是这样的：历史的终结描述的是一种杰出的**计划**，而不是回溯到两百年前的某种既成事实（fait accompli）。此外，作为计划的好处是，它的成功并不带有必然性。

> 在我们的时代，就像在马克思的时代一样，黑格尔哲学在真理一词的确切意义上并不是真理：它更少地是现实性的适当的、言语层面上的揭示，更多地是一个观念或一种理想，也就是说，一个有待实现的计划，因此通过行动才能证明它的正确。然而，引人注意的是，正因为它尚未实现，所以只有这种哲学才能够在某一天变成现实。因为只有它说真理是在时间中、从错误中产生出来的，而且不存在"超验的"标准（相反，一种关于必然性的神学理论要么总是正确的，要么永远错误）。这就是为什么历史永不反驳黑格尔主义，而是将自身限制在对它的两种相对立的解读的选择上。[13]

即便是黑格尔也不可能宣称达到了完全的自我意识，变成了圣者，因为正如科耶夫在第十篇演讲中提出的，黑格尔无法解释为什么是在他而不是别人那里，智慧第一次出现。[14] 这肯定是科耶夫一方的不同寻常的供述。它直接导向了一种更不寻常的概括：科耶夫让自己负担起完成黑格尔工作的任务，而不仅仅是重复它（如他在后期著作中提出的那样），而科耶夫完成的工作是某种特别的实践计划的一部分，科耶夫由此发现自身处于一种不舒服的、或许是站不住脚的立场上，宣称自己就是亡者之书中的圣者，并且会向我们介绍这本书——或许包括了大量的（vast archipelago）尚未出版的和未完成的手稿，只有在科耶夫死后才能出现。在这一方面，我们发现，作为科耶夫的读者，我们处于一种自我指涉的文本之中，我们在文本中读到的东西描述的是该文本自身。[15]

此外，科耶夫对黑格尔的批评只有在黑格尔尚不足以成为圣者的情况下才具有现实的可能性。因此我们不得不接受科耶夫，尽管他在其他方面显得如此尊敬黑格尔，却知道得比黑格尔**更多**，真正的圣者是科耶夫而不是黑格尔。但是，正如我已经注意到的，宣称知道得更多是一回事，宣称知道任何可能知道的事情是另一回事。科耶夫似乎假设的是后面这一角色，而事实上情况未必如此，因为他自己的评论是某种形式的哲学教学法，或者对终结历史的劝告，而不是历史本身的终结。如果情况并非如此，那么我们所阅读的书就不是亡者之书而仅仅是另一个来自错误的历史的设置，也就是科耶夫本人所理解的哲学。

科耶夫关于终结的激进哲学计划在实现过程中会遭到重大的阻碍，这并不是什么秘密。我们已经探讨过科耶夫所保留的一个关键思想：扩展其自身是自我意识的"本性"。科耶夫反对这一假定，因为他观察到，不是所有人都试图将他们的自我意识扩展到如此之高的地步。不是所有的人都想当哲学家，而无论他们是否能当哲学家。对科耶夫来说，自我意识的扩展这一典型的——实际上也是最终的——哲学家的"本性"，看起来并不是人类必然的或"自然的"一面。在这一方面，科耶夫自动远离了这一观点，它最终可以追溯到亚里士多德的名言："所有人就其本性而言，都渴望求知。"[16] 对此，表面上的黑格尔的版本是所有人（作为社会存在物）都渴望完全意识到他们自身，其源头，如我们将要看到的，深入到了黑格尔哲学的基础之中。

通过否定自我意识的扩展是必要的这一说法，科耶夫由此肯定了，如我们已经注意到的，他的工作是一种实践性的计划，其胜利的几率并没有什么可以保证。如果正如科耶夫在某处所指出的那样，历史终结于1806 年，那么很明显的一点是，不是所有人都能理解这一事实——历史似乎一如既往地前行。实际上，人们可能在这一宣称中发现模糊性，它似乎在表达纯粹的古怪，它是一种最有力的标记，表明它不仅并未过去，而且也并未抓住那些本来可以帮助实现这一宣称的人们的想象力。

历史终结论的实践方面本身就很古怪，因为它彻底拒斥了这样的想法，即真理在某种意义上"在那里"等着我们去发现。毋宁说，科耶夫提出了更为激进的观点：真理就像我们制造的东西一样。他向他的听众提出的挑战，是让历史已经终结这一宣称变成现实。尽管把历史的终结与奴隶的劳动联系起来，在劳动等同于真理的等式中相当明显地得到了预见，如我们之前就已经看到的，我们制造了真理这一简单的声明，被指责为唯我论、主观性和疯狂。

科耶夫预见到了这些反驳，这也是为什么他强调朝向客观真理的路径是由哲学教学法开辟的，后者说服其他人加入这一制造真理的计划中来。作为计划的真理在它被接受为真理的那一刻，失去了它的唯我论的或主观性的色彩以及与疯狂的联系。此外，当它不仅仅被许多人而且被**所有**人都接受的时候，这一真理达到了作为真理的自身。真理之变成真理只是在它变得普遍的时候；我们似乎用个体的疯狂交换了集体的疯狂，尽管科耶夫完全否认后者的可能性。

这或许仍然是一个令人震惊的原则，尤其是它的普遍主义的形式。

它不仅使我们远离了那条可敬的原则：真理是被发现的，而不是制造出来的，而且还远离了另一种观点：没有终极真理。（在此，声称科耶夫在某种程度上是后现代主义者——在老生常谈的意义上——是有问题的。）它使我们远离了原则，换句话说，我们被无法克服的某种力量或力量的缺乏所限制着，它们被我们看作是自然或上帝或语言以及诸如此类的东西。对科耶夫来说，宣称我们的存在**必定**要臣服于这些"外部"限制，是一种在主奴**关系中**扮演了一个角色的原则。[17] 要点在于，不是自然或上帝或其他的外部限制形成了我们，而是我们与其他人的关系形成了我们。人与人的关系是基础性的关系，由它我们才能知道任何事情，包括我们自身。那么，声称自然或上帝限制了我们，就是在人类关系中创造了一个权威的特殊结构，这一权威结构通过将奴役锚定在某种不变的外部权威中，而强化了社会或政治上的奴役。一个人可能反抗他的主人，但人不可能反抗绝对的主人——自然或上帝（它们为死亡的面具所掩盖）。但是科耶夫认为，这一警告仅仅是为争夺统治权进行的社会或政治斗争中的另一种策略，它最终会极大地强化自然或上帝的对人类事务的霸权——尤其是死亡的霸权。通过强化死亡的权威，主人强化了他自己的权威，他与奴隶不同，并不害怕死亡。

相应地，真理锚定在外部限制之中的观点，不过是强化主奴区分的所有政治统治的另一种姿态而已。那些接受以此种方式理解的自然、死亡和真理的权威的人，将自身诅咒为奴隶。

这里有一个有趣的观点：科耶夫对哲学胜利的保留表明，奴隶并不一定要胜利。当科耶夫指出不是所有人都试图成为哲学家并完全认识自身的时候，他的意思是，他们并不想面对下述事实：他们的奴役可能仅仅是一种虚构、一个幻象，其背后隐藏着一种政治霸权的结构。他们不想达到完全的自我意识，因为他们还不得不面对死亡。通过直面死亡，他们会在这一意义上失去对它的恐惧。但如果他们失去了对死亡的恐惧，那么他们就不再是奴隶，即便不是在现实（inactu）中（因为他们仍然会发现自己处在奴隶的位置上）也是在潜能（inpotentia）中。尼采所惧怕的而科耶夫所欢迎的奴隶反抗的本质，就是对死亡的恐惧的消失。

对科耶夫来说，在西方的历史中，没有哪一个形象能够比基督更令人信服地表明这一消失。在这一方面，科耶夫宣称基督指出了填平人与上帝之间的鸿沟的道路，这同时也是奴隶失去其恐惧的典型表达。所有奴隶反抗中的最伟大者，就是由基督明确表达的对死亡之恐惧的反抗，指出了征服自然、上帝和死亡的道路。在 1933—1934 年关于黑格尔的死亡观的演讲中，科耶夫说道：

> 正是通过让自身屈服于死亡，通过他的言谈揭示这一点，人最终达到了绝对知识或智慧，由此终结了历史。因为正是从死亡的概念出发，黑格尔造就了他的"绝对"哲学的科学，它自己就足以哲学化地提出一种说明：在一个有限存在者构成的世界上存在的事实。这个有限的存在者意识到了自己的有限性，而且在它愿意的时刻会处理掉这一有限性。
>
> 因此，黑格尔的绝对知识或智慧，以及对死亡的有意接纳，无非都是一回事而已。[18]

在此，科耶夫的思想提出了一个挑战，它是一种哲学教学法，寻求的是把所有人从对死亡的恐惧中解放出来，方法是追随一个在基督教自身内部创造的解放的典范——我们或许还记得，这种宗教通过提供基督这一范例来抑制自身，根据科耶夫的说法，这也带来了它自身的驳斥，以至它奉为神圣的不是对死亡的接受，而是恐惧（以上帝的形象出现）。科耶夫这一挑战正是意在消除通过强化我们对死亡的恐惧而构造的，来削弱我们对死亡的接受的主人的所有化身。

在这一方面，科耶夫的思想似乎是一种令人震惊的、启示录式的对神性之放空（kenosis）的说明。我跟上帝结合得越多，我就变得越普遍，越完整就越不惧死亡，也就越能认识到自己跟死亡的本质性亲缘关系。《精神现象学》中描述的旅程是一种清空（Entäußern），借此，我的我和迄今非我的东西合一，在我与一切合一的地方，一切也与我的我合一。提醒一下，这并不是一个弗洛伊德在《文明及其不满》（*Civilization and Its Discontents*）中提出的"万能感"（oceanic feeling）的时刻，[19] 也不是"沉默的"合一或"神秘的合一"（unio mystica）的某种变体。与此相反，这是最高的自我意识的表达，因而也是一种在不是我的事物中对自我的有意识的认可，其关联要素有若干：普遍认可，随之而来的是主奴关系达到了终点，以及在黑格尔那里的传说中的主体与客体的统一，对此，科耶夫因另一种统一——即被理解为时间的最终空间化和空间的时间化的时间和空间的统一——而弃置不顾。与万能感不同，圣者描述了这一清空的过程——它在定义上是一种言说的过程——而且把这一描述留在了亡者之书中。

在此需要详细说明的还有好多。但是即使以一种初步的姿态，我首先想提出两种表达了对科耶夫的解释的批评立场：一种来自左的，一种来自右的。此后我会将科耶夫对上述批评的回答，置于一种更广泛的关于他1938—1939年的最后演讲的清空方面的探讨之中。

自然与被给定的

科耶夫轻视被看作是对某种"被给定的"事物以支持的自然概念，而涉及第一种立场之主题的线索正是对此的攻击。从这一点出发，社会关系不像对科耶夫那样不是本质上对自然的拒斥，而是某种对自然的特别回应，其最基本的原则是自然不可能被征服——因此，自然无论与什么等同，都设定了社会的最终限制。尽管这听起来相当的平等主义——我们都是自然的"孩子"——但它并非如此，因为有一个警告是，自然被用作为不平等规范辩护的手段。自然的原理是一种虚构，如在柏拉图那里一样是一个高贵的谎言，它给大众下达了命令，以便那些有必要的德行的少数人可以繁荣起来，而不会受到大众的干扰。如果说有什么区别的话，那就是科耶夫对主奴关系的"独断的"关注仅仅揭示了他对其他选择的精明评估。为自然法则辩护的人们的首要选择，是对保持不平等的必要性的"清醒的"认可；这一点的不吸引人的一面或许可以简单地表述为鼓吹对那些无法适应自由的"严酷"（rigors）的人们进行持续的奴役。

这一论点的另一面是自然法学派对科耶夫的称赞，他们指出，科耶夫通过将启蒙运动的逻辑发挥到极致，展示了他对那个逻辑的"非人性化"真理的清晰而清醒的认识。"清醒"是描述面对"危险"事实时毫不畏缩的"严肃"态度的首选词。当然，最危险的真相，不可爱的真相（schlechthin）是我们死了。[20]正如我们可以从《理想国》中了解到的那样，死亡是最大的不公正，如果不是我们社会关系中所有丑陋和危险的根源的话，这些社会关系本身只能提供一种缓和措施。[21]

这些缓和措施中最危险的是人间天堂的承诺，这很像作为圣者到来的必要前提的普遍而同质的状态。好像它的拥护者都在援引荷尔德林在《亥伯龙》（Hyperion）中的警告，保守的观点可能会被还原为一个声明：将天堂带到人间，创造的是地狱而不是天堂。[22]因此，当科耶夫带着刻薄的喜悦谈到人的死亡和历史的终结时，他似乎落入了批评者的手中，而且不仅仅是那些来自右翼的人。左派的论点是，科耶夫将表面上的乌托邦状态描述为一种后人类的色情游戏状态，在这种状态下，话语变成了"蜜蜂的'语言'"，从而为保守派提供了奖励。[23]或者更糟糕的是：

> 历史的终结，恰当地说，是人类的死亡。在这次死亡之后，仍然存在的有（1）具有人形的活体，但没有精神，即时间或创造力；（2）一种精神，它以一种无机现实的形式存在于经

验上，一种没有生命的物质，作为一本书，它甚至不是动物生命，与时间无关。圣者与他的书之间的关系，因此严格地类似于人与**死亡**之间的关系。我的死确实是我的；这不是另一个人的死亡。但它只属于我的未来；因为有人可能会说："我要死了"，而不是"我死了"。书也是一样。这是我的工作，不是别人的；这是关于我自己的问题，而不是关于另一件事的问题。但我不在这本书中，我也不是这本书，除非我写或出版它，也就是说，只要它仍然是一个未来（或一个计划）。一旦这本书出来了，它就与我分离了。它不再是我，就像我死后我的身体不再是我一样。死亡与非人格的、永恒的、非人类的精神——它在亡者之书中并由该书来实现——一样，是非人格的和永恒的，也就是说，非人类的。[24]

这一引人注目的段落描绘了一幅后历史国家的惨淡画像，在两种清空之间建立起对等关系：一是人类实现了其普遍存在；二是人类进入了亡者之书。在这两种情况下，普遍化的清空行为都等同于死亡。成为普遍的和同质化的国家的公民似乎类似于死亡——智慧不仅仅是接受死亡，它是死亡的付诸行动（enactment）。圣者从曾经生机勃勃的人类的尸体中像幽灵一样出现，他是向亡者之书的短暂过渡。如果需要清醒，那么就是在这种情况下，在对解放——它似乎引领着奴隶对抗他的主人——前景的极其清醒的反思中。赢得这场斗争后，奴隶滑入了遗忘，只留下了他胜利的记录存在于哲学奴隶所写的书中。更重要的是，被解放的奴隶只不过是一种动物，一种被解放他的劳动所抛弃的"身体和快乐"的生物。他的解放让人想起主人的困境，他似乎也生活在某种植物人的困境中，因为他越来越依赖奴隶来满足他的物质生存需要——事实上，他变得更像奴隶。

从左派、那些坚持解放叙事的人的角度来看，这种自我毁灭、"被调停的自杀"的叙事几乎没有吸引力。不仅作为一种修辞上的努力，如果它曾经是这样的话，而且作为一种冷酷的概念可能性，它一定会失败。奴隶在历史终结时的胜利不是代价高昂的——那会让它看起来更诱人。事实上，这是一场看似与失败无异的胜利，因为历史终结后的奴隶所剩无几，只有漫无目的、无意识的快乐。

从右翼的角度来看，科耶夫的后历史场景是直截了当的宣传。难怪自然法的追随者称赞科耶夫的清醒。对他们来说，他设想了乌托邦主义的"灰色"死亡，而且其中没有丝毫幻想成分，人们可能会认为这是尼采式的"末人"的胜利。因此，我们假设，最伟大的乌托邦社会理论家马克思（科耶夫宣称是他的追随者）没有对终极国家作详细描述是有原因的：终极国家的可怕性质确保了它永远不会吸引很多追随者。至少，科耶夫，这位被理解为哲学教学法的独特的哲学宣传大师，要么错了——这极有可能是因为运气不好，要么决定描绘出最残酷的观点，即实现乌托邦的希望必须包含什么。

那么，科耶夫的后历史国家，难道不是对那些追求乌托邦的人的警告吗？他们追求最终的、最好的国家，最终在生活的各个方面建立平等主义原则统治的国家。科耶夫是右派中的左派，还是像哥洛兰诺所说的那样，他根本不是左派或马克思主义者，而是完全不同的思想家，一种前后现代的（pre-postmodern）虚无主义者？[25]

我们该如何看待 1938—1939 年演讲中这些最后的忧郁的话？他首先援引了黑格尔的一段话：

> 有限的整个领域，由于它本身就是感觉的某种东西，在永恒［思想和直觉］的思想和直觉（Anschauung）之前坍塌为真或真信仰，在这里成为同一个东西。所有主体性的微不足道的东西都在这吞噬之火中被烧毁；甚至这种自我奉献（Hingebens）和这种毁灭（Vernichtens）的意识也被消灭了（vernichtet）。

接下去他又说：

> 黑格尔知道这一点并说了出来。但他也在一封信中说，这种知
> 识让他付出了沉重的代价。他谈到了他在25—30岁之间经历的
> 一段完全抑郁的时期：一种"疑虑症"，"bis zur Erlähmung
> aller Kräfte"，"直到用尽所有力气的地步"，而这正是由于
> 他无法接受绝对知识的观念所要求的对个体性的必要放弃，个
> 体性实际上是人性。但最终，他克服了这种"疑虑症"，并
> 且，通过最终接受死亡成为圣者，几年后，他出版了"知识系
> 统"的第一部分，题为"精神现象学的科学"，在其中他明确
> 地与所有存在的、已经存在的事物和解，方法是宣布地球上再
> 也不会有任何新事物。[26]

要点是很清楚的：左派不能接受的观点是，乌托邦对应着对个体性的战
胜。但右派也不能接受这一观点，但他们却不得不这样做，如果他们坚
持科耶夫已经证明了整体解放这一最终的、被珍视的目标是如何地与人
性相对立的话，因为在科耶夫的意义上，整体解放就是从个体自身中的
解放。在历史的终点上，全部剩下的只是"动物的"身体和精神的亡者
之书。

　　科耶夫迫使他的批评者在集体性面前为个体性进行辩护，从左到右
的批评理论的要点都试图关注自由的、历史性的个体，它是政治行为的
原子式单位。他们之间的主要不同在于每一个体能够享有多大程度的
自由，而不是个体自由本身的可欲性（desirability）。尽管人们可能攻
击这种观点有些夸张，看起来科耶夫重点强调的对个体性的征服与最
受欢迎的、单一的现代价值即个体自由背道而驰。现代资产阶级生活中
单一的老生常谈——自由的、自我创造的或自我塑形的个体——似乎在

科耶夫的思想中遭到了质疑。一个人必须去死，从而整体或许能活下去，或者正如《卡拉马佐夫兄弟》的著名题词中所援引的《约翰福音》12:24："我实实在在地告诉你们：一粒麦子不落在地里死了，仍旧是一粒；若是死了，就结出许多子粒来。"[27]

如果有什么区别的话，我简单考察过的两种可能的相互对立的观点，表明了科耶夫本人的解放叙事所带来的重要挑战。人们可以将这一叙事要么看作是某种残忍的戏仿，对象是与自由的、自我塑形的个体相关的解放叙事——这一解放叙事认为其他的那些叙事在某些方面是不一贯的，或者科耶夫确实非常严肃地创造了一种解放叙事，与之相伴的是一种自由和个体性的概念，它对产生了其他此类叙事的概念是完全有害的。

在回到对科耶夫文本的精读之前，请允许我简单地解释一下这一最终的观点。在此成为问题的两种自由观念可以被定义为附属于相应的个体和群体的自由。描述二者关系的通常方法，强调的是它们在实际上彼此并不兼容——个体自由的实现以牺牲群体为代价，而群体自由的实现以牺牲个体为代价。在此存在着一种张力，或许可以被更抽象地等同于个别与普遍之间的张力。在西方传统中，可能几乎没有其他的张力曾获得过更多的关注；在一与多的关系的面具下，这一关系看起来如阿多诺所肯定的那样是形而上学的建构性张力。[28]

尽管对这一张力的全面了解会把我们带得太远，我还是想尝试对它进行分类，以便让我们掌握在科耶夫对某种自由的表面上的提倡中，哪些才是真正的重点，这种自由看起来超越了上述张力，或者说代表了上述张力的最终解决——或许是某种终极自由。科耶夫似乎把一种本质上不正确的自由概念，同时归罪于个人主义的和集体主义的自由概念，这似乎引发了对他的观点的批评。当我说"不正确"的时候，我的意思是强调个人主义和集体主义的自由变体在其核心中有着一种彼此类似的对自由的看法，即做某人想做之事的自由——去按照一个人觉得合适的方式安排植物、矿物、人和上帝，不存在任何限制。这种类型的自由的终极形式，是我们会跟造物主联系起来的那种，他或她可以按照自己的意愿行事，创造出前所未有的组合，无论是在概念中还是在现实中。这种自由概念的本质上的否定性特征，经由其必要的前提条件得到了表达：不存在某种接近意志或意图（voluntas）的事物所不能克服的持久限制，意志如阿伦特所解释的那样，绝非仅仅是在给定的选项中进行选择的自由，而且还是创造选项的自由。[29]

现在，这种自由似乎跟科耶夫所提倡的作为否定的自由相当类似。人之所以是人或自由，因为他或她否定了被给予的选项，无论这个选项可能在何时出现。这一在任何时刻都超越是其所是的自由，对科耶夫来说指示着一种适当的属人的可能性，它定然极具创造力，因为它并非以动物的方式与被给予的选项相关，而是与选项如此这般地被给予相关——与被定义为与一系列的人类欲望相一致的选项相关。在此，人们或许还记得科耶夫独断的坚持：人的欲望不同于动物欲望，因为它所欲的不是"在其自身之内的"对象，而是在另一种欲望的结构中被给予的对象。如果我可以用不那么官僚主义的说法，对象对人类来说具有作为兴趣之"节点"的意义。我想要 X 仅仅是因为其他人也对它感兴趣，而且，到了最后，不是与自然的斗争而是与其他人的斗争占据了优先地位。这一欲望只有在我为了把它强加给其他人而愿意去死的情况下，才是自由的。任何其他类型的欲望，在其与自我保存相连而且不会拿自我保存去冒险的情况下，都不是自由的，那样的人的欲望不过是动物欲望，它所服从的是避免死亡这一标志性的命令。

对科耶夫来说，一个人只有在那种不惜一切代价也要保存自身的欲望得到**克服**的情况下才可能获得自由。最纯粹的人的欲望所表达的是不再畏惧死亡，这一欲望的自由来自对死亡之畏惧的彻底缺失。在这一意义上，它是真正的最无私的欲望，因为它所表现的是不再依附于自我，而后者本身也是一种表现，虽然或许仅仅是一种否定性的表现。基本的要点是，动物欲望作为欲望本身的模型和前提，似乎无法从动物自我、身体那里摆脱出来，而后者正是最先的表达。只有我们归之于人的欲望那种必然的、奇怪的产物，才能战胜这一限制，而且科耶夫认为这一欲望本身也只有在圣者那里才能被克服，它在圣者与其著作的结合之中变得彻底属人。

尽管如此，含蓄的批评依然明确：当自由被附着于个体或群体的动物性（animality）时，就不再是自由。毋宁说，它是对死亡的纯粹动物式的恐惧的表达，就像我们在基里洛夫的矛盾中看到的那样。实际上，自由不是被定义为战胜对死亡的恐惧，而是作为这种恐惧最高的、即使是最隐蔽的表达。人们把自由跟自我创造、新奇性以及诸如此类的东西联系起来，这根本不是自由，而是对不惜代价活下去的动物意志的深深屈服，对科耶夫来说，这样的存在正是奴役的真正定义。[30]

科耶夫因此将现代性的解放计划定位在处理对死亡之恐惧所带来的更大奴役时的根本性失败之中。如此一来，所有两种形式的自由——个体的和群体的——对科耶夫来说在本质上都是一回事。它们是附属于奴隶的自由，奴隶不仅仅不能克服他的被奴役状态，而且还把它变成他的生命的真正本质，把潜在的人类行动者变成了一个长着人类面孔的动物。因此，毫不奇怪的是，科耶夫后来会把美国和苏联看作本质上具有相同的潜在倾向，只不过在美国侧重于个体，而在苏联侧重于集体。这不是对海德格尔的著名判断——美国和苏联具有形而上的一致性，因此都是对德国的威胁[31]——单纯的跟风式的重复，科耶夫的比较在其思想的基础上得到了充分的说明，在这一方面，它比海德格尔的思想看起来是个更好的办法。但同样的原理两者都适用：执着于作为解放之可能性的前提，即摆脱物质或自然的需要，任何其他形式的解放，实际上都是遮遮掩掩的奴役。

科耶夫的还原再一次招致了对他的区分之正确性的质疑。自由的概念之一与肉体的满足有关，而另一个与前一个自由概念极端对立，即便我们承认两者之间的区分极具说服力，这些区分的含义过于宽泛的基本目标在于定义"现代性",后者以大相径庭的"双胞胎"即美国和苏联为例,而这些区分定然是摇摆不定的,这又一次提出了关于作为哲学教学法或"严肃的"哲学工作的演讲目的何在的问题。科耶夫的举止行为、他的反讽和玩世不恭,以及他对格言警句的偏好,完全无损于一个多少表面上的牛虻形象,后者一方面谴责一种自由观念,另一方面赞扬一种观念,它对人类所提出的要求是如此令人恼火以至于被看作是荒谬的。需要——看起来会是——大规模的自我牺牲、(依然是动物的)人的死亡,从而使得亡者之书能够活下去,当人们面对对于这样的原则的强调时能说什么?如果这确确实实是一种胜利,那么这究竟是一种什么样的胜利?科耶夫自负的反讽在此呈现出一种骇人的特征,因为历史的终点,辛劳的、被压迫的人类真正的最后解放的时刻看起来与自杀无异。科耶夫真的是一个进化论思想家、一个马克思主义者,抑或他是一个诙谐的厌世者(misanthropist),某种梅菲斯特?或者两者皆是?

进步还是厌世?

为了回答这些问题,我想回到1938—1939年演讲的最后部分中,但同时我还要考察另一种相关的文本,法语原版的《黑格尔解读引论》中的最后一篇论文,后者以足够恰当的方式探讨了黑格尔的死亡概念。由此,我把详细描述圣者概念及其智慧的演讲,跟处理死亡的文本联系起来。死亡似乎是圣者的适当的构成部分,因为圣者的到来标志着作为奴隶、作为动物性之保留的人的群体性死亡,从而达到完美的人。我从援引1938—1939年的第九篇演讲中的两个重要段落开始:

> 现在,时间——就是人本身。压制时间因此也就是压制人。
>
> 确实:"人的真正存在在于他的行动之中",意味着持续不断

的行动。这就是说，人是其行动的客观后果。现在，圣者行动的后果，完成了变成人的现实性过程的完美的人的行动，其后果是知识（La Science）。但是，知识的经验性存在（Dasein）不是人；它是亡者之书。它不是人，不是有血有肉的圣者，它是作为在世之中的知识的表现（Erscheinung），这一表现就是绝对的知识（Savoir）。

……

可以肯定，这一（知识的）存在是"经验性的"，因此它有持续性：亡者之书同样也会持续；它会腐坏，然后被重印，等等。但无论第几版都不会跟第一版有任何区别：谁也不能修正任何东西；谁也不能添加任何东西。即便是在变化中，亡者之书也一如既往地保持自身。它在其中持续的时间是宇宙时间或自然时间，但不是历史的或人的时间。可以肯定，亡者之书为了成为自身而不是装订好的、黑色的纸张，必须由人去阅读和理解。但接续不断的读者们不会改变它。如果为了阅读亡者之书人必须**存活**，也就是说，必须被生出来、成长起来并死去，他的生命在其本质上被还原为这一阅读（因为，我们不要忘记，随着普遍的和同质化的国家的到来，随着由此而得到彻底满足的欲望，既不会有进一步的斗争，也不会有进一步的劳动；历史被终结了，没有什么剩下的可以做了，人不过是一个阅读和理解揭示了所有曾经存在过和所有可能被做过的事情的亡者之书的存在物。）——他创造不出任何新东西：尚未读过亡者之书的保罗的未来，并不是已经读过该书的彼得的过去。亡者之书的人类读者的时间因此是亚里士多德的循环式的（或生物的）时间，而不是线性的、历史性的、黑格尔式的时间。[32]

科耶夫联系起了他思想中的三个主要的方面：圣者、亡者之书和普遍的、同质化的国家。它们描述了历史终点的不同面向，而且它们似乎都免除了时间，后者在我们所理解的范围内是典型的人类时间的历史，在其中，做人就是成为历史，也就是成为欲望、否定和变化。正如科耶夫所注意到的那样，时间可能在循环中诞生；如上述第二段引文所表明的那样，这是典型的亚里士多德式的或"生物式的"时间概念，同样适用于亡者之书的读者们。但这一时间并不适用于该书的作者——他们生活在黑格尔式的时间之中，尽管也是圆圈式的，却只循环**一次**。[33] 因此，科耶夫似乎是在论证人类历史或许只会沿着自己的道路一次性地走向终点。此后，它只能被重复，在字面意义上重复着作为人类历史的最终成果——也是唯一的最终成果——的亡者之书，否则就只能放弃自身。但同样明显的是，这一重复与创造了这本书的行动毫无相似之处，因为该书所允许的只能是重复。毕竟，如果历史真的走向了终结，除了重复，其他的行动都不再可能。

那么，如我们所注意到的，科耶夫所描绘的历史之终结、人类成功地获得了智慧的画面，深深地挑战了那种我们通常与终极国家的胜利联系在一起的假设。但科耶夫似乎也证明了那些表达了对终极国家的敌意，在终极国家中看到人丧失了高贵和伟大的观点。然而，即便是考虑到后者，科耶夫也无法被轻易地归入黑格尔右翼或保守派相交叉的形象，因为他同样不能被看作是一个提倡非完成性或永恒的斗争就是目的自身的人。[34]

在这一方面，科耶夫在第十一篇演讲中做出了一个引人注目的声明，大意是人类的行为纠正了一个错误——人类本身这个错误。这一声明反过来可以跟此前演讲中的一个类似的声明联系起来，大意是人是一个错误，或人是一种有缺陷的或有病的动物。[35] 从这个角度说，人的行动致力于这种纠错，它涉及对这一动物角色的消除，方法是将人转变进亡者之书，以及在这一意义上，恢复自然的平衡，因为后者曾被人的有缺陷的行动、他的错误所搅扰。人最后的制品、亡者之书从定义上看不可能改变任何事情，除了恢复平衡和秩序——再次平衡——重新回归到未被人的行动所搅扰的宇宙或自然时间。

第十一篇演讲中的关键段落很明确：

> 人的历史，也就是说，时间会一直持续只要（主观）"知识"和（客观）"真理"或被—知识—揭示的—现实性之间存在着**区别**。也就是说，历史会一直持续，只要世界上仍然会有犯错误的存在者，而且它会一点点地消除自身之中的错误。现在，这个存在者就是人，唯一的人。因为，总体上说，动物和自然不会犯错。或者，如果你愿意，自然也会犯错。但如果它错了，它的错误（例如，一个怪物或者一种无法适应其环境的生物）**立刻会被消灭**：它死了或者消灭了自身，甚至无法暂时性地保持生命。只有人能够让错误**保持**在世界上，方法是以错误言语（erroneous discourse）的形式保持其存在。历史就是人的错误言语（erroneous Discourses）的历史，它会一点点地变成真理。这不仅仅是因为它们改变自身以符合一种被给定的现实性，而且是因为人通过斗争或劳动改变了现实性本身以便使它符合他的言语，虽然后者一开始就偏离了现实性。当现实性和言语的符合被完美地实现了的时候，在这一刻，当人不再**犯错**因为他不再超越被给定者，也没有进一步的欲望的时候——在这一刻，历史停止了。那时候，主观知识立刻就是客观的；也就是说，是**真实的**，明确而完整。而且这一"绝对"知识［Savoir］是知识［La Science］。①36

科耶夫将真理理解为叙事。所以，是时候问一个基本的问题了：科

---

① 原文为：And this "absolute" knowledge［Savoir］is knowledge［La Science］.

耶夫对历史终点的解释所规划的究竟是什么样的叙事？在此之前，我们已经借助将科耶夫的叙事看作是一种本质上的解放叙事——被理解为奴隶的人类可以借助这一叙事将自身从两种彼此独立的枷锁：主人和奴隶的枷锁中解放出来——对这一问题做出了回应。从两种枷锁中的解放似乎是同时发生的，一个预设着另一个。这一解放叙事预设着另一种情况，在这种情况下，人类假设了某种此前仅仅是给予上帝的角色。奴隶从主人和自然那里的解放，因此也是从上帝那里的解放。

但还有更多的情况。所有这些形式的解放反过来描述了一种更为全面的运动，从一种关系朝向一种外在代理人的运动，后者将奴隶限定在奴隶对那种关系的内在化，奴隶借此把其他人的定义同化进了他自己的自我定义之中。奴隶再也不需要借助外在的代理人来评价自身，而是借助自身来评价，他通过斗争和劳动使得他战胜了他自身的奴役状态，自己创造了自己的评价标准。也就是说，奴隶创造的现实性就其本身来说就是他的主宰形式——通过在对必然性的回应中的创造，奴隶战胜了必然性——或者说我们可能被引导着去相信这一点。

此处的困难我们已经从多个角度进行了审视：奴隶战胜了必然性，也终结了他这样的存在。当科耶夫评论说，人不可能在没有自然（不仅仅是作为虚无）的情况下存活时，他似乎是指，对戴着自然面具的必然性的克服，也在人独立地从自然、从动物性中解放出来的最高表达的那一刻消除了人。在这一联系中，科耶夫运用了他的评注中的、同样也是他的论右派的文章中的主要形象之一，即戒指的形象。对科耶夫来说，戒指表现的是自然的物质性，这就是戒指本身；而人的否定性，就是戒指内部的空间。人的斗争是自相矛盾的，因为真正的自由与动物欲望相对立，出现在对自然的征服之中，最后的胜利伴随着圣者及其著作的到来而出现。自相矛盾内在于真正的属人的对自由的表征就是消除作为自然存在物的人这一事实之中，它是一种自我取消或自杀。

因此，这一简单的（对科耶夫来说是辩证的）叙事方式是自我取消的叙事。人类的真正属人的目的是消除其自身，显然就是自杀。人的真理就是错误，但人类是一种可以修正自身的错误。注意，在这一自我修正中没有必然性。如果有的话，人类就不会成为科耶夫意义上的人，而是自然存在者，其本质是消除自身，一种最为奇怪的自然存在物，他会强化科耶夫的声明，即自然会尽可能快地消除它的错误。因此，对科耶夫来说，做一个真正的人就是自愿地实施自杀，因为并不是必须要这样做。一个人必须自由地选择去消除他自身。不这样做，保持着错误，就是科耶夫在某个地方所说的"犯罪"。

　　我们似乎发现自身处于一片混乱之中。科耶夫用于描述终点的解放语言似乎极为可笑：消除人类。他的个体性和自由的最高形式似乎摧毁了两者。已经达到了一个有限的神的状态的圣者，不可能在任何"日常的"意义上，被看作是自由的或个别的。实际上，圣者的自由看起来预设了解放，即从定义了奴隶的通过奋斗和工作来获得自由的努力中解放出来。在这一意义上，获得自由就是从对自由的渴望中解放出来——从任何一种欲望中解放出来，只要那种欲望超越了自我保存的动物欲望。因此，最终的自由就是从自我意识中摆脱出来的自由，地下室人曾经如此愤怒地指责过这一自我意识的"疾病"。[37]普遍的和同质化的国家必定是一个接近卢梭的自然状态的国家，在其中，社会性实际上倒塌了，因为自我意识被消灭了。所有可能剩下的只是无意识的行为。

　　如我们已经注意到的，科耶夫在许多不同的方面不停摇摆。我们在最后的演讲本身中发现了关于这种摇摆的其他证据，其中最著名的是一个注脚，他附加在1962年的法语版第二版的引论之中。尽管科耶夫把后历史的国家描绘为某种兽化、变成动物，与之相应的是人的失落或以亡者之书这一形式的保存，但他同样似乎也赋予了它某种人的性质——他认为亡者之书会有读者。他同时也认为语言会在后历史的时代消失。可以假定，亡者之书也会随之消失。科耶夫进一步区分了人的时间和自然时间。如我们已经见到的，人的时间是一种循环，但它只一次完成自身，而动物时间类似于亚里士多德的生物时间。[38] 这一动物时间似乎也适用于亡者之书，它可以不加改变地无数次地被再次阅读；对该书的每一次阅读都是一样的。但什么样的动物能阅读？什么样的被剥夺了自我意识的存在者能阅读呢？什么样的阅读仅仅可能是一种模仿呢？[39]

困难越积越多，因为普遍的和同质化的国家是圣者出现的前提——这是一个所有人都是圣者的国度——但它在这一角色之外的确切本性，在科耶夫的黑格尔演讲中并未一贯地表现出来。一方面，科耶夫描述了一个国家，其中充满了看上去仅仅是与动物有区别的存在者，人随着这一新的国家的出现而死去。另一方面，科耶夫似乎给这些后历史的生物赋予了某种程度的人性，它们可以有一种类似蜜蜂的，或与色情游戏有关的语言。在此值得一提的是一种生命的仪式化（ritualization），它是我们归诸动物本能的属人的对应物。人消失了，因为诞生了人的机遇事件（chance event）业已被反转，返回到了某种接近自然状态的事物。

现在，如我们所知，科耶夫已经提出了下述可能性的问题：获得智慧和唯一与之适配的国家，普遍的和同质化的国家。但他不得不在某种程度上压制另一种问题：达到这样的国家是否是渴求的。毫无疑问，科耶夫似乎谴责了作为本质上反哲学的国家的错误或"错误倾向"（errancy）的概念，而这一谴责在另一层面上解释了科耶夫的作为哲学教学法形式的计划中的问题。科耶夫发表的针对哲学的怀疑——自我意识必定将自身扩展到包括全部事物——使得哲学就其自身而言易受攻击。

换句话说，如果变得哲学化并不是必然的——科耶夫不可能宣称是必然的——那么，一种哲学教学法如何可能有任何说服力，尤其是如果它要迫使人们进入科耶夫所描述的结构之中？不仅仅是对哲学的接受就是对奴隶角色的接受，而且它的最终目的地就是某种从世界上的减少（subtraction），这种减少是如此之极端以至于它类似于死亡本身，因为圣者正是在这一方面变成死后的人，一种幽灵般的存在，他仅仅描述了他在亡者之书中所看到的内容。

　　科耶夫可能找到的反对这一观点的论证是，它不可能一以贯之地假定其自身。如亚里士多德已经注意到的，与哲学辩论就是进入哲学。因此，人们可以论证说没有任何一种语言可以彻底拒斥哲学语言，因为拒斥涉及了将哲学对话的传统接受为拒斥本身的一个条件。最好的拒斥哲学语言的方式是借助沉默或行动，它们无须解释自身。否则，只要人们寻求提供自己抗拒哲学的说明，他就会发现自身已经牵连进了他试图克服的东西之中。

　　但牵连其中并不意味着人仍然不可能拒斥哲学，科耶夫的思想提供了一个反证，既包括声称开始从事哲学——也就是说，进入对某人的完全的自我意识之中的计划——并非是一件必然的事情，又包括设定另一种张力，否定和完成之间的张力。这一否定和终结之间的张力在一种潜在的观念冲突中变得清晰：一种观念认为成为人就是否定被给予者，另一种则认为这一否定的行动必定是有限的，因为它在某个点上、在最终的满足中必定有其终点。

　　这一必然性是最难以说明的。它似乎被下述假设所预见：否定只能是确定的，而它之所以只能是确定的，是因为它是有限的，如果在这一点或那一点上，否定就是完成的话。除此之外，否定自身的同一性必定会成为问题，因为如果否定在本质上不是有限的，那么它就根本不会有同一性。但如果它根本没有同一性，我们如何能够知道存在着一种非有限的否定？简单地说，我们不能；无限的否定不是如我们所理解的那样的否定。因此，科耶夫似乎将否定理解为与直接的被给予者相关，并且关乎从直接的被给予者出发发展出来的一系列的直接的否定行为。但如果情况如此，那么另一个问题就出现了，因为我们能够抽象地描述这一直接的事实。直接的否定已经是一种抽象的理论实体——它在每一种情况下都超越了直接的、有限的背景，而且它必定如此。

　　这种——我们是否敢说？——由科耶夫提出的否定理论威胁着我们去质疑不仅仅是他的否定必然会有终点的思想，而且还包括——或许是更明显地包括——时间和概念的同一性，这被看作是黑格尔的极端创新性的关键。如果概念和时间确实是一回事，那么统治着所有思想的概念界限必定也是临时性的。要点在于所是的东西变得跟叙事一样，而且当没有进一步变化的可能的时候，最完满地变成了在那一叙事终点上的东西。为了像科耶夫那样描述否定，像科耶夫那样描述概念，像科耶夫那样谈论实在的本性——所有这些可能性都内在地是自反性的、内在于科耶夫在其评注中所展开的总体性叙事中。它们澄清了那些我们对我们的行动方式的看法的起源，它们在定义上无法描述或指称任何其他种类的思想，因为这样做将会是把它们从造就了它们之所是的时间性的结构中取出来，并且认为这样的抽象在实际上是不可能的。换句话说，此种类型的抽象来自适用于某种叙事的规则，而普遍的规则适用于所有可能的叙事。这是一个有问题的推论，除非人们论证说一个人不可能超越他自己的理解的界限——而且似乎科耶夫确实以此种方式进行论证。如果情况如此，无论我发现了什么与我的思想不同的东西，都必须与我的思想同化，成为我能够使得他者有意义的条件。这不过是以另一种方式描述了黑格尔的主体所经历的确切的历程，主体在这一过程中同化了与自身不同的东西，将此前外在的东西内在化，从而吸收了任何一种被定义为存在于它的恰当空间之外的事物。[40]

　　在坚持认为黑格尔的方法仅仅靠其自身就可以理解差异或他者的情况下，这一方法将偶然转变成了必然。因此，在它遇到任何他者的范围内，它都会把他者转变成自身——它是一部内在化（Er-innerung）的机器。[41]然而，即便这是真的，我们也没有理由假定这一同化的过程必定会有一个终点。如果我们能论证黑格尔的自我意识概念倾向于用自己的方式吸收任何它遇到的东西，这并不是说这一过程必然是有限的。

否定与终极性

否定与终极性之间的这一张力主导着《引论》中的最后一部分，其标题是"黑格尔哲学中的死亡观"。尽管这些演讲来自科耶夫最早学年的课程（1933—1934），它们反映了人们在演讲的最后部分中所发现的同样的基本态度。此前，科耶夫的思想似乎融合为一体的程度，除了个别的变化之外，就其本身来说是相当引人注目的。科耶夫开启这些演讲的是一种关于这一张力——实体与主体之间的关系，科耶夫认为它给了我们"他（黑格尔）哲学中的本质的和完整的内容"——之变体的探讨。[42] 科耶夫赋予黑格尔思想的特征是后者本质上是一种过程，在这一过程中，实体变成了主体，当然，这是认可了提出说明的重要性，要说明的不仅仅是一个或另一个，而是它们的相互关系，以及实体是如何跟主体相关的，反之亦然。[43]

对于一系列试图解释黑格尔的死亡观的演讲来说，这看起来或许是一个特殊的起点。这一关于实体与主体的二元论与道德有什么关系，如果有的话？

科耶夫认为，整体性的定义如果是实体与主体的关系的话，那么它就意味着否定性。我们很熟悉这里的基本要点。作为人的主体通过行动、通过对被给予者的否定创造了自身。主体和实体之间的关系是实体变成主体的道路，因此，它也是对否定过程的描述，借此，不是主体的东西变成它的一部分，一种决定性的否定在否定和吸收中保存了他者的身份。通过将主体并入整体性，科耶夫指出黑格尔汇聚了两种完全相反的传统，希腊的和基督教的传统。首先是希腊传统：

现在，黑格尔眼中的人并不是希腊人相信他们已经辨识出（apercevoir）并且交给哲学之后代的人。这一被古代传统认定的人，实际上是一种纯粹的自然存在物（＝同一的），他既没有自由（＝否定性）也没有历史，确切地说，更没有个体性。就像一个动物一样，他仅仅是"表象"着——在其真正的和主动的存在中，也借助这种存在——一种永恒的"理念"或"本质"，后者被一劳永逸地给予而且永远与自身保持同一。

接下来是基督教传统：

> 与此相反，黑格尔分析的人是出现在前哲学的（pre-philosophic）犹太－基督教传统中的人，唯一真正人类学意义上的人。这一传统在"现代"进程中保持着自身，其形式是"信仰"或"神学"，与古代的和传统的科学和哲学并不兼容。而且正是这一传统，将**自由的、历史性的个体**（或者说"个人"）的概念传给了黑格尔，而黑格尔是第一个进行哲学分析的人，他试图在该传统和古代哲学以及自然哲学的基本思想之间达成和解。根据这一犹太－基督教传统，人与自然有本质上的不同，而他之**不**同于自然不仅仅在于他会思考，而且还在于他的行动。自然是在人之中的，而且也是因人而在的"罪"：他能够而且必须**对抗它**，并且因其自身而**否定**（nier）它。[44]

在科耶夫自己关于智慧之出现的描述中的张力，似乎反映了被他所认定的两种极端对立的传统之间的张力，一种试图让人臣服于自然，另一种试图让自然臣服于人。可以肯定，科耶夫把一种阴郁的、独特的形象跟后历史的人类联系在一起，他们和那些用行动创造了后历史的国家的人类不具有相似性，是一个相当令人震惊的对基督教天堂的反映。在这一联系中，或许有用的是回忆一下科耶夫此前曾经作出的评论，大意是基督教思想的最大错误，就是提出了重生这一彼岸世界的奖赏。如果我们更仔细地审视以下这个说法，我们或许会更好地理解科耶夫对基督教的非同寻常的解释。

　　为什么重生是一个错误？请费德罗夫原谅，最明显的理由是，重生依赖的不是科耶夫所认为的人类中真正属人的东西——也就是战胜自我保存这一动物强制性的能力——而恰恰是对动物强制性的屈服。屈服的基督徒是贡献了屈服——奴役——的人，因为他或她想要延长尘世的生命。残酷而自私的保存肉体的自我，将其置于所有其他事物之上，这一做法主宰了人的生命，这样的人永远无法在科耶夫的意义上变成人。他在本质上依然是动物。

　　变成真正的人，变成"自由的、历史性的个体"是科耶夫所认定的犹太—基督教人类学的本质，这需要一种基础性的行动，自我牺牲，或者用科耶夫的说法就是否定——克服统治着动物的对死亡的恐惧。"自由的、历史性的个体"之所以是自由的，只是因为他接受了他的道德。那种能够激发所有其他的自由行动的最基本的自由行动，就是对死亡的接受，而这一接受若没有与任一和全部来生的重新结合就是不可能的。科耶夫将这一点多少进行了扩张：声明放弃来生就是声明放弃上帝。这是激进无神论的第一步，从这一观点引入的无神论带来了面对死亡本身的勇气，而无需任何回归的神话作为缓解剂。

　　科耶夫把这一情况非常明确地置于早期演讲中："因此，黑格尔的绝对知识或智慧和接受死亡的良知——被理解为完全的和确定的毁灭——不过是一回事。"但是他再次走得更远并且宣称在人和死亡之间具有同一性："但是，如果人就是行动，而且如果行动就是'表现为'死亡的否定性，人在其属人的或可以言说的存在中，无非就是死亡，而后者或多或少被延迟了而且对自身不乏认识。"他甚至更尖锐地指出："因此，那就是说，人的存在本身除了这一（否定的）行动之外什么也不是；正是死亡激活了人的生命。"最后，科耶夫补充说，这一冒生命危险、让某人自身有意识地去死而无需"正确的"生物理由的能力，使得人成为一种"动物界的致命的疾病"。[45]

这些引文所支持的推论是成为人首先要否定我们之中的自然残留物：对自我保存的顽固的坚持。主体性与否定因此跟死亡紧密地联系起来，因为它们的成长是以牺牲动物性为代价的。即便通往智慧之路的标志是一种不断增长着的自我意识，同样并不令人奇怪的是，在主体通过持续的行动将给定的现实性内化的范围内，它渐渐意识到死亡并不是奇特的外在的实体而是主体本身；对科耶夫来说，自由的真正可能性跟死亡联系在一起。只有有死的人才能是自由的，因为只有有死的存在者才能选择战胜最具毁坏性的关乎其道德的必然性，战胜附加在自我保存这一命令之上的对死亡的恐惧。

我们与奴隶相连的叙事在这一方面变成了从自然中的解放叙事。最终，奴隶采取了比任何主人可能采取的都更为激进的标准。奴隶战胜了自然。他并不满足于与自然相伴而生，与自然和谐相处，或者冒自己的生命危险。恰恰相反，奴隶改造自然以消除它威胁人类的能力；最终，奴隶逐渐接受了死亡，方法是消除它并且随之消除自身。这是人们可以从原文中得出的结论，尽管科耶夫并未直接说明。

但这一对自然的消除不正好证明了自我保存的霸权吗？科耶夫归诸奴隶之劳动的对自然的这种类型的技术性统治，不是对自我保存的卑躬屈膝的关注的表现吗？奴隶是否真正地解放了自身呢？普遍的和同质化的国家是主人国家还是奴隶的国家？

明显而直接的答案是，这既不是主人的也不是奴隶的。科耶夫在许多地方，包括在 1943 年的关于法学理论的著作中的一个重要章节中都肯定了这一点，后者我们将在第八章中加以讨论。但这一回答根本无助于解决主要问题。当涉及对主人与奴隶的辩证融合的理解时，科耶夫实际上就会变得惊人地神秘莫测，或者表现为这样的面孔：古怪的动物或没有灵魂的僵尸，或者表现为多少更为平庸的"公民"，是战士和奴隶的混合物，带有基督灵魂的恺撒。如果普遍的和同质化的国家是一个乌托邦，在其中人的错误得到了终极的纠正，那么它看起来不像是个有吸引力的乌托邦——科耶夫自己的描述带着讽刺的漫不经心，不经意地暗示着这一终极国家的极度的不友好。

如我所说过的那样，科耶夫可能极大地刺激了他的听众，以普遍的和同质化的国家为例以便揭示"自由的、历史性的个体"这一成问题的概念，这一个体似乎是最基本的政治单元，左派和右派在法国大革命之后的现代社会中都预设了这一单元。如果我们重拾这一探讨，我们现在会更清楚地看到，科耶夫的自由和个体性的概念似乎与上述两者通常用来支持"自由的、历史性的个体"的思想无关。在甘冒重复风险的情况下，请让我再一次回顾一下基本的立场。

对科耶夫来说，自由可以归结为从我们的动物本性中解放出来，他乐于承认的自由永远不可能完全达到，因为我们不可能在真正的终点上简单地消除起点。恰恰相反，起点决定了远离它的运动的全过程。我们的自由因此奠基于我们的动物本性的消除之上，这一自由的最终标志是圣者及其特殊形式的亡者之书，后者不再与我们的动物本性相关，因为它本身只是纯粹的语言。换句话说，我们的自由在于一种克服我们动物本性的行动中，这意味着我们给自身带来了死亡，从而使得我们所获得的自由、亡者之书能够活下去，不再受动物性的限制。

与此类似，我们的独一无二的人的任务在于消除动物的个体性，即来自它们肉体的个别性的与同一种类的其他成员的极端分立。作为独立的人或自由的创造的相互关联的自由就是对个体性的克服，借此，来自我们肉体的分离的区别得到了克服。这一克服的最恰当的形象依然是亡者之书，其独一性（uniqueness）来自它所讲述的并且会继续以纯粹抽象的形式再次讲述的故事的独特性（distinctiveness）。个体——或者说超个体（transindividual）的主体——在历史的终点上出现在该书中，他是一与多的完美融合，每一个个体都是一面反映着其他所有个体的镜子，每一个都是全体，而且全体在每一个之中，这是出现在《精神现象学》第四章中的完美的黑格尔式的作为"我"的"我们"和作为"我们"

的"我"。实际上，我们或许可以说每一个个体都是另一个的完美复制，其区别只在于同质性的空间，这样每一个个体都表现着全体。

无需讳言，这样的个体性与自由的概念与通常所理解的"自由的、历史性的个体"毫无关系，而科耶夫的挑战看起来正是在围绕着"自由的、历史性的个体"形象所产生的困难的层面上。这些困难或许可以被表述为来源于自我决定的核心判断，后者看来相当明确：自由的个体之所以是自由的，只在他不被他者限制的范围内，而正式给予自由的个体的核心自由，就是从暴力死亡中解脱出来的自由。但是，这一核心自由的意义当然在于它让自我保存变成了政治团体和行动的主导原则。

因此，如我已经说过的，科耶夫表面上古怪的极端性，实际上是对把人理解为"自由的、历史性的个体"的直接挑战，这种理解或多或少明确地假设自我保存或许甚至自私是最高的价值——可以肯定，是一种非常危险的价值。科耶夫提出的关于历史之终结的骇人景象，对自我保存的欲望形成了打击，这一欲望激发了大多数的乌托邦幻想，就像一个人可以仅仅以当下的形式永远地活下去或活很长时间而不被恐惧和无聊所打扰。这些形象所表现出的嘲弄意味，人们同样可以在科耶夫的宣称——重生是基督教唯一的"神学"错误中找到。[46]

注　释

1　"简单地说：完美的国家以及相应的所有的历史是存在的，只有如此，哲学家才能够通过撰写一本包含着绝对知识的书（《圣经》）来获得智慧。"Kojève, *Introduction à la lecture de Hegel*, ed. Raymond Queneau, 2nd ed. (Paris: Gallimard, 1968), 302; 亦可参见326，以下缩写为ILH. 2。

2　ILH, 289.

3　ILH, 410–411.笔者直译；这一篇演讲英文版并未收录。

4　"人否定了生存：人的真理（Wahrheit）随着他的动物存在的消失一起消失了。但只有在否定这一存在的时候他才是人。"（ILH, 53）

5　科耶夫本人似乎预见到了质疑的出现，他在第十一篇演讲中做了一个长长的，或许是具有讽刺效果的注释，我将部分内容再现如下（保留了科耶夫不同寻常的连字符结构）：

> 如果一个人只考虑第八章，那么我赋予"亡者之书"的角色看起来有可能是夸张的。为了说明我的解释，我因此愿意援引一段《精神现象学》序言结尾处的话，黑格尔在此这样说（p. 58, 1:7—15）："我们应该确信，真理具有在时间到来或成熟以后自己涌现出来的本性，而且它只在时间到来之后才会出现，所以它的出现绝不会为时过早，也绝不会遇到尚未成熟的读者；同时我们还必须确信，作者个人是需要见到这种情况的，为的是他能够通过读者来考验他的原属于他独自一人的东西，并且能够体会到当初只属于特殊性的东西终于成了普遍性的东西。"
>
> 非常清楚的是，为了宣告自身的真理，哲学必须得到普遍的认可，也就是说，在普遍的、同质化的国家中得到了终极说明的认可。知识的经验存在（Dasein）并非圣者的个人的思想，而是得到普遍认可的言说（parlo）。而且很明显的是这一"认可"只能通过一本书的出版而获得。现在，借助书这种形式的存在，知识有效地将自身与其作者分离开来，也就是说，远离了圣者也远离了大写的人（Man）。（ILH, 414）

6　科耶夫认为亡者之书包含着"科学体系"（System der Wissenschaft），分成了两个部分：现象学和逻辑，前者是"导言"，而后者是"科学本身"（ILH, 483-484）。因此或许可以更好地说，亡者之书包含两个互相意指的部分。更困难的是处理科耶夫评注本身（以及他的后续工作）的问题，理由在第五章结尾处已经提出。添加、解释和阐明意味着终点所达到的程度不仅不是显而易见的，而且也尚未达成，因为每一种添加、解释和阐明实际上会变成新的文本而加入亡者之书（那么它就会受到变得无穷无尽的威胁）。实际上，一种评论如果走得不远，甚至没有超出把藏在历史叙事中的内容弄清楚的地步，它也是给亡者之书添加了内容，因为从一开始就没有什么会带来额外的解释或澄清。关于亡者之书的有趣的同一性，参见Dominique Pirotte, *Alexandre Kojève: un système anthropologique* (Paris: Presses Universitaires de France, 2005), 26。

7　Philip T. Grier, "The End of History and the Return of History," in *The Hegel Myths and Legends*, ed. Jon Stewart (Evanston, IL: Northwestern University Press, 1996), 186– 191; Joseph Flay, *Hegel's Quest for Certainty* (Albany: State University of New York Press, 1984), 299.

8 Stefanos Geroulanos, *An Atheism That Is Not Humanist Emerges in French Thought* (Stanford, CA: Stanford University Press, 2010), 130–132; Boris Groys, *Introduction to Antiphilosophy*, trans. David Fernbach (London: Verso, 2012), 145–167; James H. Nichols, *Alexandre Kojève: Wisdom at the End of History* (Lanham, MD: Rowman and Littlefield, 2007), 11–13. 人们可以论证说科耶夫与索洛维约夫的主要区别，是他把索洛维约夫的"两种绝对"压缩成了一个"有限的"绝对——普遍的和同质化了的国家中的公民，圣者。与索洛维约夫不同，科耶夫对基督教的解释认为借助假设神圣的同一性就是奴隶的最终解放，基督教自然地会进化到无神论。基督教导致了奴隶的神圣化，后者反过来又创造了一个有限的神。因此，科耶夫同意，变成上帝或者神化是基督教思想的正确目的，但只有在作为一个有限的上帝并且在一种不同的、在俄罗斯传统中更能得到普遍理解的意义上。这一传统得到了尼尔·格里尔特（Nel Grillaert）极具才华的分析，他同时也指出了黑格尔左派对陀思妥耶夫斯基的英雄，尤其是基里洛夫的影响的表现。Grillaert, *What the God-seekers Found in Nietzsche: The Reception of Nietzsche's* Übermensch *by the Philosophers of the Russian Religious Renaissance* (Leiden: Brill-Rodopi, 2008), 107–139.

9 对此的概述，参见Marshall Poe, " 'Moscow the Third Rome': The Origins and Transformations of a Pivotal Moment," in *Jahrbücher für Geschichte Osteuropas* Neue Folge 49, no. 3 (2001): 412–429。

10 这是对第三罗马和科耶夫的相当幻想化的阅读。但是，在假定基督教领域内存在着独立的俄罗斯式的同一性与科耶夫将黑格尔嫁接进俄罗斯式的神化叙事（而且就神变成了人，因而在无限屈服于有限的范围内，他还进行了颠覆性工作）之间存在亲缘性。

11 参见Geroulanos, *An Atheism*, 136–141; Groys, *Introduction to Antiphilosophy*, 166–167; Shadia Drury, *Alexandre Kojève: The Roots of Postmodern Politics* (New York: St. Martin's, 1994), 12–15。

12 参见Dominique Auffret, *Alexandre Kojève: la philosophie, l'état, la fin de l'histoire* (Paris: Grasset and Fasquelle, 1990), 243–244。

13 Kojève, "Hegel, Marx and Christianity," trans. Hilail Gildin, *Interpretation* 1, no. 1 (1970): 41. 在1936—1937年的演讲中，科耶夫更为广泛地发展了这一观点：人会希望把他居住于其中的世界改造得跟他言语中的理想相一致。基督教世界是理智的和理论家的世界。什么是意识形态？它不是一种客观真理（Wahrheit），也不是一种错误，而是可以变成真理的某种东西，借助的是让世界符合理想的斗争和劳动。斗争和劳动的考验确定了某种意识形态是真是假。在进化过程的终点上，如果所实现的不是人们由之开始的纯粹而简单的意识形态，而是某种与之不同的东西，而且还是这一意识形态的真理（"被揭示了的现实"），那么这一过程就毫无意义。ILH, 117.

14　"黑格尔可以指出，事实是他本身就是一个圣者。但他真的能解释这一点吗？我表示怀疑。因此，对于他是终结了历史的圣者这一点，我也表示怀疑，因为恰恰是解释自身的能力构成了智慧的特征。" ILH, 400.

15　科耶夫文本的这一方面证明了它的现代性，它是一种直接镜像反映着自身内容的文本。

16　Aristotle, *Metaphysics*, trans. Hugh Tredennick (Cambridge, MA: Harvard University Press, 1933), 1:2.

17　"因此，宗教是人类劳动的附带现象（epiphenomenon）。它本质上是一个历史现象。相应地，即便在其神–逻辑的形式下，灵性本质上也是生成。因此在历史之外没有启示的上帝。" ILH, 390.

18　ILH, 540. 亦可参见"The Idea of Death in the Philosophy of Hegel," trans. Joseph Carpino, *Interpretation* 3, no. 2/3 (Winter 1973): 124。以下缩写为IDH。

19　Sigmund Freud, *Civilization and Its Discontents*, trans. David McLintock (London: Penguin, 2002), 3.

20　参见Leo Strauss, "Notes on Lucretius," in *Liberalism Ancient and Modern* (Chicago: University of Chicago Press, 1995), 85。

21　Plato, *Republic*, trans. Chris Emilyn-Jones and William Preddy (Cambridge, MA: Harvard University Press, 2013), 2:14–19.

22　Friedrich Hölderlin, *Hyperion*, in *Hyperion and Selected Poems*, ed. Eric L. Santner (New York: Continuum, 1990), 23.

23　ILH, 436; Kojève, *Introduction to the Reading of Hegel*, trans. James H. Nichols Jr. (Ithaca, NY: Cornell University Press, 1969), 159 (以下缩写为IRH)。

24　ILH, 388.

25　参见 Geroulanos, *An Atheism*, 169–172。哥洛兰诺的方法非常令人耳目一新，因为他将科耶夫公开承认的马克思主义视为一条红鲱鱼（一种转移焦点的把戏。译者注）。在我看来，科耶夫的马克思主义可能与他的黑格尔主义一样：既是尊重，也是纠正。科耶夫的终极国家，即劳动的表面实现，是对人们可能与马克思联系起来的一种粗略的解放概念的挑战，根据该概念，物质满足足以创造"幸福"。尽管如此，如果说科耶夫不是马克思主义者或没有被马克思主义的终极国家所吸引，那就太过分了。科耶夫1940年至1941年大部分未发表的手稿 *Sofia, filo-sofia i fenomeno-logia* 的第二段摘录提供了这一点的证明，它明确地将全知（从而也包括终极国家）与"马克思列宁斯大林主义哲学联系起来"。参见 Kojève, *Sofia, filo-sofia i fenomeno-logia*, ed. A. M. Rutkevich, *Voprosy filosofii* 12 (2014): 79; autograph manuscript in Fonds Kojève, Bibliothèque nationale de France (box no. 20)。

26　ILH, 443; IRH, 167–168.

27　F. M. Dostoevsky, *The Brothers Karamazov*, trans. Richard Pevear and Larissa Volokhonsky (New York: Farrar, Straus and Giroux, 2002), 1.

28　Theodor Adorno, *Metaphysics: Concepts and Problems*, trans. Edmund Jephcott (Stanford, CA: Stanford University Press, 2002), 33–35.

29　Hannah Arendt, *The Life of the Mind* (San Diego, CA: Harcourt, Brace, 1977), 2:6–7.

30　在这一点上正是哥洛兰诺的反人本主义命题可能遇到困难的地方，因为它不过是假定了一种观点——关于附加给人本主义（或资产阶级的人本主义，无论它可能是什么都行）的个体自由的观点——而对此科耶夫试图否定，至少试图表明它是有问题的，如果不是不一贯的话。因为表面上自由的历史性个体，实际上是肉体的奴仆、压倒性的对死亡之恐惧的奴仆。然而，为公平起见，必须承认，哥洛兰诺的反人本主义的指控抓住了更深层次的问题，如果人们把科耶夫的"人本主义"看作是关于人类未来的悲观主义的极端形式的话——而人们很难不这么做。

31　Martin Heidegger, *Introduction to Metaphysics*, trans. Gregory Fried and Richard Polt, 2nd ed. (New Haven, CT: Yale University Press, 2014), 50.

32　ILH, 384–385.

33　ILH, 391.

34　Piet Tommissen, ed., *Schmittiana*, vol. 6 (Berlin: Duncker and Humblot, 1998),

35　ILH, 554; IDH, 139.

36　ILH, 418–419.

37　F. M. Dostoevsky, *Notes from Underground*, trans. Richard Pevear and Larissa Volokhonsky (New York: Vintage, 1993), 7.

38　参见Groys, *Introduction to Antiphilosophy*, 166–167。格罗伊斯或许可以被解读为赞同科耶夫的循环重复了一系列的历史终点。对我来说，似乎这一解释冒险将科耶夫的思想转变成一种关于从每一个循环中分离出来的循环思想，似乎它不得不提供一种关于循环的普遍思想——也就是说，对一种抽象范式的重复。支持科耶夫寻求这种类型的普遍性思想的证据，在最好的情况下也是模棱两可的；实际上，科耶夫公开承认，他的思想是对某种既定历史的清晰化——就像黑格尔的一样——因此内在于它所描述的、同时也是其中一部分的概念的历史。科耶夫对于辩证法的探讨，认为它不是一种方法而是一种描述——出现在著名的文章"黑格尔的实在的辩证法和现象学方法"之中，被收录在他演讲的附录中——似乎确证了这一思想路线。作为其结果，科耶夫思想所唯一允许的重复类型，就是对单一的历史、完美的、在自身之内并且关于自身都终结了的历史的精确重复。借助这一点，我并非意指一种在区别中表现同一性的重复，而毋宁说是一种终极的、完全的历史，它在每一个细节上重复自身，更像是尼采的一成不变的永恒轮回。此外，就像在尼采的永恒轮回中一样，第一种叙事是关键之所在。它所书写的亡者之书会在此后被一字不差地阅读，周而复始。科耶夫很清楚："但是，尽管时间不是周期性的，但它必定是循环的；在终点上，人获得了与起点的同一……就像时间、历史和人一样，知识（La Science）因此也是循环的。但是，如果历史的圆圈只循环一次，那么知识的圆圈是一个永远重复的循环。存在着知识之重复的可能性，而这一重复甚至是必然的。实际上，知识的内容只与其自身相关：亡者之书就是其自身的内容。" ILH, 393.

39　ILH, 385. 被程序控制的人（动物）会重复人所获得的东西（或者在后历史的——后亡者之书的——"时代"中超越了两者而剩下的）："亡者之书的—人类—读者的时间，因此是亚里士多德的循环式的（或生物的）时间，而不是线性的、历史性的、黑格尔式的时间。"科耶夫有点模棱两可：后历史的存在者是人、动物，还是其他的"某种东西"，就像"清空了精神的肉体"？

40　当然，科耶夫注意到思想永远不可能是"我的"。在其1936—1937年间关于培尔（Pierre Bayle）的演讲中，科耶夫写道："人只在他进行思考的范围内才是人；他的思想只在它并不依赖于是他在思考这一事实的范围内才是思想。"参见Kojève, *Identité et réalité dans le "Dictionnaire" de Pierre Bayle*, ed. Marco Filoni (Paris: Gallimard, 2010), 15–16。这一比喻变成了德里达的核心观点，参见*Monolingualism of the Other; or, the Prosthesis of Origin*, trans. Patrick Mensah (Stanford, CA: Stanford University Press, 1998)。至于语言，德里达做出了一个类似于科耶夫的观

点，声称："我只有一种语言，它不属于我。"（1）

41 Jacques Derrida, "Cogito and the History of Madness," in *Writing and Difference*, trans. Alan Bass (Chicago: University of Chicago Press, 1978), 36. 人们会疑惑，在多大程度上德里达的黑格尔是科耶夫的黑格尔。德里达本人在这一点上模棱两可。参见 Jacques Derrida, *Specters of Marx: The State of the Debt, the Work of Mourning and the New International*, trans. Peggy Kamuf (New York: Routledge, 1994), 70–75。

42 ILH, 529; IDH, 114.

43 在科耶夫自己的术语中，他对关系之重要性的论断是公平的，因为科耶夫把"自然""主人""永恒"和"空间"置于"实体"一线，与之相对立的是与主体相关的关键性词汇，诸如"人""奴隶""时间"和"否定"。

44 ILH, 535–536; IDH, 119–121.

45 ILH, 540, 548, 550, 554; IDH, 124, 132, 134, 137.

46 参见 Kojève, "Hegel, Marx and Christianity," 28。

THE

BLACK

第三部

晚期著作

CIRCLE

第七章

无名氏

就其本身而言，否定是纯粹的虚无：它是否定，它并不存在，它并不显现。它仅仅是对同一性的否定，也就是说，只是区分。因此它可以仅仅作为一种对自然的真正的否定而存在。

——亚历山大·科耶夫

科耶夫将时间与概念等同，这是他思想中引起争议的主导性等式，它导致了表面上无法克服的困难。[1]可以原谅的是，人们假设在《黑格尔解读引论》中如此经常地被提出的自我牺牲的模型带有普遍的应用，拥有某种不可还原的真理的权威。科耶夫从未打算消除这种等式。但是，如果我们严肃地对待时间和概念之间的联系，那么我们所理解的真理概念——作为一种固定的标准，适用于各种各样的"情形"——就再也无法立足，至少不能作为一种超越的真理，适用于所有可能的世界而不仅仅是我们自己的世界的真理，当然，除非我们自己的世界包含了**所有**可能的世界。

为了理解科耶夫思想中的区分的意义，我们不得不面对下述事实：时间与概念间的同一性意味着，不仅仅概念是叙事，而且这一叙事只与自身相关。这一叙事不可能拥有作为真理的、外在于自身的"普遍"应用，因为那一真理居留于其中的非时间性的和永恒的层面，被时间与概念的等式从外部否定了。简单的说，由等同概念与时间得来的真理只能以内在的形式与这一等式本身相关；因此，它不可能被看作是一种普遍的或永恒的真理，能够适用于所有传统意义上的可能的叙事。与此相反，这一等式的整体论（holism）只能来自它的全面性（comprehensiveness）——所有可能的叙事都起作用，但其中某个更伟大的、单一的叙事，"亡者之书"，其最终目的是将它们从它们的特殊性中解放出来，方法是确定它们恰好在这一最终的叙事而不是任何其他叙事中的构成中所扮演的屈辱角色，因为在历史的终点上没有任何其他叙事的可能："绝对哲学不会有任何可能外在于它的对象。"[2]

"真理即全体"——再说一遍。黑格尔的这一著名判断似乎也主宰着科耶夫的工作。但我们同样可以将这一句子重塑为"真理即死亡"。因为真理朝向自身的进程是一个普遍化的过程，在其不可阻挡的朝向完成的进程中削弱了个别。实际上，普遍化可以被描述为一种否定所有的对个别场景的依附的过程，所有的依附都是特殊的依附，即便在它们是抽象依附的范围内。

在对比黑格尔和海德格尔的时候，科耶夫明确地将这一运动与否定和死亡联系起来。这一对比出现在 1936 年的一篇书评里，但在科耶夫生前并未发表。[3] 完全或绝对形式的否定就是死亡，科耶夫援引了黑格尔来肯定这一命题："否定的绝对，纯粹的自由，在其表象上（Erscheinung）就是死亡。"这看起来相当符合逻辑；死亡肯定是某种形式的绝对，因为它彻底否定了个别的生命，后者的终点就是死亡。我们的"成长"是一种运动，它朝向了一个目标，这个目标通过将成长带到它的终点上而取消了它。在这一方面，一个人的生命之缺失是一种自我取消的叙事，或者是一种其终点是自身的消除的叙事。如同弗洛伊德的简洁的格言：生命的终点是死亡。

科耶夫是否简单地将这一叙事普遍化以适用于作为整体的历史？历

史的终点是否是历史的消除？后面这一点初看起来是值得称道的观点，因为人的行动是否定性的，而否定的对象是它与某种被给予者的关系。借用一个或许有问题的比喻来说，否定是一种运动，在朝向终点的过程中燃烧着被给予者的燃料。科耶夫用了一个类似的比喻，即对事物的消化，来描述与欲望相联系的否定的基本曲线：动物否定某种被给予者为的是继续运动。运动停止了，或者是因为被给予者被耗尽了，或者是动物的否定能力以及其他的功能枯竭了。

当然，在这里存在着一种重要的区分，因为科耶夫很谨慎地声明，真正的人类不像动物，他通过否定最首要的自我保存这一动物式命令而接受了他的死亡。人自由地带来了他自己的终结。他并不是默认自己的终结而是自由地带来了终结，其方法是变成另一种存在者，至少在他能消除他对自我保存的依附范围内是如此。主人直接做到了这一点，而奴隶通过劳动和斗争达到了同样的结果，将自身和时间转变成一种人工物，克服了他对死亡的恐惧，并因此否定了自我保存的命令。[4]

要点在于奴隶认识到他就是否定，因此也就是死亡。他的同一性在于身份的消除，他学着通过将自身从身份中解放出来从而解放了自身。他通过变得普遍而克服了个体性，并因此而越过了终极国家，在其中所有的个体生命都符合于普遍的叙事，部分和全体达到了完美的和谐，这一和谐标志着历史终结于普遍的和同质化的国家之中。[5]

因此，如果我们回到我们的起点，真理只出现在完全和谐的、普遍的、同质化的国家之中，在其中个体生命、动物生命都被彻底消除了——那么我们都变成了无名氏（nobody）或接近于无名氏的东西，每个人就是全体，而全体就是每个人。实际上，人们获得的是一个复制品王国，区别只在于位置的不同，而其他方面全然类似。对被给予者的终极否定产生了绝对的同一性，它否定了任何被给予的同一性。[6]绝对否定导致了科耶夫在圣者语境中所描绘的那种死亡，当他获得了智慧并且在其身后具体化为亡者之书的作者中留下了他的像其他所有人一样的生命时，圣者不再是人（也不再是动物）。

科耶夫似乎认为这一基本结构具有最终的权威性。如果确实如此，它就不可能适用于任何其他情况，因为其他情况从未发生。如果它们发生了，终极性也不会达到。其他任何情况都不可能存在；所有人们能够想到的都会是那些已经发生过的事情的重复。正如科耶夫 1938—1939 年演讲的结尾处令人吃惊地提到的那样，没有什么新的可能。

但是，这可能是什么样的重复呢？或者更恰当地说，我们如何能够确定我们已经达到了一个终点？否定如何能够终结？最基本的问题当然是关于平衡的：在否定和终极性之间，有没有可能创造一种平衡或和谐？我们如何能够变成无名氏，消除我们自己的个体性、我们对于世界的依附而不必去死？我们如何能够经验我们的死亡，知道我们实际上死了？

如果我们知道我们死了，死亡就不再是终点，死亡也不再是完成或者绝对。但如果我们无法知晓我们自己的死亡，那么当我们仍然在某种意义上活着的时候，如何能够跟死亡或终点同一？[7]这可不是个小问题。它在每一个步骤上都威胁着科耶夫要嘲笑他关于终结性的看法，因为宣告一个终点，宣告历史或时间的终点，是以它必须否认的东西为前提的——存在着一个位置，它在某种意义上超越了终点，以便让人们指出那个终点。但如果关于终点的观念不允许那一位置的存在，人们就会遇到无法克服的困难，与我们一开始就谈论过的困难如出一辙。如果科耶夫声称只有真理才是全体，而全体为了真理的存在必须是完成的，那么他必须要么以内在的、从全体本身的“逻辑”之内出发，要么从外部出发提出上述声明——当然，从后者出发的声明削弱了有关终极性的判断。

这一逻辑同样适用于否定吗？如果适用，那么否定就会是中介性的——每一个“终点”在实际上会预示着另一个，以此类推以至无穷。如果没有什么可以达到的终点，那么否定的整体结构都会成为问题。科耶夫相当清楚地意识到了困难之所在，他的回应似乎可以归结为一个命题：否定达到了一个终点，而这一点实际上也是它的起点。科耶夫考虑到了黑格尔逻辑的循环性的一面，并且强调循环性对所有的逻辑都是必要的。因此，否定持续存在着，直到回归于一个类似于其起点的点上——绝对否定导致了对被给予者的彻底否定，这一否定反过来可能会被一个新的起点本身所否定。否定在新起点的位置上否定了自身，而否定只有在除了它自身之外没有别的被给予者的情况下才否定自身。我们终结于某种历史循环论，在其中，历史的终点把自身指定为历史再次开始的地方。科耶夫所描绘的是一种永恒轮回的变体，在其中一个有限的序列精确地、无限地或至少潜在无限地重复着自身。其他的可能，一个无限序列的无限重复，是在认知范围之外的，至少是在非数学的认知范围之外的。[8]

让我更仔细地解释一下。科耶夫认为，作为区分的否定奠基于某种被给予者之上。后者在时间的进程中会被改变，在其中它只是表现为某种全然为否定所创造的现实性的远祖。科耶夫给出的否定叙事，在本质上出现于他对《精神现象学》第四章，即著名的主奴叙事的评注中。在这一叙事中，有关否定有两个关键要素：斗争和劳动。斗争是一种政治行动，为的是推翻主人强加给奴隶的规则；劳动是奴隶用来改造自然本身的行动，为的是变成用科耶夫的明确术语来说的"世界的主人"。尽管两者之间的关系不无含糊之处，科耶夫似乎认为每一个在实际上都是另一个之最终实现的必要条件。（如我们在第五章中注意到的，恐怖的政治革命很可能是技术革命之完成的必要条件，后者允许从主人的世界或适于主人的世界中最终解放出来，反之亦然。）整个的叙事在其最抽象的形式下，描述了一个过程，某个世界借此而被否定，为的是达成另一个世界；在这个意义上，被奴隶所实行的否定是新起点的前提。但从这一叙事出发并不能立刻证明这一叙事会在实际上重复自身。实际上，奴隶所达到的终极国家，普遍的和同质化的国家，似乎是自身之内的永恒目标。在这种情况下，奴隶的否定中没有表面化的否定，没有新的开端；毋宁说，存在的是某种静止。

　　这是科耶夫理论中的不一致之处吗？科耶夫表面上的循环逻辑是否实际上是线性的呢？此外，如果科耶夫的逻辑是线性的，那么对他来说，如何可能宣告终极性，宣告业已达到了一种真正终极的国家？如我已经注意到的，某种对这一终极国家的描述的单纯的存在，意味着那不是终点，或者存在着某些方面并未完全同化在终极国家之中。但是，如果这一方面并未完全同化在终极国家中，那么终极国家当然就不是最终的，其他的可以以此类推。科耶夫或许会反驳说，他关于终极国家的说明仅仅是一种描述、一种对亡者之书的逻各斯的制造，但人们依然会疑惑，在历史业已终结之后，在对亡者之书的制造必定看起来是多余的情况下，这种作为制造的制造在何种程度上真的会发生。

　　换一种说法来谈这个问题。如果历史的终点是对个体性的完全克服，是在"超—个体"的普遍的和同质化的国家中清空个体，为什么会有人需要制造那个过程？可以肯定，存在着亡者之书，但为什么有人会去读它？可能有"某个"人去读它吗？如果如科耶夫在一篇直到1990年才出版的手稿中承认的那样，"哲学一点点地消除了所有反映，直到这样的程度：它将自身转变成为知识或智慧"[9]，那么，这一阅读会是什么？人能够"无反映地"阅读吗？借此我试图质疑那种并未意识到自身的真正状态的阅读的可能性，或者实际上是其一贯性。如果它意识到了自身的真正状态，那么智慧就尚未达到，因为智慧带来的是自我意识的终结，它被理解为某种形式的鸿沟，正是这一鸿沟产生了人们认为该由智慧去克服的自反性（reflexivity）。

　　这是一个值得考虑的复杂观点。完全的自我意识的获得就是区别的消除——没有什么再可以否定的了，没有什么不是被从言语层面上知晓的了。这是一个在其中所有的奶牛都变成透明的白色的一天，一个闪亮的日子，甚至不再真的是一个日子，因为夜晚被战胜了：它是纯粹的无所不在（immanence）。如果亡者之书记录了斗争并保存了对斗争的记忆，例如某人看到的辩证的张力，它导致了自身的被征服／否定

（*Aufhebung / suppression*）[10] 或完成或圆满（Vollendung），那么就不可能还剩下什么去阅读它，因为不可能有什么尚未完全地对自身透明——根本就没有剩下什么人。我们拥有的是绝对的同一性，它是对同一性的绝对否定，同时既是肯定又是否定，纯粹的存在和纯粹的虚无，一个"不是"的"是"，因为它的确定性本身已经被克服了；同一性和非同一性是一回事。

　　这不就是科耶夫在巴门尼德和斯宾诺莎那里所批判的同一个状态吗？一旦时间和概念同一，而且这一关系在一个给定的关于诸叙事的叙事中完成，人们如何能够在不质疑它的情况下谈论它的完成？人们如何在历史终结之后说话？科耶夫似乎认为，人们可以说话，但只能像皮埃尔·梅纳尔德（Pierre Menard）那样说话，重复亡者之书中的字句。[11]但这还是言说吗？当然，我们还有以前提出过的问题：谁在言说？在此"人"进行言说的时候，他究竟在干什么？重复某页上的字句是什么意思——那是言说吗？

　　宣布历史的终点就是一个反讽；这一宣告本身似乎就宣告了终点的假象。在此，有一种跟死亡的顽固的同源（homology），因为言说某人自己的历史的终点，同样是不可能的。当然，有一种有吸引力的策略——终点描述了一种状态，其中所有生命或历史行动的可能性都被探索过了，剩下的"仅仅"是重复。但是否有一种仅仅是重复的东西呢？

自动生命

　　在此我们遇到了科耶夫后期思想中的一个主导性因素，即"重复"这一有吸引力的策略。如果历史彻底地走向了终结，那么看起来很明显的一点是，任何后历史的言说都是胡说，或"无脑的"重复，或不在无脑的范围内的反讽。如果历史的终点就是新事物的发现被证明是以前曾经有过的事物的重复，那么重复就具有别种功能。在这一意义上，重复令我们回到了希腊的、如科耶夫典型标识过的自然概念上。我们阅读亡者之书并使之存活，我们正在这样做时，严格遵照亡者之书，无一例外，甚至意识不到正在这样做。

我们要么否定以便从否定中解放出来——通过将自身从自身中解放出来而得到解放——要么我们否定以便继续进行否定，唯一的区别在于后续的否定是对"最初的"否定的重复，而且只能如此，因为它已经穿过了所有可能的否定形式。如果我们两者都做不到，那么我们会发现自己处于一种根深蒂固的未完成或犹疑状态中——处于反讽中。

尽管科耶夫心存所有这三种可能，但《引论》之后的大部头著作中的主题，是消除后历史状态中的重复的可能性和意义。在这一方面，科耶夫的晚期著作可以分成本质上不同的两组，一组设定了后历史秩序的真正形式，另一组试图决定性地证明这一秩序已经降临到我们头上，由此扩展了在《引论》中提出的论证过程。第二组著作是主导性的，由于我已经描述过的那些困难，所以认为第二组是主导性的是有道理的。然而，第一组也令人产生持久的兴趣，因为它提供了在后历史秩序已经达到的情况下该秩序可能是什么样子的详细蓝图。

另一种确定上述两组著作之关系的方法，引发了具有启发性的问题。通过借用它们正确的"管辖权"（jurisdiction）术语来定义它们的关系是十分可行的，因为这些著作可以相当容易地被分类为适用于思想的著作和适用于行动的著作。提出了后历史秩序蓝图的那些著作，似乎属于适用于行动的那部分著作，而适用于思想过程的那部分，首先提出了一套对似乎属于前一组的思想的说明。

在此，思想与行动之间的区分相当有趣，首先也是最重要的，因为它肯定了一种自身必定会在历史的终点上被克服的区分，那时，思想是行动而行动就是思想。实际上，思想与行动的这一等式是终极性的关键前提，标志着诸如终极性和否定性之间的认识论张力的最终完成或克服。这些到目前为止我已经介绍过的张力的各种形式的变体——理论与实践、理性与意志、社会性与个体性以及其他——都牵连在这一思想和行动的全面区分中。

对这一区分的克服是概念即时间这一假定的关键要素。因此，这就是科耶夫在追求终极性的两条线索——一条在思想中，一条在行动中——时令人震惊的反讽，这一反讽与下述困难相关：我们已经在涉及终极性与否定的关系时提出了这些困难。如果历史真的终结了，这些张力就必须克服——不可能存在着不是行动的思想和不是思想的行动。这一克服必须是科耶夫的哲学计划之完成的最不寻常的后果，而且，借用思想与行动关系的术语来表述我此前的论证，不可能存在对行动更进一步的思想，没有仅仅是阅读的阅读。严格地说，所有的事物都变成了可执行的，或者某种不能以如此这般的方式被思考或被看待的行动，因为在后历史的世界中，没有什么是被思考的或被看待的。

但是这一其他的统一体所描绘的究竟是什么样的存在？我们似乎进入了东方思想中的无心或无意的（mindless and intentionless）行动，即无为的循环之中。[12] 或者我们在语言概念的循环中运动，后者由格罗伊斯提出，他是科耶夫的一个谨慎的学生，认为共产主义实现了思想和行动在语言上的统一。[13] 在上述两种情况下，我们都遇到一个点，在此，思想不再能意识到自身，这样的意识缺失必定也可以运用到语言上。圣者的到来是自我意识角色的完全终结，剩下的存在者似乎无非就是自动机，他们甚至意识不到他们正在遵循着的思想或行动的模式。另一个适用于此种自动类型的词是"本能"，在此对科耶夫的另一种解读变得可能，只要人们可以通过给人类以本能的方式论证历史的目标是修正人类这个错误。

"给予本能"究竟意味着什么？尼采的术语——人是未完成的动物——我们已经引用过一次了，这样带来的结论恰恰是本能的缺乏将人与动物区分开来，而这一本能的缺乏是不完整的标志。考虑到建立在我们传统中有关完美和不完美的相对价值，上述这样的说法就没有什么特别奇怪的了。几乎不言而喻的事情是，不完美一定要被消除，而传统的欲望与缺失或匮乏之间的联系——科耶夫当然会肯定这一联系——不过是突出了这一面对不完美的态度而已。因此，被看作是未完成的动物的人类，是不完美的甚至是有缺陷的；用科耶夫难忘的术语来说，我们是"动物的致命疾病"。[14] 如此一来，人们可能会想，将动物从这一疾病中解放出来的方法，会指引着欲望以及随之而来的人类行动走向对它的消除。

这肯定是科耶夫的假设所带来的刻薄反讽之一，该假设认为我们人性的最真切的表达是冒着生命危险去尝试获得完整性。难道不正是因为从根本上引入了认可，人们才可以被视作完整的、自足的，具有完全的价值，像一尊神，而且这一认可本身也在所有方面都是完满的吗？"人只有在被**普遍认可**的情况下才能满足；也就是说……人只有通过变得完美才能得到**满足**。"[15] 这样的完美要求完全的自足。完美的人不需要任何事物，不依赖任何事物——完美的人在上述两种意义上都是真正普遍的。

人们可以把疾病等同于不满足、不完美、对死亡的恐惧，以及其他所有的限制，它们阻碍着我们变得完善和完成，无论是在我们自身内部还是外部。科耶夫有很好的理由将个体性与犯罪等同起来。[16] 个体本身就是无能战胜自己，无法变得完美，因为人只有通过超越个体性、通过作为一个个体的自我的毁灭才能获得完美。对科耶夫来说，个体性是某种缺陷，因为个体性只能来自区分，而在个体发现自己置身于其中的更大群体的熟悉的语言中，是无法消除或理解这一区分的。在个体对自身都不完全清楚的情况下，他更不可能对其他人完全清楚，因此他的恰当的价值不可能得到普遍认可，因为上述恰当的价值不可能对所有人都是清楚的。

个体因此无法将自身从他的特殊性中解放出来，后者是不完美的或未完成的特殊性。对终结性的大力提倡克服了这些缺陷。每一个个体都会认可他人而且也能够认可他人，因为这一相互的和普遍的认可，是以彻底的透明为依据的，即每个个体都是一个精确的复制品，在所有基本的方面复制着任一其他个体。人们可能赋予个体的物理的或动物式存在的种种区分由此被抹去了。此外，每个个体在思考的时候都遵循着同样的原则并采取同样的方式——错误本身已经被消除。这种思想的相似性同时也是行动的相似性，因为在真正普遍和同质化的国家中，思想和行动是一回事。因此，最终我们可以论证说这一思想和行动的一致性（uniformity）起作用的方式，与本能甚至与某种计算机程序有着严格的一一对应关系。无论在哪种情况下，个体的基本动机模式在每一个方面都是一样的；我们可以假设，每一个个体，当以同样的方式面对同样的困难时，很可能以同样的方式做出反应。

如果这听起来像是地下室人在《地下室手记》中所谴责的那种状况，我们有充分的理由支持这一相似性，因为地下室人所嘲笑和气愤的，是一套以水晶宫为代表的最终的合理性体系的合法运行（enactment）①。[17]这个胡言乱语的落魄王子，无法摆脱他对自身错误的依恋，这种错误是某种自由，与那些喜欢水晶宫的人可能享有的自由抗衡。他不可能平静地进入那个美好的夜晚；当面对同样环境时，他不能成为无名氏或重复同样行为的动物，这种动物与周围环境打交道时完全独立。最终，成为无名氏意味着成为仪式、重复和官僚主义的生物。

但现在应该很清楚的是，科耶夫对后历史状况的态度似乎是相当含糊的，含糊得就像他对奴隶通向后历史状况的道路的不同描述一样。一方面，他描绘后历史状况的方式看起来像是可怕的末世或人的终结，其中毫无吸引人之处，也不存在救赎；停留在没有一个明确目的的混乱的历史中，要比达到历史的终点更好。另一方面，后历史国家的实现似乎

① 《地下室手记》，第 423、433 页。

是人奋斗的真正的最高目标，这一目标的提出和完善会以一种全面的最终革命为代价，没有了这一目标，人生根本没有任何意义。看起来科耶夫提出了两种极端对立的选择：无意义的历史延续，它没有方向，没有收获，用地下室人的悲伤的语调叙说着自身；另一种历史，其目标是在终点上取消自身、解放全人类，否则就会深陷于因历史缺乏一个确定的目标而必定带来的无意义的混乱之中。[18]

我们也许可以这样说，科耶夫著作中的主导性反讽不仅与达成这一终极国家的实践任务相关，而且跟一个问题，即我们如何**知道**它最终已经实现有关，如果终极国家机制的一个结果是消除可以意识到这一点的意识。实际上，反讽同样扩展到了终极国家的可欲性上。我们是否真的希望通过消除我们的动物存在来获得自由？我们是否真的希望通过能想象出的最激进的去个体化的，也就是接近死亡——如果不是字面上的，那么就是比喻意义上的——的计划来变得普遍呢？

感情，不是智慧（Sapient）

如果科耶夫在《引论》之后所写作的涉猎广泛的论文的目的在于处理有关终极国家之实现的问题，那么贯穿着《引论》本身的评注则提出了对其可欲性的关注。其中最著名的一个，是来自 1962 年科耶夫给《导言》的第二版所加的注释。[19] 比较婉转的说法是，这一长注引发了大量的评论，因为它提出了一种自我修正，与历史终点的时间点和终点的后果有关。如我们已经看到的，1939 年最后演讲的注释非同寻常，因为它们对最终的、普遍的、同质化的国家的描述，跟对于圣者及其著作的出现的总体描述并不完全合拍。如果圣者及其著作的到来应该是一件受欢迎的最终事件，在对终极真理的学习中战胜了历史，那么附加给这些部分的注释提出了相当不同的说法。

1962 年再加上的注释并未消除这一印象。这一注释附加给了 1938—1939 系列演讲中的第十二篇，幽默的笔调掩盖了相当令人困扰的内容。这一注释连接的不是原文，而是以一种典型的科耶夫式的姿态连接着对原文的另一个注释，从而造就了对原文注释的注释。第一个注释探讨了历史终结之后人的消失的后果。人的消失不是一种"宇宙的灾难"，也不是一种生物灾难。实际上，科耶夫认为人的消失有可能对自然有益，因为在历史终结之后，人与自然或被给予者是一致的。科耶夫之所以能这样说，是因为历史的终结无非就是建立起与自然的最终的和谐或真理，这标志着人对自然再无所求，他实际上对自然已经非常满意，已经克服了自然和他本身的缺陷。

请记住，如果人不再试图通过终结历史来克服错误的话，那么科耶夫就把人的持续存在等同于错误。我们还知道错误的消除由此意味着人与自然的和谐，即便这种和谐之达成借助了奴隶做出的最为完全的征服自然的计划。达到这一征服之境地的时候就确实没有什么事情可做了，人最终屈服于重复。我们或许可以说，人在掌控自然或者变成"世界之主"[20]的过程中，已经赋予了自身以本能，因此他不再需要思考或怀疑，而智慧就是对这种本能的描述，一种一劳永逸地书写了人的生命的逻各斯。

1962 年的注释把上述结论扩展得更远。科耶夫部分地认可了我们刚刚提及的重复问题——如果人随着智慧的到来而消失，那么只有具有本能的存在者才能存活下来，这些存在者心满意足，没有人的欲望。这样的存在者如何能够成为理想的仪式主持人或亡者之书可能的读者？如我们已经注意到的，科耶夫怀疑对这样的存在者来说语言能意味着什么。毕竟，纯粹的重复能允许什么样的理解呢？对后历史的存在者来说，唯一一种适用的语言是某种像蜜蜂语言的东西，这样的语言不是自我意识，而仅仅是一系列的信号，以产生习惯性的回应。

压力再次回到了本能这里，回到了下述事实：统治着后历史的存在者的逻各斯，像电脑命令或基础代码一样起作用，对一个给定的刺激给出所有可能的反应。借用罗伯特·布兰登（Robert Brandom）在《厘清》（*Making It Explicit*）一书中举过的例子，人们必须在情感和智慧之间作出区分，前者描述了一种以限定的方式对某种刺激做出回应的能力，后者描述了一种关系，借此刺激本身可能被转变或重新定向，在其中成为问题的存在者不仅仅是回应，而且进行转变。对布兰登来说，只有后一种态度适用于人类，它暗示着人类和其他存在者之间的鸿沟：人是有潜在创造力的行动者，而其他存在者只能作出被严格限制的回应。[21]

后历史的存在者必须趋向纯粹的情感，这是一个科耶夫在探讨苏联和美国的相似性时，用大量幽默所掩盖的一个观点。科耶夫强调历史终结于 1806 年的耶拿战斗，而且他试图强化这一观点，方法是指出自耶拿之后，没有任何重要的事情发生，而且苏联和美国都在纯粹为了促进它们彼此的公民们的物质财富而建立起来的国家中实现了人性的兽性化。

但是，这一对情感的黑暗而幽默的观点，由于科耶夫在注释结尾处所引入的对虚荣的特殊说明而变得复杂起来：

> 正是在最近的一次日本之行（1959）之后，我对这一点的看法产生了根本变化。在那里，我有机会观察了一个即一类的社会，因为只有它在接近三个世纪的时间里经历了"历史终点"上的生命——也就是说，既没有内战也没有外战（指的是平民丰臣秀吉对封建主义的清算及其贵族继承者德川家康酝酿并实施的人为的闭关锁国）。现在，日本贵族不再冒生命危险（甚至在决斗中），也不会为了生存而劳动，他们的存在仅仅是动物式的。

> "后历史的"日本文化采取了与"美国模式"完全对立的方式。毫无疑问，在日本再也不存在"欧洲式的"或"历

史性的"意义上的宗教、道德和政治。但最纯粹形式的**虚荣**（Snobbery）创造出了规则，这些规则否定了"自然的"或"动物式的"被给予者，后者在实际上远远超出了在日本或其他地方从"历史性的"行动中——也就是说，从准战争（warlike）和革命斗争（Revolutionary Struggles）或被迫劳动中——产生出来的东西。可以肯定，独特的日本式虚荣的顶峰（别的地方找不到对应物）——能剧剧场、茶道、花道——曾经是而且仍然保留着富贵之家的独有特性。但不管经济和政治上持续的不平等，当下的所有日本人无一例外地处在一个根据完全**形式化**了的价值——一种完全清空了"历史"意义上的全部"属人的"内容的价值——而生存的位置上。因此，极端地看来，每一个日本人原则上都能够实行从纯粹虚荣的角度来看的完美的"无理由的"（gratuitous）**自杀**（传统的武士刀可以用飞机或鱼雷来代替），这和为了具备社会或政治内容的"历史性"的价值而进行的战斗并在其中**冒生命危险**毫无关系。这一点似乎使人们相信，最近日本与西方世界的互动最终会导致的并非日本人的再次野蛮化，而是西方人（包括俄罗斯人）的"日本化"。

现在，考虑到没有任何一个动物可能是一个虚荣之人，每一种"日本化"了的后历史时期都会是一种只属于人类的时期。因此不会出现"恰如其名的人（Man）的最终毁灭"，只要还存在着一种叫作**人类**（Homo sapiens）的动物，它们可以被看作是人的属人一面的"自然"支撑物。但是，正如我在此前的注释中说过的，一种"与自然或既定存在和谐一致的动物"是一种**活物**，但绝不是人。为保持为人，人必须保持为"与客体相对立的主体"，即便"否定被给予者和错误的行动"消失了。这意味着，尽管从此之后可以用一种满足的态度

来述说被给予他的所有事物，但是后历史的人必须不断地把
"形式"从它们的"内容"中剥离出来，这样做不再是主动地
改造后者，而是因此他能够作为纯粹"形式"与自己相对立，
也与被看作是任一种类的"内容"的他者对立。[22]

我引述了该注释的大部分内容，是因为它对后历史时代的问题的内
在兴趣。该注释首先提出了兽化的可能性，这有可能是后历史时代的特
征，而且似乎来自我们此前探讨的有关历史终结之后的时代的种种问
题。与这一思想的序列不同，科耶夫再次提出了一个关于仪式的基本观
念：人类可能重复一些行动——这些行动曾经充满了斗争的直接力量和
欲望——而无需拥有任何接近原初的力量或欲望的重要性（magnitude）
的任何事物。换个稍为不同的说法，人们可以分辨出一种明显的区别，
以区别开那些创造历史的人、缔造了历史的基本模式的人、终结并保存
于亡者之书中的逻各斯，以及那些仅仅是重复逻各斯的人。在那些重复
者之中，他们所模仿的行动的最初含义有可能实际上相当遥远，但行动
却作为纯粹的形式保留了下来以便追溯或模仿。一度曾是人类行为的自
觉创造的东西，对被给予者的否定，现在重现为纯粹形式上的重复。[23]

在此还可以援引许多有趣的例子，尤其是那些有关艺术的，在这一
方面，科耶夫思想与表现在 20 世纪 80 年代和 90 年代的建筑中的后现
代观念有着惊人的联系。[24] 根据后现代观念，建筑和艺术变得越来越致
力于对那些已经出现过的形式的重组，新形式的可能性已经渐渐枯竭。
唯一留给建筑师和艺术家的是组合已经在手的那些形式。以前曾被指责
为仅仅是折中主义的东西，现在是艺术唯一剩下的内容，艺术成了组合
术（ars combinatoria）。尽管科耶夫并未走得如此之远，但很明显，
他也会赞同某些类似的事情，只要在后历史时代唯一留给人类的是重复
在另一个时代所产生出来的那些形式。情况定然如此，因为根据定义，
历史的终结意味着所有可能的人类行为的形式都已经得到了实现。那么，

与后现代建筑不同，科耶夫设想的后历史的人类似乎无法把形式从它们最初的历史背景中割裂出来以进行新的组合——这意味着某种对被给予者的否定，而这又意味着历史尚未终结。相形之下，科耶夫的后历史的人类只会简单地重复，并未意识到那种重复除了作为重复之外还有任何其他的意义。

在此，人们可能会被诱惑着去将后历史的生活比作一场演出或戏剧，在后历史时代无尽地重复着。后历史的存在者是一个演员，他循着某个角色的主线，后者一旦被创造出来就在此后潜在地无限重复着。由于后历史的人类不可能有关于自我的意识，甚至赋予他意识，使他认识到自己的位置就像演出中的演员，这样的做法都是不可能的。

这种态度显而易见的模型可以在海德格尔称之为"此在"的非本真和本真的存在形式之间的区别中找到。对海德格尔来说，非本真的生活，是一种并未意识到本身如此的生活。这样的生活就是根据无论哪种主宰着该生活的传统所进行的生活。传统从未被质疑，从未被违背（除了马上就会被纠正的"机械性"错误）；相反，它们被遵循着，如我们可能称之为"无心"或更确切的"无意识的"追随。也就是说，非本真是此在生活在某种对自己生命的遗忘（oblivion）之中，他仅仅是重复着同样的模式，甚至并未意识到它们的真正样子。在这一意义上，我们可以说非本真的此在非常接近于一个动物，有本能，甚至可能这一本能之获得是通过了某种没有模型或模板的斗争。一开始在有意识的跟斗争的关系中被创造出来的东西，现在被重复着，却没有任何创造或斗争的观念。

我们说"无意识的"是因为科耶夫同样达到了进入仪式的那种重复的核心方面，即它不是思想的对象。我们似乎每天都要涉及这些活动的各种变体。这么说吧，它们对我们的无意识的功能的模仿是如此有效，以至于需要相当大的努力去思考甚至去认识这些行动是通过人的行动而达成的。在我们无须考虑这些行动就能存活的范围内，我们活着且遗忘了它们；如果我们是科耶夫式的后历史的存在者，那么我们就不得不活着却遗忘它们——如果不是实际上对所有行动都如此。

"遗忘"或许是描述后历史状态的最佳词汇。这是一种遗忘或盲目行动的状态；在这种状态下，人类以一种彻底遗忘的态度生活，似乎是他们努力回到最初的开端，从那里出发他们随着人类欲望的第一个行动的到来而出发。但是科耶夫并未给我们这样的描述，这类描述无论如何更接近卢梭。尽管他可能暗示了卢梭——他怎能不如此呢？尤其是在处理黑格尔有关主奴关系的论述时——但他从未直接援引卢梭。这一点非常有趣，因为科耶夫的终极国家似乎在寻求获得某种完善，而卢梭将这种完善等同于自然状态并试图在公意（the general will）的概念中再造它。[25]

根除作为故障的历史

如果我们把这一点直接放在科耶夫本人思想的范围内，那么我就会得到一个最不寻常的结果。科耶夫历史理论的目标是消除历史；历史的目标是首先征服创造了历史的无论什么东西。如我们已经知道的，历史伴随着错误，一种自然的错误，其相互关系我们可以描述为历史。历史作为一种运动，从自然秩序中的最初的故障到不再是自然的而是由人类劳动创造的秩序的建立，无论如何都是对自然秩序中的故障的一种改正。

在这一意义上，科耶夫的思想是一种关于故障或危机的哲学。历史是对那种故障的克服或改正。成为人，去否定，就是首先去否定那种创造了人的错误。可以肯定，这必然是科耶夫思想中最引人注意的方面之一，因为它是一种试图消灭作为错误的思想的思想。换句话说，科耶夫心照不宣地将从自然中解放出来的计划再理解（reconceives）为一种由此借助人类的行动重建自然的平衡的计划。如果我们通过奴隶的劳动在某种意义上确实变成自然的主人或世界的主人，这种主宰的最终结果是首先根除产生了人类的错误。同样从这一角度看去，我们的主宰是人的终结，或者更好地说是人在自我终结中达成自身的全面表达。

为了更好地理解科耶夫所追求的对象，让我们假设两种对立立场。人类不是一种错误，相反人类是自然的产物，他们或者有一种自然的目的，或者他们的目的是设计出他们自己的目的；人是自由的、创造性的存在者——几乎就像一尊神。

如果我们采取第一种选择，即人类有一种自然目的，那么我们肯定会剥夺人类的自由。在这一方面，没有什么方法可以区分开人类与动物。我们所能做的就是表明人类处在一种特殊的位置上，他们有能力把握他们自己对自由的向往。在这一场景中，对人类来说，错误就在于不去把握自己在自然中的确切位置，去冒犯自然以至于自然会反过来进行报复。在此我们获得的是一种本质上关于人类错误的悲剧模式。悲剧内在于我们对自己的存在的意识，我们以某种基本形式意识到我们有一种自由或能力去处理我们自己的命运，但最终却发现我们遭遇了可怕的骗局。我们战胜自身命运的努力只可能以失败告终，这表明我们是极不友好的存在者，乐于意识到自身的局限性，但却没有能力以任何根本的方式去克服或改变它们。

如果我们采取第二种选择，即人类设计出了他们自己的目的，那么我们就赋予了人类能够想象到的最为激进的自由。人类是最优秀的自我创造的存在者。在这一方面，人类没有本质；实际上，人类的本质就是不要本质。所有的起源——而且最终也包括死亡本身——都可能被彻底克服。现在，人们不得不询问，这一自我创造的概念究竟可能有何具体意义？作为一种存在与持续地创造自身的过程中的存在者究竟是什么？这样的存在者甚至能够被想象吗？此外，是否存在着一个点，在其上自我创造变成了一种可能性，这是否是一个战胜了似乎限制着自我创造的道德和死亡的点？或者说，它是否确实就是自我创造之可能性的条件？

　　后一种观点似乎具有优先性。人们可能论证说只有某种有限的存在者才可能是创造性的，而创造性的目标定然是克服那一有限存在者的限制。毕竟，作为某种创造性存在者的不朽的或无条件的存在者，这一概念有可能被赋予什么样的意义呢？在此或许存在着过多的困难，因为不朽的或无条件的存在者这一概念本身就问题多多。尽管我们的想象盛产不朽的存在者，它们中的大多数带有一种跟有死的存在者的强烈相似性，只不过它们的生命永不终结。想象一种存在者，它并不存在于作为真正限制的时间之中，也不担心自己的安全，不需要保护自己——想象这样一种存在者几乎必然是不可能的，因为它会跟我们可能认识的事物彻底不同，在任一、每一给定的时刻，我们都生活在限制之中。如果我们无法想象不朽的、自我创造的存在者，那么我们就必须回到第一种选择，即人类有一种自然目的。如果我们这样做，我们给创造性加上了一个必要的条件：它克服了道德。我们的创造能力首先有一个简单的、必须加以克服的目标，以便随着彻底的自由来运用自身。

　　问题在于，一旦这一目标被克服了，那种可能出现的存在者就可能超出了我们的想象力。如果它没有创造的需要，它为什么要创造？如果没有促成创造的需要，那么创造还能是什么？它是否结合进了某种形式？为什么它会选择结合进某种有限的形式，由此限制其自身的自由，或者沉默地重新回到它曾经抛在身后的有限世界？如果自我创造的存在者不能战胜道德，那么在什么程度上它才能是自我创造的？它肯定不可能是完全的自我创造，因为作为完全的自我创造当然消除了作为一种限制的死亡，消除了任何可能的限制。这就是困难之所在：去想象一个存在者，它的本质是不采取某一种形式，或者根本没有形式——纯粹的自我创造听起来很可疑，就像纯粹的自发性一样，因此，如果它想保持自己有趣的身份，它就不可能是本质上神秘的东西之外的任何事物。如果它不是这样，那么完全的自我创造在何种程度上，如果有这样的程度的话，能够进行创造？

有限的创造性的意义可能是什么？在这一词组中的有限回溯到了某种背景，而创造的本质就是基于那种背景，它只能将自身展现为一种对那个背景的否定。但即便是这一否定也肯定了那个背景。不存在绝对的自我创造，只有相对的自我创造，而相对的创造是真正的创造吗？相对的创造根本不像是绝对的创造。相对的创造必定是内在于原初背景中的可能性的展开。在借助否定源头而战胜它的过程中，人们同时实现了内在于它的那些可能性，因为否定总是回溯关联到一个有条件的起点上。这是创造吗？

我们终结于两种不同模式的创造——一种是无限的，另一种是有限的。我们或许可以相当快地免除掉第一种模式，因为无限的或无条件的创造，无中生有的创造，对人类来说只可能是一种抽象的预设，他们永远不能发现自身能够进行无条件的创造，因为他们自身是有条件的，其中最基本的限制就是死亡本身。如果对人类来说无中生有被证明是完全不可能的，那么极端的自我创造无非仅仅是欺骗或有用的神话，吹嘘我们有着我们不可能有的力量。第二种模式似乎是唯一适于人类的，而且能够证明它很少用于取悦人类，因为它强调创造不是在字面上从不存在的地方造出某种东西来，而仅仅是列举（enumerating）那些或多或少内在于我们所处的无论哪种背景之中的可能性。起点决定了创造的可能性，起点确定了终点。

如果确实如此，我们就相当接近了科耶夫。我们绝非要否定科耶夫表面上创造性的进步模式，相反，我们看起来更接近于肯定它。实际上，如果我们回到本章开头的讨论，就会发现科耶夫将概念等同于时间，是一种描述内在于某种既定条件的诸多可能性的完全展开的方法。我们需要记住的要点是，所有情况看起来都是某种原初状况的展开；我们不可能知道除了我们自己的开端之外的任何其他开端。科耶夫历史的创造性历程，无非就是对被某种历史背景创造出来的我们自身的发现。但这一创造显然不是无中生有的创造，而仅仅是内在于开端中的可能性的举例或表现。这是个体的自我展现，与之相伴的是全体的自我展现，而个体属于全体——再一次，"我"就是"我们"，而"我们"就是"我"。

有限的上帝

科耶夫最终拒斥了上帝与人之间的任何同源性（homology），这种同源性会导致无限的自我创造或转换，并把人变成上帝。与此相反，科耶夫创立了一个有限的上帝。他的这一做法是科耶夫研究者们普遍接受的共识。[26] 但是，一个有限的上帝当然不是真正的上帝。如果说有什么区别的话，一个有限的上帝是一种对上帝的戏仿，因为一个有限的上帝能从自身的有限性中解放出来的唯一方法是借助某种绝对的行动：自杀。有限的上帝可以选择主人式的自由的自杀，或者选择奴隶式的中介性的自杀，奴隶通过劳作来寻求最终从自身中解放出来。在任一情况下，有限的上帝所采取的唯一的、真正的像神的行为就是消除自身，隐去自身，变成无名氏，无论是通过基里洛夫式的戏剧性举动，还是对官僚主义的无伤大雅的默许，无论是斯大林主义者还是某个通用的官僚主义国家的建筑师。

注　释

1　参见 Bernard Hesbois, "Le livre et la mort: essai sur Kojève" (PhD diss., Catholic University of Louvain, 1985), 30, note 12。海丝博伊斯（Hesbois）未出版的论文是对科耶夫晚期思想研究的最好的单篇著作。

2　Kojève, *Introduction à la lecture de Hegel*, ed. Raymond Queneau, 2nd ed. (Paris: Gallimard, 1968), 38 (hereafter abbreviated as ILH). 这一相当黑格尔式的叙事概念最近出现在了 Roberto Mangabeira Unger and Lee Smolin, *The Singular Universe and the Reality of Time* (Cambridge: Cambridge University Press, 2014), 13–15。

3　Kojève, "Note inédite sur Hegel et Heidegger," ed. Bernard Hesbois, *Rue Descartes* 7 (June 1993): 35.

4　重要的是我们要记得这一克服的矛盾状态，在此前的章节中我已经探讨过这一点。

5　ILH, 550; Kojève, "The Idea of Death in the Philosophy of Hegel," trans. Joseph Carpino, *Interpretation* 3, no. 2/3 (Winter 1973): 134 (以下缩写为IDH)。

6　海德格尔再一次站在了明显的对立面上，他1949年的布莱曼讲座（Bremen lectures）正是对这种同一性概念的攻击，后者在根本上只有在事物占据了数学空间中的不同位置的时候，才对事物进行区分。特别参照 Heidegger, "Positionality," in *Bremen and Freiburg Lectures*, trans. Andrew J. Mitchell (Bloomington: Indiana University Press, 2012), 23–43。

7　这当然是海德格尔的一个关键点。亦可参见 Jacques Derrida, *Aporias*, trans. Thomas Dutoit (Stanford, CA: Stanford University Press, 1993), 55–81。

8　在此，实际上很难避免尼采的循环。就像科耶夫的黑格尔一样，永恒轮回只是一种叙事弧线的重复。但如果尼采的永恒轮回瞄准的是个体生命，那么科耶夫所瞄准的则是群体生命："'Alles *endliche* ist dies, sich selbst aufzuheben'（每种有限的事物都是对自身的克服或否定），黑格尔在《哲学全书》中这样说。只有有限的存在才能辩证地克服自身。那么，如果概念就是时间，也就是说，如果概念性的理解是辩证的，概念的存在——以及相应的被概念所揭示的存在——在本质上就是有限的。因此历史本身必定在本质上是有限的；群体的人（人性）必须死去，正如个体的人会死去一样；普遍的历史必定有一个确定的终点。"ILH, 380; Kojève, *Introduction to the Reading of Hegel*, trans. James H. Nichols Jr. (Ithaca, NY: Cornell University Press, 1969), 148 (以下缩写为IRH)。

9　Kojève, *Le concept, le temps et le discours*, ed. Bernard Hesbois (Paris: Gallimard, 1990), 54.

10　科耶夫用法语的否定（supprimer）来翻译征服（Aufhebung），在此我把这个词翻译成"征服"，但supprimer通常意味着"消除""消灭"或"除去"。科耶夫用这个术语来表明，在某种观点看来是片面的东西，在新的、更整体性的观点下都会被克服或消除，直到所有的片面性最终被消除。反过来说，科耶夫强调，如此之后被保留下来的是无论在任何给定视角下都是普遍性的东西。参见ILH, 457; IRH, 180。

11　这一观点参见 Boris Groys, *Introduction to Antiphilosophy*, trans. David Fernbach (London: Verso, 2012), 147。

12　Kojève, *Kant* (Paris: Gallimard, 1973), 47. 科耶夫把无为翻译成 "faire le nonfaire"（行动又不行动，做又不做）。他用不寻常的方式解释这一概念，将其看作是从行动中的退回，然而可以适用于这个概念的更为传统的解释是，该行动不是被计划好的，而是 "直接的" 或 "自然的"。参见 Edward Slingerland, *Effortless Action: Wu-Wei as Conceptual Metaphor and Spiritual Ideal in Early China* (Oxford: Oxford University Press, 2007)。

13　Boris Groys, *The Communist Postscript*, trans. Thomas Ford (London: Verso, 2010).

14　ILH, 554; IRH, 137.

15　ILH, 275; IRH, 80.

16　ILH, 32; IRH, 28.

17　F. M. Dostoevsky, *Notes from Underground*, trans. Richard Pevear and Larissa Volokhonsky (New York: Vintage, 1993), 25, 35.

18　这是《试析理性的异教哲学史》的主要观点：历史要么从未开始，要么开始了而且永不结束，或者开始了然后结束（历史是一个完整的 "圆圈"）。对科耶夫来说，只有第三种还有些一致性，第一种会陷入沉默，而第二种是无尽的闲谈，因为在没有关于全体的终极描述的情况下，人永远不会知道他所知道的是否是他认为他所知道的——这恰好就是地下室人归结给无限的谓语。

19　这个注释成为相当多的讨论的对象。试举三例：Jacques Derrida, *Specters of Marx*, trans. Peggy Kamuf (New York: Routledge, 1994), 70–75; James H. Nichols, *Alexandre Kojève: Wisdom at the End of History* (Lanham, MD: Rowman and Littlefield, 2007), 83–89; and Stanley Rosen, *Hermeneutics as Politics* (Oxford: Oxford University Press, 1987), 93。

20　ILH, 28, 34; IRH, 23, 27.

21　Robert Brandom, *Making It Explicit: Reasoning, Representing and Discursive Commitment* (Cambridge, MA: Harvard University Press, 1998), 5.

22　ILH, 436–437; IRH, 161–162.

23　ILH, 385. 科耶夫所指称的时间是由亡者之书的读者所经历的时间，它等同于亚里士多德的 "生物的"（而且是循环的）时间，与之对立的是黑格尔的线性时间。基本的区别似乎存在于历史的最初过程和其后的重复之间，最初的过程是一种线性的 "第一圈"，而重复则是循环性的 "复制品"。阿甘本（Giorgio Agamben）注意到这一区分多少有点含糊地建立在科耶夫作品明显的张力之上。阿甘本认为科耶夫创造了一种关于动物性的"人类的"（anthropophorous）观念，借此，动物"携带着"作为人的人逐渐消除或"超越"了它。因此，阿甘本同样没在科耶夫那里发现生态政治的关怀（除了拒绝将生态政治的前提看作是一种对待自然和身体的态度，因某种目标而追求二者的培育），而且他质疑在后历史的国家中什么会变成动物性。他在下述方面提出了建议："或许人类动物的身体（奴隶的身体）是一种无法消解的遗留物，唯心主义将其作为一种思想的遗产而保留着。"参见 Agamben, *The Open: Man and Animal*, trans. Kevin Attell (Stanford, CA: Stanford University Press, 2003), 12。

24　参见 Frederic Jameson, *Postmodernism* (Durham, NC: Duke University Press, 1992), 97–130。

25　Jean-Jacques Rousseau, *Discourse on the Origin, and the Foundations of Inequality Among Men*, in *The Major Political Writings of Jean-Jacques Rousseau*, trans. John T. Scott (Chicago: University of Chicago Press, 2012), 65–90.

26　参见 Stefanos Geroulanos, *An Atheism That Is Not Humanist Emerges in French Thought* (Stanford, CA: Stanford University Press, 2010), 157–188。

第八章

道路还是废墟？

> 一首诗从未被完成，只是被放弃。
>
> ——保罗·瓦雷里

科耶夫晚期著作在多大程度上试图完成圣者所留下的"亡者之书"？这很可能是一个没有简单答案的问题。尽管科耶夫生平有件人尽皆知的趣闻，就是他自称为一个"神"——或许是反讽，或许不是——但可以公平地说，科耶夫对黑格尔自己在何种程度上达到了这一状态的怀疑同样可以适用于他自身，在解释为什么历史终结于圣者的形象之中是必要的这一点上，科耶夫并不比黑格尔好多少。实际上，一个不那么宽容的人会认为科耶夫自己的著作，作为传达历史之终结的哲学宣传是毫无意义的，除非那一终结**并非必然**；科耶夫对历史终结的模棱两可的承认是一种计划，恰好证明了这种必然性的缺失。[1]

如果情况确实如此，那么在科耶夫本人所使用的术语的范围内，他所创作的著作在试图"更新"或重复黑格尔本人的著作时，就不会比后者更有资格被看作是亡者之书。因此，人们不得不给出的结论是，在《黑格尔解读引论》之后，科耶夫所转向的大量著作总体上不过是试图完成亡者之书，而这一计划的立场并不稳固，因为其完成的机会无论如何都不是确定的。《引论》之后，科耶夫试图完成的伟大哲学宣传事业在很大程度上依然是未完成的或未出版的，这一点本身就再次表明终极性宣称的核心困难。

如果历史终结于有限的神或圣者，那么危险在于对这一状态的绝对证据的关键之点——自我牺牲——不可能发生，其理由我已经比较详细地给出了。尽管科耶夫可以嘲笑基里洛夫，但绝非想当然的是，科耶夫的有限的上帝不会发现自己置身于同样讽刺性的处境：明确地指出历史的终结就是自杀或失去意识。然而，如果人们两者都不做，那么他就会处在一种不舒服的立场上写作大量的哲学宣传（tracts），不断地以一种背叛了终极性的方式思考终极国家。我已经指出，背叛这一事实就像犹大的行为一样，是对附加给有限的上帝的漫画式感染力的终极认可，而这个上帝在终极意义上根本不是上帝。

科耶夫关于后历史的大量著作就是对这一感染力的证明。证明过程中显示出了极端的思辨性，通常带着紧张的、反讽式的玩笑，与之相伴的是处于装饰性的复杂性中的明显欢乐，对此，科耶夫本人称之为"过分研究"（preciosity）。[2] 科耶夫最后的著作正式宣告了一种终极性，而这些著作似乎无法忍受这种终极性，或者说，它们宣告这一终极性的方式是，过分详细地阐述它，通过离题的、间接的尤其是不断增长的相关表现方式来阐述它，在其中，不断增生的区别、术语和介绍，似乎掩盖了它们全体都带着刻意的单调去宣扬的终极性。

但可以探讨的是这一看法对科耶夫是否公平。尽管我们有大量的证据表明这是科耶夫式的反讽，但这一晚期著作同样以令人印象深刻的详细和严肃的尝试，提出了宣告（或者不宣告）终极性的问题，这是一个科耶夫或许极其敏锐地意识到的问题。此外，这一晚期著作中最重要的两条线索，法律的和历史—哲学的线索，昭示着科耶夫的独创性，因为在黑格尔演讲中，这一点不可能出现。即便我们接受黑格尔式起源的两种基本叙事的无处不在的影响：主奴关系和向智慧的上升，《法权现象学概论》和《试析理性的异教哲学史》也都是非常专业的原创作品。

尽管科耶夫通常声称仅仅是在追随黑格尔，但这两部著作都是异端。他对权利的探讨跟黑格尔的《法哲学原理》几无共同之处，即便它在主奴叙事的基础上发展出了一整套关于终极国家的理论。此外，他对异教哲学的广泛研究在黑格尔那里没有直接的对应物，他还创造了自己对辩证逻辑的解释，后者构成了一套关于对话的独特理论的一部分，试图探讨一种处于沉默和无限对话之间的终极叙事。以此为例，科耶夫在他多少有些神秘的论证的基础上，提出了一个大大扩展了的版本，这一论证是 1939 年的第六、七、八篇演讲的重要部分，论证的是哲学史本质上是一个概念之时间化的故事，一个它（或我们）从沉默的永恒中以语言的方式解放出来的故事。毫无疑问，独特的人类生命是从永恒中的解放的观念，受到了存在主义的影响，但考虑到它终结于一个终点上，它同样可以被看作是对存在主义的一种批评或一种戏仿。

尽管除了用俄语写于 1940 年末和 1941 年春的大量（900 页）手稿这一明显的例外，科耶夫许多晚期作品都已经出版，但这绝不意味着科耶夫希望它们得到出版。他在世时唯一准备出版的主要著作是《试析理性的异教哲学史》的第一卷。因此，我们面临的一个看起来很重要的问题是，这些晚期的、大量未出版的著作是否具有权威性。

科耶夫去世得过于突然，他并未留下关于出版这些著作的进一步建议，而且困难——如果不是根本不可能的话——在于确认科耶夫是否有出版它们的坚定意图。考虑到科耶夫对格诺出版《试析》的兴趣所表现出的嘲弄态度，人们或许可以假设科耶夫更希望他的著作永不见天日。[3]如果情况确实如此，那么我们就应该小心谨慎地审查这些直到科耶夫去世的时候都没有出版的著作——《试析》是例外，因为至少我们知道它有明确的出版意图。

我们当然不想认同海德格尔对尼采的异乎寻常的态度，在他看来《遗作》是尼采真正思想的宝库。[4]海德格尔以一种高度自我指涉的方式指出，思想家会隐藏自己的真正思想，仅仅允许在公开出版的著作中给出（在最好的情况下）一点亮光。海德格尔认为，一个思想家的真正思想应该保留给少数能够以正确的方式把握住那种思想的人，这一观点对科耶夫的朋友施特劳斯来说似乎也很重要。所谓的施特劳斯学派很有名的一点是公开赞成一种"封闭的"或"隐秘的"学说，这一反讽只有施特劳斯的个别信徒直接表达过。对施特劳斯来说，每一个配得上哲学家称号的人，都有一套隐秘的或者只有内行才懂的学说。隐藏这一学说的理由在于它对于城邦或社会来说具有内在的危险性，因为哲学家是一个思考超越了城邦事务的人。

科耶夫很难说乐见此种哲学幻想，他在《僭政与智慧》和另一篇关于朱利安皇帝的短文中表明了这一观点。[5]科耶夫以一种令人耳目一新的方式摆脱了人们在海德格尔和施特劳斯那里发现的哲学暗语。科耶夫打趣二者说，与世隔绝的哲学家更像一个疯子而不是对城邦的威胁，更荒谬而不是更危险。[6]真正危险的哲学家是一个鼓吹行动的人，而且这样做的时候采取的是公开的教导方式，以吸引不仅仅是少数人而是多数人。对科耶夫来说，所有针对少数人的教导都带有标志性的排外性缺陷。相反，哲学家会贴近大众，寻求他的教导的普遍化，并认为这是其价值的唯一体现。一种无法获得大众——如果不是全体——支持的教导肯定是荒唐的，某种私下的教导喜欢自封为高级的或只适于少数人的，而拒绝承认无法在成为大众的教导上取得成功，这样的教导所标示的，除了其根本性的无能之外，没有更具戏剧性的东西了。

因此，对我来说，看起来完全不合适的是将科耶夫的未出版著作看作是特许的少数人才懂的教导。实际上，科耶夫之所以在生前出版了如此之少的著作，这一事实源于一种比海德格尔和施特劳斯所能承认的远为模糊的看待哲学的态度。正如科耶夫在写给施特劳斯的信中对格诺的倡议所做的说明一样，他小心翼翼地避免将自己看得过于严肃。人们甚至可以像科耶夫的另一个学生那样论证说科耶夫从根本上不满意自己的哲学工作，正是基于这一点，他才不准备出版它们。根据这一观点，科耶夫意识到他并未达到他渴望替代的哲学家即黑格尔那样的水平，并且对自己作为评注者的角色感到绝望。[7] 这听起来像是可疑的思辨，我愿意认为科耶夫在出版方面的保留更多地跟他与哲学之间的模糊关系有关，而不是缺乏能力。

这种含混性出现在科耶夫有名的反讽中。尽管这一反讽肯定与科耶夫关于我们处于历史的终点上的论断有关，但它似乎同样也跟科耶夫对哲学的一般性的担忧有关。这些担忧出现在他对哲学秘传主义（esotericism）的攻击之中，但它们在其职业生涯的激进转变中也非常明显。1968 年，他接受了记者吉尔·拉普热（Gilles Lapouge）的采访，在这唯一的一次采访中，他乐于嘲笑哲学家，声称官僚制度是一种更高贵的游戏。如我们在引言中所注意到的，思想中的激进转变至少跟三位20 世纪的主要哲学家相关：海德格尔、卢卡奇和维特根斯坦。但他们中没有哪位采取了科耶夫所采取的如此极端不同的方式。科耶夫的转变令人想起——当然是，讽刺式地——19 世纪最著名的俄罗斯式的转变，即列夫·托尔斯泰的转变。科耶夫的转变类似于托尔斯泰的转变，因为科耶夫在嘲笑哲学的时候却不可能转身不涉足哲学。此外，科耶夫求助于官僚制度作为一种带来新社会的方法，以及随之而来的哲学的终结。

尽管初看起来将科耶夫变成官僚与托尔斯泰的转变相提并论显得颇为古怪，但对我来说，几乎不成为问题的是，科耶夫认为自己求助于官僚制度是一种反讽或戏仿的叙事，跟大多数转变的叙事有着同样的意图：造就一个新的（并且是最终的）世界。在这一方面——而且很典型地——科耶夫对拉普热的反讽式的回应揭示了某种看起来同样也是严肃的任务，因为哲学的目标类似于官僚国家的目标，所有根本性的谜团都被解开了，剩下的只是宣传并迫使人们服从规则。

考虑到科耶夫在战后对哲学态度的复杂性和含混性，明智的做法似乎是谨慎地对待未出版的著作，不把它们看作是包含着真正的或秘密的教导，而是相反，看作是揭示了在试图说出那个最终或最后的词汇时的内在必要性和困难性。因此，这些著作就是一部含糊的终章，为各种张力所撕扯，而科耶夫似乎未能以令自己满意的方式解决这些冲突。它们因此可以被解释为这样的著作，当它们宣告了终极性的时候却削弱了对终极性的宣告，在这一方面反映了我们早已充分讨论过的对终结的矛盾态度。

接下去对这些著作的审视主要集中在两本主要著作：《法权现象学概论》（1943 / 1981）和《试析理性的异教哲学史》（1968—1973；包括科耶夫论康德的著作，被认为是属于《试析》的一部分）。尽管我也会提出对其他未出版著作的看法，但我的观点是，这两部著作展现了对黑格尔演讲最清晰和最原创的发展，因为《概论》描述了普遍的和同质化国家中的秩序，而《试析》以极为详细的方式提出了关于概念与时间关系的重要讨论，对此，我们已经认定是黑格尔演讲的一个关键方面。

尽管两部著作看起来互为补充，一个提出了后革命的、终极国家中的后政治秩序的"现象学"说明，另一个详细地提出了获得那一国家的哲学基础，但在两者之间似乎存在着某种古怪的张力。这一张力之所以是有趣的，恰恰是因为涉及了对终极性的预期。《概论》描述了终极秩序的基础，它承认普遍的和同质化的国家是一个"极限情况"，是某种近似于康德意义上的范导性理想（regulative ideal）的东西。[8] 相反，《试析》似乎很痛苦地向我们保证终极国家已经达到了。在这一方面，《试析》似乎仅仅是扩展了来自黑格尔演讲中给出的一系列论证，尤其是那些与时间和概念之间的等式相关的论证，尽管《概论》标出了自己的领域并因此在科耶夫全部著作作为一个整体的背景下成为一个异数。

如我已经提出过的，正是这两部著作的存在所揭示的对终极性的不确定性，指向了科耶夫思想中引人注目的摇摆不定。科耶夫在黑格尔演讲中提出的有关终极性的激进观点，似乎被《概论》推翻了的同时被《试析》所讽刺。如果科耶夫思想背后的信念是征服亚里士多德动物理性意义上的动物，那么达到这一最终目标的方法似乎比单单阅读黑格尔演讲所获得的更受欢迎。的确，正如科耶夫在写给施特劳斯的一封信中的著名评论所说：

> 历史行动必然导致某种特定的结果（因此：推理），但导致这一结果的方式是变化多端的（条条大路通罗马！）。在这些道路之间进行选择是自由的，而这一选择决定了关于行动的言说的内容和结果的意义。换句话说：物质上（即现实中）的历史是独一无二的，但是言说中（即被说出）的历史可能是极其多样的，取决于对如何行动的自由选择。例如：如果西方人保持为帝国主义者（即同时也是民族主义者），他们会被俄罗斯打败，这就是最终－国家之来临的方式。然而，如果他们"融合"（integrate）他们的经济和政治（他们正在这样做着），那么**他们**就能打败俄罗斯。这就是最终－国家之达成的方式（同样的普遍化的和同质化的国家）。但在第一种情况下，它被以俄语（与李森科［Lysenko］及其他人相关）说出，而在第二种情况下——用的是"欧洲语言"。[9]

这一非同寻常的评论提出了两个基本的观点。第一，终结不是问题——"条条大路通罗马！"——如我们所知，这不是一句幼稚话，而是包含着终极国家的全部的语义学（semantic）内容，这一"永恒的国家"或者"上帝之城"就是人类历史所要达到的本质，获得这一本质的前提在黑格尔哲学中已经达成。第二，朝向这一终极国家的道路在其特殊叙事尚未变得完全清楚的意义上并不确定。

让我多少更为详细地解释一下后一种观点。科耶夫指出，作为事实因素的道路不会是不同的，而是关于那条道路的说法会有所不同，这取决于是美国还是苏联会成为最终的胜利者，从而让自身进入最终的国家。在这一方面，如我以前指出的，美国和苏联对科耶夫来说"形而上学上是一样的"，尽管双方所使用的语言并不相同。两者都想象了一种本质上霸权式的资产阶级的自由，终极国家会在某种程度上将其转变为从动物中摆脱出来的重大解放，后者是科耶夫反中产阶级的自由观念的最深层假定。

从这一观点出发，我们可以说《概论》和《试析》都代表了朝向终极国家的不同道路，它们之间的张力更多地跟其所展现的模式而不是双方都预设的最终结果有关。因此，更大的区别在于后面这种对最终的或终极国家的展现，与展现在黑格尔演讲中的，当然也包括1962年附加上的注释——对此我们已经在第七章中探讨过了——所表现的内容相关。因为在黑格尔演讲中勾勒的可怕的末日景象和对仪式化了的国家的愿景，无论在《概论》还是《试析》中都根本不明显。这一不同可能存在着不少原因，其中有一些留待第九章去探讨。目前可以论证的是，黑格尔演讲展现了一种独一无二的极端的景象——或许是科耶夫提供过的最为全面的景象。而考虑到后期著作中所有的犹疑和反讽——展现的是那些通向最终的罗马的许多道路，其方式是表明自身不过是另外一种朝向终极国家的修辞性道路，从而在避免黑格尔演讲中极端性（extremity）的同时坚持了其基本意图：对个体、动物自我的最终克服。在这一意义上，上述两种晚期著作都可以看作是终极国家的先声。

普遍的和同质化的国家

科耶夫论述普遍的和同质化的国家、真正的后历史社会的最重要著作是《法权现象学概论》，写于1943年，在雷蒙·阿隆的坚持下于1981年出版。如果人们如科耶夫希望的那样执着于黑格尔模式，仅凭标题，这一长文（目前的法文版长达586页）假定了某种对科耶夫来说和《法哲学原理》之于黑格尔一样的功能，即科耶夫著作中最明确的政治论著。在其中，科耶夫提出了一种概观，对象是从属于普遍的和同质化的国家的基本结构，作为其法律结构或者科耶夫所称的 droit 或 Recht ① 的结构。然而，尽管功能和主要的关注点可能是一样的，但这一文章如我所注意到的，相对来说跟黑格尔的著作很少有相同之处，尤其在其特殊的内容和结构方面。

　　现在，出现在脑海中的第一个问题很难说是多余的：在后历史的国家中、普遍的和同质化的国家中，为什么人们需要这样的一本著作？如果意味着"自由的、历史性的个体"的人类会消失在这一后历史国家的新的、超个体的现实性中，为什么还要像科耶夫那样费心劳神地勾勒出一幅等同于为此国家提出的一系列的基本建国方略的画面？历史的终结不会导致如此这般的法律权威的消失吗？如果我们真的战胜了个体性，那么还有什么样的犯罪可能会产生？把这一问题说得更清楚一点就是，如果后历史的国家在战胜自身的过程中纠正了属人的错误，为什么人们需要一个规范系统，其主要任务是保持这正确性的标准？

　　显而易见的（但并非必然正确的）回答必定是《概论》实现了一种功能，该功能类似于或补充了由包括在《引论》（其出版在 1943 年甚至不在预期之内，当时科耶夫正忙于写作《概论》）中的演讲所执行的功能。在这一意义上，《概论》是对终极国家的一个导言，或对必定被政治行动所实施的关于终极国家的一个过渡性愿景。就像《引论》一样，《概论》看起来也是一部关于哲学宣传或教学法的作品，尽管涉及了比《引论》中更为直接和实际的秩序。或许正因如此——而且也仅仅是因此——佩里·安德森（Perry Anderson）才称其为一部比《引论》更重要的著作。[10]

　　这一推测得到了该书本身的结构的支持，在其中，三个主要部分中

———————————

① 两词分别是法语和德语的权利或法律。

的第二个体现为对主奴关系的概述，后者对《引论》来说是核心问题。[11]
然而，与后来出版的《引论》不同，这一概述只出现在文章中间，紧随
科耶夫对他所称为"权利"的基本要素的精心探讨之后。《概论》的重
点很清楚地在于精心打造一个权利系统，而关于发展的叙事在其中扮演
了一个次要的角色。

这一权利体系类似于一种行动的计算或"逻辑"。如我所说的，它
是《试析》的关联或伴生品，后者将黑格尔的概念思想发挥到了极致。
就像该论文一样，我们或许可以假设《概论》扮演了普遍和同质化国家
的导言的角色，这一点由于下述事实，即这一国家尚未完全实现（或者
可能实际上无法完全实现）而变得必要。尽管我不准备把《概论》看作
具有自身重要性的主要法律作品进行详细考察，但它至少在跟作为科耶
夫后期作品的导言的重要性等同的地位上，提出了一种关乎其主要特征
的说明，后者构成了科耶夫哲学事业的重要组成部分，因为《概论》在
关注权利的时候展现了一种极为有趣的方式，后者是造就了后政治的、
超级的或终极国家的行动的最基本计算方式。[12]

科耶夫提出的法律体系因此是一种直截了当的霸权。在它所提出的
法律体系之外，它不允许任何习惯或正义的残余存在。它是普遍主义的
或终极的，或者在最低限度上，指向了一个普遍的和同质化的国家中的
规则的终极体系。[13] 因此，从底层支撑着这一国家的法律体系不再是诸
多的法律体系中的一个，而几乎变成一种代理"本能"或"程序"，完
全而彻底地规范着所有个体。

为了达成这一目标，该文的核心要点在于某种扩展了的判决机构
（adjudicative apparatus）的建立，类似于卡尔·施密特在其关于霍布
斯的《利维坦》的重要著作中所描述的机构。[14] 我们或许可以说科耶夫
为集权制的国家撰写了规范性的、法律上的奠基之作，因为没有哪一个
个体可以占据优先的地位。

该文的第一部分设定了一个非常抽象的形式化的或"现象学的"说

明，其对象是一种连接起整个文章总体的基本结构单元："司法情境"（juridical situation），这是一个严格意义上的形式化关系，包含三个部分——彼此间存在潜在冲突的双方（A 与 B）以及第三个中间角色（C），后者寻求置双方于监督之下并在任何可能的冲突中进行决断。科耶夫很明确地表示，这一关系并不抽象，而是被他用于指称无论如何都是可能的最简单的关系，后者可以引起第三方 C 的干预或判决。关于司法情境的基本细节相当直截了当。为了引起某种司法情境，A 必须有某种与由 B 所代表的他人相对的权利。"权利"描述的是某种行动或避免某种行动的权威或责任。A 有一种权利；B 侵犯了这一权利。A 有所行动或没有行动；B 进行了反应以便抵消 A 的行动或其行动的缺失。C 在 A 的权利被侵犯的时候进行了干涉。C 或者简单地制止了侵犯，或进行了判决，或两者都做了。

当只涉及双方时（所有关系中涉及范围最小的情况）并不存在司法情境，仅仅因为没有判决的任何可能。[15] 这一看起来相当直接的观点值得更为仔细的考量。

判决是整篇文章背后的关键点。判决预设了某种冲突，以及某种预定的解决程序，这是权利的本质。在一种只有双方的冲突之中，不存在任何预定的解决程序；实际上，对科耶夫来说，预定的解决程序就是作为主奴辩证法的历史本身的轨迹。因此，一套解决程序或权利只有在历史终点或靠近历史终点的时候才有可能存在，此时主人与奴隶之间基本的二元冲突已经达到了结局。在此之前不存在真正的判决，只有冲突，判决问题必然只有偏颇的答案，因为判决的标准反映的是冲突双方中的一方的利益，或者是 A 或者是 B。

政治给权利和司法情境让出了道路。科耶夫指出了政治和司法关系之间的区分，方法是论证前者预设了朋友和敌人之间的冲突，而后者预设了一种更为普遍的友好关系（amity）。[16] 换句话说，司法关系预设了各关联方对解决冲突的程序和制度达成了普遍的共识；因此它也预设了对认可的渴望——它引起了上述冲突——业已得到满足。如果上述渴望已经得到最终的满足，我们就看到普遍的和同质化的国家的降临，由此也获得了一种终极的视角，以便从此出发来判断种种不同，后者本身定然是错误或者对错误的坚持，这样的坚持可能是不可救药的（incorrigible）。

通过指出普遍和同质化的国家的"纯粹性"是一种"极限状态"，如此前已经提到过的那样，科耶夫在某种程度上承认了上述困难。无论如何，该文全面的教导在没有一种坚定的预设，即司法标志着政治终结的情况下是没有意义的。施密特所惧怕的政治终结恰恰就是普遍的国家。在政治终结的地方，司法真正地达成了自身作为在普遍和同质化国家中的对于行为的权威性指导，主奴关系在这一国家中**开始**解体。[17]

平等，均等，公平

科耶夫在论文的第二大部分中致力于探讨这一关系，其中许多方面追随了他在黑格尔演讲中已经做过的探讨。但两者之间仍有许多值得一提的区分。科耶夫之提出主奴关系，其背景是正义或对正义的寻求，后者构成了权利体系发展的基础。正如我们可以期待的那样，考虑到他思想的一般倾向，他对平等、平衡和和谐作为真正的人类奋斗的正确目标的不懈强调，他将正义的概念建立在平等之上。他提出了两种不同的平等（equality）概念，分别为主人的正义和奴隶的正义奠定了基础。主人的正义建立在认可的平等的基础上，一个主人认可其他主人的平等地位，只要他们也像他一样显示出对死亡的无畏。而奴隶的正义建立在均等（equivalence）之上——这是一种计算性的理解——由此其他人有着跟奴隶一样的地位。因此，主人的正义建立在冒险的平等上，而奴隶的平等建立在地位或环境的均等之上。[18]

科耶夫认为这两种不同的关系来自更深层次的平等，即主人与奴隶之间最初的斗争，在其中，至少是在一开始，双方是平等的。[19] 正是奴隶放弃了这一平等，他自愿地认同了主人，作为回报，保住了生命。由于平等的丧失，奴隶自愿地服从与他和主人之间的不平等，决定了他的奴隶状态。但这里也有一种均等存在，尽管是颠倒的：主人与奴隶是均等的，只要主人认为死亡的价值高于奴役而奴隶认为奴役的价值高于死亡。[20] 这里最有趣的一点是均等的关系建立在利益之上。奴隶将某种利益强加给主人，这种利益跟奴隶在拒绝冒生命危险时所表达的一模一样。这一均等并未正确地表达主人之冒险的理由，或者说没能用利益的概念来表达，而仅仅是指出两者之间质的区别的极端性，尽管他们之间存在着明确的基础性的均等。

在奴隶的权利会逐步变得跟主人的权利均等的意义上，奴隶的努力和劳动创造了社会以及司法组织，试图重新获得奴隶最初的平等地位。奴隶将来会享有主人的自由，尽管这一自由依然会以利益为标志；奴隶的自我保存的利益导致了一种欲望：不是通过直面危险而是消除危险来战胜主人。奴隶的最终目标是建立一个国家，在其中均等是主宰，所有公民都是均等的，其基础是对全部的自利进行均等的安排。尽管如此，科耶夫强调奴隶重新获得平等并不等于回归到原初的位置，而是达到了作为历史发展的完全展开，后者等同于奴隶的利益在战胜他对死亡的恐惧中的发展，方法是通过劳动改造世界和通过斗争改变他跟主人的关系。

科耶夫所指称的两种平等模式，其意义在于历史斗争：贵族权利与资产阶级权利的斗争。科耶夫将这两种平等的最终关系称为“公平权”（droit d'équité），并且声称实际上它是一种不同种类的正义的综合，适用于主人也适用于奴隶，体现在融二者于一身的公民的人格之中。[21] 这样的融合究竟意味着什么，这在某种程度上是一个更为微妙的问题。一个人如何能够把冒险的权利跟保护或自我保存的权利融合在一起呢？

这或许是该文中最微妙的问题,因为它道出了历史终结的困难之处。如果公平是反映在最终的法律系统中的最终的正义模式,这究竟意味着什么?这一最终的满足会带来从自我保存中的解放,自我保存的消失吗?两种形式的权利之间的区分引人注目;如果主人不关心自我保存,奴隶的整个存在都为它所限定。对奴隶来说,终点就是最终的满足,对死亡的征服。这是奴隶版本的自杀。奴隶变得像主人一样,只不过方式截然不同,而结局,即某种形式的自我牺牲,就是很清楚的。奴隶通过征服自然而克服的动物式的恐惧与主人的恐惧截然不同。由此问题出现:双方如何可能和解?公平可能意味着什么?

在黑格尔演讲中,科耶夫的摇摆不定显而易见。一方面,他认为通过进行革命,奴隶在最终的革命中改变了自己的奴役状态,因此是冒生命危险去实现理想。[22] 另一方面,科耶夫坚持动物会取得胜利,因为那是唯一会留下的——由奴隶创造的新的存在本质上像动物一样,因为它是"被程序化的",因此不再意识到死亡。奴隶不会为了战胜动物而杀死它,相反,奴隶变成了全然的动物。如果第一种情况多少有些复杂——是什么在如此之晚的情况下让奴隶在竞争中通过冒险来征服奴役?——第二种情况看起来不像是一种黑格尔意义上的征服(Aufhebung,overcoming/sublating),在其中主人和奴隶保持着和谐的平衡关系。相反,作为主人的主人消失了,而且并未在奴隶中再次出现,除了作为驱动着奴隶以最完全的方式表现其动物性的动力之外。

公平似乎被同样的困难所困扰。如果奴隶的工作意在消除风险,那么奴隶通过否定自己的地位而战胜了主人。在此就像在此前的情况下一样,这一地位仅仅是作为一种他要去克服的地位而并入了奴隶的公平;它之被保留或保存是为了被克服或消除。作为其结果,奴隶的公平呈现为一个系统,实现了相互的利益交换,听起来很像某种资本主义的理想化形式。资产阶级权利中的"资产阶级"逐渐控制了权利的概念,使之成为一个等价(equivalences)的系统,后者跟马克思在《资本论》最初几个章节中如此精彩地描述的那个经济系统，以及就此而言跟出现在这个系统之中的具体化了的社会关系，几乎毫无二致。[23]

或许科耶夫的反讽的来源是这样的事实：系统实际上迫使奴隶去争取公平地位。人人平等，特殊性或个体性因此就会消失。在试图战胜奴役的过程中，奴隶只不过近乎完美地表现了对某种规范体系的顺服，而后者似乎是科耶夫1962年附加给黑格尔演讲的著名注释中所描述的那种仪式化了的结构的先声。这一说法中引人注目的一面是它与卢卡奇的物化（reification）和海德格尔的技术（Machenschaft）[24] 概念之间的相似性。去个体化的终极国家是机器国家或完全物化的国家。奴隶的胜利终结于把奴隶的利益转换为无效（nullity），或者某种包含了自我与全体的利益，因为在这一最终的司法秩序中所发生的是整体与部分的完美和解。

以利益之名而行的对利益的消除，其后果是以思想之名消除思想，这一点是后来对黑格尔哲学的表述的核心内容，科耶夫带着对细节的执着在他对时间与概念的和解的讨论中再现了这一点。因此，我们或许可以提出一个论证以反对我们此前提出的黑格尔演讲的极端性说法，因为现在或许很明显的是科耶夫的后期著作追寻的是去个体化的概念、物化的概念，而且逻辑惊人地一贯。也就是说，这些著作在意图方面跟黑格尔演讲一样地极端，但是，它们的不同之处在于提供了一幅更为巧妙而精细的画面，来描述通向终极国家的各种各样的可能的运动。通向终点的道路确实是多样的。

智慧，爱智慧，现象的逻辑

从20世纪30年代末到60年代中期，科耶夫似乎一直忙于对他的黑格尔哲学解释进行方法论方面的演示，此后他似乎放弃了对这一演示的进一步尝试。出现在 1947 年的《引论》或许看起来使得此后的著作并无关联。但是,科耶夫明显地反对这一观点,因为他在《引论》出版之后撰写了数千页的手稿。[25] 人们能够发现有两种主要的作品深藏于科耶夫死后绝大多数仍未出版的稿件中。第一种是数量惊人的手稿,科耶夫在 1940—1941 年间似乎以光速写就。第二种是一系列的文章,加起来构成了 1292 页的皇皇巨著,其中以惊人详细的方式提出了关于概念之同一性的进化的重要洞见,对此,科耶夫曾在 1938—1939 年间的演讲中提出了框架。

1940—1941 年手稿《智慧,爱智慧,现象的逻辑》发现于 2003 年,藏于巴塔耶的档案之中。1941 年逃离巴黎之前,科耶夫将这些手稿委托给了巴塔耶。这一批数量庞大的手稿大约有 900 页,全部用俄语手写,基本没有出版,只有两篇相当短的节选自前言部分的内容(共 81 页)用俄语出版于 2007 年和 2014 年。[26] 节选重现了 1938—1939 年演讲的许多方面,尤其是对作为完美的自我知识的智慧概念的重视,至少与一个人所能给自己提出的关键性问题有关的方面是如此。科耶夫再次指出,智慧不可能获得这一结论本质上是一种神学观点,意味着某种现实性的存在就其本性而言是无法被哲学所企及的。在同一主题下,他论证了真正的哲学必定坚持智慧能够通过人的思想而获得,这一立场不允许任何形式的神灵的存在,因而是无神论的。科耶夫进一步试图证明智慧可以被获得,思想会始终如一地封闭其自身。

他提出这一观点的同时给出了一个被他归结于黑格尔的论证:为了知道某物实际上是什么,一个人必须知道所有与之相关的事物,既然所有的事物都是相互联系的,一个人必须终结于知晓所有类型的联系,以便知道某物的真相、全面了解它,无一遗漏。科耶夫用他的书桌为例:

> 不可能认识我的椅子,如果这一认识不能包括对整个宇宙的知识的话。上述情境可以由以下事实来解释:每一个现实的、

物质的事物都在实际上跟现存的整个物质世界相连，而且在实际上也不能从其中分离出去。有人非常清楚地表明了这一情境，说我点燃的火柴甚至可以对太阳产生影响。每一个实在的事物都跟其他事物产生着互动，以这种方式，它们一起形成了一个统一的整体。[27]

现在科耶夫把这一论证带回了开端：如果我想认识我自己，那么我必须认识所有这些事物以及它们与我自己之间的相互关系。对科耶夫来说，这意味着关于事物是什么，以及我们可能跟它们发生的多种关系的知识，因为"人们经常遗忘真实的宇宙包含着不仅仅是真实的、物质的事物，而且也包括实际上生活着的人们及其意识、知识、思想，对话，等等"。科耶夫关于整体性的观念是令人晕眩的，不仅仅包括事物"自身"，而且包括它们之间的每一种可能的关系，以及在历史进程中遭遇它们的那些人之间的关系。实际上，人们可以论证说历史的进程无非就是对这一遭遇的详尽说明。

这让我们想到了博尔赫斯。"博闻强记的富内斯"是关于整体性的一个实验。以其名字为小说名的主角在从马背上摔下来之后获得了一种最不寻常的特点：无限的记忆。他能记住事物还有他跟这些事物的关系，实际上，是任何其他的与事物的关系。

> 我们一眼望去，可以看到放在桌子上的三个酒杯；富内斯却能看到一株葡萄藤所有的枝条、一串串的果实和每一颗葡萄。他记得 1882 年 4 月 30 日黎明时南面朝霞的形状，并且在记忆中同他只见过一次的一本皮面精装书的纹理比较，同凯布拉卓暴乱前夕船桨在内格罗河激起的涟漪比较。那些并不是单纯的回忆；每一个视觉形象都和肌肉、寒暖等感觉有联系。他能够再现所有的梦境。

富内斯能够记住与任何给定时刻相联系的任何一件事，而每一件事都跟某个特定的时刻相连，所以他的记忆以指数的方式扩展开来。它扩展到如此之大的程度，以至于富内斯渐渐发现自己不能以任何形式有所行动，更不用说记住过去了。如叙述者所说："但我认为他思维的能力不强。思维是忘却差异，是归纳，是抽象化。在富内斯满坑满谷的世界里有的只是伸手可及的细节。"[①28]

富内斯的记忆消散在了对事物的特殊性的把握之中，这提出了一个令人痛苦的问题：对事物的特定历史的还原使它们显得如此复杂，以至于不再是它们所是的那样。它们的普遍性消失在它们被置于某种不断扩张着的特殊关系的系列之中，结局是人们不得不讲述每个事物的故事，而且包括每种可能的关于该事物的思想。既然每一个印象捕捉了事物的一个方面及其与其他事物的相互关系，那么任何数量的组合都是可能的。

当博尔赫斯在此强调的是无限的同时，科耶夫似乎采取了相反的观点，强调整体在终点上必须被限定，或者说它不是一个整体。如果它不是一个整体，那么它就无法包含任何一贯的部分，因为它们不可能得到清楚的理解，除非它们能够在整体之内得到最终的确定。[29]

科耶夫为这样的整体的全面性（comprehensibility）所做出的论证，来自那一整体的基本的形式原理的整体性。科耶夫坚持说这一原理是辩证法。辩证法组织起了事物的所有关系，借助的是一个过程，在其中事物被放置、被否定、被结合进一个形式，而后者反过来又会被放置、被否定，直到这一过程无法继续下去从而回到其起点。这一循环模式被科耶夫多次强调，它组织起给予和索取人们可能向自己提出的问题的答案的过程，因此在某个点上，所有的答案都会被给予，同时人也回到了起点。

一个人如何能够知道这一点已经达到了呢？什么时候才不再可能前

---

① 中译文引自博尔赫斯著、王永年译：《杜撰集》，上海译文出版社，2015年，第8—9页，第13页。

进而又无须回到起点呢？我们再次碰到了此前曾在这一联系中碰到的同样的困难，因为人们肯定难以知晓他何时受困于一个重复的循环，以及何时新事物的发生的可能性被削减到了零。

在这一方面，我们可以考察一位有对立倾向的思想家，科耶夫最喜欢的对手：海德格尔。在 20 世纪 30 年代，海德格尔开始撰写一系列重要的论文，即所谓"本有"（Ereignis）手稿①。海德格尔在这些论文的第一篇《对哲学的贡献》（1936—1938）中明确表述的目的是走出某种困境——哲学已经变成了常规，它的基本用语"已经被用尽"或"枯竭"。[30] 海德格尔试图走出这一枯竭了的思想模式的困境，代之以全新的思考方式。然而，如许多人注意到的那样，《贡献》中的重复令人震惊，这一点似乎为海德格尔本人所强调，或许是为了标识细微的差别。不过，尽管海德格尔试图推翻某种枯竭了的传统，但是当他试图表述迄今为止的传统中无法表达的东西时，却导致了异常冗长的重复。

海德格尔在"本有"手稿中的实验可以被看作是科耶夫思想的证据，即传统已经到了终点，因为打破新的地基的企图表明其自身是不可能的。在传统中，没有什么可以展现的了，新奇性最终等同于胡说——人们向由地下室人培育的"疯狂"投降。

然而，科耶夫的论证仍然为它们内部的不一贯所困扰。一个人如何能够在谈论完成的时候却不需提及其对立面？谈及作为完成的完成这一简单的事实，似乎意味着存在着一个超出了那个完成的位置，或者尚未被那个完成了的位置所同化的位置。尽管科耶夫未出版的手稿富于创见和力量，问题依然悬而未决。相反，科耶夫似乎付出了额外的巨大努力去战胜这一困难，其后的大部分直到他去世依然没有出版的著作表明了这一点。什么时候重复才会变得无用（otiose），变成失败的标志（就像在本章之中那样）？

---

① 对应中译本为《哲学论稿：从本有而来》。

知识体系

手稿后面的系列构建了一个多少有些破碎的整体，由对黑格尔的"知识体系"（le système du savoir）的三个介绍构成。前两个介绍包含在一部在 1953 年被放弃了的著作中并于 1990 年初次出版，题为《概念、时间与对话》，而第三个介绍构成了规模宏大的《试析理性的异教哲学史》的第一部分，该书最终由三部分构成，第一部分出版于 1968 年。

这一皇皇巨著是对《引论》中的一系列演讲（八、九、十）的令人难以置信的、过分复杂的、精心编织的说明，处理的是概念与时间的关系，对此，我在第五章中已经比较详细地探讨过了。实际上，科耶夫似乎将其哲学生涯的剩余部分都贡献给了发展他在黑格尔演讲中探讨过的基本框架，这一事实证明了科耶夫赋予这一分析的重要性，它成为他解释黑格尔的基石，如果不是他全部哲学生涯的基石的话。

《概念、时间与对话》包含了彼此不同的两种对黑格尔知识体系的介绍。实际上，科耶夫认为需要三种对黑格尔体系的介绍，才能使得当今的读者将该体系接受为对概念与时间之关系的（在黑格尔意义上的）现象学说明，其顶点是被黑格尔所宣告的两者的同一。这一概念的时间化，或者将时间引入概念，是最重要的事件，它创造了作为包含在概念本身的同一性之中的概念历史的哲学史。概念就是历史，历史就是概念。

我不准备详细探讨《概念、时间与对话》[31]，只提一点就够了：前两篇分别描述了概念和历史，联系起两者的是哲学传统——在概念的情况下就是亚里士多德，在时间的情况下就是柏拉图。接下去我们要详细探讨的第三个介绍，处理的是两者之间的关系，对此，科耶夫接下去会继续进行不辞辛苦的详细描述，并置之于紧随介绍之后的哲学史中。这些介绍都是对科耶夫 1938—1939 年的解释的目标一致的、详尽的辩护。

或许它们最为明显的对这些演讲的偏离，就是提高了对对话的中心性的强调。这些介绍没有 1938—1939 年演讲的那种感染力。关于后历史国家令人困扰的说明也消失了，取而代之的是强化了的对重复的说明，既在这些介绍本身意在让读者准备好迎接一种对黑格尔体系的升级了的重复的意义上，也在那一重复是历史终结的后果的意义上。

未完成的终点：《试析理性的异教哲学史》

科耶夫哲学生涯的巅峰之作，而且也是他自己出版的唯一著作，实际上就是第三个介绍。未完成的《试析理性的异教哲学史》，第一卷出版于 1968 年科耶夫突然去世之后不久。后续的两卷先后出版于 1971 年和 1973 年，总计达到了 1292 页。根据某些说法，科耶夫本来计划再添加一部基督教哲学史，但很可能在科耶夫的遗著中发现的论康德的著作是该系列的最终卷，因为科耶夫几乎从未提及过基督教哲学。[32] 无论情况可能如何，该书的范围令人生畏地广大，这部哲学作品的规模比得上或者说超过了科耶夫如此推崇的那些伟大的俄罗斯小说家的作品。

《试析》尚未受到任何类似于对 20 世纪 30 年代的《黑格尔演讲》的那种重视，即使考虑到后者的历史意义，也不难看出原因。[33]《黑格尔演讲》的绝大部分非常清楚、表达明确（与黑格尔的《精神现象学》本身形成了鲜明的对比），相形之下，《试析》是一部完全不同的作品，它几乎没有对读者做出任何让步。《黑格尔演讲》中的那些详尽的描述，相比于《试析》的精心编织的、幽默的、过分讲究的结构来说显得非常苍白。这种讲究体现在华丽的书名本身之中，它就像《试析》的其他许多方面一样，同时既是综合性的又是试探性的。

essai 一词来自法语动词 essayer，"试图"或"企图"，在法兰西文学中最为著名，因为来自蒙田的《随笔集》（Essais），后者本身就是一部宏大而详细的著作。在蒙田手上，文章确实是试探性的、不确定的、一种并未达到确定的、最终结论的探险，一种并未取消自身的探险。但是某种"理性的历史"（histoire raisonnée）则属于相当不同的另一种类，与整体性有着更为紧密的同一性，尽管还达不到一部百科全书的程度。实际上，理性的历史可以称为一种折中的概要——即便是一种古怪的概要。这一不同种类的同一性的组合，似乎令人难以理解地不适于《试析》所进行的工作——一套完整的西方思想史，表明它已经而且必定会走向终结。该文中第一个重要的路标本身，就是一个彼此不同的甚至是对立的意图的标记，它似乎是以幽默的方式表达对该文的野心的反讽。[34]

在该文的开头几页里面，没有什么能够使我们远离这一反讽。开头的几个段落提出了一系列彼此关联的问题。首先，科耶夫注意到哲学进化的历史同时也是一种对历史的哲学理解，并且将自身也包含在那种理解之中。后一种假设令人困扰，因为它假设了对历史的哲学理解可以将自身包含在自身之中。[35] 问题的困难之处是这样的：我对 X 的理解如何可能同时也是对我对 X 的理解的理解？这似乎是一种非法的双重化，因为以下情况如何可能：当我理解某件事物的同时，我对该事物的理解并不意味着我正在从另一个角度理解该事物，而后者本身尚未被理解？换句话说，如果这种双重化是非法的，那么我们就制造出了一种无穷倒退，它从一开始就削弱了历史本身所坚持的完整性和终极性的可能性。

我们或许可以援引一个数学方面的类比：最大集合，包含了所有集合的集合的问题。如果存在一个所有集合的集合，它就不可能属于其自身。因为如果它确实属于其自身，那么它就不是一个所有集合的集合，而毋宁说是其自身的一个子集。同样的问题似乎也适用于科耶夫的哲学理解——如果它包含了哲学史的所有方面，它是否也应该包含自身在内呢？但如果它包含自身在内，这一包含意味着历史尚未终结。

因此，科耶夫立刻为自己的计划发出了危险警报，而且是相当严重的那种，因为它意味着该书本身所追寻的整体性可能无法达到。科耶夫依然可以回应说闭合的重复缺失本身就是一个闭合的策略，能够使得重复本身不断持续，从而作为这种意义上的终极性的标志，作为一种不断重复自身的有限模式。

如果回顾我们关于这个问题的其他评论，会发现它提出了我们在第七章中探讨过的视角问题，而且它在该书的一开始以相当明显的方式这样做了。但科耶夫并未对此听之任之。他紧接着在第二段中提出了另一个问题，后者之所以可能，仅仅是因为在辨识整体时存在内在的困难。[36]这个问题是解释学循环的一个变体，即询问是否有可能在检查任一事物时采取一种方式，该方式并不仅仅强化了某人在进行上述检查时所采取的方式。解释学循环意味着解释的过程本质上是由最初的方法所形成的，尽管解释的理由在于超越那一视角，或者用改变或至少是澄清最初方法的方式来理解源头。

科耶夫在第二个问题上更为令人啼笑皆非。他在其著作的一开始就注意到，探讨为什么该著作不会取得成功是不够谨慎的。但他同时也说过，他出于诚实从而把这一潜在地具有破坏性的批评放到了桌面上，因此我们能够理解问题的范围以及它对我们如何处理这一问题所产生的影响。他将其称为对他的介绍的介绍——这可谓是另一种双重效果。但如果人们想得更仔细一点，科耶夫观点中的反讽就开始浮出水面。一个人如何能够探讨他作品之作为一种关于意义的作品的失败？在此，真正值得重视的问题出现了，对怀疑主义的某个概念的批评：怀疑主义的批评如何能够说，例如，感觉最终是无法确定的或者是流动的，这样的判断本身是有意义的？情况不是这样吗：怀疑主义的论证与自身矛盾，只要我们能够理解它，只要它实际上是令人信服的或有说服力的。该论证是一贯的或可以被理解的，这一事实似乎反对它想说的话。说"我现在没有意义"当然是有问题的，因为这个词组本身是有意义的。

意义、无意义和虚假的意义

意义的问题变成这一过于复杂的文章的中心问题。科耶夫离经叛道的开头凸现了这一问题，其方法是借助下述事实：该文章的交流卓有成效，或至少是试图这样做，这一意图就其本性来说会将上述可交流性置于讨论之中。如果意义从不可能真正地对其自身变得透明，如果其轮廓不能一劳永逸地得到确定，那么我们所拥有的意义要么本质上是错误的，要么是误导人的，因为它仅仅是意义的虚构，以掩盖自身的脆弱或不稳定性。这似乎是科耶夫的核心观点：如果不是由终极性来进行定义，那么意义或者仅仅是意义的幻象，因为那种意义最终的同一性无法获得，或者在这一方面是某种虚构或我们所制造的"虚假的意义"。实际上，我们在没有最后的或终极标准的情况下，只能进行虚构。[37]

当然，人们可以反驳说最终标准的缺乏并不必然导致在某个给定的时间我们所认为的实际情况就是一种虚构。如果没有最终的标准，就不会有可以从中推导出某个给定的视角的正确性标准，但同时从中导出的任何结论也不会是错的。在没有错误的地方，也不存在正确——一个没有了另一个也会消失。我们只能声称某些事物"会是这样"。但很难坚持这样的立场，因为任何关于某物就是如此的假定似乎都随之带来一个隐含着的假定，即我们可以信赖这一假定，它可能包含着比那种情况下的一个例子更多的内容。实际上，事情如果不是只发生过一次的稀罕物，一个孤立的例子，那么这就表明一种内容更多的论断是不可避免的。

科耶夫论证说，我们不可避免地要得出更宽泛的结论，如果我们要想得出任何结论的话。如果这些论断仅仅是临时的，是在没有可靠性的保障下作出的，那么它们从根本上会削弱自身作为论断的地位。人开始说无意义的话或"虚假的意义"，因为意义不再可能；没有任何一个我们给予某个词语的意义，能够证明自身除了临时的或暂时的之外还有任何可能。[38] 我们带着更新了的关于意义的问题重新回到开端，因为问题可以非常有效地从那里传导给我们。尽管这些问题使得意义的可能性成为问题，它们能够以有效的方式做到这一点、我们能够有效地交流这些问题，这一事实看起来跟这些问题本身并不协调。科耶夫最基本的论证是，如果要确定意义，那么就要彻底地确定它。终极性是意义的关键前提；如果没有向我们表明所有事物所依赖的最终判决的可能性，就不会有任何判断的可能性，也没有意义的可能性。

科耶夫在此以更为复杂的方式再现了关于疯狂的论证，尽管其基本点是一致的。如果我们无法达成根据其定义会规范全体的全面的和最终的对话，那么我们就尚未消除主观的确定性，而它是疯狂的根本要素。对此的另一种说法是：如果我们不能消除主观的自我确定性，那么并不清楚的是，在不同种类的主观自我确定性中，理智的任何统治如何会成为可能？下述假设，即借助某种普遍性，不同的对话可以合理地聚拢在一起，是不可能得到坚持的。作为替代，人们有一系列不同的视角，其中的每一个都拒斥跟其他的任何关联。唯一的建立联系的方式是通过强迫（compulsion），借此，一方强迫另一方接受其主观的自我确定性。

论文简介部分中的平衡，表现在将意义的可能性归诸哲学本身的可能性。通过将问题以此种方式提出，科耶夫设定主题不仅仅限于终极性之一，而是允许我们从怀疑主义，以及另外的令人生厌的因不清楚一个人在哪里或是谁而产生的错误的问题中解放出来。科耶夫将这一主题用最简单的术语表现出来：如果没有获得智慧的可能性，那么哲学只能是一种对错误的研究。然而，实际上它甚至那一点都做不到，因为没有一个最终的标准，哲学就不能是一种有意义的对话——或者如科耶夫所言，它只能是一种具有虚假意义的对话，本质上是谎言或误导，而且实际上无限地如此这般。[39]

科耶夫在此处的探讨，回荡着直到他去世时都未曾出版的著作中对哲学同一性的探讨。科耶夫总是致力于将哲学与神学区分开，而且进一步将有神论哲学和无神论哲学区分开。神学和有神论哲学都会达到某个点，而单纯的理性在这个点上会摇摆不定。对科耶夫来说，那种怀疑能否获得智慧的哲学在很大程度上是神学，如果它仍然以真理为前提的话，因为它必定将智慧不是建立在人的理性而是某种他者的超级"心灵"即上帝之上。无神论哲学或者失败得很彻底，因为根本没有终点；或者它将终点置于人的理智能够达到的范围内——终点对人类理性来说是可能的。人类可以变得有智慧，如果没有一位替他们掌握智慧的上帝。

科耶夫着手做的，无非就是证明哲学可以获得智慧并完成自身，神学或有神论哲学是不必要的，两者都是怀疑主义的表现。[40]科耶夫似乎从此走得更远，达到了这样的程度，宣称哲学不可能使自身有意义，除非它能够被完成，甚至仅仅是在原则上完成。如果哲学不能够被完成，如果全体不能够由理性给出总体性的说明，那么我们就被既不能理解也无法抗拒的力量所奴役。我们永远无法从一种暧昧不明的存在中解放出来；我们永远无法通过否定动物存在的混乱，和建构一种自我包含的理性来克服我们本能的缺失。我们不可能变成自身的主人，无论这种主宰最终会伴随着什么样的反讽。

我们已经探讨过的核心困难，即一贯地宣称终极性的不可能性正是《试析》的核心关怀，它努力消除由科耶夫的夸大即黑格尔已经将历史带到了终点所带来的疑惑。科耶夫的观点强调的是，可以确定，最终的目标不仅仅对任何关于意义的终极假定都是必要的，而且可以通过某种逻辑来获得，后者如果说在很大程度上得益于黑格尔，同时也似乎决定性地超越了他，尤其是在它试图假定对历史的一个终极视角是可能的这一方面。因此，在《引论》中提出的问题再一次出现在《试析》中：人们如何调和否定与终极性？有没有一条道路能让否定"自然而然地"走向终结？

哲学（意义）是可能的吗?

科耶夫的论证极其复杂而且带有经院式的技巧（technicity），对此我在这里没有足够的空间进行再现，尽管根据科耶夫的说法，完全的再现或许是唯一跟这些论证进行有效交流的办法。因此，我把自己对这一皇皇巨著的说明限制在它的两个重点方面：第一，说明概念的时间化，科耶夫智慧叙事中的主要的"次叙事"；第二，哲学的三个基本要素的区分——本体论、现象学以及科耶夫所称的"现实学"（energology）。①

这些论证的要旨包含在 162 页的《试析》简介中并不令人惊讶。科耶夫再现了 1938—1939 年讲座课程中与概念和时间之关系有关的主要论证。然而，他这样做的时候加重了此前讲座课程所追寻的进化的辩证属性。对最初在黑格尔演讲中提出的概念进化的持续关注，既肯定了该计划的重要性，也肯定了其推论，对于后者，科耶夫以某种方式试图撰写一种对他的关于终极性说明的最终说明。在进入那一论证之前，我想简单地浏览若干其他论证，它们为科耶夫关于概念进化的更为全面性的处理设定了背景。

其中的第一个定然跟哲学本身的同一性相关。科耶夫将哲学等同于对话和概念。首要的哲学实体是概念，而科耶夫努力给概念赋予意义。如他自己所言，哲学的任务是把握概念的意义，而不管其表象如何——这就是被科耶夫称为词素（morpheme）的东西。[41] 这一过程中的第一步就是确定哲学概念的独特性（distinctness），科耶夫这样做的时候借助的是对话，尤其是对对话的自我意识，它把所有的对话结合在一起成为一个可以理解的整体。科耶夫认为，哲学首先是一种预设了概念的对话，然后进一步对概念进行定义——去赋予它意义，科耶夫对

①　这个概念目前国内并无通行译名，本文借用了科耶夫著、梁文栋译：《论康德》（华东师范大学出版社，2020 年）中的译法。

"意义"的定义是对所有构成概念的言语上的可能性进行彻底的明晰化（explicitation）。[42]

对上述意义的明晰化，实际上就是哲学本身的历史。所有知识，只要是语言的，都是哲学化的，是要在反映的过程中被审查的对象，这一过程就是意义明晰化的基本运动。[43]科耶夫以一种让人们联想起海德格尔的方式，非常接近于认为不同形式的对话——从天文学到文学——都无法询问关于它们自身的问题。实际上，科耶夫提出了一种观点：作为对话的哲学，会审查那些从关于自身的特殊对话中产生出来的问题。[44]然而，与海德格尔不同，科耶夫强调这一质询的过程具有内在的反映性，主导它的是一种关于反映的特殊逻辑，科耶夫在简介中对它进行了展示。科耶夫肯定，这种处理哲学的方式是康德独有的，而且是对哲学权威的极大扩展，使之成为所有对话的指导性对话；哲学就是一种已经意识到自身实情的对话。哲学由此变成一种澄清对话之意义的对话，而无论某个特殊的对话涉及什么样的主题。哲学虽然不再是科学的女王，却获得了更大的权威，成为对话是什么的说明——只要对话是有意义的。哲学通过概念，为意义设定了规范（parameters）。

然后，在急切地处理概念的进化之前，科耶夫提出了两个进一步的论证。两者之中的第一个在很大程度上是否定的，试图质疑三种重要叙事的正确性——社会学、历史主义和心理学——所有三者都是"反哲学的"，因为它们认为哲学作为高于一切的关于意义的对话是不可能的。科耶夫试图表明这些对话自身的缺陷严重到了它们不可能使自身成为有意义的对话。[①][45]

科耶夫的主要目标是社会学，他指责它纵容一种有害的相对主义，因为它对不同的真理所采取的表面上的中立立场，也就是我们通常说的存在着"不同的真理以适用于不同的人群"。科耶夫提醒我们注意历史

---

① 　"反哲学"一词后来会随着阿兰·巴迪欧而闻名，它似乎首先出现在科耶夫的论文中。

是社会学的帮凶，因为它假设了下述观点：不同的人们会有不同的历史，对他们本人来说这是完全可以接受的；不存在我们必须坚守的某种单一的真理，或单一的历史。

科耶夫质疑这一立场的意义，以及人们假定真理可以得到揭示——即便它是矛盾的或本质上是偏颇的——这一假定的意义，因为如果真理本质上有多种并且是偏颇的，是否还有真正的真理？如果没有真理，那么意义会有什么样的持久的意义？对科耶夫来说，这实际上就是取消哲学并代之以意识形态。[46]科耶夫与哲学相关联的普遍主义者的言论必须消失——正如普遍主义的权威也必须消失那样，或者对科耶夫来说，任何形式的权威。对这一观点更明确的表述是，人可以获得某种观点而无须进行进一步的反思，因为一切皆是"观点"或"自利"，或"我所认为的"，这一看法自身必定会变得反哲学，其原因恰恰是它否认了哲学反思性的、综合性的角色，它是对话的组织者，其任务是将不同的对话整合进一个最终的、和谐的整体。没有这一整合的可能性——只要能说出一个没有基础也不可能有基础的或者独断的词汇——哲学就会变得不可能。[47]

社会学同样假定了哲学的不可能性。社会学家知晓的只是不同的实践和方法，而且并不宣称能够知道更多的事情。科耶夫似乎仅仅将社会学家看作是某个假定了哲学之不可能性的人；在这种不可能性是否值得向往这一点上，他不置可否。如我所说过的，对科耶夫来说，更重要的部分至少在一开始不是哲学的可欲性，而是它的可能性。然而，科耶夫的关注不可能被还原为对哲学的辩护，认为它是一种独特的对话。相反，对科耶夫来说，真正重要的是意义本身的可能性。这就是科耶夫的"无罪辩护"：社会学家就是某种形式的智者，贩卖他的任一商品而不管其质量如何。像智者一样，社会学家没有真理的标准。对话可能来了又去，越"博学"的对话，就越不关心鲁莽地坚持一种对话相对于另一种对话的优越性或正确性。人们面对着多样性——历史这样告诉我们，我们关于多样性的真切经验也这样告诉我们。为什么我们应该限制那种多样性? 我们敢这样做吗? 我们能这样做吗?

科耶夫的观点很清楚: 没有哲学, 我们所有的都只是错误或虚假的对话。如果我们不能保卫或支持它们的任何基础, 它们就确实仅仅是我们**可能**采取的立场——我们什么也不知道, 而且也不可能知道为什么。不仅仅是政治权威会解体, 而且任何种类的任一倾向都可能会消散在无意义或虚假的意义中。科耶夫从中得出的结论相当明显: 保留某种偏见的前提, 是不把它置于其他观点之中进行思考。人们仅仅是坚持这一观点, 后者是给定的, 其意义和权威从未成为质疑的对象。

社会学因此拒绝以任何习惯的方式之外的方式进行思考。社会学或许会在实际上提供多种思考方式, 或许可以让人变得更为"全面"——据古老的格言说: 旅行对人有益; "无所不知意味着原谅一切"(Tout comprendre et tout pardonner); 以及诸如此类的。一个人最好不要思考, 在问题出现的时刻, 他最终会导向独断论。

科耶夫接下去处理的是心理学, 在这一部分文字中, 他的主要目标似乎是弗洛伊德。[48] 争论的特殊焦点是无意识的概念。到目前为止, 科耶夫的反驳应该是相当清楚了。由于科耶夫论证说哲学的独一无二的任务是坚持智慧的终极可获得性(accessibility), 并宣告一个人可以获得彻底的自我意识, 因此, 某种终极的、神秘的无意识概念是完全令人难以忍受的。现代心理学不仅仅创造了一种无意识, 而且把那种无意识转变成了对透明的自我知识实际上的无尽反抗。而科耶夫认为自我知识是智慧的终极形式, 是对哲学格言"认识你自己"的执着坚持。此外, 心理学为自己创造了一个实际上无穷无尽的市场, 方法是要求分析可以澄清无意识——澄清那些在其本性上必定总是对抗澄清的内容。心理学并不探讨一种可以被消除的或被彻底恢复的无意识, 而是某种变得不那么有威胁的无意识, 在它对理解的抗拒中得到理解, 某种黑暗中的光明(lux ex tenebris)。

　　科耶夫的出发点是对历史和社会知识的不可能性的默许，然后前进到对内嵌于个体之中的同样的不可能性的默许。在两种情况下，其背后的关注点都是与对权威的默许有关——要么是被给予者的权威，要么是神秘的、不可知的权威——与某种有害的宿命论，或对人类的能力除了错误行事之外什么也做不了的悲观主义，在很大程度上有共同之处。人类只能跌倒在混乱之中，后者既许诺又反对对它的描绘，它承诺了开放性和自由，但代价却是我们能够知晓在哪里以及我们是谁。在此，我们所依赖的是我们所不知道的对象。

　　作为例子之一，尼采似乎相当遵从这一观点。尼采赞扬希腊人的“有学问的无知”——他们的浅薄来自他们的深刻、他们的苦难，来自认识到有些“危险的真理”最好不要为我们所知。[49]尼采或许不会轻易地将无知变成一种美德，但他确实非常严肃、非常真诚地质疑对清晰性和开放性的强调，这两者对科耶夫来说至关重要。

　　此外，人们实在是太容易被欺骗了。科耶夫的立场并不一定是一种道德立场，或者关乎在道德的意义上一个人应该做什么。科耶夫的立场关乎意义，仅此而已。如果我们确信自己甚至无法知晓自我，如果我们停留在远离自我的神秘的、阴暗的道路上，我们如何可能让自身有意义？我们对合理性的宣告——在合理性保持在一定范围之内的情况下——对科耶夫来说是完全站不住脚的。对他来说，强调有某些事情我们绝不可能知道，或者只能部分地知道，如果不是无意义，就是他所说的虚假的意义。如果我们不可能知道我们所知道的实际上就是我们所知道的，而且无需上帝或某种意识形态的中介，那么我们定然是被诅咒了，陷入了无尽的闲谈，而这一点用科耶夫难忘的术语来说，等同于沉默。[50]

　　如果言谈等同于沉默，那么我们早已有效地压制了那些使我们区别于其他动物的东西。可以允许我们的行动超出科耶夫在黑格尔演讲中所描绘的那种动物欲望的思想，证明无非就是那一欲望的复制品。我们终结于一个工具理性的世界，理性是欲望的工具，它不会从动物欲望中解放出来，而是服务于它。

自我指涉与自我包含

这一论争看起来很熟悉。科耶夫进一步提出了两个论证以支持哲学，一个是新的，另一个是对旧论证的扩展。到目前为止应该很清楚了，对科耶夫来说，哲学要求意义，要求获得完全的知识，以之为将自身与其他那些自我挫败的、欺骗性的对话区别开来的条件。哲学必须走向完成。如果它不能做到这一点，那么人类无非就是一种漫画式的、悲剧的产物，注定于无尽的困惑和斗争之中痛苦而没有目标。

科耶夫的新论证，如果确实如此之新的话，在此将目标定位于彻底的自我意识就是一种归谬法的问题。让我们用一个看着墙的人的经典例子为证。[51] 谁在盯着墙看？我们可能说是 X 正在看着墙。但我们很快就认识到 X 不可能仅仅是沉默地看着墙。如果 X 仅仅是沉默地看着墙，他不可能传达那一行动。X 只能借助对话来传达那一行动，而 X 只有在他意识到他自身正在看着墙的时候才能求助于对话。

基本的要点在于，交流需要意识，而意识涉及对 X 的双重化，我们可以称 X 为主体，其对象是墙。X 实际上意识到自身正在看着墙。但我们尚未回答最初的问题：谁在看着墙？

让我们用 X^1 来称呼非语言的 X，称说话的 X 为 X^2。X^2 描绘了 X^1 正在看着墙。X^2 如何知道这一点？或者问题再次出现，谁是 X^2？我们知道谁是 X^2，因为 X^3 描述了 X^2，后者是对 X^1 的描述。对科耶夫来说，一切都可以归结为这个 X^3。如果解释的过程不能终结于 X^3，而是不得不求助于一个 X^4 来解释 X^3，那么就没有什么办法叫停这一进程，它会变成无限或无尽的不确定——继续无目的前进，它的前途未卜。[52]

这个论证设定了一个序列，以保证无论我们走得多远，总会有另一个 X，其自身是不可知的同时向我们说明了此前的 X。这一自我意识之谜是后康德传统的主要问题——自我本质上是否是不可知的，或者不能确切地知晓还是相反？如我们可以预见的那样，对科耶夫来说自我意识只有当概念在历史中完全展开了之后才变得彻底透明；如我们已经看到的，概念无非就是这一历史本身。因此，科耶夫试图通过论证历史必定会达到终点，来消除一个无限的（非）同一性链条的困难。这一终点的达成不仅仅创造出了同一性的基本轮廓，而且同一性本身也必须出现，因为没有任何其他方式能够一贯地可能。

后一个论证比较难以理解。为什么同一性一定会出现？对科耶夫来说，一贯性是一个计划。因此，如果我们以科耶夫的口吻说话，那么我们就会论证说同一性必须出现在终点上，因为这是不断的否定过程的最终结果，这一过程最终必定会达到终点，因为这是它被看作是否定的代价，一个过程——实际上什么也不是的过程。科耶夫所描绘的自封的（vaunted）否定必定是确定的，而且也只能在否定的过程是有限的情况下才能如此。科耶夫本质上否定了任何非有限的过程能够配得上这个名字。为了得出这一结论，值得注意的是，科耶夫简单地将数学上的例子置之一旁。他论证说，数学不是对话，不是概念性的，而是沉默的形式，因此，人们只能推论说科耶夫否定了语言类比于数学的可能性。[53]

对话之成为对话因此必须有意义，而且是明显有限的意义。如果这一意义不是明显有限的，对话要么是无意义的，要么是虚假的意义；也就是说，它不是一种直接的荒谬，就像"它直接监视着奶酪"一样是无意义的；而是更像"鸟上下颠倒着飞"那样是一个无意义的句子，尽管它可能只是部分或偶然地被证明是正确的。科耶夫反对俄罗斯诗歌传统中的"超—意义"对话，似乎在面对这一所谓的诗歌特许权时要非常小心。他基本上否定了看起来无法翻译或无从解释的对话的正确性。在这方面，他令人耳目一新地诚实，宣称某种其意义无法被置于一个确定的框架中的对话是不充分的。

在文章的这一部分中，科耶夫提出的要点是保卫把对某种行为的解释封闭在 X^3 层面上的可能性。不应该感到惊讶的是，他的断定建立在辩证逻辑之上，他在《试析》的第一卷中详尽地提出了这一辩证法，后者在本书此前的章节中或许已经变得多少有些面熟。让我们重申：科耶夫认为，对话作为对话必须有意义。更进一步，意义不可能在不确定的或无限的同时，仍然可以被看作是意义。因此，任一对话都必须在某一点或另一点上走向终结；它必须致力于有限的发展。实际上，对科耶夫来说，对话的这一有限发展的终点就是历史的终点、对话的完成，它不再有变化而只能被重复。因此，在我们的例子里，科耶夫承认了 X^1 和 X^2 之间的关系，但宣称这一关系必须是有限的，如果它是真正的语言的话。如果它是有限的，那么它能够彻底地被 X^3 所覆盖，后者除了保证一个完整的论述是可能的之外，别的什么也做不了，如此一来，继续描述的唯一可能性在现实中必定表现为重复。

为什么不再需要一个进一步的选择？为什么不再需要 X^4 或 X^n 或 X^{n+1}？当我们开始讨论科耶夫发明出来的用以巩固这一观点的逻辑时，这一点会变得越来越明显。然而，对这一逻辑不该有什么惊讶，因为它不过是人们可以在科耶夫的著作中随处可见的同样的逻辑。这一逻辑仅仅涉及三种立场，其中 X^3 就像一个综合项，它描绘了内在的辩证运动的过程本身，因为去描述这一逻辑就是去彻底地理解它。让我进一步探讨这一逻辑。

辩证法

科耶夫在《试析》中所提出的说明，以不同的方式提出了辩证逻辑，对像科耶夫这样的宣称仅仅是重复大师的思想以适应不同时代的需要的人来说，这一说明本身就是一个有趣的步骤。科耶夫借用了常见的分法，将黑格尔辩证法分成了正题、反题和合题，此外加入了一个新的要素，科耶夫称之为"并行命题"（parathesis）。[54] 正题扮演的是它通常的角色，即肯定性的命题，就像反题扮演的是对这一肯定性命题的否定一样。这一肯定性命题至关重要，而且以科耶夫所称的"前提—命题"（hypothesis）——"作为一种言说的意图为的是说出无论什么有意义的话"为其先导。[55] 这导致了某种"原初"对话——或者实际上是任一对话——并以之为出发点，肯定性命题作为正题产生出了它的反题并且为最终的合题开辟了道路，或者会在（或许多次的）并行命题的（parathetic）干涉之后会最终达成。

尽管在任何一种试图寻求意义的对话中获得一个出发点的可能性肯定是一种新发明，但在科耶夫的处理方式中的基本区别在于，他插入了一个并行命题，其逻辑功能先于合题；它是一种对将时间通过辩证法引入逻辑的表述和详尽说明。并行命题扮演了一个动态的、时间性的角色，因为它同样可以被分成三元命题：正题、反题、合题；因此，人们会有一个并行正题、并行反题，以及最后的并行合题。并行命题由于其部分性（partiality）而同其他所有的正题立场区别开来。并行命题只是部分地吸收了正题、反题和合题——一个并行命题因此是对整体的部分肯定。同样的情况也适用于反题和合题，它只可能是一个包含着正题与反题的不同部分的合题。[56]

并行命题的本质是允许正题和反题中的对立要素进行混合。这些混合物所表现的，是试图获得正题与反题的某个合题，为的是避免直接的矛盾，后者会导致一个仅仅会消除自身的合题。在这一方面，科耶夫提出了一个著名的例子：我走进一家餐厅，然后告诉侍者，我要一杯啤酒，同时不要一杯啤酒。显然，侍者会不知所措地转身离开，因为严格地说来，没什么可做的，没有思想或行动的指导，直到两种相互矛盾的立场被消除为止。[57] 为了避免这一事态，科耶夫发明了并行命题，以作为一种巧妙地解决明显的矛盾的办法。我确实想要一杯啤酒，但我想在十分钟之后要。科耶夫的例子有意地引入了时间因素，为的是说明同时肯定正题和反题所产生的冲突，可以通过引入时间来避免，即将时间作为一个并行命题引入概念的逻辑。

基本的理路是，并行命题历遍了宣告正题和反题的所有可能的组合方式，直到其中之一最终准备好了达到一个最终的合题，借助这一过程，并行命题消除了自身。最终的合题无非就是并行命题的相互作用的结果。可能的组合——正题与反题之间的矛盾在某一点上只能导致彼此的相互取消或者截然的对立——现在可以在时间中展开为从正题开始通向合题的运动。科耶夫坚持认为，只有借助时间，人们才能得到解决下述问题的方案：不考虑时间，同时肯定正题和反题所带来的直接矛盾。

并行命题因此成为科耶夫描述正题与反题的不同组合的方式，它最终导向了合题，后者是概念以及作为概念的历史的完成。或许《试析》的这个部分中最不寻常的一个方面，是它如此独断地处理 1938—1939《黑格尔演讲》中所提出的这一框架。最初的正题是：概念就是永恒。最初的反题是：概念不是永恒。并行命题当然有三个：概念是永恒的，与时间之外的永恒相关；概念是永恒的，与时间之内的永恒相关；最后，概念是永恒的，与时间本身相关。这一结构、总体性的综合的最终结果，就是预期中的概念与时间的等式——根据科耶夫，这是黑格尔的基本成就。

如我们所预见的那样，科耶夫再一次用跟 1938—1939 年演讲中同样的哲学家们的名字来跟这一辩证结构一一对应——除了斯宾诺莎，他原来在演讲中的重要地位已经被抹去了。《试析》的其余部分是一部关于各个哲学家的惊人详细的哲学史，可以预见其结尾在黑格尔那里，这一结局使得科耶夫回到了他自己的 20 世纪 30 年代的演讲的开端。

从《试析》简介中的诸多讨论，到对重要哲学家的大量阐释，对这一艰辛旅程而言，上述结果似乎是一个过于寒酸的奖赏。但《试析》不可能被忽略。它是 1938—1939 年讲座中心思想的一个复杂发展，其中有两个重要的区别值得特别强调：科耶夫放弃了《导论》中如此重要的否定语言，而代之以对重复的着重强调。同样消失的还有令人震惊的，如果不是骇人的或末世的对后历史人性的刻画。取而代之的是对重复的坚持，无论我们可能怎样思考这一观念，我们都处于一个重复的时代，无法轻易逃脱，如果我们真的能够逃脱的话。此外——而且也是最重要的——《试析》所宣称的逻辑创新照亮了黑格尔讲座的主体叙事中的一个基本方面，即主奴关系和圣者向终极智慧的上升。所有这些叙事都被科耶夫在《试析》中勾勒出来的逻辑净化为概念的时间化背后的叙事。

概念的时间化就是意义的完整表述或澄清。换句话说，概念就是其自身的历史，这一历史的首要运动就是带领我们远离两种"永恒"：一，最初的沉默，概念会把我们从中解放出来；二，无尽的闲谈，它等同于沉默，如果我们发现自己无法接受哲学的基本承诺——向智慧或终极真理的上升，那么它就会令我们痛苦不堪。在主奴叙事的术语中，概念的时间化既是对奴隶所进行的劳动的描绘，也是对主人的困境的回应。但是，为了让这一劳动真正得到解放，它就必须有一个终点；否则劳动的未完成的特性，会强制带来一种无尽的奴役，这是一种对教条或神秘的屈服，科耶夫将其看作是怀疑主义风格的一个重要方面的典型特征。后面这种对奴役的特征分析，将未完成的问题置于新的视角之下，因为对科耶夫来说，未完成就是对永远的奴役的默许。当然，人们可以回应说——这一回应在实际上是对今日的研究的一种持续克制——另外的选项很难说是鼓舞人心的。因为终结历史于重复之中需要的是与尼采的永恒轮回联系在一起的勇气。它要求我们将我们的生命看作全然临时性的和转瞬即逝的，并欢呼生命中的这一方面，把它看作是真正的解放，既没有悲伤，也不会报复。基里洛夫激烈的心理矛盾转过头来作为一项计划纠缠着科耶夫的计划。

某位好心的评论家用简洁的方式说明了这一状况：《试析》是一本令人窒息的著作。它一次又一次地告诉我们，对我们来说除了重复别无他物，理性不再拥有任何形式的创造力，只能被精确地定义为无创新的。[58] 然而这还不是唯一的警告。人们开始怀疑创造在一开始是否就是可能的。这是一个更激进的观点，它揭示了科耶夫逻辑的先天—后天结构的一个后果，因为如果先天结构决定了我们在其发展的真正终点上看到的它的形式——因此我们才能公平地说我的终点就在我的开端之中，反之亦然——那么如何可能存在着创造性的空间？历史中的发展想要证明自身有一种逻各斯，而且恰好是自反性的逻各斯，它发现自身最终完全反映在自身的历史之中，如果历史的发展是这样的话，那它永远不可能有其他可能。表面上的自由选择在事实上不过是被逻各斯早已决定的，它允许我们以其所是的样子理解那一行动。因此，行动本来就不可能是自由的，在那种意义上本来也不是创新性的，而仅仅是某种可能性的展现，后者"早已存在于"逻辑自身之中。我们通常会加诸现代艺术家的标签——无创新性，同样也适用于科耶夫，正因如此，不能接受理性批判的艺术不可能是别的，而只能是无意义的或虚假的意义。因此，黑格尔演讲中自由的现代个体无非只是在时间终点上会被修正的一个错误而已。

现实学

在《试析》的其余部分中，科耶夫提供了一个相当广阔的背景，以便这一时间性的（或者空时性的［sptiotemporal］）逻辑展开于他所设定的哲学的三个主要部分之中：本体论、"现实学"和现象学。[59] 这些部分表面上对应着黑格尔术语中的逻辑、自然哲学和现象学。为完成我对《试析》的简短说明，我勾勒出了这一区分的基本成分，以之构成另一项创新，后者复杂化了对黑格尔思想的表面上的忠诚，而这一点科耶夫从未试图承认。

在这一区分中，科耶夫所使用的最不寻常的词语当然是"现实学"。他赋予了现实学一项重要的系统功能，它是本体论和现象学的中介性元素，确定了哲学对话在通向智慧、终极真理的过程中的真理。

在《试析》第一卷中，科耶夫在其关于德谟克利特的思想的论述中，首次阐明了哲学的这三个不同要素之间的关系。他所依靠的是一个简单的比喻：一座有三层楼的房子。在底层上，我们遇到了"经验存在"，"主观性"或"现象的实在性"（phenomenal reality），现象学将它们看作是自己的主要对象。在主楼层上（bel étage），我们遇到的是被科耶夫称为"客观的实在性"的与主观的、现象的实在性相对应的内容。在第二层上，我们遇到了"被给予"（l'Être-donné）本身的内容，根据科耶夫，这是本体论正当的对象。[60]

如果现象学和本体论这两个词汇有着超出了科耶夫对它们的描述之外的现成历史，那么现实学则没有。科耶夫对它的描述如下：

> 德谟克利特规划了一种能量－测量（energo-metry）［它无论如何在他那里都只是停留在一种"含蓄的"计划的状态，因为他只是提出了某种能量－图像］，它作为一种哲学上的"补充"，在实际上要求某种能量－逻辑，后者迄今为止还没有哲学家能搞清楚其实质，而能够被说清楚的唯一可能的范围在于，哲学家们会努力重视（在语言层面上）由原子论者所奠基的物理学，只要它保持为能量－图像和能量－测量。[61]

在此，科耶夫区分了两种关于现象的说法，一种从根本上基于测量，另一种是语言层面上的关于物理或"自然"的哲学说明，其基础是概念及其辩证结构。他的理解究竟是什么？

科耶夫否认可能存在着某种关于自然或自然进程的直接的哲学说明。[62] 他在黑格尔讲座中挑明了这一点，在那里，他以足够激进的方式宣称，并不存在关于自然的哲学知识，因为哲学知识建立在概念之上，而概念是对自然的否定的产物，由此推知，不可能存在着直接概念性的，因而也不可能是哲学的关于自然的知识。科耶夫走得如此之远，以至于声称得出这样的结论——即可以有一种对自然的概念性说明——是黑格尔的主要错误，削弱了他否则就会是划时代的时间与概念的等式。[63] 如我们以前已经注意到的，自然作为被否定者，除了作为否定的产物之外自身没有肯定的同一性；自然只能被理解为概念的人化过程中的关联物。因此，黑格尔宣称可能存在着一种对自然的概念性理解，就像它在其自身之中一样，这一点对科耶夫来说，等同于得出了一个结论，即黑格尔像上帝一样创造了自然。简而言之，科耶夫完全拒斥了黑格尔的一元论。[64]

科耶夫所关注的目标以最直率的词汇显示在一个关于他思想的基本前提中：我们只能通过保存在概念中的工作来知道我们做了什么。[65] 如果确实如此，那么任何宣称可以通过概念接近自然的做法，都会将我们置于自然的创造者、一个名副其实的上帝的位置上，而不是那个否定自然的、有限的上帝，他才是科耶夫让我们在历史的终点上达到的对象。

然而，如果确实如此，那么一个人或许会被下述问题吸引：为什么会如此关心现实学？为了把握科耶夫所追寻的对象，重要的是考虑为什么科耶夫认为有必要在本体论和现象学中插入一个中介性因素现实学。为了他对于现实学的说明，科耶夫将本体论定义为哲学的一个分支，试图给出作为既定的存在的说明，并且强调本体论处理的是所有现象的共同点——即它们存在，与非存在相对立。科耶夫简单地将现象学定义为处理被不同的事物或"单子"们所占据的实际经验（existence-empirique）。如果本体论关心的是所有事物的共同之处，它们的同质性，而现象学关心的是它们的不同之处，它们的异质性，那么对科耶夫来说就产生了一个问题：同质性的东西如何可能与异质性的东西相关。无法区分的存在如何能够表现为各不相同的存在者？[66] 现实学处理的是"不可还原的对立"因素，无论它们在物理进程的不同概念中会是什么。

　　现实学在这一背景下必定像是对试图澄清这一关系及其完成的诸多尝试的语言层面上的说明："通过对物理学家的观察，哲学家们渐渐在语言层面上意识到了他们所关心的客观—实在性，而且他们同时既在被给予的存在的'角度'下直接观察它，又在作为现象的经验存在的反映的角度下观察它。"[67]角度比喻在此或许有点欺骗性，因为对科耶夫来说，哲学代表了一种完成对现实的语言说明的计划，但在其他情况下它是很清楚的：现实学的语言说明描述了中介因素的变化，其源头在柏拉图的理念那里。[68]现实学是一个中介，它最终吸收了它本身以及它所中介的区分，这一吸收就是历史的完成。

　　通过"言语层面上的说明"，我想强调的是科耶夫的现实学的另一个重要方面。如我所注意到的，科耶夫坚持没有对自然本身的正确的语言说明。唯一对自然的语言说明，是那种预设了自然作为被否定者的说明——即就其本身而言是不可能的——而且这就是科耶夫所描绘的作为"能量图标"和"能量测量"的对自然的理解。两种词汇指称的都是作为物理学的对自然的科学说明。对科耶夫来说，自然科学、物理学关注的是对自然的测量和安排，他把能量测量与量子力学联系起来，而将能量图标与经典力学联系起来。[69]自然现象被还原为数学模型，从而远离了现象，目的是把握它们全体中的共同之处。这些尝试如果推论性地去理解，就是创造一与多之间某种持久的（实际上是无缝衔接的）关系的基本要素，这种关系可以战胜所有可能的矛盾冲突。

　　换句话说，哲学的三个部分不仅仅承载着一个正在消失的辩证法的象征和科耶夫在《试析》中展开的并行命题式的逻辑（parathetic logic），在后者中，本体论和现象学分别扮演着正题和反题的角色，而现实学的不同形式则提供了一个并行命题，试图将二者结合进一个可持续的合题。因此，当科耶夫在《试析》的第二卷中进一步详述柏拉图和亚里士多德之时，他把每一个都细分成了三个部分：本体论、现实学和现象学。这样的方式，他一直贯彻到了《试析》的最后一卷。因此，看来有理由说在这些论述中的现实学时刻描绘了一种模型，借助它，表面上不确定的、永恒的存在本身，被联系到内在地具有时间性和多样性的事物上，即寓于科耶夫所称呼的经验存在之中的现象。换句话说，有一种同源性存在于科耶夫在《试析》的简介中所勾勒出的框架与概念的时间化之间。这种时间化通过多种不同的组合发生，尽管其中最重要的只有五种。在这一方面，引人注目的是《试析》的第三卷，包括它对普罗克鲁斯①（以及其他人）惊人的巴洛克式描述，[70] 对这一思想流派他倾注了大量的精力，尽管按其典型的倾向，他会一言不发地忽略。

　　论述康德的部分被看作是《试析》的最后一卷，它把我们带回科耶夫所认为的最为重要的六位思想家的名单上（巴门尼德、赫拉克利特、柏拉图、亚里士多德、康德和黑格尔）。我们不清楚科耶夫是否真的试图另写一部基督教哲学史。该计划留给我们的只是他论述康德的著作，其起始时间与《试析》相同。科耶夫依然在这部著作中强调康德是第一个真正的基督教哲学家。为了完成我对《试析》的概述，我想简要地谈谈这一最具争议的关于康德的看法，把它看作是通向回归到建构科耶夫式的黑格尔之路上的关键性步骤。科耶夫在它的康德著作的第一页上就表明了他的立场：

　　　　一方面，康德式的"经验主义"同时既是对反柏拉图的亚里士多德主义的重述，又是对真正的黑格尔主义的预见，它在实际上决定了康德体系的激进的无神论特征。基于同样的道理，他将真正属人的东西等同于"纯粹意志"，即等同于创造的自由或者黑格尔意义上的否定的行动（主动的否定性），这使得

————————

① 普罗克鲁斯（Proclus，410—485），生于君士坦丁堡，卒于雅典，柏拉图学园的传人之一。作为哲学家和数学家，他的地位并不显赫，这也是本句中作者如此用词的原因。

> 康德的体系变成了犹太－基督教人类学的真正的哲学表达，而
> 其巅峰在黑格尔那里。[71]

这一思想带领我们一路返回在本研究开头所援引的科耶夫的观点：
"异教徒的方式：成为你所是（因为理念＝理想）。基督徒的方式：成
为你所不是（或尚不是）——转变之路。"[72]异教徒更适合于主人的"自
然的"世界，而基督徒属于奴隶的"人为的"世界。异教世界的标志是
必然性和一个困境：人达到了终点并且一直重复，这是一个完整的重复
着的现象一元论体系，它构成了包括人在内的宇宙。基督教是二元论的，
它既预设了与主人的斗争，也预设了劳动的创造，劳动是一种解放性的
行动，它被概念的完整对话所记录，同时也实现于其中——这也是历史
本身的完整对话，记录了奴隶的解放，其标志是普遍的、同质化的国家
中的公民形象。

对科耶夫来说，康德的贡献至关重要，因为他引入了意志这一激进
的新概念。[73]然而，对科耶夫来说，康德走得还不够远的一点是他保留
了"物自体"概念，后者确保了自然世界完全转变为人造物的不可能性。
因此，通过保留物自体，康德在本质上无法迈出黑格尔式的、根本性的
通向终极性的一步；根据科耶夫的说法，对康德来说历史不可能有一个
终点。因此人只剩下了朝向终点的无尽的斗争，而这一点非常危险地接
近了怀疑主义。或许更糟糕的是，康德对行动的功能性描述的基础是某
种"仿佛"（as if）。一个人的行动"仿佛"能对自然世界产生决定性
的影响，然而实际上它做不到，因为物自体确保了行动和目标之间无法
逾越的鸿沟。[74]

康德让人们陷入了困境，在这一意义上，他也从一个阻碍着革命的
可能性的角度上，预见了革命。

终极转变

对所有生活在后黑格尔时代的人们来说，科耶夫战后的著作以详尽而全面的方式精炼并强调新奇性、非重复的变化的不可能性。如人们可能从《概论》中得以窥见的那样，这一观点的后果是一个这样的社会：没有什么是偶然的，所有的行动都合乎规范，常规之外的事情不会发生，除非是一种必定会被立刻消除的错误。在这一意义上，科耶夫非常明确地表明人生的终点应该是修正尚未被转向终点的人生这一错误。作为这一规范化社会的产物，我们失去了自身的个体性，如果我们准备服从于法律机制的话就必须这么做，这一法律机制消除了我们的动物性存在通过个体性和对自我保存的可怕的强烈要求而遗传给我们的所有东西。科耶夫努力打造了一种真正的（非）神权政治，在其中，个体最终屈服于普遍的命令，没有其他选择。

这是一个致力于完成个体之自杀的社会。这是一个消除了个体性错误的社会。在科耶夫的掌控之下，这是一个黑格尔要求我们去建立的现代社会，它提供了一个此前从未设想过的一个国家就是一个族类的社会。如果我们确实能够通过科耶夫建议我们采取的方式解放自身，那么我们就会不假思索地将这一普遍的、同质化的社会付诸现实。如果我们无法解放自身，选择了千篇一律的动物性生存的全然的无意义，我们很可能被无尽的错误所折磨。

但是这一国家本身的结构表现了对终极国家之实现的可能性的根本不安。正如科耶夫在《概论》的第一部分中所言：

> 可以肯定，在作为极限情况的完美的、同质化的社会中，据其定义，其成员之间的所有冲突都被消除了，一个人根本不会需要权利。但是人们可以问自己，一个同质化的社会是否仍然是一个社会，它是否能将自身保持为一个社会。因为在我们

所知的社会中，社会关系是以其成员的多样性为前提的，一个
人给他人以他人所需要的东西。（这一观点已经被涂尔干非常
清楚地呈现在他关于社会劳动分工的著作之中。）但并不要紧，
因为我们所知的现实的社会从未是同质化的。[75]

现在，终极国家似乎承认了一种永远不能达到其预期目标的终极转
变，在对此形成补充之外，《试析》还提出了科耶夫著作的核心解放叙
事的一个强有力的变体：从永恒中的解放。这一叙事跟其他的两个主要
叙事相容，即从自然中的解放（主人）和向智慧的上升；它是后二者时
间上的和言语上的等价物。因此，科耶夫哲学思想中的这三种主要叙事
汇聚成了一架航班，飞离了永恒和不变、自然、空间、主人、沉默，以
及诸如此类的其他东西。通过人化或人为化（anthropogenic）的欲望
对时间、变化和语言的坚持，历史的工作和概念的工作试图战胜的，正
是上述所有这些最初的形象。但是这一战果的最终达成却只能是回归到
那些最初的形象那里，这正是科耶夫如此稔熟的"知识体系"之循环性
的标志。

这一循环性导致了比它给出的答案更多的问题。科耶夫给我们一系
列的解放叙事，它们引领着我们在走向了我们的终点的同时，重回了我
们的起点。这就是解放吗？这真的是从奴役中的解放吗？科耶夫非常清
楚地意识到了终极目标、自杀、历史的终结等就其本性而言是有问题的。
它们中的任何一个看起来都不像是目的那样有吸引力，不过是因为它们
嘲笑了我们深陷于利益的囹圄——其中最主要的就是会在实际上不惜任
何代价地活得长一点。然而，嘲笑不可能给出一种特别丰富的哲学教学
法，而且人们会怀疑，科耶夫刻意未完成的通向终极性的道路本身，是
否能够以其他的方式给出。如果一个人最终意识到了终极性的不可能
性——意识本身就是终极性之缺乏的表征——他会认可终点的终极性的
缺失本身就是终点，因为它是完全可以确定的。简而言之，人们只能重

复。每一行动都重复着自身的利益，它一旦意识到了自身就是如此，就是一种我们生命中的最终的指导，那么它可能被淋漓尽致地表现在悲惨的、贝克特意义上的"我不能继续了，我要继续下去"①之中，后者同时认可了勇敢与懦弱，极其有力地回荡着我们以之为开端的地下室人的终极性状况。76

但是这一"解决方案"只会令人不满，它回归到了基督教最终的不满足之中——用科耶夫的术语来说就是回到了宗教哲学家那里。科耶夫此后似乎并未越康德之雷池一步，承认了他自己的自我否定计划的不可能性。科耶夫的革命证明其自身在对抗它试图战胜的反革命宣传时的脆弱不堪，他看起来肯定背叛了他试图支持的革命力量（如果人们相信他自己对他从 20 世纪 30 年代起的作品的分类的话）。因此，并不令人惊讶的是，会出现许多他是否可能忠诚于马克思主义或斯大林本人的问题。77 此外，科耶夫处于这一讨厌的不一致性而对自己的立场进行了质疑。如果他本人只是圣者的预言家而不就是圣者，他如何有可能引领我们去理解圣者所理解的东西？而如果他确实能理解，如果他就是圣者或圣者之一，那么他为何要采取预言家的立场、行动者的立场，不仅要描述历史的终结而且试图努力地实现它？毕竟圣者处于满足状态，不需要进一步的行动——实际上并没有进一步行动的兴趣。

最受指责的正是科耶夫极端愿景的**结果**——一个最终的乌托邦，需要人类的彻底终结，以及一个黑暗的、反讽的"回归自然"，使后者免于人类这一畸变，即便它确实只是这一畸变的造物或产品。作为马克思主义的一个变体，这一结果当然是令人反感的，因为这一"终极国家"是对寄希望于马克思思想的一种公开的冒犯。科耶夫真诚的极端性颠覆了人们可能赋予索洛维约夫、马克思甚或是黑格尔本人的乌托邦希望。转向作为对有限的绝对化的神话几乎肯定是对上述思想家，也包括海德

---

① 贝克特《无名氏》（*The Unamable*）结尾处的句子。

格尔在内的一种戏仿，因为转向绝对的有限，终结了任何通过战胜自私地附加给生命的超越死亡的希望，后者创造了科耶夫暗中破坏掉的多种多样的叙事。如果说这一结论中有反讽或笑话，那么要么是佛教的圣者，要么是斯威夫特式的厌世者。① 毕竟，人性的完成就是终结人性，因为后者是人与动物的内在的、不稳定的结合。科耶夫的解放叙事因此呈现为哲学的"黑色幽默"的清醒的标志，指向的是丰富而迂回的自私的人类想象力，它在每一个转折点上都会证明某种不惜任何代价活下去的不光彩的欲望。[78]

注　释

1　如我们所知道的，科耶夫公开地认可了这一点。参见Kojève, "Hegel, Marx and Christianity," trans. Hilail Gildin, *Interpretation* 1, no. 1 (1970): 41。它的论证在根本上就是说历史必定走向终结，如果它想要有意义的话，如果它想通过作为合理性的胜利而表现出合理性的话。否则，除了没有总体性的进程或形式的无尽冲突的传说之外，历史不可能是别的。他不那么公开说的是，合理性之胜利的后果是，要么是奴隶式存在残余的极端的限制——通过在一个我们会称之为极权主义的国家中减少自私自利或自我保存的盛行——或者是这种残余的消除。我们或许可以说，限制属于法律的范围，而消除属于哲学的范围。

2　Kojève, *Essai d'une histoire raisonnée de la philosophie païenne* (Paris: Gallimard, 1968), 1:16. 以下缩写为 EHPP。

3　在1961年写给施特劳斯的一封信中，科耶夫写道："同时，我已经完成了我的《古代哲学》。超过1000页。陶伯斯（Taubes）影印了它们。在我看来，它绝非处于'准备付梓'的状态。但如果格诺坚持的话，我也不会反对。（因为拒绝，在这种情况下，同样等同于将自己看得过于严肃！）"参见：Strauss, *On Tyranny*, ed. Victor Gourevitch and Michael Roth (Chicago: University of Chicago Press, 2013), 304. 以下缩写为OT。

---

①　参见 1725 年 9 月 29 日斯威夫特致蒲柏的信。

4　Martin Heidegger, *Nietzsche* (Pfullingen: Günther Neske, 1961), 1:17.

5　Kojève, "The Emperor Julian and His Art of Writing," trans. James H. Nichols Jr., in *Ancients and Moderns: Essays on the Tradition of Political Philosophy in Honor of Leo Strauss*, ed. Joseph Cropsey (New York: Basic Books, 1964), 95–113.

6　Kojève, "Tyranny and Wisdom," in OT, 153.

7　罗森评论说：“我得到了一个结论，我在求学期间每周跟他的接触所形成的最初直觉是正确的：科耶夫的体系配不上他的智慧，甚至配不上他对《精神现象学》的精彩评论。不仅如此，而且我还相信他知道这种不匹配，或者至少怀疑过，或者一度知道但因为自身成功的欢愉而允许自己忘掉了它。”参见 Rosen, "Kojève's Paris," in *Metaphysics in Ordinary Language* (New Haven, CT: Yale University Press, 1999), 277。科耶夫本人似乎认可了罗森的观点，证据可参见他对施特劳斯的评论。参见 OT，305。

8　可以肯定，在一个完美的、同质化的社会这一极限情况下，其成员的所有冲突都在定义上就被排除了，此时一个人无需有权利就可以行动。参见 Kojève, *Esquisse d'une phénoménologie du droit* (Paris: Gallimard, 1981), 182 (以下缩写为 EPD); and Kojève, *Outline of a Phenomenology of Right*, trans. Bryan-Paul Frost and Robert Howse (Lanham, MD: Rowman and Littlefield, 2008), 165 (以下缩写为OPR)。

9　Kojève to Leo Strauss, September 19, 1950, in OT, 256. 科耶夫在别处也表达过同样的观点。参见 Kojève, review of G. R. G. Mure's *A Study of Hegel's Logic*, *Critique* 54 (1951): 1003。

10　Perry Anderson, "The Ends of History," in *A Zone of Engagement* (London: Verso, 1992), 279–375.

11　EPD, 237–266; OPR, 205–231.

12　此外，罗伯特·豪斯（Robert Howse）认为某些对科耶夫作品的处理之所以很差，是因为它们忽视了这一著作。我不得不同意这一评价，因为《概论》中提出的对终极国家的愿景表明，就黑格尔演讲中对终极国家的处理所能达到的程度而言，其本身并非结论性的。

13　EPD, 586; OPR, 479.

14　Carl Schmitt, *The Leviathan in the State Theory of Thomas Hobbes*, trans. George Schwab and Erna Hilfstein (Chicago: University of Chicago Press, 2008). 这一重要著作首次出版于1938年，提出了一种对霍布斯所设想的国家的解释，它跟科耶夫计划中

的普遍的超级国家具有惊人的相似性，但对施密特来说却是个诅咒。

15　EPD, 22–25; OPR, 37–40.

16　在这一点上，科耶夫公开地、明显地依赖于施密特。参见 EPD, 144; OPR, 134.

17　EPD, 154; OPR, 143.

18　EPD, 258–266; 267–324; OPR, 225–231; 233–262.

19　EPD, 255; OPR, 222–224.

20　EPD, 253; OPR, 221.

21　EPD, 311; OPR, 265–266.

22　Kojève, *Introduction à la lecture de Hegel*, ed. Raymond Queneau, 2nd ed. (Paris: Gallimard, 1968), 143–144. 以下缩写为 ILH。

23　Karl Marx, *Capital*, trans. Ben Fowkes (London: Penguin, 1990), 1:165.

24　Georg Lukács, *History and Class Consciousness*, trans. Rodney Livingstone (Cambridge, MA: MIT Press, 1971), 83–222; and Martin Heidegger, *Mindfulness*, trans. Parvis Emad and Thomas Kalary (London: Continuum, 2006), 12.

25　法国国家图书馆的科耶夫档案说明了战后科耶夫持续写作了究竟多少著作。

26　节选的第二部分紧跟着2007年出版的原文中剩下的前言部分。参见 "Philosophy as the Striving for Complete Consciousness; That Is, Philosophy as the Way to Total Knowledge" (Философия как стремление к завершенной сознательности, т.е. философия как путь к совершенному знанию), *Voprosy filosofii* 12 (2014): 78–91。

27　Kojève, "Sofia, filo-sofia i fenomeno-logia," ed. A. M. Rutkevich, in *Istoriko-filosofskii ezhegodnik* (Moscow: Nauka, 2007), 307; autograph manuscript in Fonds Kojève, Bibliothèque nationale de France (box no. 20).

28　Jorge Luis Borges, *Labyrinths: Selected Stories and Other Writings*, ed. Donald A. Yates and James E. Irby (New York: New Directions, 2007), 152, 154. （中译文引自博尔赫斯著、王永年译：《杜撰集》，上海译文出版社，2015年，第8–9页，第13页。译者注。）

29　科耶夫提出了一个很好的例子：

　　　　被称为"普遍的"诸概念在"内容"方面的这一异常的而不是过分的丰富，在一开始并未得到确定。但这也不是唯一的。当人们处理被称为"张量"（Tensors）的数学算法的时候，人们发现自身所面对的是一种似曾相识的情况。

当一个人希望把一种算法应用于处于几何空间（或时空）中的任何事物时，他必定要引入某个适当的"主体"以及"某种视角"；他这样做的时候处于某个坐标系之中。就像在我们生活的世界之中，事物会改变其外观，其根据是它们向其展示自身（通过感知）的主体和主体所处的角度，处于几何空间（或者更宽泛地说，处于非物理的时空）中的实体也改变它们的"外观"，以作为坐标系中的变化的函数。但是，就像我们世界中的事物不管外观如何变化都保持为自身的存在一样，几何空间中的实体同样也有"不变的"构成要素。哲学要素就是张量所表达的对象（等于符号化）。现在张量的表达，借助的不是来自坐标系的"抽象"，也就是说，不是来自几何学上可能的"主体"及其"视角"，并因此来自所涉及的实体的不同"外观"，而是一下子适用于全体。

Kojève, *Le concept, le temps et le discours*, ed. Bernard Hesbois [Paris: Gallimard, 1990], 113. 以下缩写为 CTD。

30 Martin Heidegger, *Contributions to Philosophy (of the Event)*, trans. Richard Rojcewicz and Daniela Vallega-Neu (Bloomington: Indiana University Press, 2012), 1.

31 这一疏漏很不幸是不可避免的，因为它不在我研究的范围内，也不在这最后的一部分中。在此我聚焦于科耶夫对概念的时间化的详尽说明，后者首次出现在1938—1939年最后的黑格尔讲座之中。本章作为一个整体，寻求的是继续讨论《黑格尔演讲》中提出的两套基本叙事——主奴关系和向智慧的上升——前者在《概论》中找到了终点，后者终结于对关键的"次叙事"（subnarrative）（概念的时间化）的探讨中，这一次叙事是《试析理性的异教哲学史》的主干。这是一个遗憾，因为《概念、时间与对话》自身就是一本重要和独特的著作。

32 参见 Bernard Hesbois's introduction to CTD, 9。值得指出的是，科耶夫认为康德的表现似乎具备基督教哲学的象征，一种调和理性与意志的尝试，成为黑格尔给出的和解的源头。参见Kojève, *Kant* (Paris: Gallimard, 1973), 54。

33 多米尼克·皮洛特（Dominique Pirotte）在其卓越的科耶夫思想研究中提出了一种对《试析》的很好的说明。参见 Pirotte, *Alexandre Kojève: un système anthropologique* (Paris: Presses Universitaires de France, 2005), 111–161。

34 这一对该计划可能存在的不可能性的承认是相当有趣的。它支持罗森的更为讽刺性的评论，认为科耶夫本人"在根本上是一个现代意义上的怀疑主义者，而且非常接近虚无主义"。（Rosen, "Kojève's Paris," 276）罗森认为，科耶夫的"体系"，如果不是别的话，是虚伪的，是某种怀疑主义的产物（尽管可以肯定是一种极不寻常的怀疑主义）。这一评论适用于同样种类的托尔斯泰所作出的关于陀思妥耶夫斯基的评论，即陀思妥耶夫斯基的小说之所以如此牵强附会，是因为它们出自某个想要有信仰但却无法相信之人。但我认为看待科耶夫的怀疑主义或虚无主义的更准确方式，如果它们可以恰当地归之于他的话，是它们属于完全不同的一个种类——他思想的目标是将世界从人类这一错误中解放出来。在这一方面，科耶夫接近于斯威夫特而不是陀思妥耶夫斯基，而且他的"虚无主义"正是他的信条即人类存在的目的是自我终结以便有益于自然，后者在人类中创造出了一种毁灭性的、病毒式的错误。

35　EHPP, 1:11.

36　EHPP, 1:11–12.

37　EHPP, 1:33–34.

38　科耶夫再次提出了他的基本教义：真正的说明必定是终极的说明。他借此避免了休谟的怀疑主义论证。但这一对绝对的强调不是有问题的吗？我们为什么不能够宣称当下的知识是好的，直到被证明为并非如此？这一看起来更为实用主义的方法，似乎允许在某个既定时间点上某种观点的合法性，即便那种观点后来被证明是错误的。科耶夫发现这很令人烦恼，因为它意味着同一个判断既是对的又是错的。科耶夫提出了一个概念"并行命题"（parathesis）来处理这一问题，而且他注意到一个并行命题就是一种"虚假的意义"，从它被认为是真的那一刻开始。

39　EHPP, 1:33.

40　科耶夫通过在探讨康德时将对方视为一个有神论哲学家而强有力地表明了上述观点。在一篇极为有趣的探讨《判断力批判》的文章中，科耶夫总结说："康德只是把他的理论上的'无尽的任务'和'道德上'或'实践中'的'无限的进步'的哲学伪装（尽管是非常'巧妙地'）得具有怀疑主义特色"。参见 Kojève, *Kant*, 92。

41　科耶夫创造了一系列相当复杂的排版印刷（typographic）方面的区别，来区分概念的"内涵"（notion）、意义和它的词素。黑格尔的知识体系开始于概念的内涵，声称概念存在，然后进一步填充其意义——这就是概念定义的历史。词素仅仅指的是某个给定词汇在不同语言中的对应词，例如 *Begriff* 或者 понятие。参见 EHPP, 1:14。

42　参见 EHPP, 1:14–33; 和 CTD, 43–48。对于"意义"一词，在分析哲学以之为主题的巨量文献的背景下，科耶夫并未采取明确的立场。我们并不清楚他是否注意到了弗雷格关于"意义"与"指称"的区别。这一点并不令人惊讶，因为科耶夫的理论是辩证的而不是分析的，并因此构成了思想传统的一部分，而最早的分析哲学家与这种传统进行过斗争。实际上，科耶夫著作中的一个有趣的空白，是缺乏跟现代数理逻辑的接触，这是个多少有些令人吃惊的空白，尤其是考虑到科耶夫对数学有广泛兴趣。但人们可以辩护说，如我此前提出的，科耶夫拒斥非辩证的逻辑，或被他在斯宾诺莎的著作中发现的并称为"非宇宙的"那种"逻辑"。

43　参见 CTD, 43–48。

44　EHPP, 1:28–31.

45　EHPP, 1:34–57.

46　EHPP, 1:35.

47　政治类比在此几乎是不可抗拒的，尤其是考虑到对终极对话的关注，几乎精确地与科耶夫在《概论》中所创立的司法系统并行不悖。

48　EHPP, 1:44.

49　Friedrich Nietzsche, *The Gay Science*, trans. Walter Kaufmann (New York: Vintage, 1974), 38.

50　EHPP, 1:63.

51　See J. G. Fichte, *Introductions to the* Wissenschaftslehre *and Other Writings, 1797–1800*, trans. Daniel Breazeale (Indianapolis, IN: Hackett, 1994), 111–113.

52　关于限制的问题，参见 Graham Priest, *Beyond the Limits of Thought*, 2nd ed. (Oxford: Oxford University Press, 2003)，尤其是第七和第八章。

53　这是一个相当重要的——而且多少有点令人吃惊的——策略，尤其是考虑到科耶夫在《试析》中通篇都在使用数学类比。要点很清楚：数学不是对话。它之所以不是对话是因为它是抽象的和偏颇的；它避免了辩证的互动，而后者对于对话和经验的展开——这正是对概念中的互动的彻底说明——来说是根本的。尽管如此，科耶夫对数学的拒斥相当有趣，尤其是考虑到科耶夫也试图讨论的关于全体问题的数理逻辑的最新进展。保罗·利文斯顿（Paul Livingston）在《存在与事件》（*Being and Event*）中论及巴迪欧的数学对话时，很好地提出了这一问题，在那里他区分了两种情况：一，巴迪欧解决全体之悖论的方法倾向于逻辑一贯性和多样性（因此缺乏一个最终的整体）；二，另一种方法置全体于逻辑一贯性之上。科耶夫似乎最终走向了后一种解决方法，当然，这违背他本人的意图，尤其是他所发明的辩证括号的观念。实际上，他整个的关于完成历史的理论，都取决于完成的问题被看作是一个无缝（seamless）或完全自我包含的问题——绝对。与自我包含相关的悖论使得同时保留完整性和一贯性变得不可能，而只能是二者必居其一，因而是明显欺骗性的辩证融合或绝对。参见 Livingston, *The Politics of Logic: Badiou, Wittgenstein, and the Consequences of Formalism* (New York: Routledge, 2012), 56–58, 60. Also see, more generally, Graham Priest, *Beyond the Limits of Thought*, 2nd ed. (Oxford: Oxford University Press, 2003), 102–140。

54   阿兰·伍德（Allen Wood）嘲笑了正反合这一术语："用这一行话来解释黑格尔，几乎总是在无意中承认了解释者对黑格尔几乎一无所知或者没有第一手知识。"参见 Wood, ed., introduction to G. W. F. Hegel, *Elements of the Philosophy of Right*, trans. H. B. Nisbet (Cambridge: Cambridge University Press, 1991), xxxii。特里·平卡德（Terry Pinkard）在他综合性的黑格尔传记的开头提出过类似的评论。参见 Pinkard, *Hegel: A Biography* (Cambridge: Cambridge University Press, 2000), xi。几乎没有疑义的是，科耶夫对这一"乏味的公式"的使用，如平卡德所说的那样"歪曲了他（黑格尔）思想的结构"，这一看法是有争议的，而且无法不导致过分简单化的批评。

55   EHPP, 1:59.

56   EHPP, 1:65.

57   EHPP, 1:55.

58   Pirotte, *Alexandre Kojève*, 112.

59   在此我们还记得科耶夫将空间等同于自然以及时间的缺失。人是空间中的一个"空洞"，但实际上首先通过时间打开了空间，这是一种互动，也是另一种描述时间性的事物和永恒事物之间关系的方法。参见 ILH, 364–380。

60   EHPP, 1:309–312.

61   EHPP, 1:308.

62   "科学经验因此仅仅是一种虚假的经验。而且它也不可能是别的，因为通俗的科学实际上关心的不是直接的现实而是某种抽象。"参见 ILH, 453–455。

63   ILH, 485.

64   这一拒斥是一个主要的例证，表明科耶夫对黑格尔以及他的黑格尔解释中的马克思主义倾向的背离。值得重视的是，科耶夫通过强调主体完成自我满足的计划的能力，而在马克思主义的某个重要问题上表明了立场。科耶夫因此挑战了任何决定论的网络系统，马克思主义模式的历史。但这一点应该早就很明显了，因为科耶夫强调，在通向同样的目标时存在着多种道路。

65　See G. W. F. Hegel, *The Phenomenology of Spirit*, trans. A. V. Miller (Oxford: Oxford University Press, 1977), 50, §78 [English text]; G. W. F. Hegel, *Die Phänomenologie desGeistes*, ed. Heinrich Clairmont and Hans-Friedrich Wessels (Hamburg: Felix Meiner, 1988), 61 [German text].

66　并非偶然的是，这个问题承载的不仅仅是一个正在过去的与古代形而上学问题——一与多是什么关系？——的关系，它已经造就了大量至今仍在继续的研究文献，后者实际上是哲学研究自身的文献，上至柏拉图的《巴门尼德》下至巴迪欧的《存在与事件》。当然，在《精神现象学》中，中介对黑格尔的经验理论至关重要，因为意识的经验在很大程度上是发展着的、差别的统一体之一，它随着自我意识前进到了某个更高的层次并最终上升到了绝对知识。

67　EHPP 1:304.

68　参见 EHPP 2:64–110。

69　EHPP 1:303.

70　EHPP 3:425.

71　Kojève, *Kant*, 9. 这部简短的著作就其本身来说是相当吸引人的。

72　ILH, 40.

73　对这一问题我会在第九章中进行更为详细的探讨。目前，我的建议是他的立场或许是有问题的。阿尔布雷希特·迪勒（Albrecht Dihle）和汉娜·阿伦特都把现代意志概念的发现归结到奥古斯丁的《论自由意志》（*De libero arbitrio*）。对奥古斯丁来说意志（voluntas）指的是对抗上帝的能力。然而，这一反抗的意志是否就是科耶夫归之于康德的那个呢？在两种情况下都存在着同一个意思，意志是对上帝的意愿或上帝本身的否定。在康德的情况下，就是假定存在着一个类似上帝的与世界相关的立场，由对限制的否定而得来（这一步骤本身意味着人和神之间的区别）。然而，相似性超过了差异性，这意味着奥古斯丁和康德比科耶夫所承认的更为亲近。然而，由于科耶夫并未撰写基督教哲学史，这个问题意义不大。参见 Albrecht Dihle, *The Theory of the Will in Classical Antiquity* (Berkeley: University of California Press, 1982), 123; and Hannah Arendt, *The Life of the Mind* (San Diego, CA: Harcourt, Brace 1977), 2:87。

74　Kojève, *Kant*, 95–99.

75　EPD, 182; OPR, 165.

76　这一对比看起来有些玄妙，尽管我们必须承认，贝克特也或多或少地深陷于炼狱状态，后者似乎也曾捕获过科耶夫。事实上，两人都曾待在巴黎，而且出入过同一些圈子，这一事实足以引人遐想，尤其是考虑到科耶夫在战后时期的影响是如此之广泛。参见 Richard Halpern, *Eclipse of Action: Tragedy and Political Economy* (Chicago: University of Chicago Press, 2017), 227–230。

77　与卢卡奇的对比极具启发意义。而且人们可能会认同哥洛兰诺对科耶夫的马克思主义的怀疑。尽管这个事情在此过于复杂以至于无法充分展开，我想有足够理由假定科耶夫对黑格尔的解读非常接近于马克思在《1844年手稿》中的观点，尽管前者带有一个最终的结果，如果不是关于终极国家的模棱两可的说明。如此一来就构成了对马克思主义者的目标的潜在侵蚀。但认为科耶夫是一个反动派或者"马克思主义右派"是相当成问题的，尤其是考虑到科耶夫立场背后的极端性，后者不会去讨好自私、民族主义或系统性的不公平，而右派是不会这么做的。此外，以俄文写就的1940—1941年手稿公开地不带讥讽地赞扬了马克思主义者的终极国家，却丝毫没有对在斯大林领导下实现这样的国家目标的反讽。参见 Kojève, *Sofia, filo-sofia i fenomeno-logia*, ed. A. M. Rutkevich, *Voprosy filosofii* 12 (2014): 79; autograph manuscript in Fonds Kojève, Bibliothèque nationale de France (box no. 20)。

78　"喜欢静态–存在（也就是空间，也就是自然）而压制人（也就是时间，也就是行动），因此就是喜欢真理而压制错误。如果历史肯定是人类错误的历史，那么人本身或许就是自然'因偶然（自由？）'而未能立刻消灭掉的唯一的错误。"ILH, 432; Kojève, *Introduction to the Reading of Hegel*, ed. Allan Bloom, trans. James H. Nichols Jr., 2nd ed. (Ithaca, NY: Cornell University Press, 1969), 156.

第九章

为什么是终极性？

　　　　找到一个终极答案的狂暴欲望，或许是人性中最致命的和
　　最乏味的执念之一。每种宗教和哲学都宣示了自己的上帝，宣
　　布触及了无限，发现了幸福的处方。多么的骄傲又是多么的空
　　虚！相反，我发现最伟大的天才和最伟大的工作不会去寻找最
　　终的答案。

　　　　　　　　　　　　　　　　　　　　　　——居斯塔夫·福楼拜

　　无论他成功与否，无论是反讽或只是严肃的幽默，科耶夫的思想致
力于给思想一个终点。如果这确实是一种解放的哲学，它毫无疑问是
最有趣的一个——最终的解放看起来无异于我们所理解的自杀、死亡
或自我的根除。我们可以指出它与佛教的明显联系，与基督教思想重
要流派的联系，与19世纪快速增长着的俄罗斯理智传统主要流派的联
系，后者自身表现为一种由对人生之正确目标的关心所驱动着的复杂综
合。我们可以认为这样的自杀是一种终极意义上的效法基督（imitatio
Christi），一个带着彻头彻尾的无神论面具的关于基督教的"内在真理
和伟大"的胜利宣言。或者我们可以安慰自己说这样的自杀仅仅是一个
隐喻，描述的是一个人如何能够将自身奉献给一个在其中所有人都是无

名氏的更伟大的群体。

无论我们采取何种方式，无论我们选择何种面具来代替真正的科耶夫，我们依然发现自己面对着一个独一无二的挑战：变成真正的人就是获得自由，而获得自由就是要消除人对生命的依附。我们因此而是真正的人。真正的自由，唯一的前提是从对自我保存的屈服中解放出来。用科耶夫具有启发性的话来说，真正的人生在很大程度上是"被中介的自杀"，那些中介性存在引导我们抗拒终极真理，这是一种最终必须克服的我们对错误的偏好。

如果真有某种生不逢时的哲学，那就必定是科耶夫的哲学。因为错误，或者用海德格尔的术语来说"迷误"（errancy），凭借其自身的前后不一的方式变成我们时代的主导性的、明面上的教条。但科耶夫可不仅仅是以一种保守的声音谴责着我们时代肤浅的虚无主义，这一声音呈现出多种形式：从可以预见的被称作是"后现代主义"的群体稻草人的虚无主义，到现代消费社会的虚无主义，后者把所有的东西都变成可供消费的产品。几乎没有哪种保守的声音会要求通过自我牺牲来转向一种群体的神圣化。这种类型的思想过于外来化或极端化，以至于很难在保守派传统的遗产中充分发挥，尽管它看起来可能在深受巴迪欧影响的左派分子中发挥作用，后者的伟大愿景是一个新形态的交互主体性，它与科耶夫的思想有着更多的相似性。实际上，巴迪欧的"偶然的理性主义"试图驱逐个体自我，并代之以集体主体，其方式与人们在科耶夫那里发现的相当类似。[1]

但即便是巴迪欧也谨慎地避开了科耶夫思想中最有歧义的部分：对终极性、终点之终点的着魔似的关注。科耶夫思想中末世的一面对我们现代的、或"现代晚期的"、或"后现代的"感性来说是令人生厌的。或许也正因如此，它才是重要的，因为无所不知的末世这一西方思想中的长久特征，现在或许比以往任何时候都令人信服。考虑到可能达成科耶夫所描绘的自我牺牲的技术所带来的快速进步，我们可能比我们想象的更接近历史的终点。[2]

这是一个标准的论证，因为它依赖于流传已久的俗语：当某种不希望的和恐怖的事物最直接地呈现在我们面前时，我们会最坚定地逃离它们。这是一种谈论对我们正在死亡的认识——否定——的第一个阶段的方式，即便如此，它可能多少有点道理。但对我来说，看起来科耶夫的思想之所以不合时宜，更多地是与对终极性的强烈反对有关。后者出现在 20 世纪，同时出现的还有同等强烈的对自由的热切向往，后者被认为是不可定义的、最终的、具体化的事物，或者被列入库存清单，作为备用物品用于超越该物品的过程之中。从那些将自由跟摆脱目的联系起来的诸多思想家的观点看来，科耶夫的思想无非就是对僭政的招魂，人类的死亡，实现那一终极性的来自末日的邀请，物化，或者那些思想家试图与之搏斗的、存在于最后的、普遍化的僭政中的客体化。[3]

那么，科耶夫的思想如何能够宣称是解放性的？若我们说科耶夫的思想既是解放的又是僭政的，在此起作用的究竟是什么？我们是否并未发现自身陷入了矛盾或睿智的反讽？科耶夫关于解放的说法实际上是否是对解放运动的戏仿？它是否揭示了内在于理解自由——自由被理解为人类奋斗的最终的和终极的目标——的方式中的深层次问题？这些问题和论证都以对自由的理解为轴心。从总体上看，科耶夫思想的不合时宜在于它对自由的探索，并且最终落脚在它表面上强调我们只能通过将自身从自身中解放出来而解放自身，这个说法听起来或许比它应有的那样更接近伊万·卡拉马佐夫的著名诗句中宗教大法官的说法。

自由与错误：意志

自由不是一个绝无瑕疵的概念；它同样有一个历史。为了把握科耶夫的不合时宜与本质上作为一种不竭性（inexhaustibility）的主流自由观念之间的对立所引发的问题，我们必须简要地考察一下自由是如何作为一个概念出现的。令人震惊的是，自由似乎是伴随着恶一起出现的。许多研究提出了这一结论，而且似乎跟科耶夫对此的理解一致，科耶夫强调了异教徒与基督徒对人的主体性（human agency）的看法的戏剧性不同。⁴如本书开篇的题记所展示的那样，科耶夫认为古希腊的特点是把人的行动看作去发现人已经是什么——试图发现隐藏在表面上的混乱之下的必然性，人的命运，后者存在于时间"之前"，同时又展现自身于时间之中。根据科耶夫，基督徒的观点截然不同，因为它并不设定某种特别的命运；相反，基督徒的观点假定了经验的某种基本的开放性，个体为他们的行动所负的责任，就是建立在这种开放性之上。⁵如果对希腊人来说，自由本质上是某种虚荣，要通过在我们的生命中实现必然性的高级角色来进行惩罚，那么基督徒或许会不仅仅是因为虚荣而且因为罪恶而被惩罚，这种罪恶被定义为坚持犯错的意志，坚持自我肯定的错误而不惜任何代价。

坚持犯错的意志就是被奥古斯丁称为意志的东西。我们简短的自由史就是这一不寻常的、革命的概念的历史。奥古斯丁在其对话录《论意志的自由选择》（*De libero arbitrio voluntatis*）中首次引入了意志的概念。⁶当然，并非偶然的是该对话的主题是罪恶，尤其是上帝对罪恶的责任或与罪恶的关系问题。对于基督教护教士来说，没有比这更严重的问题了。其背后的问题是协调上帝的三种主要属性——他的全能、全知和全善——与苦难的现实。如果上帝确实是善的而且确实是有能力的，那么他怎么可能允许苦难的存在？拉克坦提乌斯（所援引的伊壁鸠鲁）的对这一问题著名的典型表述值得在此复述：

> 他（伊壁鸠鲁）说，神要么希望消除恶而无能为力，要么有能力而无意去做，要么他既不想也不能做，要么他想做而且有能力做。如果他想做却无能为力，那么他就是软弱的，这一

点并不适于上帝。如果他能做但不想做，那么他就是邪恶的，这同样不可能适用于上帝。如果他既不能也不想做，那么他就既邪恶又脆弱，因此，根本不是上帝。如果他想做而且也能做——这是唯一适于上帝的组合——那么恶从哪里来呢？或者：为什么他不消除罪恶呢？[7]

拉克坦提乌斯直截了当地提出了问题：上帝要么是脆弱的要么是邪恶的，要么是无能的要么是罪恶的。如果对上述问题的答案难以找到，那么这些对上帝的特征描述，就是罪恶问题的可能后果。

奥古斯丁处理这一问题的方式是将罪责指向人类。如果上帝不可能犯错，那么人类在这一方面则相当能干，而且他们经常如此。在这一方面，人们听到的是来自奥古斯丁《忏悔录》中著名句子的回响：我错故我在（si fallor, sum）。[8]这种说法更为激进，它将人类等同于错误，进而等同于恶，因为恶就是错误，不愿意遵照上帝为我们设定好的道路生活。错误理解的后果不仅仅是错误行事，毋宁说，更有趣的和更激进的情况是一个人有意作恶，有意违背上帝的意志。一种不同的意志变成人类特有的意志，因为它是反抗上帝的，这种意志实现了对上帝意志的有意违背。人的意志因此指的就是违背上帝的意志并坚持这一做法的能力或力量。如科耶夫所说，人类是唯一能坚持错误的存在物。[9]

赋予人类以犯错的能力是令人震惊的一步，它给予了人类某种在希腊人看来并不适合给予他们的能力。[10]实际上，希腊传统相当强调环绕着人类的那些限制，它们根本不可能被超越。任何战胜这些限制的尝试既是英勇的又是悲剧的——希腊古典文学中的史诗和悲剧传统证实了这一强调，据此，违抗的企图既会失败也会导致最可怕的惩罚。俄狄浦斯的例子是一个典范（或许是错误的典范），因为它是如此之明确的高贵的奋斗的例子——在这个例子中是为知识而奋斗——以至于它转而反对英雄的形象，后者最终挖出了自己的眼睛从而不再看，不再能认识（这两个动词在古希腊语中密切相关）。教训是清晰无误的：存在着一些人不可以也不敢去逾越的界限。

在奥古斯丁那里，对战胜限制的能力的希腊式限制被极大地消除了。人类能够而且也确实越界了，而从根本上激活了这一僭越的能力正是意志。他们同时也敢于越界，尽管在这一方面，对他们的惩罚被认为是明确的。然而，关键的一步是赋予人类一种必定在实际上非常重要的反抗能力，因为它是这个世界上的恶的根源，这样的恶对其他人和自然物产生了如此之暴力和悲惨的后果。这就是自我肯定这一不惜牺牲所有他人的终极能力；这就是奥古斯丁等同于原罪的东西。

奥古斯丁直接把恶的责任放到了人类的肩膀上。这一从上帝到人的责任转移招致了嘲笑。尼采说："意志的全部法则，迄今为止心理学上最致命的**证伪**，从根本上说是为了惩罚而被发明出来的。"汉斯·布鲁门贝格（Hans Blumenberg）在其权威性的现代研究中，表达了类似的观点，强调说奥古斯丁的意志概念的公开作用是为神进行辩护。[11]

尽管布鲁门贝格和尼采关注的都是创造某种意志，能够反抗并改变限制，从而成为因恶而恰当地归诸人类的惩罚的前提条件，但他们也试图强调由这一新的意志概念所开启的人之可能性的难以置信的增长。人类不再必须在被严格设定好了的选项中进行选择，他们可以改变这些选项，创造出可资探索的新的可能性（实际上，罗伯特·布兰登的"智慧"［sapience］在意志概念之外是不可想象的）。人的责任的巨大扩展，伴随着的是可能性的同样巨大的扩展，这表现在所有情形下的反抗或否定中，最终极的反抗或否定就是对上帝本身的否定。

作为对反抗负责的自由，与自由的否定性关系还有另外一面：自由地推翻上述反抗得以可能的框架系统。奥古斯丁的意志概念深深地鼓动着那些不虔敬的希望——希望用一场革命来最终、彻底地推翻那些强迫服从的秩序。只要奥古斯丁的自由概念赋予了人类以巨大的责任，那么它就同样允许他们有最大程度的自由，前提是，他们敢于或鲁莽到足够程度去接受它。

　　奥古斯丁的意志概念的后果表明，这样的勇敢并不是现成在手的。直到很久之后才出现了一种假定，一种不仅仅是服从的能力，而且也是掌握自然的能力。但即便在现代早期的更为激进的哲学规划中，人类意志的表达和扩展依然指向了一种固定的结构或系统。人的意志可以扩展到覆盖更多的领域，但归根结底，它不能战胜上帝本身。

　　面对恶为上帝辩护的最重要的现代著作是莱布尼茨的《神正论》（1710），书中认为我们能做到的最好的莫过于实现与上帝的相似性，与此同时保持我们跟他的距离。这一距离表明其自身是不可逾越的，声称恶主要的是缺乏、缺陷或者存在的缺失。作为终极存在的上帝直接看清了一切，既没有隐藏，也不会有缺陷。但是我们作为被造物，作为上帝的创造，因此也是偶然的生物，是不可能以同样的方式看待事物的。我们的自由不是内在于我们有意的反抗，毋宁说是我们在服从方面的彻底的无能。我们天生就不可能像上帝那样看到最终的目的并服从它们，但是我们可以努力以类似上帝的方式去看，通过逻辑或数学以及诸如此类的能让我们从缺陷中解放出来的方式——或者至少这似乎是我们的任务，通过我们正确的自我指引朝向上帝，使创造得以完美。与此相反的当然是执着于错误，但不像在奥古斯丁那里，对莱布尼茨来说，这一对错误的坚持不必然是有意的——更可能的原因是我们的（或许是）可改正的有所欠缺或犯错的倾向。

　　莱布尼茨由此强调了人类自由的肯定性的一面，同时他也揭示了它否定性的一面。在这后一方面中更为棘手的问题是莱布尼茨是否也像奥古斯丁那样把同样的责任归结给人类。因为在责任的归结方面存在着两种明显不同的情况，一方面是有意的反抗，此时一个人会反抗上帝的意志，虽然他对正确的道路一清二楚；另一方面是由于错误认知、蔑视、误解所引发的反抗。这一区别很难说清楚。在莱布尼茨那里就像在奥古斯丁那里一样，无知似乎来源于同样的根本性的拒绝，即拒绝为了整体的利益而牺牲自己的或当下的利益。无知就是这种拒绝的结果，因为对整体的无知根源于只考虑部分或者从部分的角度去解释整体。换句话说，不存在完全无辜的无知，相反，无知导源于深层次的漠视，对此我们有保持或纠正的自由。

在这些事例和其他的类似谢林和索洛维约夫的事例中，关键的步骤是将恶等同于不愿意去克服对自我以及对等同于内在于人的"动物性"的对此时此地的压倒一切的关心。人们是如此执着于自己的特殊性，以至于所有跟这一特殊性不同的东西所具备的重要性或利益，只能局限在它能使这种特殊性得益的范围内。我的个体的存在胜于其他所有的关心。

可能很容易就看出在恶的这些概念与在科耶夫的历史终结处所发生的自我牺牲之间的关系。因为执着于错误就是无能于克服自我。用科耶夫的话来说，奴隶无法将自身从自我保存的命令中解放出来，这一无能才是对执着于特殊、"我"唯一的生命、我的个体性的最强有力的表达。只要奴隶拒绝克服他自己对他的作为"我的"生命的他自己生命的执着，那么他就一直是奴隶。只要奴隶认为他的生命是独一无二的、不可复制的，尤其是仅凭这些就有价值，那么奴隶就一直是奴隶，既无能也不愿意进入任何其他的情境，因为后者要求的是那种黑格尔在《精神现象学》或者科耶夫在其评注中所提出的惊人的旅程。

《精神现象学》和科耶夫评注中的每一个步骤，都要求人们放弃对自己的特殊角度的执着。如科耶夫所说的，仅凭阅读和理解《精神现象学》就会迫使人们进行一项重大的自我转换，从孤立的、矛盾的个体转向总体性的主体，后者通过放弃自我而达到了与实体的合一。[12] 只有通过放弃自我，在采取某种对普遍的和同质化的国家中的公民而言才可能的那种普遍的同一性的意义上，个体才能向整体敞开自身，才能让自己面向一个愿景，在其中，通过让所有的个别愿景统统流走来纠正它们。在这一方面，《精神现象学》是一个关于清空自我、去个体化、死亡的寓言，它给人带来了一个它同时既要合作又要克服的超越了所有个别视角的角度。阅读并理解了《精神现象学》的读者变成了《精神现象学》的每一个读者，一个普遍的主体，他或许令人生畏地抽象，但却是所有特殊个体（主体）的集合，集合在它自己的自我建构的过程之中。

战胜恶的唯一方式是希望自己从自身中解放出来，这是一项极为讽刺的事业，借此，特殊或个体会清空自身于交互同一性（communal identify）中，而后者不再是意志或理智。特殊意志清空于交互同一性之中，这描述的是否定的过程及其最终目标。

错误还是迷误

然而，坚持错误是我们时代的主导性教条。我们不喜欢终极性，相反，我们欢呼的是未来的丰富性、无尽的可能性，不竭的可能性的没有终点的游戏。这一思考方式根源于尼采，成熟于海德格尔的思想之中，后者将错误或迷误提升到了尊贵的程度，称之为 Irre（或 Irrnis）。[13] 那么，就让我为了尼采和海德格尔思想中的错误，来考察一下随终极性而来的这一倾向的基础。

尼采对这一立场的最直接的表述可以在《善恶的彼岸》中找到，后者是尼采于 1886 年自费出版的。该书分为八个主要部分，其中第一个部分的标题是"哲学家的偏见"，提出了对试图把握真理的功能或价值的"真理意志"的批判。尼采并非简单地把对真理的服从看作毫无疑问的好且正确，而是提出了一个他所认为的更为根本的问题，即真理首先对我们来说意味着什么。这本身就是一个非常有趣的策略，因为尼采实际上质疑的是对终极性的表面需要，朝向真理的努力不过是其表现之一。"真理"是用于终极性的词汇。在一个人并未掌握真理的范围内，他就不会有对与真理相关的无论什么事物的最终说明和终极视角。如果核心的问题在于一个人该如何生活或如何行动，那么习得终极视角就是获得永恒的无法抗拒的真理。一个人拒绝这一真理的唯一方式是坚持错误，像陀思妥耶夫斯基的地下室人那样对着水晶宫殿吐舌头。

所以尼采的兴趣在于发现为什么戴着真理面具的终极性是如此重要。他在第一大部分的第四小部分中吐露了他的主要关心：

> 一个判断是错误的，在我们看来，这还不构成对该判断提出的异议；在这点上我们的新语言听起来也许十分陌生。问题在于，一种判断在多大程度上促进生命、保存生命、保存种群甚至培育种群。我们原则上倾向于宣称：最为谬误的判断（先天综合判断即属此类）对我们来说恰恰是最不可少的；如果不承认逻辑虚构的有效性，如果不以绝对的和自我统一的纯虚构世界来衡量现实，如果不持续地用数字来模拟世界，人民将无法生存；放弃错误判断即是放弃生命，否决生命。承认非真实是生命的必要条件：这无疑是以一种危险的方式与习以为常的价值感作对。一种哲学家敢于如此，便将自己孑然一身地置于善恶的彼岸。① 14

在此以浓缩的方式呈现的，是尼采本人对有关恶的探讨所做出的核心贡献。尼采解释说，那些限制、限定并因而引导着我们朝向一个否则就无法理解的意见是必要的，因为生活没有了它们是不可能的。真理之所以是重要的，不是因为它本身是真的或者是事物的终极说明，而毋宁说是因为那种终极性实现了一种关键功能：它允许一个人活下去，跟世界进行协商，去发现他自己的路。坚持这一关于真理的错误是能给予生命的，因为它向我们隐藏了有关我们存在的最不可接受的东西，即我

---

① 中译文引自尼采著、魏育青等译：《善恶的彼岸》，华东师范大学出版社，2016年，第6—7页。

们所作的任何判断最终只能是错的——或者更好的说法是并不比错误更真——因为在与一种最后的或终极的秩序相比的意义上，没有哪个判断可能是真的。有关永恒的神话中的启示，导致了方向（bearings）的潜在的、可怕的消失，从而只能靠另一个关于永恒的虚构或神话来转移视线。真理是一种错误，没有了它，人们真的无法存活。

这一对尼采的解读暴露了我们所认为的真理或现实本身的传统的或虚构的本性，它表现了现时代与尼采哲学的某种共同之处。讽刺的是尼采所宣称的我们必须为了有益于自己而隐藏起来的真理——整体在终极意义上不可理解的本性——已经变成某种有益的真理，它被尼采的许多追随者们转变成了真正自由的存在的根本性前提，这是一种不会被秩序的幻象所束缚的存在，而这些幻象是被那些为了他们自己的利益而想要剥削或欺骗我们的人强加给我们的。

海德格尔对哲学所做的转变甚至比尼采更为激进。尼采似乎仍然坚持人类事务中的终极性的不可能性是一个真理，而这个真理是如此危险，以至于它必须用各种虚构或错误掩盖起来。他非常清楚地意识到他的假设中内蕴着的精英主义，即大众追求的最多的是确定性，他们最热切地寻求的是从他们的自由中解放出来。用陀思妥耶夫斯基的宗教大法官的话来说，他在许多地方与尼采相通，"对人和人类社会来说，没有什么比自由更令人难以忍受的了"[15]。尼采意识到了这一论断，并将自由留给了少数人。

尽管海德格尔也秉持一种根深蒂固的精英主义，但他对自由的不可避免性、整体的根本无法完成的表述远比尼采更为深远。海德格尔也承认内在于此在、存在中的可能性之一是不真实（inauthenticity）——粗略地说，排除基于盲目追随传统的可能性的可能性——但他同时以同样的方式断言更基本的可能性是对这种可能性本身的敞开。换句话说，此在可以选择不去实现其根本性的自由，但它最终并不能因此而一劳永逸地漠视这种自由。除了自身向自身隐藏之外，此在不可能以任何其他方式成为最终的。然而，此在的终极性的缺失，并不在于如尼采那样的宣称整体的绝对敞开；相反，海德格尔通过关注死亡而采取了一种相当巧妙的办法。此在不可能在自身之内认识到终极性——只要我还活着，我就不是在一个终点上。我可能看见别人达到了终点，但我不可能活在那个终点上，也不可能活在我自己的终点上。唯一能抗拒终极性的，而且不可传递、也不可能被群体分享的，是我的死亡。[16]

因此，海德格尔宣称我们根本无法知晓我们自己的终点。个体或社会在终点到来之前都不可能宣告终结，而那个终点永远不可能达到。在个体和社会两种情形下终极性必须"从外部"进行宣告。只要我还活着或者只要我的社会还存续着，它就不能说自身已经完成或者终结，除非是借助一个虚构的完成，它最终也只能陷入混乱或矛盾。

在《论真理的本质》这篇短文中，海德格尔比在任何别的地方都更清楚、更简洁、更有启发性地提出了这一观点。这篇文章具有根本的重要意义，不仅仅是因为它展示了海德格尔对有限性的再阐释，而且因为它敏锐地构造了一个真理的定义，后者与我们迄今为止所讨论的完全不同。海德格尔决定性地拒斥了作为标准的真理概念——某种最终的标准，或者 Richtmaß——现象应该在它面前受到审判。取而代之的是他发明了一种真理的概念，强调未完成、创新。海德格尔所发明的真理概念，鼓励的是创造而非终极性、绝对的限制。

他这一做法是对被认为是典型的对应模式（correspondence）的真理模式的质疑。一个对象真正是其所是，仅当它正确地对应着人们可能拥有的某个心灵画像（idea，Vorstellung）或形象（eidos，Bild）。这一图像可能奠基于上帝的心灵或某人自己的心灵之上；要点在于存在着一幅终极图像，指示着对象是什么以及可能是什么。因此，那幅图像的终极真理（其终极的终极性）得到的保证，要么来自神，要么来自另外的其终极权威不受质疑的主体。海德格尔的策略正是通过审查其权威的出处而质疑这幅图像。就像尼采和他的许多追随者一样，海德格尔诉诸某种谱系，他之所以如此，目的是提出与该图像关联的真理并不是绝对的，也不内在于事物的秩序之中，而是某种被海德格尔称为"去蔽"的行动的结果。

只要有人问这一观念从何而来，问题就会出现。如果一个观念是形成的，那么它就不是永恒的；如果它不是永恒的，它定然以某种方式是偶然的。如果它是偶然的，那么它就有可能是不同的甚至可能不存在。无论在哪种情况下，人们至少可以想象一个不同的结果。如果人们可以一直想象某种不同的结果，那么那种变成标准的结果就失去了作为唯一结果的权威。换句话说，变成标准的结果必须隐藏其偶然性，承担不给出一个对真理的完整而终极的断言来说是必要的完整的故事的风险。然而一个完整而终极的对真理的断言并非现成在手；所有对真理的断言都依赖于某个假设的去蔽时刻。[17] 因此，越是原初的真理越是跟错误而不是真理有共同之处；真理的本质是错误，die Irre，或迷误。然而，错误不仅仅是某个行动的结果——迷误就是存在本身。如尼采所展现的那样，我们生活在迷误或错误之中。

最终的未完成?

海德格尔的尝试是最大胆的对经验的未完成属性的论证——不是因为导向了某种破坏性的怀疑主义，而是作为一种肯定性的去进行创造的命令，后者通过将怀疑主义转变为转换性的行动而征服了它。但这一转换的概念会带来什么? 最终的未完成究竟意味着什么? 这个时代的信条对不完整和未完成大加赞扬，认为这是人类的真正前提，论证说成为人就是要拥抱他的未完成性，它既是人性的标志也是一项可执行的、硕果累累的任务。这一信条本身必须被质疑，仅仅因为它是敞开本身的一个例子也该如此，如果没有其他的理由的话。

如果未完成性并未从某些确定的点或一系列的标准中获得自身的方向，那么未完成本身的概念就会因无法描述自身的真实状况而遭到怀疑。如果没有可以达成的完全的、终极的目标，或者不能以此来指引某个人自身的方向，那么人们就不得不问存在的意义究竟何在——一个人会变得对自己完全一无所知，除了作为一种虚构，后者需要最低限度的固定标准，以避免随着其他选项而来的不协调。

但在此我们似乎回到了尼采而不是海德格尔。因为在此我们凝视着一幅人类的图像，它依赖于多种虚构，为的是使其自身有意义。否则，我们会冒地下室人之困境的危险，后者没完没了地说话，偷偷摸摸地行动，既不能比这更多也不能更少，因为根本不存在任何他可以信心十足地适用于他自身或引导他的限制。地下室人或许是最重要的非历史或后历史的形象，因为他使用了一种在有限言谈的常规中成型的语言来撕裂那一言谈。他由此进行着一种被阿伦特从肯定的意义上与思想联系在一起的行动：他解开了无论哪一件头一天晚上他编织好的穿在言谈或行动之上的衣服。[18] 但人们可能把它以及由之而来的大量的重复，更多地跟西西弗斯进行对比，而不是比之于理智的解放英雄，从未停止思考的哲学家。

这个哲学家就像地下室人一样，不可能认识自己或他的世界。如我们在第一章中注意到的那样，他是古代哲学将知识与自我知识相统一的反证（reductio ad absurdum）。可以肯定，作为一种政治原则，这一根本的无知看起来不可能非常有说服力——我们彼此联系起来，进入了一个基于同一性的交互失败（communal failure of identity）的群体，我们把它看作是世界性的群体。或者我们终结于为某种"时间性的"同一性进行论证，后者看起来是正确的，或者说至少在某个既定的时刻，我们会让它变得可以理解。但问题依旧，我们完全意识到生命短暂，并且没有通向真实的或最终故事的途径。在这个意义上，我们跟科耶夫所描绘的疯子毫无二致，因为没有足够确信的理由将自我等同于某一个身份或另一个。根本就没有可以确信的理由,对话因此失去了在作为创建一个群体时的相对于暴力模型的显著优点。因此,我们或许可以说,我们重回到了这样的情境,除了暴力别无选择,对话已经被证明彻底失效。

尽管如此,支撑着这一对同一性的开放态度的核心论证,是由我们无法达到终极真理而来的对思想和行动的羞辱所导致的一种意愿:合作、一起塑造意义、创造一个自知其脆弱并带着令人担忧的不完美的关于全体的假象——像所有人类一样。这一开放态度从终极性的不可能性中得出了一个平等假设,威胁着这一态度的基本选项有两种:暴力和官僚制度。

如我所注意到的,对话未能通过虚构以外的方式在世界中引导我们,这就导致了对话的权威本身就是虚构的可能性,所有在另一个世界中或借助于隐蔽或看不见的力量来建立权威的尝试,在本质上都是各种形式的欺骗。尼采在这一方面的论证告诉我们,彼岸世界是奴隶的发明,他们寻求一种掌握他们主人的终极力量,方法是让他们的主人相信存在着一种权威的源泉,但却并非奠基在暴力威胁之上。[19] 古代发生在苏格拉底和特拉叙马库斯之间关于正义之起源的争论,由此再次上演,并且得出了倾向于后者的结论,尽管不无讽刺,因为为自己的论证戴上了一副权威性对话、论文的面具,这本身强化了对话的权威。因此,在这里就像在其他地方一样,在尼采的著作中存在着一种形式化的反讽,因为它们指向了它们自身的虚构性质,并且在这一方面也指向了所有语言结构中的虚构性质,至少在它们劝人放下武器,不需使用暴力的情形下是如此。然而,语言权威的缺失开启了一种可能性,即承认最简单、最坚定的权威形式:暴力,科耶夫否认除此之外的任何其他权威。[20]

对这一开放性的另一种回应是由官僚制度或官僚管理制度的工具所提供的封闭性。后者主要被用于某种单一的规范生活的制度的实施,它彻底压制了问题,尤其是那些关于官僚监管机构本身的问题。海德格尔坚定地反对技术,反对在一个压倒一切的对人的规范体系中封闭人的可能性。海德格尔的论证在这个意义上就是反对官僚制度及其对人的生活的官僚制度化的最深层次的倾向。海德格尔跟他最顽强的左派批评者如卢卡奇和阿多诺分享着这一关怀，后两者做出了类似的论证以反对官僚制度，它是随着资本主义的胜利而出现的对人类彻底的、终极的物化。[21]物化当然必定跟下述转变有关：把所有的人类关系转变成商品关系，它可能一劳永逸地用对交换的计算固定下来，其中最基本的交换单位是货币。市场变成一种官僚机构，规范着人生的所有方面。

我曾经归诸尼采和海德格尔的批评在马克思主义者这边也找到了呼应，根本的区别还是存在的，马克思主义仍然渗透着某种目的论，它有一个终点，在那里某些根本问题会被解决，因此人类能自由地想做什么就做什么，自由地进行创造，与之相对立的是与物质必然性的根本对抗，后者是人的自我创造的根本限制。在这一意义上，马克思主义的终极国家，尽管一直没有得到很好的定义，似乎跟我此前探讨过的在终极性的缺失中所创立的群体有着某些共性。在上述两种情况下，终极目标都是从所有目标中解放出来，一种似乎不再被自然或历史所限制的自我创造的自由。[22]

迷误变成对人的最高表达，从而转变了错误与恶的联系。因为一旦最终的、标准化的目的概念被消除之后，恶也会消失。实际上，对这些思考未完成性的现代思想家来说，唯一存在的恶恰好就是得出结论的欲望、试图完成的欲望，试图达到一个固定的点，从此出发除了应受惩罚的错误之外，别无进一步的可能的欲望。这些目标的最终失败就是自由的、历史性的个体的胜利，他能够以他看来合适的方式表达自身，他几乎就是一个神，或者实际上就是人间的上帝，自由地行使自己的选择，不需顾及任何总体标准。或许唯一剩下的标准，尽管是一个令人烦恼的标准，就是由对他人的自由的关心而强加的标准，这是一个本质性的自由概念，即我的自由的实现不能是有害的，其范围是它不能阻碍其他人表达他们自身的自由。

这一标准当然有其深层次的问题，因为它奉自私为神明，抛弃了恶与自私的关系这一基督教所关注的恶与原罪的遗产，为的是把自私变成行动和现代政治行为的基本原理。问题是自私能否扮演基本原理的角色。实际上，对技术和物化的恐惧可以相当容易地被解读为面对限制和任何形式的自私的恐惧，即便是在其更为温和的集体利益的面具下。

海德格尔试图克服自私，其方法是赋予我们一种作为整体去生存的责任。卢卡奇试图克服自私，借助的是创造一个群体的命令，其基础是促进所有人的福利和对平等的坚持。[23]多数20世纪思想中的核心斗争在这一意义上都是价值论的（axiological），都企图调和每一个个体的利益，同时也试图创建一个群体，在其中，所有人都能表达自己而不会受到惩罚的威胁。看起来处于这些关怀中心的自由是自私的自由，当然，这一利益的表现本身在基督教时代被看作是恶。

因此，并不奇怪的是恶的概念在现代黯然失色，因为最初的恶与自私或自我意志的同一性被转变成了恶与对自私的限制的同一性，这一转变是现代性中最极端的，或许也是最少被探讨的方面。人们可能论证说，黑格尔在这一发展过程中扮演了决定性的角色。他的神正论——至少对科耶夫而言——预见了在人类形象中对现实性的重塑，而不是在某个特定的框架中为我们的人性寻求正确的定位。在这一方面，黑格尔将集体利益带到了它的最高表达：主体超越一切的霸权，即主体最终变成了实体，反之亦然。

由黑格尔制造的表面上的恐怖就是他一劳永逸地建立了主体的霸权，他是那个将漫长的西方哲学史带到终点的人，终点不在自由的胜利之中，而是在某种单一的思维方式，由此出发没有任何进一步的可能的胜利之中。实际上，这一思想体系是专制的，将思想或经验的新形态的可能性归于虚无。我们对这种被夸张化的黑格尔太熟悉了，它来自不同的人的宣传，如尼采、海德格尔以及他们的法国后辈们，这些后辈们几乎异口同声地拒斥了他们眼中的野蛮欲望，即终结哲学、提倡终极性、没有给人的想象力留下任何空间，除了一种足以安定所有可能争执的抽象的"逻辑科学"。

我们再次想起了地下室人，他对这一终极性的敌意，即便是在如此遥远的时空中，依然与 20 世纪的反叛有着如此多的共同之处，这些反叛试图重塑黑格尔的神正论，将其看作是恶的表达，彻底地而且是愉快地消除人的自由，为的是一种永恒的、自我永恒化的秩序。从海德格尔到德勒兹，如此之多的 20 世纪的重要人物对水晶宫殿出言不逊，嘲笑它，并试图削弱、克服它的不可接受的终极性形象。这些反抗行动中的一部分瞄准了黑格尔的大厦，认为后者是一种建立理性的终极模式的企图；其中一些攻击黑格尔宏大体系，认为它不给人的创新性任何空间并且将哲学等同于创造性；还有一些仅仅因历史明确拒绝证明黑格尔的正确性而对后者大加嘲讽。

人们会怀疑这些对黑格尔的拒斥的基础。是什么激发了它们？终极性中究竟有什么看起来是如此之不可接受？如果哲学千百年来孜孜以求的都是终极性、真理、终极的说明，为什么那些巨大的努力会如此迅速地转向自己的对立面？陀思妥耶夫斯基是不是又对了一次？因为他宣称我们热爱建设、热爱创造，但同时也非常热爱毁灭、热爱战胜终极性，如果没有别的可能的话。陀思妥耶夫斯基的基本观点——比起其他的东西，无论它看起来多么有益，我们都更深地执着于我们的自由——是否是正确的？让我们回忆一下陀思妥耶夫斯基的话：

> 然而我要向你们重复一百遍，只有在一种情况下，唯一的一种情况下，人才会故意地、自觉地渴望去干那甚至对自己有害的、愚蠢的、甚至是愚不可及的事，这就是：为了有权渴望去干那对自己甚至是愚不可及的事情，而不愿受到只许做聪明事这一义务的束缚。要知道，这真是愚不可及，这是放纵自己的任性，先生们，事实上，对于大地上所有我们的兄弟来说，

这也许是最为有利的东西，在某些情况下，尤其如此。而其中，甚至包括这样一种情况：即便这一事情会给我们带来明显的危害，并与我们的理性有关利益所得出的最为合理的结论大相径庭，它仍然是比一切利益都更为有利的利益——因为它无论如何为我们保全了最主要和最珍贵的东西，也就是我们的人格和我们的个性。[①] [24]

错误与自我中心主义

科耶夫对迷误与错误的基本回应是：错误在于拒绝放弃主要存在于保存自我之中的个体自我及其利益。错误因此就是奴役和对奴役的坚持。未完成性的承诺充满了诱惑。它看起来提供了放弃个体自我的可能，但实际上却允许个体自我保持其特权——实际上，它必须保持其特权，因为不存在能否定它的、最终必定会让它卑躬屈膝的高级视角。如果我们论证说在海德格尔那里也存在着某种强大的、自我否定的要素，企图战胜现代的支配性主体（或者集体中心主义），方法是让所有的支配性计划臣服于存在，后者既先于这些计划同时又超越了这些计划，那么我们同样可以论证说，海德格尔的自我否定从未完整、从未完成，最终无可避免地会退回到它试图克服的那种个体自我或现代的支配性自我之中。人类可能变成此在，某种相当抽象的"在于此"或"于此在"，对于海德格尔来说，它居住在特别神圣的"之间"（das Zwischen）的领域内，或者"被挪用于恰当的事件"（dem Er-eignis übereignet zu werden），事实是，这一虚无的"占位者"坚持如此这般的状态，或者保持为某种本质，其定义依然是最终定义之缺乏的源头，一个为对内

---

① 《地下室手记》，第 427 页。

在的、自私的、自我保存的持续不断的肯定所编织出来的借口。[25]

　　人类或此在现在以类似存在本身的方式变成了一个词，它表达的是确定的不确定性，一种其同一性就在于没有同一性的同一性。这一定义长久以来一直适用于恶，它的存在就是不存在，唯一的通过定义的缺乏而定义的事物。可以肯定，我们可以变成对自己而言的陌生人，但这样就够了吗？我们是否真的从拥有某种同一性以便跟其他人进行互动的必要性中解放出来了呢？绝非如此！毋宁说，我们保持着某种对同一性的戏仿。我们是某种上帝的讽刺性幽默的管道，既没有强壮到完全消失，也没有软弱到完全服膺于某种我们完全无力改变的神圣命运；我们确实处于"之间"。

　　科耶夫比这激进多了。我们必须超越自身，超越我们的个体性或群体主体性，因为它不过是集合性的自我利益（诸如民族主义）的容器而已。这是命令，也是历史的终结。唯一真正的人类命运就是超越人类，明确地取消人类。这是科耶夫真正的疯狂之处。任何其他的命运，偏颇与否，都不过是坚持无法使自身具有意义的错误。科耶夫拒斥无意义的英雄，从变成了 20 世纪经久不衰的文学形象的地下室人，到克努特·汉姆生（Knut Hamsun）的《饥饿》（*Hunger*）中的英雄，从巴达谬到莫洛伊，再到加缪了无生气的局外人。这些表面上现代的或后现代的英雄，生活荒诞、没有目的，但并不必然是需要追悔的，也不必然蔑视虚无主义的丑陋。相反，一个人可以热烈地庆祝虚无主义作为自由的最终降临，作为由地下室人制造的否定姿态的各种各样的具体化。[26]

　　这难道不是实际上留给自由或现代的自由的历史性个体的东西吗？还是更能代表现代消费者，对新潮流、新设备、新着装方式更敏感？或者这是后历史的生物，对他来说所有的价值都融入了购买最新产品的快乐之中？绝望的虚无主义者变成了美国化的快乐的虚无主义者——被看作是纯粹无意义之胜利的自由的最终具体化。[27]最高的价值在于自由地重塑自身于更平凡的方式之中，平凡性本身变成了对从冲突、痛苦、对自然的困难的把握中的解放的庆典。

自我克服

科耶夫思想的影响，正是在于它对克服个体需要的强调，以及对追捧利己主义的强烈反对，而利己主义是我们时代公认的、最高的、无可争议的教条。对科耶夫来说，个体没有现实的意义——个体是错误的标志，这种错误只有在自我牺牲（self-immolation）中才能得到满足。所以个体就是一个错误。科耶夫肯定不是以此种方式进行思考的唯一一个人。尽管在表面上，他看起来易受嘲弄，因为他思想的极端性以及他思想所揭示的极端的敌意，后者指向了我们现代的自我理解这一至高无上的原子式的单位，自由的、历史性的个体。但是，他的思想极其接近于可敬的自我牺牲传统，人们可以同时在基督教和佛教传统中发现这一点，此外也存在于最令人震惊的现代艺术作品中，例如那些他的俄罗斯视觉艺术的前辈们的作品，和阿诺德·勋伯格那样无调性音乐家的强有力的作品之中。实际上，在 20 世纪 20 年代新生的苏联的狂热氛围中，激进思想的整体倾向可以在文化生产的许多领域中被发现，就像在政治角斗场中一样，出现了明确的远离自由的、历史性个体的运动。

科耶夫由此代表了对现代自由传统及其对被他看作是一个不一贯的个体的强调的拒斥——之所以不一贯，是因为自利正如我在不同场合下指出的那样，不可能成为一个一贯的基本原理。自利是易受影响的、不可靠的，它跟任何一种统治制度都存在内在的冲突，因为它必定会将一个人的利益置于所有其他人之上。即便戴上了群体的面具，该群体的最高原则也是对死亡、对暴死的畏惧，如霍布斯在《利维坦》中指出的那样。因此，自我保存被神圣化了，变成人类关系的真正起点和终点，而且因此可以被轻易地转换成各种各样的"相互满足"的神话，后者在关于"被正确理解的自利"的宣传中，或在现代社会中本质性的契约模式中扮演了重要角色，契约模式保证了社会关系的稳定性，或者自私所得的恰当的分配。

从《导言》的一开始，科耶夫就表现出了对这一人类观最强烈的反感，他似乎认为它是人的兽化或者对真正的人类潜能的拒斥。然而，人们可能论证说他与之对立的关于人类发展的模式——或简单地说，他的模式，对于一个为个人主义论调所充满的社会来说，同样不可能获得更多的信任。他的对立模式最终给出的是一个自我牺牲、自我取消的模式，也没有对外部奖赏或上天堂的福利的承诺，毫无吸引力。科耶夫提出了一种基督教式牺牲的变体，然而却不可能在基督教社会自身中被普遍接受——我们还记得科耶夫的戏剧性的评论，基督教神学的唯一错误就是重生。因此，科耶夫的哲学宣传提倡的是历史的终结，以及被现代理解为自利的生物的人的终结，既没有悔恨也没有奖赏。我们应该向着我们的自我取消前进，直到一个所有生命都消失了的、类似于尸体集合的可怕的或幽灵般的社会。

那么最后的问题是，我们是否能够严肃地对待科耶夫？为什么科耶夫提出了如此之极端的人类行为和命运的模型？在本书中我一再表述过，科耶夫工作中的关键性反讽就是真正的解放是从自我、个体中的解放，这一解放需要可能是最为极端的自我牺牲作为其得以实现的真正前提。换句话说，真正的解放需要采取某些措施，而自利的资产阶级不可能接受这些措施，因为对资产阶级来说，唯一真正的解放就是放任他的动物欲望自由地进行控制，这可能是一副相当令人反感的画面，在其中，对动物式的不朽的终极研究不可能获得它想要的结果，除非对人类进行极端的转变，其程度跟科耶夫所设想的并无二致。

尽管科耶夫并未清楚地提出这些反驳，我们可以轻而易举地推论出他对例如费德罗夫的回应是嘲讽，因为一个不死者的群体是无法想象的。一旦从死亡中解脱出来，这些存在者也就从推动着他们的真正的动物性中解放了。在这一方面，动物式的自利所追求的终点就是动物式的自利本身——我自杀以达到不朽。但是自利更简单的幻象是，这根本牵扯不到解放。为了解放某人的动物欲望——如果这些算得上欲望的话——就是人的兽化，默许肉体的统治，在这样的统治下，理性只会变成追逐私人利益的工具，是理性的堕落和毁灭。

自利的统治就是自我保存的统治，如果所有的反讽都是正确的话，这样的统治都会走向自己的毁灭，结局是创造出一个不朽的存在者。动物梦想的自由终结于如科耶夫所预见的某种形式的自我牺牲之中，最大的区别在于一条道路是自由选择的，而另一条不是，后者自身是幻象的产物。这一困境本身——没有办法摆脱人的限制、痛苦和死亡，除非将人转换为有助于其自身死亡的那种东西——或许可以解释为何要强调自愿的自我牺牲是人类可能拥有的最后尊严。

或许最好的结局来自地下室人的绝望斗争，他的戏剧为我们此后处理科耶夫思想提供了最初的舞台。地下室人无法克服他的自利，同时也不会完全屈服于它。他展现了对困惑的令人印象深刻的描述，他是无法决定逃离困惑的那个人。他是无意义的英雄，意志的英雄，最终却无法强迫自身。他喜欢无限的否定——以及它所带来的自由的幻象——终极性。

地下室人没有基里洛夫或斯塔夫罗金那样的崇高，后两者都是基督的否定的或黑暗的戏仿式回声。他无法让自己去承担最伟大的责任，无法走出困惑，无法牺牲自私、空虚的古怪图景，也无法牺牲错误，因为这一牺牲必然伴随着一个无法放弃自己对生的不顾一切的欲望的生物，它拒绝对它来说唯一可能的、真正神圣的行为：自杀，从而看清其存在的全然无意义的能力。

毫无疑问，科耶夫对资产阶级的挑战之中最令人震惊的方面包含在它的下述观念之中：自由最纯粹的表达是自愿去死，自杀以达到一个与动物式的自我保存毫无关系的目标。当然，与动物式自我保存毫无关系的目标，就是对动物式的自我保存本身的彻底拒绝——彻底拒斥动物式的、自然的，以及任意和所有来自我们肉体或动物存在的强制性内容。自杀本身由此变成了对于作为自由的伟大的拒绝的最高、最纯粹也最有力的表达——对由创造而来的限制的纯粹拒绝，终极而可怕的神的自由。

注　释

1　一个革命性集体主体的诞生，是巴迪欧思想中相当重要的方面。参见，例如 Badiou, *Being and Event*, trans. Oliver Feltham (London: Continuum, 2006), 391–409。从巴迪欧论文集的编者后记那里，我借来了"偶然的理性主义"这个词。参见 Badiou, *Theoretical Writings*, ed. And trans. Ray Brassier and Alberto Toscano (London: Continuum, 2004), 253。亦可参见Ed Pluth, "Alain Badiou, Kojève, and the Return of the Human Exception," *Filozofski Vestnik* 30, no. 2 (2009): 197–205。

2　人们只需考虑一下那些关于人工智能的进化和矮化人类能力的所谓超级智能的可能性。参见 James Barrat, *Our Final Invention: Artificial Intelligence and the End of the Human Era* (New York: St. Martin's Griffin, 2015)。

3　这一观点在倾向于施特劳斯学派的批评家们中间相当流行。

4　对这一主体的哲学探索，最重要的当属谢林1809年的《论人类自由的本质》（*Philosophical Investigations into the Essence of Human Freedom*）。

5　Kojève, *Introduction à la lecture de Hegel*, ed. Raymond Queneau, 2nd ed. (Paris: Gallimard, 1968), 40. 以下缩写为 ILH。

6　Augustine, *On Free Choice of the Will*, trans. Thomas Williams (Indianapolis, IN: Hackett, 1993).

7　Lactantius, *De ira dei*, in *Patrologia latina, cursus completus*, ed. J. P. Migne (Paris: 1844), 7:121. 译文由我翻译。

8　Augustine, *City of God Against the Pagans*, trans. R. W. Dyson (Cambridge: Cambridge University Press, 1998), 484 (book 11, chap. 26).

9　ILH, 419.

10　在这个问题上有一种相当重要的争论。迪勒和阿伦特——仅举两个重要人物为例——都论证过奥古斯丁的意志概念以及由之而来的自由概念是创新性的，迈克尔·弗雷迪（Michael Frede）提出了一个不同的观点，认为意志概念在斯多葛派的著作中已经相当明显。我认同迪勒和阿伦特，因为在我看来意志概念之所以出现在奥古斯丁那里，在很大程度上跟免除基督教的上帝对恶的责任有关，而这一背景在异教的古代是缺失的。参见 Albrecht Dihle, *The Theory of the Will in Classical Antiquity* (Berkeley: University of California Press, 1982), 123–144; Hannah Arendt, *The Life of the Mind* (San Diego, CA: Harcourt, Brace, 1977), 2:84–110; and Michael Frede, *A Free Will: Origins of the Notion in Ancient Thought*, ed. A. A. Long (Berkeley: University of California Press, 2012), 1–18。

11　Friedrich Nietzsche, *The Will to Power*, trans. Walter Kaufmann and R. J. Hollingdale (New York: Vintage, 1973), 401–402; Hans Blumenberg, *The Legitimacy of the Modern Age*, trans. Robert M. Wallace (Cambridge, MA: MIT Press, 1985), 133. 布鲁门贝格声称："神的合法性问题已经变得令人不知所措了，而这一合法性的获得是以牺牲人为代价的，人被公开赋予了一个新的自由概念，为的是能够让全部的重大责任和罪都强加给他。"

12　ILH, 327.

13　Martin Heidegger, "On the Essence of Truth," in *Pathmarks*, ed. William McNeill (Cambridge: Cambridge University Press, 1998), 150.

14　Friedrich Nietzsche, *Beyond Good and Evil*, trans. Walter Kaufmann (New York: Vintage, 1989), 11–12. 我大体上修改过译文。

15　F. M. Dostoevsky, *The Brothers Karamazov*, trans. Richard Pevear and Larissa Volokhonsky (New York: Farrar, Straus and Giroux, 2002), 252.

16　参见 J. Derrida, *Aporias*, trans. Thomas Dutoit (Stanford, CA: Stanford University Press, 1993), 72–81。

17　Heidegger, "Essence of Truth," 145.

18　Arendt, *Life of the Mind*, 1:88.

19　Friedrich Nietzsche, *Towards a Genealogy of Morality*, trans. Maudemarie Clark and Alan J. Swenson (Indianapolis, IN: Hackett, 1998), 14–18.

20　Alexandre Kojève, *The Notion of Authority*, trans. Hager Weslati (London: Verso, 2014), 2.

21　卢卡奇在此是先行者，他的物化概念影响巨大（或许甚至影响了海德格尔，如吕西安·古德曼［Lucien Goldmann］所说的那样）。参见 Lukács, *History and Class Consciousness*, trans. Rodney Livingstone (Cambridge, MA: MIT Press, 1971), 83–

222; Theodor Adorno, *Negative Dialectics*, trans. E. B. Ashton (New York: Continuum, 1973), 40; 以及弗雷德里克·詹姆逊（Frederic Jameson）对阿多诺的该部分原文的评论，载于 Jameson, *Late Marxism: Adorno or the Persistence of Dialectic* (London: Verso, 1990), 21–22。

22   《1844年经济学哲学手稿》认为，马克思主义的乌托邦或许要求克服物质需要以作为其可能性的条件。在这一方面，科耶夫对马克思的解读，尽管并未深入，但是值得赞同。参见 Karl Marx and Friedrich Engels, "Economic and Philosophic Manuscripts of 1844," in *The Marx-Engels Reader*, ed. Robert C. Tucker, 2nd ed. (New York: W. W. Norton, 1978), 81–93; 亦可参见 Karl Marx, *Ökonomischphilosophische Manuskripte* (Frankfurt: Suhrkamp, 2009), 112–130。

23   Martin Heidegger, "Letter on 'Humanism,'" in *Pathmarks*, 239; Lukács, *History and Class Consciousness*, 188–189.

24   F. M. Dostoevsky, *Notes from Underground*, trans. Richard Pevear and Larissa Volokhonsky (New York: Vintage, 1993), 28–29.

25   Martin Heidegger, *Contributions to Philosophy (of the Event)*, trans. Richard Rojcewicz and Daniela Vallega-Neu (Bloomington: Indiana University Press, 2012), 5, 356–358; Heidegger, "What Is Metaphysics?," in *Pathmarks*, 93.

26   参见，例如 Gianni Vattimo, *Nihilism and Emancipation*, ed. Santiago Zabala (New York: Columbia University Press, 2004)。

27   在最近被称为《黑皮书》的著作中所发现的海德格尔的评论相当极端，而且把俄罗斯看作是即将来临的"更伟大的法西斯主义"（*der Großfaschismus*）的一部分。参见Heidegger, *Anmerkungen I-V (Schwarze Hefte 1942–1948)*, ed. Peter Trawny (Frankfurt: Vittorio Klostermann, 2015), 249。

结语

大法官

在陀思妥耶夫斯基的著作中，几乎没有什么能比伊万·卡拉马佐夫的"诗化"片段"宗教大法官"更著名、更神秘莫测的了，他在《卡拉马佐夫兄弟》中扮演了一个核心角色。这一片段被看作是 20 世纪极权主义的象征。[1]科耶夫早已被指责为肤浅的挑衅者，即便他最好的学生雷蒙·阿隆也不能肯定科耶夫的政治倾向，或是实际上不能肯定这位自我标榜的斯大林主义者是否真的忠诚于斯大林主义的统治（一个看来会被他寓居巴黎这件事证伪的事实）。无论情况如何，宗教大法官的幽灵似乎高悬在科耶夫的工作之上。

我已经提到过的一个核心命题出现在伊万的诗句中："对人和人类社会来说，没有什么比自由更难让人忍受的了。"[1][2]我们注意到，做出这一结论的正是宗教大法官本人；神秘的陌生人什么也没有说。难道他应该说什么吗？大法官似乎对自己关于人类的令人羞愧的判断感到非常满意，因为人类非常乐于放弃自己的自由，只要能提出一个满足他们的虚荣的借口。在这一方面，宗教大法官认为面包和奇迹的力量[2]，神秘，以及权威，可以证明有足够的力量来为人自身的软弱提供庇护所。

---

① 参见《卡拉马佐夫兄弟》，第 378 页。

② 应该指圣餐中的实体转化。

我们或许可以说，这一著名的寓言的基本观点是这样的：人试图让自己摆脱自己的自由；历史的目的是消除历史。借助这一点，大法官似乎在说人既不能忍受不确定的痛苦，也无法承担在不确定的情况下作出决定的巨大责任。被奴役的确定性比起不确定的自由更可取。人因此是天生的奴隶，他无法忍受不确定性。他行使这一自由，意在一劳永逸地彻底根除自由。

科耶夫或许可以作为这一立场的哲学家，"斯大林的良心"，尽管他不会这么说。科耶夫正式宣告了历史的终结，这或许会引导着人们去相信，他的思想召唤着我们从自由走向自由，因为科耶夫的圣者是自由的。实际上，如果我们沿着科耶夫的论证一直到其结论，圣者恰好是那个对他来说自由不再可能的人——或者至少不再相关的人。以圣者的降临为标志的历史的终结，很明显是这样的一个时刻：此时自由不再重要。奴隶通过克服他对奴役的关心而解放了自身——但奴隶是否因为这样做了就不再是奴隶了呢？

如果我们留心大法官的破坏性的论断——人会开心地匍匐在面包面前——那么答案定然是否定的。匍匐在面包面前等于选择了动物生命而不是自由。这一选择是奴隶的规定性的选择，它甚至在奴隶努力去征服自然的过程中，也指导着他的生活。奴隶试图通过借助技术改造自然来克服自然。奴隶试图将自然从一种盲目的、破坏性的力量转变成完全可控的对象，让它不再对奴隶的动物生命产生任何威胁。在这样做的过程中，奴隶将自身从工人转变为管理者或官僚，他本人致力于解决技术问题，后者与他所发明出来的统治自然的规范系统的平稳运行与完善息息相关。通过确保对动物生命的任何可能的威胁的消除，奴隶自己献身于动物生命的发展之中。一旦所有这样的威胁都得到了妥善安排，奴隶就从他对死亡的恐惧中解放了出来。

如我们所知，这是一个关键时刻。科耶夫宣称这一时刻标志着智慧的降临，因为智慧就是有意识地接受死亡。[3] 但奴隶并未在任何传统的意义上接受死亡。奴隶并未鼓起存在主义式的勇气，也没有平静地放弃自我，更没有用头颅去阻挡子弹的道路，把脖子伸进枷锁。相反，奴隶向自己保证，这些可能性最终都会变得不可能。奴隶接受死亡的唯一时刻是"不再有死亡"，此时死亡失去了命令和主宰奴隶的权威。[4]

无论是否伴随着恐怖，奴隶最终通过消灭死亡而免除了对死亡的恐惧。因此，奴隶实际上从未使自身免于死亡的恐惧，他只是通过根除其对象而根除了那一恐惧。但是，通过根除他对死亡的恐惧，奴隶同时消除了任何威胁的可能，发生某件可能有害他的生命的事件的任何可能性都被消除了。一切都按计划进行，在这一计划中没有任何意外（除了"开心的"那种）；任何不曾预料到的，外在于奴隶掌控的事情都不可能发生。奴隶让自己免于对死亡的恐惧的方法，是免于新奇、偶然和意外。奴隶与主人之战的终点——被神化的主奴关系——就是消除对自由的向往。

对此显而易见的反驳，是从对死亡的恐惧中解放出来是最令人期待的自由。我们变成了自然的主人。我们变成了一尊神。但神真的是自由的吗？从科耶夫的角度看来，神不可能是自由的，因为神没有行动的需求——神完全满足了。对神来说，什么事都不在乎，因为没有什么是重要的。科耶夫仅从否定的角度、以一种奴役的方式来理解自由，把它看作是因某些尚未给出的事物而否定了已经给出的事物——从被给定中解放出来的自由。用最粗略的话来说，奴隶因令他满意的被给予者而否定了被给予者。一旦这一令他满意的被给予者得到了完成，奴隶就不需进一步否定。如果奴隶不需进一步行动，他就不再行使自由。

因此，科耶夫在论证说奴隶通过将自身从自身的自由中解放出来而变得自由这个方面，认同大法官。不确定性和恐惧造就了奴隶。消除它们是解放的行动。相反，大法官宣称基督受到了他的沉默的奴役，基督谜一般的性质确保了那些可能追随他的人们无法确定追随基督是否能消除他们的恐惧——再一次出现的是所有恐惧中的最大者，使人成为奴隶的对死亡的恐惧。

基督的残忍

如果换一种说法，我们或许会说基督并不允许终极性的存在，而大法官允许。大法官声称基督是残忍的，因为他迫使人类生活在痛苦之中。没有既定目标的生活就是某种痛苦。大法官强调了非终极性与痛苦的联系。但他也强调了被看作是自由的非终极性与痛苦的联系；获得自由就是承受苦难。这样做的要点何在？

大法官用如下方式来重构上述问题：为什么采纳非终极性的自由而不是终极性的自由？我们发现自身处在一个相当特殊的情境下，面对这两种如果不是对立的至少也是不同的自由概念，一个从目的缺乏中汲取力量，另一个的力量则来自对目标的明确预期。有些人可能会论证说关键的（operative）区别在于"去做什么的自由"和"来自什么的自由"、肯定的和否定的自由之间。[5] 困扰着肯定的自由的困难是，它的实现总是朝向某个目标，而根据其本性，它会终结自由，因为后者允许该目标的达成，所有允许目标达成的自由都会因此而终结。否定的自由必然是神秘莫测的，因为它从否定的方面被定义为这样的存在者：从肯定的行动中，因而实际上就是从确定这种自由的行动中摆脱出来的自由，它因此而削弱了自身。

并不奇怪的是，在此我们重回了作为我们起点的陀思妥耶夫斯基。行动派就是不断限制自己的自由，将自己与某种实践自己的自由的方法捆绑在一起的人。理论派、地下室人则尽可能地追随着自由的否定性理想。他试图对抗限制，无论它在任何给定的条件下采取了无论什么样的形式。如我们所注意到的，地下室人因此是一个否定的英雄，而且他还嘲笑那些致力于明显矛盾的限制他们自己的自由的行动的人们。

地下室人在这一方面就是某种自由的非终极性的戏仿，因为他深陷于自己的否定"逻辑"之中。如我们在小说第二部中看到的那样，他是一个反动派，因为任何肯定的或创造性的行动，都必然是对自由的自我约束。为了避免上述两种有问题的选择，出现了第三种：实行主动的行动同时不实行那一行动——"编织又不编织佩涅罗佩之网（Penelope's web）"，用阿伦特的话来说。[6] 阿伦特把这一点跟思想的一种解放性概念联系起来。但它是解放性的吗？一个人可以因此将自己终结于某种建设又破坏的模型之中，而这无非是另一种对自由的限制，因为自由被看作是绝对地不服从任何模型或条件。

有可能经验这样的自由吗？很可能不行，因为经验某种"纯粹的"开放性看起来是不可能的，除非作为一种神秘的经验，或者经验的内容不可能被认识所言说，因为认识必然会产生一系列的同一性，这会使得这种开放性坍塌为某种具体事物的构型。神秘的经验为了沉默会打断或者放弃任何探讨；神秘的经验（如科耶夫所说）就是沉默。在这一方面，神秘的自由超越了终极性和非终极性的界限，因为它超越了任何认识的或社会的网络——因此，它是沉默。

在我们还能言说终极性和非终极性的范围内，我们也只能在言说的背景下这样做，这个背景与语言和确定的名词联系在一起。这一言说要么变得对自身完全透明，而且当它变成这样的时候，它对自己有了完全清楚的了解，以至于不可能再遇到任何新的或不同的事物；要么它不会如此，在这种情况下，新的或不同构型的可能性无法简单地置之不理。

回到大法官这里，现在可以把终极性，终极权威的吸引力看作是对进一步思考的需要的消除——或者看作是对潜在的无尽闲谈的消除，在这种情况下终极说明从一开始就被排除了。如果终极说明真的被排除了，所有的说明就有可能在任意时刻发生改变而不会有事先的警告。我们知道我们所知道的，但仅仅是"暂时知道"。我们的身份，我们已经熟悉的世界，仅仅是一个临时寓所。说明的临时特性允许改变的自由、发现表面上新事物的自由，转换的自由，但它同时尽管在定义上是临时的，却属于更强大的种类，因为终极说明永远不会达到。这一可能性意味着无论我们知道什么，我们都无法宣称那是确定的，更可能的是，我们无论知道什么都像是一种虚构，会在这个世界上给我们一些安全感，一些在家的感觉，虽然实际上根本没机会在世界上找到一个家或平静，也永远不会有这些。

把非终极性与无家可归联系起来，展现了自由的成问题的性质，在此，自由意味着无法在这个世界中找到安慰，是一种无家可归的感觉，它可能既是欢乐的，又是一种负担或恐惧。在我们看着世界在眼前退却的范围内，我们执着于神秘、奇迹以及不可知者的权威，它们都在我们之外。在我们之外的也就在我们的控制之外；现实保持了偶然的一面，既可能是对新事物的欣喜，也可能是对可怕的意外的恐惧。

另一方面，在家、在活着的时候到达了终点，可能仅仅是重复，此时没有什么是重要的、没有什么需要去解决。如我们此前注意到的，重复在这个意义上与仪式不可分。不会再有任何问题出现，除了一个技术化的自然，目的价值早已经被设定好。人们服从仪式，一切井然有序，空间优于时间。

一个反转？

无论是无法言说的偶然还是重复，在两种意义上，活着都是屈从于它们的奴役。一个人不可能在活着的同时接受死亡。唯一接受死亡的方式是彻底地冒生命危险。主人是唯一一个接受死亡的人，他不是一个变化和发展的而是一个静止的世界，在这个决定性的意义上，他保持着沉默。他已经说出了他最后的话语，除此之外，他没有什么好说的。奴隶是对话的产物，他言说是为了延缓死亡，就像谢赫拉莎德①一样。因此，奴隶只有在死亡威胁不再出现的时候才可能保持沉默。如果我们把这一比喻更进一步，奴隶也只有死亡依然是威胁的时候才能够进行创造。

然而，在伊万的诗中，言说的是表面上的主人，奴隶（或囚犯）反而保持沉默。这首诗反转了我们刚刚描述过的关系。而且这是一个具有启发性的反转，因为它意味着在这种情况下自认是主人的人，即那位大法官，根本就不是主人。他对言谈的需要暴露了他虚假的权威。这一点或许看起来很明显，但其全部内涵却难以理解，而且对我来说，它一定跟言语与行动的区分有关，因为当大法官侃侃而谈的时候，神秘的陌生人沉默地行动着。

科耶夫告诉我们，哲学是关于行动的。他直率地嘲笑那些将哲学留在理论层面上的人，或那些封闭在哲学的隐居地中而不涉足革命行动的人。这些"隐居的心灵"就是本书第一章作为开篇的疯子们。他们生活在言谈中，而且仅仅是言谈中的人。[7]

大法官并不属于这种类型的疯子。他实际上是科耶夫思想背景下的一个奇怪的形象——一个假定的（putative）圣者，他跟奴隶交谈，就像奴隶是主人一样，他是一位谈话并且无法停止谈话的圣者。但这是一种欺骗。真正的主人是沉默的。言说的人依然是奴隶，他没有也不可能达到满足。

自杀之神话

只要还存在着言说，就存在着奴役。沉默是主人恰当的言说。科耶夫对革命的召唤根除了自身，只要它依然只是个召唤。科耶夫的喋喋不

---

① 《一千零一夜》的女主人公，通过讲故事而避免一死。

休是不满足的标志——或者更糟糕的，是不可能性的标志。无论他曾经如何努力，科耶夫都不可能消除掉他对于这种拖延不决的、毁灭性的不一致的思想。就像大法官一样，他不可能保持沉默；他不可能因他获得的权威而满足，因为后者并未也不可能满足他。对此，用科耶夫的话来说，**一个人不可能接受死亡，只要他还活着**。存在着某种伴随着生命的对死亡的接受，这种思想是一个神话，一个失败了的基础性虚构。这一基础性虚构从底层支持着科耶夫思想的全部建筑。如果我们回到最初的术语，接受自杀、接受全然的自我牺牲只能是奴隶幻想出来的圈套，就像它在这一方面以含糊的方式欺骗了科耶夫所援引的模范基里洛夫一样。

1931年，在他的首次黑格尔讲座两年之前，在一篇未完成的手稿《无神论》（*Atheism*）的一个段落中，他写道：“‘在世界上的人类’由此被给予了她本身，在她的意识中，她是一个有限的和自由的人，也就是说，能够在任何时间自由地自杀。这就是为什么只有靠她自由地拒绝了自杀，她才能在每一个时刻都活着，也就是说，她是自由的，不仅仅是在她自杀的那一刻，而是在她存在的每一个既定的时刻。”8

在此科耶夫试图说明我上文曾表示认同的难题：接受自杀不过是个虚构，一个思想实验，或者更糟糕的，一种想象（Hirngespinst）或白日梦，它什么也证明不了，或者会被某人的继续生活而直接证伪。9因为，如果自杀行为是唯一绝对自由的行为，那么对它的拒绝就不可能自身也是自由的——实际上，如我所说的，对自杀的拒绝必定因自身会削弱任何关于令人陶醉的对于自杀之自由的宣告。科耶夫反转了这一反驳，方法是提出接受死亡是可能的，只要这一接受是自由的前提，其现实性就会在每一时刻被不去自杀的决定所证明。

这个论证看起来比一个复杂的诡计好不了多少。用最简单的话来说，它宣称继续活下去不是对生命的动物式迷恋的表面证据。相反，持续的生活是自由决定的结果，它通过不断的重新认定来延续自身。这一自由的决定就是不去自杀。因此，持续的生命来源于理所当然的绝对自由的行动。在此就像以前一样，问题恰好在于这一自由行动是绝对的。于是问题出现了，也就是说，一种行动如何可能是绝对自由的，同时又能够嵌入一个先行行动的后续系列之中。行动本身及其施行的背景之间的张力是难以解决的，如果不是根本无法解决的话。如果这一行动不是绝对自由的，那么它就不可能具有它应该有的意义，即对至高无上的自由的坚持；只要行动不是绝对的或是未完成的，它就不可能是自由的。行动的自由只能用它的完成来确保。任何对那种完成的否定，诸如并未通过行动实施的决定，等同于根本没有执行。因此，不能简单地说决定不去自杀足以证明这样做的意愿，因为它不能。唯一合格的证据是行动本身的完成（甚至可以把"失败的"尝试算在内）。

从自由中解放的自由

令人震惊的简单性这一点，让科耶夫精心构造的整个思想体系出现了问题。因为在科耶夫早期著作的语境中如此重要的个体的自杀，变成了奴隶的群体自杀，他因渴望智慧或终极自由（从自由中解放）而不断否定。人们可以论证，奴隶通过工作和斗争改变自己的地位，是逐渐积累的他的自由的证明，因为奴隶的劳动消除了作为奴隶的他本身——奴隶朝向智慧的斗争是显而易见的自我牺牲。但情况可能并非如此，因为奴隶的斗争是拒绝冒生命危险。战斗、坚持，实际上都是不去死这一决定的证据，但尽管如此，这一证据并不能正面证明"自由地拒绝自杀"。它如何可能呢？一个人不可能证明不去自杀的决定是自由的，当那个决定并未执行的时候。

要点在于，奴隶作为言说的产物，会尽可能地继续说下去，并且只有在不知情的情况下才会停止言说。奴隶就像大法官一样，不可能摆脱他本质的源泉。从奴隶到自由生物的转变是不可能的，除非通过自愿和彻底地完成自我牺牲的行动。基督之死是必然的。如果他没有死，他就会沦为嘲讽的对象。

这个反讽是科耶夫作品中的主导性反讽：从自由中解放出来的自由，最终的终极性，作为一个目标是一个不可能达成的目标。它唯一的可能就是成为一个不可能的目标。言谈尽可能地持续着，因为我们不可能告诉自己目标何时能够达成。我们只能欺骗自己目标已经达成，因为我们仍然可以谈论它——如果没有了言说的能力我们如何能够欺骗自己？海德格尔很有决定的资格，因为他的不可动摇地坚持终极性是一种不可能的可能性，或者某种其现实性仍然有待反驳的可能性。

"最好的奖赏"

这一破坏性的反讽是否取消了科耶夫计划的资格？它能够用来将一个除了巨大的影响之外"终其一生"都在边缘游荡的哲学计划边缘化吗？我愿意将这一破坏性的反讽看作是把科耶夫的计划投射到某个视角下，作为对现代资产阶级解放叙事的一种清醒的批判。对作为传统意义上——作为一种生活的原则——的哲学来说，科耶夫的思想显然是相当不切实际的。在这种不切实际中还有进一步的反讽，因为科耶夫本人一手造就的神秘和戏剧性的表现，都直接跟他努力展现的教诲相对立。这一点甚至适用于科耶夫后来变成官僚的经历。

这一反讽可以被带到更远的地方。科耶夫尽最大努力通过强调终极性和非终极性中都存在的成问题的本性，从而揭示了一个致命的困难——终极性可以还原成失去意识或动物，而非终极性可以还原成在无止境的对话中的无目的流浪。一个人会终结于迷惑之中，或者在科耶夫的情况下，如他未出版的著作所说的那样，作出一个决定以拒绝迷惑，而这个决定似乎永远不会成功。

最后，科耶夫与《俄狄浦斯在克洛诺斯》中的悲剧形象有着类似之处。无法认同彼此之间的和解或与任何单一生命形式的和解，瞥见了这一困难之后，科耶夫变成某种形式的流浪者，他带着一个适切的头衔和一种适切的功能以掩盖自己缺乏任何牢固的信念根基，除了《俄狄浦斯在克洛诺斯》的合唱队所唱出的：

> 分配者最终到来了，
> 当哈迪斯准备拿取自己的一份时，
> 没有婚礼的歌曲，竖琴或舞蹈
> 最后的是死亡。
> 没有出生是最好的奖赏。
> 但如果一个人出生了，那么次好的事情就是
> 回到他所从来的地方
> 越快越好。[10]

科耶夫的思想与生活的对照展现在上述诗句中。作为哲学家，他要求我们纠正自然犯下的错误，回归到受过祝福的无意识之中，与之形成鲜明对比的是，作为官僚的科耶夫力图统一欧洲，建立一个终极国家，后者很可能就是《法权现象学概论》中所设想的那个国家。确实，对黑格尔《精神现象学》的才华横溢的评注与《概论》明显对立。如尼采可能会说的那样，或许科耶夫没有勇气面对他真正了解的东西。[11]

但这样的设想是毫无意义的。在我们面前的是一套明显分裂的著作。人们或许会称那种分裂是讽刺性的（这似乎是科耶夫愿意看到的），是不一贯的，甚至是滑稽的。剩下的是一个圣约（testament），它与"可怕的地点"，死亡之地相连。科耶夫就像被死亡所纠缠不休的伟大的俄罗斯文学巨匠托尔斯泰和陀思妥耶夫斯基一样，被这个地点所折磨，为一个问题所疑惑，那就是，为什么我们是以人的生命的形式活着的死亡？

为什么我们是隐藏自身直到无法召唤遮蔽物来继续隐藏的死亡？就像托尔斯泰的《战争与和平》中年迈的博尔孔斯基公爵一样，在临死之前每天晚上都换一个房间睡觉以便躲避那无法躲避的东西，科耶夫对确定一条最终道路、一条不会被怀疑所打断或限制的道路的无能为力，是一种瞥见了那不可避免的东西却并未最终屈服于它的态度。但是科耶夫确实屈服了。他的被人认定的反人道主义，是我们在这个世界上悲剧性的（以及黑色幽默式的）位置的清晰图景。这一点通过对表面上乐观主义的黑格尔哲学的一条注释发布出来——科耶夫终其余生都在否定这一图景，然而并未成功。

注　释

1　F. M. Dostoevsky, *The Brothers Karamazov*, trans. Richard Pevear and Larissa Volokhonsky (New York: Farrar, Straus and Giroux, 2002), 246–264. See Dominique Auffret, *Alexandre Kojève: la philosophie, l'état, la fin de l'histoire* (Paris: Grasset and Fasquelle, 1990), 183, 255. 奥弗雷当然明白陀思妥耶夫斯基对科耶夫的巨大影响，而且科耶夫本人提及了陀思妥耶夫斯基小说中的这一著名篇章，认为它是"人尽皆知的经典"。

2　Dostoevsky, *Brothers Karamazov*, 252.

3　"相应地，黑格尔的绝对知识或智慧以及对死亡的有意识接受，可以被看作是彻底和明确的虚无化，它们无非是同一回事。"Kojève, *Introduction à la lecture de Hegel*, ed. Raymond Queneau, 2nd ed. (Paris: Gallimard, 1968), 540.

4　"时间不再"这一词组可以看作指称死亡的消除。科耶夫的概念与时间之间的等式，意味着一方的终结标志着另一方的终结——或者概念与时间的融合就是意识，时间的终结因而也是死亡的终结。

5　参见 Martin Heidegger, *Schelling's Treatise on the Essence of Human Freedom*, trans. Joan Stambaugh (Akron: Ohio University Press, 1985), 83–84。

6　Hannah Arendt, *The Life of the Mind* (San Diego, CA: Harcourt, Brace, 1977), 1:88. 对这一坚持既做又不做的夸张本性，科耶夫用近乎矛盾的方式呈现了出来：某人吩咐

侍者"给并且不给我一杯啤酒"。但矛盾奠基于同时性之上，而阿伦特的评论允许该行动，方式是给两个对立的行动以不同的时间序列。然而，并不困难的是论证做与不做某事作为一个发生的序列会跟矛盾一样造成对行动的阻碍，因为它把执行以及对该行动的否定作为一个过程而重复。

7　Kojève, "Tyranny and Wisdom," in Leo Strauss, *On Tyranny*, ed. Victor Gourevitch and Michael Roth (Chicago: University of Chicago Press, 2013), 154–155. See also Kojève, "The Emperor Julian and His Art of Writing," trans. James H. Nichols Jr., in *Ancients and Moderns: Essays on the Tradition of Political Philosophy in Honor of Leo Strauss*, ed. Joseph Cropsey (New York: Basic Books, 1964), 100–101.

8　Kojève, *L'athéisme*, trans. Nina Ivanoff (Paris: Gallimard, 1998), 162. 这一非凡的未完成作品，预演了黑格尔讲座中的许多主题。至于对该手稿的公正的说明，参见 Dominique Pirotte, *Alexandre Kojève: un système anthropologique* (Paris: Presses Universitaires de France, 2005), 31–53。

9　或许存在着一种对《善恶的彼岸》中尼采的格言（No.157）的滑稽模仿："自杀的思想是一种强有力的安慰剂：它帮助我们度过了许多个不眠之夜。"参见 Nietzsche, *Beyond Good and Evil*, trans. Marion Faber (Oxford: Oxford University Press, 1998), 70。

10　Sophocles, *Oedipus at Colonus*, in *The Plays and Fragments*, ed. Sir Richard C. Jebb (reprint, Amsterdam: Servio, 1963), 192–194. 此处是我相当自由地对希腊文第1220—1225行的翻译。

11　参见 Friedrich Nietzsche, *Twilight of the Idols* and *The Anti-Christ*, trans. R. J. Hollingdale (New York: Penguin, 1968), 33。

参考文献

科耶夫的作品

Ateizm. Edited by A. M. Rutkevich. Moscow: Praxis, 2007.

Esquisse d'une phénoménologie du droit. Paris: Gallimard, 1981.

Essaie d'une histoire raisonnée de la philosophie païenne. 3 vols. Paris: Gallimard, 1968–1973.

"Filosofia kak stremlenie k zavershennoi soznatel'nosti, t.e. filosofia kak put' k sovershennomu znaniu." *Voprosy filosofii* 12 (2014): 78–91.

"Hegel, Marx and Christianity." Translated by Hilail Gildin. *Interpretation* 1, no. 1 (1970): 21–42.

"Hegel, Marx et le Christianisme." *Critique* 2 (1946): 339–366.

"The Idea of Death in the Philosophy of Hegel." Translated by Joseph Carpino. *Interpretation* 3, no. 2/3 (Winter 1973): 114–156.

Identité et realité dans le "Dictonnaire" de Pierre Bayle. Edited by Marco Filoni. Paris: Gallimard, 2010.

Introduction à la lecture de Hegel. Edited by Raymond Queneau. 2nd ed. Paris: Gallimard, 1968.

Introduction to the Reading of Hegel. Edited by Allan Bloom. Translated by James H. Nichols Jr. 2nd ed. Ithaca, NY: Cornell University Press, 1969.

Kant. Paris: Gallimard, 1973.

Kolonialismus in europäischer Sicht. Schmittiana, vol. 6, 125–140.

L'athéisme. Translated by Nina Ivanoff. Paris: Gallimard, 1998.

L'empereur Julien et son art d'écrire. Paris: Fourbis, 1990.

"L'empire latin: Esquisse d'une doctrine de la politique française." *La Règle du Jeu* (1990).

L'idée du déterminisme dans la physique classique et dans la physique moderne. Edited by Dominique Auffret. Paris: Librairie générale francaise, 1990.

"L'origine chrétienne da la science moderne." In *Mélanges Alexandre Koyré*, vol. 2, 295–306. Paris: Hermann, 1964.

"La métaphysique religieuse de Vladimir Soloviev." *Revue d'histoire et de philosophie religieuses* 14 (1934): 534–554.

"La métaphysique religieuse de Vladimir Soloviev." *Revue d'histoire et de philosophie religieuses* 15 (1935): 110–152.

La notion de l'autorité. Edited by François Terré. Paris: Gallimard, 2004.

Le concept, le temps et le discours. Edited by Bernard Hesbois. Paris: Gallimard, 1990.

"Le dernier monde nouveau." *Critique* 111/112 (1956): 702–708.

"Les peintures concrètes de Kandinsky." *Revue de Métaphysique et de Morale* (1985): 149–171.

"Les romans de la sagesse." *Critique* 60 (1952): 387–397.

"Note inédite sur Hegel et Heidegger." Edited by Bernard Hesbois. *Rue Descartes* 7 (June 1993): 35–46.

Outline of a Phenomenology of Right. Translated by Bryan-Paul Frost and Robert Howse. Lanham, MD: Rowman and Littlefield, 2008.

Review of G. R. G. Mure's *A Study of Hegel's Logic. Critique* 54 (1951): 1003–1007.

"Sofia, filo-sofia i fenomeno-logia." [Excerpt 1.] Edited by A. M. Rutkevich. In *Istoriko-filosofskii ezhegodnik*, 271–324. Moscow: Nauka, 2007. Autograph manuscript in Fonds Kojève, Bibliothèque nationale de France (box no. 20).

"Sofia, filo-sofia i fenomeno-logia." [Excerpt 2.] Edited by A. M. Rutkevich. In *Voprosy filosofii* 12 (2014): 78–91. Autograph manuscript in Fonds Kojève, Bibliothèque nationale de France (box no. 20).

"Tyranny and Wisdom." In Leo Strauss, *On Tyranny*, edited by Victor Gourevitch and Michael Roth, 135–176. Chicago: University of Chicago Press, 2013.

论科耶夫的作品

Agamben, Giorgio. *The Open: Man and Animal.* Translated by Kevin Attell. Stanford, CA: Stanford University Press, 2003.

Anderson, Perry. "The Ends of History." In *A Zone of Engagement*, 279–375. London: Verso, 1992.

Auffret, Dominique. *Alexandre Kojève: la philosophie, l'état, la fin de l'histoire.* Paris: Grasset and Fasquelle, 1990.

Burns, Timothy W., and Bryan-Paul Frost. *Philosophy, History and Tyranny: Reexamining the Debate Between Leo Strauss and Alexandre Kojève.* Albany: State University of New York Press, 2016.

Butler, Judith. *Subjects of Desire: Hegelian Reflections in Twentieth-Century France.* New York:

Columbia University Press, 1987.

Cooper, Barry. *The End of History: An Essay on Modern Hegelianism.* Toronto: University of Toronto Press, 1984.

Dale, Eric Michael. *Hegel, the End of History, and the Future.* Cambridge: Cambridge University Press, 2014.

Derrida, Jacques. *Specters of Marx: The State of the Debt, the Work of Mourning and the New International.* Translated by Peggy Kamuf. New York: Routledge, 1994.

Devlin, F. Roger. *Alexandre Kojève and the Outcome of Modern Thought.* Lanham, MD: University Press of America, 2004.

Drury, Shadia. *Alexandre Kojève: The Roots of Postmodern Politics.* New York: St. Martin's, 1994.

Filoni, Marco. *Il filosofo della domenica: vita e pensiero di Alexandre Kojève.* Turin: Bollati Boringhieri, 2008.

Fukuyama, Francis. *The End of History and the Last Man.* New York: Free Press, 1993.

Geroulanos, Stefanos. *An Atheism That Is Not Humanist Emerges in French Thought.* Stanford, CA: Stanford University Press, 2010.

Groys, Boris. *Introduction to Antiphilosophy.* Translated by David Fernbach. London: Verso, 2012.

Hesbois, Bernard. "Le livre et la mort: essai sur Kojève." PhD diss., Catholic University of Louvain, 1985.

Jarczyk, Gwendoline, and Pierre-Jean Labarriere, eds. *De Kojève à Hegel: 150 ans de pensée hégélienne en France.* Paris: Albin Michel, 1996.

Kleinberg, Ethan. *Generation Existential: Heidegger's Philosophy in France, 1927–1961.* Ithaca, NY: Cornell University Press, 2005.

Nichols, James H. *Alexandre Kojève: Wisdom at the End of History.* Lanham, MD: Rowman and Littlefield, 2007.

Niethammer, Lutz. *Posthistoire: Has History Come to an End?* Translated by Patrick Camiller. London: Verso, 1994.

Nowak, Piotr. *Ontologia sukcesu. Esej przy filozofii Alexandre'a Kojève'a.* Gdansk: Słowo/Obraz Terytoria, 2006.

Pirotte, Dominique. *Alexandre Kojève: un système anthropologique.* Paris: Presses Universitaires de France, 2005.

Redding, Paul. "Hermeneutic or Metaphysical Hegelianism? Kojève's Dilemma." *The Owl of Minerva* 22, no. 2 (Spring 1991): 175–189

Rosen, Stanley. *Hermeneutics as Politics.* Oxford: Oxford University Press, 1987.

——. *Metaphysics in Ordinary Language.* New Haven, CT: Yale University Press, 1999.

Roth, Michael. *Knowing and History: Appropriations of Hegel in Twentieth-Century France.* Ithaca, NY: Cornell University Press, 1988.

Rutkevich, A. M. "Alexander Kojève: From Revolution to Empire." *Studies in East European Thought* 69, no. 4 (December 2017): 329–344.

——. "Vvedenie v chtenie A. Kozheva." In *"Phenomenologia dukha" Gegel'a v kontekste sovremennogo gegelvedenia.* Moscow: Kanon, 2010.

Tommissen, Piet, ed. *Schmittiana.* Vol. 6. Berlin: Duncker and Humblot, 1998.

其他相关文献

Adorno, Theodor W. *Hegel, Three Studies*. Translated by S. W. Nicholson. Cambridge, MA: MIT Press, 1993.

——. *History and Freedom*. Translated by Rodney Livingstone. Cambridge: Polity Press, 2006.

——. *Metaphysics: Concepts and Problems*. Translated by Edmund Jephcott. Stanford, CA: Stanford University Press, 2002.

——. *Negative Dialectics*. Translated by E. B. Ashton. New York: Continuum, 1973.

Altizer, Thomas, J. J. *The Apocalyptic Trinity*. New York: Palgrave Macmillan, 2012.

Arendt, Hannah. *The Life of the Mind*. 2 vols. San Diego, CA: Harcourt, Brace, 1977.

Aristotle. *Metaphysics*. Translated by Hugh Tredennick. 2 vols. Cambridge, MA: Harvard University Press, 1933.

Augustine. *City of God Against the Pagans*. Translated by R. W. Dyson. Cambridge: Cambridge University Press, 1998.

——. *On Free Choice of the Will*. Translated by Thomas Williams. Indianapolis: Hackett, 1993.

Badiou, Alain. *Being and Event*. Translated by Oliver Feltham. London: Continuum, 2006.

——. *Manifesto for Philosophy*. Translated by Norman Madarasz. Albany: State University of New York Press, 1999.

——. *Theoretical Writings*. Edited and translated by Ray Brassier and Alberto Toscano. London: Continuum, 2004.

Barrat, James. *Our Final Invention: Artificial Intelligence and the End of the Human Era*. New York: St. Martin's Griffin, 2015.

Becker, Carl. *The Heavenly City of the Eighteenth-Century Philosophers*. 2nd ed. New Haven, CT: Yale University Press, 2003.

Bloch, Ernst. *Subjekt-Objekt*. Frankfurt: Suhrkamp Verlag, 1962.

Blumenberg, Hans. *The Legitimacy of the Modern Age*. Translated by Robert M. Wallace. Cambridge, MA: MIT Press, 1985.

Borges, Jorge Luis. *Labyrinths: Selected Stories and Other Writings*. Edited by Donald A. Yates and James E. Irby. New York: New Directions, 2007.

Bradshaw, David. *Aristotle East and West: Metaphysics and the Division of Christendom*. Cambridge: Cambridge University Press, 2004.

Brandom, Robert. *Making It Explicit: Reasoning, Representing, and Discursive Commitment*. Cambridge, MA: Harvard University Press, 1998.

Butler, Judith. *Subjects of Desire: Hegelian Reflections in Twentieth-Century France*. New York: Columbia University Press, 1987.

Camus, Albert. *The Myth of Sisyphus*. Translated by Justin O'Brien. New York: Vintage, 1991.

Christensen, Michael J., and Jeffery A. Wittung, eds. *Partakers of the Divine Nature: The History and Development of Deification in the Christian Traditions*. Grand Rapids, MI: Baker Academic, 2007.

Deleuze, Gilles, and Félix Guattari. *What Is Philosophy?* Translated by Hugh Tomlinson. New York: Columbia University Press, 1996.

Derrida, J. *Acts of Literature*. Edited by Derek Attridge. London: Routledge, 1992.

——. *Aporias*. Translated by Thomas Dutoit. Stanford, CA: Stanford University Press, 1993.

——. "Cogito and the History of Madness." In *Writing and Difference*, translated by Alan Bass, 31–63. Chicago: University of Chicago Press, 1978.

——. *Glas*. Translated by John P. Leavey Jr. Lincoln: University of Nebraska Press, 1986.

——. *Margins of Philosophy*. Translated by Alan Bass. Chicago: University of Chicago Press, 1984.

——. *Monolingualism of the Other; or, the Prosthesis of Origin*. Translated by Patrick Mensah. Stanford, CA: Stanford University Press, 1998.

Dihle, Albrecht. *The Theory of the Will in Classical Antiquity*. Berkeley: University of California Press, 1982.

Dostoevsky, F. M. *The Brothers Karamazov*. Translated by Richard Pevear and Larissa Volokhonsky. New York: Farrar, Straus and Giroux, 2002.

——. *Crime and Punishment*. Translated by Richard Pevear and Larissa Volokhonsky. New York: Vintage, 1992.

——. *Demons*. Translated by Richard Pevear and Larissa Volokhonsky. New York: Vintage, 1994.

——. *The Idiot*. Translated by Richard Pevear and Larissa Volokhonsky. New York: Vintage, 2002.

——. *Notes from Underground*. Translated by Richard Pevear and Larissa Volokhonsky. New York: Vintage, 1993.

——. *Polnoe sobranie sochinenii*. 30 vols. Leningrad: Akademia nauk, 1972–1990.

——. *Winter Notes on Summer Impressions*. Translated by David Patterson. Evanston, IL: Northwestern University Press, 1997.

Fedorov, N. F. *Filosofia obshchego dela*. Edited by V. A. Kozhevnikov and N. P. Peterson. 2 vols. 1906, 1913. Reprint, Lausanne: L'Age d'homme, 1985.

——. *Sobranie sochinenii*. Edited by A. G. Gacheva and S. G. Semenova. 4 vols. plus supplement. Moscow: Progress/Traditsia, 1995–2000.

——. *What Was Man Created For?: The Philosophy of the Common Task*. Translated by Elisabeth Kutaissoff and Marilyn Minto. London: Honeyglen, 1990.

Fichte, J. G. *Introductions to the Wissenschaftslehre and Other Writings, 1797–1800*. Translated by Daniel Breazeale. Indianapolis, IN: Hackett, 1994.

Flaubert, Gustave. *Correspondance*. Edited by Jean Bruneau. Paris: Gallimard, 1991.

Flay, Joseph. *Hegel's Quest for Certainty*. Albany: State University of New York Press, 1984.

Forster, Michael. *Hegel's Idea of a Phenomenology of Spirit*. Chicago: University of Chicago Press, 1998.

Foucault, Michel. *Discipline and Punish: Birth of the Prison*. Translated by Alan Sheridan. New York: Vintage, 1977.

Frank, Joseph. *Dostoevsky: The Stir of Liberation 1860–1865*. Princeton, NJ: Princeton University Press, 1986.

Frede, Michael. *A Free Will: Origins of the Notion in Ancient Thought.* Edited by A. A. Long. Berkeley: University of California Press, 2012.

Freud, Sigmund. *Civilization and Its Discontents.* Translated by David McLintock. London: Penguin, 2002.

Gacheva, A. G., and S. G. Semenova, eds. *N. F. Fedorov: Pro et contra.* 2 vols. Saint Petersburg: RKGI, 2004–2008.

Gadamer, Hans-Georg. *Hegel's Dialectic: Five Hermeneutical Studies.* Translated by P. Christopher Smith. New Haven, CT: Yale University Press, 1982.

Gillespie, Michael Allen. *Hegel, Heidegger, and the Ground of History.* Chicago: University of Chicago Press, 1984.

Grillaert, Nel. *What the* God-seekers *Found in Nietzsche: The Reception of Nietzsche's Übermensch by the Philosophers of the Russian Religious Renaissance.* Leiden: Brill-Rodopi, 2008.

Groys, Boris. *The Communist Postscript.* Translated by Thomas Ford. London: Verso, 2010.

Gustafson, Richard F., and Judith Deutsch Kornblatt. *Russian Religious Thought.* Madison: University of Wisconsin Press, 1996.

Güven, Ferit. *Madness and Death in Philosophy.* Albany: State University of New York Press, 2005.

Hagemeister, Michael. *Nikolaj Fedorov: Studien zu Leben, Werk und Wirkung.* Munich: Otto Sagner, 1989.

Halpern, Richard. *Eclipse of Action: Tragedy and Political Economy.* Chicago: University of Chicago Press, 2017.

Hamburg, G. M., and Randall A. Poole, eds. *A History of Russian Philosophy 1830–1930.* Cambridge: Cambridge University Press, 2010.

Harris, H. S. *Hegel's Ladder.* 2 vols. Indianapolis, IN: Hackett, 1997.

Hegel, G. W. F. *Die Phänomenologie des Geistes.* Edited by Heinrich Clairmont and Hans-Friedrich Wessels. Hamburg: Felix Meiner Verlag, 1988.

——. *Die Phänomenologie des Geistes.* Edited by Johannes Hoffmeister. Leipzig: Felix Meiner Verlag, 1927.

——. *Die Wissenschaft der Logik.* Edited by Hans-Jürgen Gawoll. 2nd ed. 3 vols. Hamburg: Felix Meiner Verlag, 1999.

——. *Die Wissenschaft der Logik.* Edited by Georg Lasson. 2nd ed. 2 vols. Leipzig: Felix Meiner Verlag, 1934.

——. *Elements of the Philosophy of Right.* Edited by Allen W. Wood. Translated by N. B. Nisbet. Cambridge: Cambridge University Press, 1991.

——. *Enzyklopädie der philosophischen Wissenschaften (1830).* Edited by Friedhelm Nicolin and Otto Pöggeler. Hamburg: Felix Meiner Verlag, 1991.

——. *Grundlinien der Philosophie des Rechts.* Edited by Horst D. Brandt. Hamburg: Felix Meiner Verlag, 2013.

——. *The Phenomenology of Spirit.* Translated by A. V. Miller. Oxford: Oxford University Press, 1977.

——. *The Science of Logic.* Translated by George di Giovanni. Cambridge: Cambridge University Press, 2010.

——. *Werke*. Edited by E. Moldenhauer and K. Michel. 20 vols. Frankfurt: Suhrkamp Verlag, 1970–1971.

Heidegger, Martin. *Anmerkungen I-V (Schwarze Hefte 1942–1948)*. Edited by Peter Trawny. Frankfurt: Vittorio Klostermann, 2015.

——. *Basic Writings*. Translated by David Farrell Krell. New York: Harper Perennial, 2008.

——. *Being and Time*. Translated by John Macquarrie and Edward S. Robinson. New York: Harper, 1962.

——. *Bremen and Freiburg Lectures*. Translated by Andrew J. Mitchell. Bloomington: Indiana University Press, 2012.

——. *Contributions to Philosophy (of the Event)*. Translated by Richard Rojcewicz and Daniela Vallega-Neu. Bloomington: Indiana University Press, 2012.

——. *The Fundamental Concepts of Metaphysics*. Translated by William McNeill. Bloomington: Indiana University Press, 2001.

——. *Hegel*. Translated by Joseph Arel and Niels Feuerhahn. Bloomington: Indiana University Press, 2015.

——. *Hegel's Phenomenology of Spirit*. Translated by Parvis Emad and Kenneth Maly. Bloomington: Indiana University Press, 1988.

——. *Introduction to Metaphysics*. Translated by Gregory Fried and Richard Polt. 2nd ed. New Haven, CT: Yale University Press, 2014.

——. *Kant and the Problem of Metaphysics*. Translated by Richard Taft. Bloomington: Indiana University Press, 1997.

——. *The Metaphysical Foundations of Logic*. Translated by Michael Heim. Bloomington: Indiana University press, 1984.

——. *Mindfulness*. Translated by Parvis Emad and Thomas Kalary. London: Continuum, 2006.

——. *Nietzsche*. 2 vols. Pfullingen: Günther Neske, 1961.

——. *Pathmarks*. Edited by William McNeill. Cambridge: Cambridge University Press, 1998.

——. *Schelling's Treatise on the Essence of Human Freedom*. Translated by Joan Stambaugh. Akron: Ohio University Press, 1985.

——. *What Is a Thing?* Translated by Vera Deutsch. New York: Gateway, 1968.

——. *What Is Called Thinking?* Translated by J. Glenn Gray. New York: Harper and Row, 1968.

Hölderlin, Friedrich. *Hyperion and Selected Poems*. Edited by Eric L. Santner. New York: Continuum, 1990.

Hook, Sidney. *From Hegel to Marx*. New York: Columbia University Press, 1994.

Hyppolyte, Jean. *Genesis and Structure of Hegel's Phenomenology of Spirit*. Translated by S. Cherniak and J. Heckman. Evanston, IL: Northwestern University Press, 1974.

Il'in, Ivan. *The Philosophy of Hegel as a Doctrine of the Concreteness of God and Humanity*. Edited and translated by Philip T. Grier. 2 vols. Evanston, IL: Northwestern University Press, 2010.

Izutsu, Toshihiko. *Sufism and Taoism: A Comparative Study of Key Philosophical Concepts*. Berkeley: University of California Press, 1984.

Jackson, Robert Louis. *Dialogues on Dostoevsky*. Stanford, CA: Stanford University Press, 1996.

———. *Dostoevskij's Underground Man in Russian Literature*. 's-Gravenhage: Mouton, 1958.

———. *Dostoevsky (New Perspectives)*. Englewood Cliffs, NJ: Prentice-Hall, 1984.

———. *Dostoevsky's Quest for Form: A Study of His Philosophy of Art*. New Haven, CT: Yale University Press, 1966.

Jameson, Fredric. *The Hegel Variations: On the Phenomenology of Spirit*. London: Verso, 2010.

———. *Late Marxism: Adorno or the Persistence of Dialectic*. London: Verso, 1990.

———. *Postmodernism*. Durham, NC: Duke University Press, 1992.

Jenkins, Scott. "Hegel's Concept of Desire." *Journal of the History of Philosophy* 47, no. 1 (2009): 103–130.

Johnston, Mark. *Surviving Death*. Princeton, NJ: Princeton University Press, 2010.

Joyce, James. *A Portrait of the Artist as a Young Man*. Harmondsworth: Penguin, 1976.

Kant, Immanuel. *Groundwork of the Metaphysic of Morals*. Translated by H. J. Paton. New York: Harper and Row, 1964.

———. *Religion Within the Limits of Reason Alone*. Translated by Theodore M. Greene and Hoyt B. Hudson. New York: Harper and Row, 1960.

Kierkegaard, Søren. *Either/Or: A Fragment of Life*. Translated by Alistair Hannay. London: Penguin, 1992.

Kline, George L. *George L. Kline on Hegel*. North Syracuse, NY: Gegensatz, 2015.

Kornblatt, Judith Deutsch. *Divine Sophia: The Wisdom Writings of Vladimir Solovyov*. Ithaca, NY: Cornell University Press, 2009.

Kripke, Saul. *Wittgenstein on Rules and Private Language*. Cambridge, MA: Harvard University Press, 1982.

Lactantius. *De ira dei*. In *Patrologia latina, cursus completus*. Edited by J. P. Migne. 217 vols. Paris: 1844.

Lauer, Quentin, SJ. *A Reading of Hegel's Phenomenology of Spirit*. New York: Fordham University Press, 1976.

Leibniz, G. W. *Philosophische Schriften*. 6 vols. Berlin: Akademie Verlag, 2006.

———. *Theodicy*. Translated by E. M. Huggard. La Salle, IL: Open Court, 1985.

Levinas, Emmanuel. *God, Death, and Time*. Translated by Bettina Bargo. Stanford, CA: Stanford University Press, 2000.

Livingston, Paul. *The Logic of Being: Realism, Truth, and Time*. Evanston, IL: Northwestern University Press, 2017.

———. *The Politics of Logic: Badiou, Wittgenstein, and the Consequences of Formalism*. New York: Routledge, 2012.

Louth, Andrew. *Modern Orthodox Thinkers: From the Philokalia to the Present*. Downers Grove, IL: InterVarsity Press, 2015.

Löwith, Karl. *Meaning in History*. Chicago: University of Chicago Press, 1949.

Lukács, Georg. *The Destruction of Reason*. Translated by Peter Palmer. Atlantic Highlands, NJ: Humanities Press, 1981.

———. *History and Class Consciousness*. Translated by Rodney Livingstone. Cambridge, MA:

MIT Press, 1972.

——. *The Young Hegel.* Translated by Rodney Livingstone. Cambridge, MA: MIT Press, 1976.

Macherey, Pierre. *Hegel or Spinoza.* Translated by Susan M. Ruddick. Minneapolis: University of Minnesota Press, 2011.

Machiavelli, Niccolò. *The Prince.* Translated by Peter Bondanella. Oxford: Oxford University Press, 2008.

——. *The Ten Discourses on Livy.* Translated by Harvey C. Mansfield and Nathan Tarcov. Chicago: University of Chicago Press, 1996.

Maker, William. *Philosophy Without Foundations.* Albany: State University of New York Press, 1994.

Malabou, Catherine. *The Future of Hegel: Plasticity, Temporality and Dialectic.* New York: Routledge, 2005.

Marcuse, Herbert. *Hegel's Ontology and the Theory of Historicity.* Translated by S. Benhabib. Cambridge, MA: MIT Press, 1987.

——. *Reason and Revolution.* Oxford: Oxford University Press, 1942.

Marx, Karl. *Capital.* Translated by Ben Fowkes. 3 vols. London: Penguin, 1990.

——. *Ökonomisch-philosophische Manuskripte.* Frankfurt: Suhrkamp, 2009.

——. *Werke.* Edited by Benedikt Kautsky and Hans-Joachim Lieber. 7 vols. Stuttgart: Cotta-Verlag, 1962.

Marx, Karl, and Friedrich Engels. *The Marx-Engels Reader.* Edited by Robert C. Tucker. 2nd ed. New York: W. W. Norton, 1978.

Masing-Delic, Irene. *Abolishing Death: A Salvation Myth of Russian Twentieth-Century Literature.* Stanford, CA: Stanford University Press, 1992.

McDowell, John. *Mind and World.* Cambridge, MA: Harvard University Press, 1994.

Melville, Herman. *Redburn, White-Jacket, Moby-Dick.* Edited by G. Thomas Tanselle. New York: Literary Classics of the United States, 1983.

Michalson, Gordon E, Jr. *Fallen Freedom: Kant on Radical Evil and Moral Regeneration.* Cambridge: Cambridge University Press, 1990.

Morson, Gary Saul. *Hidden in Plain View: Narrative and Creative Potentials in "War and Peace."* Stanford, CA: Stanford University Press, 1988.

Moyar, Dean, and Michael Quante, eds. *Hegel's Phenomenology of Spirit: A Critical Guide.* Cambridge: Cambridge University Press, 2011.

Mure, G. R. G. *A Study of Hegel's Logic.* Oxford: Oxford University Press, 1959.

Nemeth, Thomas. *The early Solov'ëv and His Quest for Metaphysics.* Cham: Springer, 2014.

Neuhouser, Frederick. "Deducing Desire and Recognition in the *Phenomenology of Spirit.*" *Journal of the History of Philosophy* 24, no. 2 (April 1986): 243–262.

——. *Rousseau's Theodicy of Self-Love.* Oxford: Oxford University Press, 2008.

Nietzsche, Friedrich. *Beyond Good and Evil.* Translated by Marion Faber. Oxford: Oxford University Press, 1998.

——. *Beyond Good and Evil.* Translated by Walter Kaufmann. New York: Vintage, 1989.

——. *The Gay Science.* Translated by Walter Kaufmann. New York: Vintage, 1974.

——. *Sämtliche Briefe.* 8 vols. Berlin: Walter de Gruyter, 1986.

——. *Towards a Genealogy of Morality*. Translated by Maudemarie Clark and Alan J. Swenson. Indianapolis, IN: Hackett, 1998.

——. *Twilight of the Idols* and *The Anti-Christ*. Translated by R. J. Hollingdale. New York: Penguin, 1968.

——. *The Will to Power*. Translated by Walter Kaufmann and R. J. Hollingdale. New York: Vintage, 1973.

O'Regan, Cyril. *The Heterodox Hegel*. Albany: State University of New York Press, 1994.

Pinkard, Terry. *Hegel: A Biography*. Cambridge: Cambridge University Press, 2000.

——. *Hegel's Phenomenology: The Sociality of Reason*. Cambridge: Cambridge University Press, 1994.

Pippin, Robert. *Hegel on Self-Consciousness: Death and Desire in the Phenomenology of Spirit*. Princeton, NJ: Princeton University Press, 2010.

——. *Hegel's Idealism*. Cambridge: Cambridge University Press, 1989.

Plato. *Phaedo*. Translated by R. Hackforth. Cambridge: Cambridge University Press, 1955.

——. *Phaedrus*. Translated by Harold North Fowler. Cambridge, MA: Harvard University Press, 1914.

——. *Phaedrus*. Translated by James H. Nichols Jr. Ithaca, NY: Cornell University Press, 1998.

——. *Phaedrus*. Edited by Harvey Yunis. Cambridge: Cambridge University Press, 2011.

——. *Republic*. Translated by Chris Emilyn-Jones and William Preddy. Vol. 2. Cambridge, MA: Harvard University Press, 2013.

——. *Symposium*. Translated by Alexander Nehamas and Paul Woodruff. Indianapolis, IN: Hackett, 1989.

——. *Theaetetus*. Translated by Harold North Fowler. Cambridge, MA: Harvard University Press, 1921.

Platonov, Andrey. *The Foundation Pit*. Translated by Robert Chandler and Olga Meerson. New York: New York Review of Books, 2009.

Pluth, Ed. "Alain Badiou, Kojève, and the Return of the Human Exception." *Filozofski Vestnik* 30, no. 2 (2009): 197–205.

Poe, Marshall. " 'Moscow the Third Rome': The Origins and Transformations of a Pivotal Moment." *Jahrbücher für Geschichte Osteuropas* Neue Folge 49, no. 3 (2001): 412–429.

Priest, Graham. *Beyond the Limits of Thought*. 2nd ed. Oxford: Oxford University Press, 2003.

Rockmore, Tom. *Cognition: An Introduction to Hegel's* Phenomenology of Spirit. Berkeley: University of California Press, 1997.

Rosenthal, Beatrice G., ed. *The Occult in Soviet and Russian Culture*. Ithaca, NY: Cornell University Press, 1997.

Rousseau, Jean-Jacques. *The Major Political Writings of Jean-Jacques Rousseau*. Translated by John T. Scott. Chicago: University of Chicago Press, 2012.

Russell, Norman. *The Doctrine of Deification in the Greek Patristic Tradition*. Oxford: Oxford University Press, 2004.

Scanlon, James R. *Dostoevsky the Thinker*. Ithaca, NY: Cornell University Press, 2002.

Schelling, F. W. J. *Philosophical Investigations into the Essence of Human Freedom*. 1809. Translated by Jeff Love and Johannes Schmidt. Albany: State University of New York Press,

2006.

Schmidt, Alfred. *The Concept of Nature in Marx*. Translated by Ben Fowkes. London: Verso, 2014.

Schmitt, Carl. *The Concept of the Political*. Translated by George Schwab. Chicago: University of Chicago Press, 2007.

———. *The Leviathan in the State Theory of Thomas Hobbes*. Translated by George Schwab and Erna Hilfstein. Chicago: University of Chicago Press, 2008.

Slingerland, Edward. *Effortless Action: Wu-Wei as Conceptual Metaphor and Spiritual Ideal in Early China*. Oxford: Oxford University Press, 2007.

Smith, Oliver. *Vladimir Soloviev and the Spiritualization of Matter*. Brighton: Academic Studies Press, 2011.

Solovyov, V. S. *The Burning Bush: Writings on Jews and Judaism*. Edited and translated by Gregory Yuri Glazov. Notre Dame, IN: University of Notre Dame Press, 2016.

———. *The Crisis of Western Philosophy*. Translated by Boris Jakim. Hudson, NY: Lindisfarne, 1996.

———. *Freedom, Faith, and Dogma: Essays by V. S. Soloviev on Christianity and Judaism*. Translated by Vladimir Wozniuk. Albany: State University of New York Press, 2009.

———. *The Heart of Reality: Essays on Beauty, Love, and Ethics by V. S. Soloviev*. Translated by Vladimir Wozniuk. Notre Dame, IN: University of Notre Dame Press, 2003.

———. *Lectures on Divine Humanity*. Translation revised and edited by Boris Jakim. Hudson, NY: Lindisfarne, 1995.

———. *The Philosophical Principles of Integral Knowledge*. Translated by Valeria Z. Nollan. Grand Rapids, MI: William B. Eerdmans, 2008.

———. *Politics, Law, and Morality: Essays by V. S. Soloviev*. Translated by Vladimir Wozniuk. New Haven, CT: Yale University Press, 2014.

———. *Sobranie sochinenii*. Edited by S. M. Soloviev and E. L. Radlov. 2nd ed. 12 vols. 1911–1914. Reprint, Brussels: Izdatel'stvo Zhizn' s bogom, 1966–1970.

———. *War, Progress, and the End of History*. Translated by Alexander Bakshy. Revised by Thomas. R. Beyer Jr. Hudson, NY: Lindisfarne, 1990.

Sophocles, *The Plays and Fragments*. Edited by Sir Richard C. Jebb. Reprint, Amsterdam: Servio, 1963.

Speight, Allen. *Hegel, Literature, and the Problem of Agency*. Cambridge: Cambridge University Press, 2004.

Spinoza, Baruch. *Spinoza: Complete Works*. Translated by Samuel Shirley. Indianapolis, IN: Hackett, 2002.

Stekeler, Pirmin. *Hegels Phänomenologie des Geistes: Ein dialogischer Kommentar*. 2 vols. Hamburg: Felix Meiner Verlag, 2014.

Stern, Robert. *Hegel's Phenomenology of Spirit*. London: Routledge, 2001.

Stewart, Jon, ed. *The Hegel Myths and Legends*. Evanston, IL: Northwestern University Press, 1996.

Strauss, Leo. *Liberalism Ancient and Modern*. Chicago: University of Chicago Press, 1995.

———. *Persecution and the Art of Writing*. Chicago: University of Chicago Press, 1988.

———. *The Political Philosophy of Hobbes: Its Basis and Genesis*. Chicago: University of Chicago Press, 1952.

Taylor, Charles. *Hegel*. Cambridge: Cambridge University Press, 1977.

Toews, John E. *Hegelianism: The Path Toward Dialectical Humanism 1805–1841*. Cambridge: Cambridge University Press, 1981.

Unger, Roberto Mangabeira, and Lee Smolin. *The Singular Universe and the Reality of Time*. Cambridge: Cambridge University Press, 2014.

Valliere, Paul. *Modern Russian Theology: Bukharev, Soloviev, Bulgakov*. Edinburgh: T and T Clark, 2000.

Vattimo, Gianni. *Nihilism and Emancipation*. Edited by Santiago Zabala. New York: Columbia University Press, 2004.

Vernon, Jim, and Antonio Calcagno, eds. *Badiou and Hegel: Infinity, Dialectics, Subjectivity*. London: Lexington, 2015.

Williams, Robert R. *Hegel's Ethics of Recognition*. Berkeley: University of California Press, 2012.

Young, George M. *Russian Cosmism: The Esoteric Futurism of Nikolai Fedorov and his Followers*. Oxford: Oxford University Press, 2012.

我思，我读，我在
Cogito, Lego, Sum